Estudios de historia social

Libro homenaje in memoriam al profesor
Máximo García Fernández

Estudios de historia social : libro homenaje in memoriam al profesor Máximo García Fernández / Juan Manuel Bartolomé Bartolomé (coord.). -- [León] : Universidad de León, Servicio de Publicaciones, [2026].
327 p. : il., planos, tablas, col. y bl. y n. ; 24 cm
Bibliogr. en cada capítulo. – Texto en español y una contribución en portugués.
ISBN 979-13-87583-42-2
    1. Historia social-Discursos, ensayos, conferencias. 2. García Fernández, Máximo-Discursos, ensayos, conferencias. I. Bartolomé Bartolomé, Juan Manuel (1957-). II. Universidad de León. Servicio de Publicaciones.

308(091):082.2
082.2:308(091)
082.2 García Fernández, Máximo

© Universidad de León. Servicio de Publicaciones.
Edita: UNIVERSIDAD DE LEÓN. Servicio de Publicaciones
Diseño y maquetación: David Aller Llamera

ISBN: 979-13-87583-42-2
Depósito legal: DL LE 25-2026
Imprime: *Lozano impresores*
Impreso en España / *Printed in Spain*
León, enero 2026

Esta editorial es miembro de UNE, lo que garantiza la difusión y comercialización de sus publicaciones a nivel nacional e internacional.

Estudios de historia social

Libro homenaje in memoriam al profesor
Máximo García Fernández

Juan Manuel Bartolomé Bartolomé (Coord.)

Índice

1

Presentación.
In memoriam Máximo García Fernández (1962-2025)

Juan Manuel Bartolomé Bartolomé

Si siempre es difícil trazar la trayectoria vital de una persona, esta tarea se complica más si además es un amigo y compañero, al que hace poco hemos perdido (21-febrero de 2025), como sucede con Máximo García Fernández, "Maxi". Le conocí en el 1989 en el II Congreso Nacional de la Historia de Palencia. Era un joven que había nacido, en 1962, en la montaña palentina, Camporredondo de Alba, donde su padre ejercía como maestro y que realizó sus estudios de bachillerato en el Colegio Seminario "San Francisco Javier" de Misioneros Combonianos (Saldaña, Palencia). Más tarde, cursó la carrera de Geografía e Historia, especialidad de Historia Moderna, en la Universidad de Valladolid.

Durante esta primera etapa, en sus inicios como becario de investigación, sus temas principales de estudio fueron el complejo mundo de las actitudes mentales ante la muerte y el más allá, en unos tiempos como los de la Edad Moderna, en los que la existencia terrenal se hallaba subordinada al señorío indiscutible de la muerte. Fue uno de esos historiadores españoles que, en los años ochenta y noventa del siglo pasado, siguió los modelos metodológicos franceses (Ariés, Chaunu, Vovelle, Lebrun, Croix) e italianos (Colapietra, Gaudioso). Así, además de sus participaciones en Congresos nacionales e internacionales, y sus numerosos artículos en revistas especializadas sobre esta temática, se pueden destacar: su tesina de licenciatura, leída en 1987, con el título: «La economía de la vida y de la muerte en el Valladolid de la Ilustración. Estudio de mentalidades colectivas»; y su tesis doctoral, bajo la experta dirección del maestro Teófanes Egido, defendida en julio de 1993, de «Los castellanos, la muerte y el más allá en el Antiguo Régimen. Religiosidad, actitudes colectivas y comportamientos económicos». Fruto de esta fueron la publicación de dos brillantes monografías: *Herencia y patrimonio familiar en la Castilla del Antiguo Régimen (1650-1834). Efectos económicos de la muerte y la partición de bienes,* Valladolid, Publicaciones Universidad de Valladolid, 199;, y *Los castellanos y la muerte. Religiosidad y comportamientos colectivos en el Antiguo Régimen,* Valladolid, Junta de Castilla y León, 1996.

A partir de 1998, comienza, como profesor Titular y más tarde como Catedrático de Historia Moderna (en 2011), una nueva etapa en sus inquietudes investigadoras, al formar parte como investigador y director de Grupos de Investigación centrados en el consumo y la cultura material en la Edad Moderna. Este nuevo enfoque historiográfico, sin abandonar como fuente principal los protocolos notariales, fue también muy fructífero con aportaciones relevantes con otros autores o de forma individual, entre las que sobresalen: Rosa María Dávila Corona, Montserrat Durán i Pujol, Máximo García Fernández, *Diccionario histórico de telas y tejidos castellano-catalán*, Junta de Castilla y León, Valladolid, 2004; Isabel dos Guimarâes Sá, Máximo García Fernández (Directores), *Portas adentro comer, vestir e habitar na Península Ibérica (ss. XVI-XIX)*, Universidade de Coimbra, Universidad de Valladolid, 2010; Juan Manuel Bartolomé Bartolomé y Máximo García Fernández (Directores), *Apariencias contrastadas: Contraste de Apariencias. Cultura material y Consumos de Antiguo Régimen*, Universidad de León, León, 2012; Juan Manuel Bartolomé Bartolomé, Máximo García Fernández, "Patrimonios urbanos, patrimonios burgueses. Herencias tangibles y transmisiones inmateriales en la Castilla interior", *Studia historica. Historia moderna*, N° 33, 2011; Máximo García Fernández, "Percepciones de la apariencia castellana dentro de España y en Roma. Imagen, cultura material y estilos de vida comparados a finales del Antiguo Régimen", *Cuadernos Dieciochistas*, N°. 9, 2008, págs. 119-151; Máximo García Fernández, " Visiones sobre el consumo textil popular de Antiguo Régimen en la Castilla interior", *Estudis: Revista de historia moderna*, 2010, págs. 21-59; Máximo García Fernández, "Consumo e identidad cultural urbana europea en el largo periodo de transición hacia la contemporaneidad", *Revista de historiografía (RevHisto)*, N°. 16, 2012 (Ejemplar dedicado a: La Ciudad y la construcción de la modernidad), págs. 129-140.

En 2010, bajo la acertada iniciativa y dirección del maestro Francisco Chacón Jiménez, nuestro Proyecto de Investigación se une de forma coordinada a otros nacionales (Murcia – Francisco Chacón Jiménez, Juan Hernández Franco, Antonio Irigoyen López- Castilla la Mancha y más tarde Andalucía – Francisco García González, Jesús Manuel González Beltrán-, Extremadura-Pablo Blanco Carrasco -, País Vasco (José María Imízcoz Beunza), y Cataluña (Joan Bestard), bajo la temática común de la familia y sus transformaciones desde 1600 a 1850. De este modo, en tres sucesivos proyectos coordinados, se platearon el análisis del conflicto entre la sociedad de los linajes y su evolución hasta la de los individuos, a través del estudio de los patrones de modernidad y los entornos sociales de cambio. Los objetivos investigadores seguían siendo las familias, la cultura material, la apariencia social y la civilización, a la que se unió la más reciente preocupación por los jóvenes en la Castilla interior de 1500 a 1850. De nuevo, los resultados fueron brillantes tanto en cantidad como en la calidad de aportaciones científicas en Congresos nacionales e internacionales y de publicaciones, de las que podemos seleccionar las siguientes: Máximo García Fernández (coordi.), *Cultura material y vida cotidiana moderna. Escenarios*, Valladolid, 2013; Máximo García Fernández, Francisco Chacón Jiménez (dir.), *Ciudadanos y familias. Individuo e identidad sociocultural hispana (siglos XVII-XIX)*, Universidad de Valladolid, 2014; Máximo García Fernández, "La cultura material cotidiana. La complejidad de la vida privada en Castilla y Portugal durante el Antiguo Régimen", *Revista portuguesa de história*, N°. 47, 2016, págs. 109-127; Máximo García Fernández," Formación y conformación de la juventud en la Castilla urbana moderna", *Revista de Historia Moderna*, N° 34, 2016 (Ejemplar dedicado a: Curso de vida y reproducción social en España y en Europa en la Edad Moderna / coord. por Francisco García González, María del Carmen Irles Vicente), págs. 43-60; Máximo García Fernández, "El vestido y la moda en la Castilla moderna. Examen simbólico", *Vínculos de Historia*, N°. 6, 2017 (Ejemplar dedicado a: Moda, símbolo y adorno personal en la historia. De los neandertales a los hipsters), págs. 135-152; Juan Manuel Bartolomé Bartolomé y Máximo García Fernández, "De padres a hijos: revestimientos hereditarios, posiciones de linaje y decisiones individuales (1700-1850)", *Tiempos modernos: Revista Electrónica de Historia Moderna*, Vol. 9, N°. 38, 2019; Máximo García Fernández, *Los caminos de la juventud en la Castilla Moderna menores, huérfanos y tutores*, Silex, Madrid, 2019; Francisco Chacón Jiménez, Máximo García Fernández, Ricardo Cicerchia , Albert Esteve Palós (directores), *Construyendo identidades y analizando desigualdades, familias y trayectorias de vida como objeto de análisis en Europa y América, siglos XVI-XXI*, Centre d'Estudis Demogràfics, Barcelona, 2018; Máximo García Fernández, " Permanencias estructurales rurales versus mudanzas. Consumos, necesidades y apariencias en Valladolid a finales del Antiguo Régimen", *Revista de Historia Moderna*, N° 37, 2019 (Ejemplar dedicado a: Miradas cruzadas: Italia y España en el siglo XVIII / coord. por Armando Alberola-Romá, María del Carmen Irles Vicente), págs. 316-346; Juan Manuel Bartolomé Bartolomé, Máximo García Fernández y Mª de los Ángeles Sobaler Seco (Editores), *Modelos culturales en femenino. Siglos XVI-XVIII* ,Sílex Universidad, Madrid, 2019;Máximo García Fernández, "Apariencia y mentalidad de Antiguo Régimen", *Familias, experiencias de cambio y movilidad social en España (siglos XVI-XIX)* / coord. por Francisco García González, Francisco Chacón Jiménez, 2020, págs. 217-230; Máximo García Fernández "Afectividad y sentimientos familiares en la Castilla moderna: "Por el mucho amor y cariño", *Emociones familiares en la Edad Moderna / coord. por Encarna Jarque Martínez*, 2020, págs. 91-118; Máximo García Fernández, " Cuestiones domésticas de Antiguo Régimen. Entre herencias patrimoniales y tutorías de menores", *Violencia familiar y doméstica ante los tribunales: (siglos XVI-XIX): Entre padres, hijos y hermanos nadie meta las manos*, Margarita Torremocha Hernández (dir.), 2021, págs. 65-87; Máximo García Fernández, "Procesos culturales en torno a la mesa cotidiana del Antiguo Régimen", *El telar de la vida. Tramas y urdimbres de lo cotidiano: maneras de vivir en la España moderna*, coord. por Gloria Ángeles Franco Rubio, Inmaculada Arias de Saavedra Alías, Ofelia Rey Castelao, 2021, págs. 161-170.

Finalmente, en el proyecto de investigación que dirigió junto a José Pablo Blanco Carrasco, a partir de 2021, se incorporaron a la temática ya descrita principalmente los conflictos generacionales e intergeneracionales, siendo también muy numerosas las aportaciones científicas a Congresos y las publicaciones: Máximo García Fernández (ed. lit.), Juan Manuel Bartolomé Bartolomé (ed. lit.), José Pablo Blanco Carrasco (ed. lit.), *Una civilización juvenil en la Edad Moderna. Desigualdades de edad y contrastes generacionales*, Peter Lang, Alemania, 2022; Máximo García Fernández y Juan Manuel Bartolomé Bartolomé, " Familias e individuos: evolución de sus valores culturales y estéticos a finales del Antiguo Régimen", *Revista Magallánica. Revista de Historia Moderna*. Vol. 8 N°16, 2022; Juan Manuel Bartolomé Bartolomé y Máximo García Fernández, "Appearances and family consumption in interior Castile (1500-1850)", en Francisco Chacón Jiménez (editor), *Changing Social Environments in Spain. Families, New Solidarities and Hierarchical Breakdown (16th-20th Centuries)*, Peter Lang. Berlin, 2023; Máximo García Fernández, "Comportamientos intergeneracionales tutelados. Una educada sociabilidad juvenil", *Magallánica: revista de Historia Moderna*, Vol. 10, N°. 19, 2023, págs. 295-317; Blanco Carrasco, José Pablo; García Fernández, Máximo ; Paoletti Ávila, Elena; (Coordi.), "Nuevas fronteras para la historia social. La historia de los jóvenes y la juventud en España durante la Edad Moderna. Introducción", *Magallánica: revista de historia moderna*, ISSN 2422-779X, Vol. 10, N°. 19, 2023, págs. 211-219; Máximo García Fernández, "Presentación: Identidad, familia y pautas de civilización", *Studia historica. Historia Moderna*, Vol. 46, N° 1, 2024 (Ejemplar coordinado por Máximo García Fernández y Antonio Irigoyen López, dedicado a: Identidad, familia y pautas de civilización en la España Moderna: herencias en transformación), págs. 7-11; Máximo García Fernández, "La minoría de edad castellana del Antiguo Régimen. El conflicto en la práctica de la tutela familiar", *Vidas tuteladas: Familia, orfandad y dependencia en la España Moderna* / coord. por Francisco García González, Francisco José Alfaro Pérez, 2024, págs. 265-286; Máximo García Fernández, "Mantenimiento del peso de lo sacro y el anti-modelo ilustrado a la santidad", *Conflictos intergeneracionales y generaciones familiares en la España del Antiguo Régimen* / coord. por Juan Manuel Bartolomé Bartolomé, José Pablo Blanco Carrasco, Juan Hernández Franco, Peter Lang, Berlin, 2024, págs. 227-247; Máximo García Fernández, " Consensos y disensos sobre modelos de vida en evolución", *Modelos de vida: Procesos de civilización y emergencia del yo a finales del Antiguo Régimen* / coord. por Máximo García Fernández, Javier Esteban Ochoa de Eribe, José Pablo Blanco Carrasco, 2025, págs. 11-21.

Este libro es el fruto del homenaje en recuerdo a nuestro querido colega, el historiador y Catedrático de Historia Moderna de la Universidad de Valladolid, Máximo García Fernández, coincidiendo con el primer aniversario de su pérdida. En total, son catorce estudios, realizados por compañeros y discípulos, sobre contenidos de la Historia Social en la Edad Moderna, principalmente el siglo XVIII, teniendo como ejes principales las familias y la larga duración. En concreto, los trabajos se centran en: La cultura material, el consumo y el proceso de civilización de familias nobles tituladas, de los artesanos, de los profesores de la primera generación de la Real Academia de San Fernando y las portuguesas de Lisboa, con preferencia por la imaginaria luso-oriental en sus interiores domésticos; las herencias y los patrimonios adquiridos, donde sigue siendo muy importante la tierra; las trayectorias de familias con éxito, tanto nobles, como de los artesanos de la Real Fábrica de Tapices; las adhesiones y conflictos civilizatorios, tanto generacionales como intergeneracionales, en torno a una cuestión fundamental en toda organización social como es el matrimonio; los planteamientos teóricos de cómo deberían ser las relaciones entre amos y criados para ser justas y benéficas, según las experiencias de la economía doméstica y los principios de la moral católica; las relaciones padres hijos según los tratadistas; la infancia y sus cuidados asistenciales en las casas de beneficencia; los afectos y sentimientos en la cultura material del amor conformada por ventanas, cartas y obsequios; la sodomía femenina en Aragón en el siglo XVIII; y la dialéctica entre la tradición y las nuevas ideas ilustradas en la nueva España. En fin, una temática muy atractiva y sobre todo novedosa, tan apreciada por Maxi, de autores especialistas de Universidades españolas y portuguesas, que forjaron con él lazos de trabajo y amistad.

Con esta contribución académica queremos recordar la excelente obra como historiador -de la cual se ha hecho una sucinta exposición en la páginas anteriores- y el magisterio de Máximo García Fernández, sin olvidarnos de su persona: su bonhomía, su generosidad, su cordialidad, el optimismo, la vitalidad, el ingenio y la desbordante simpatía, con la que nos obsequió a todos los que tuvimos la suerte de conocerlo y de convivir con él. Nunca podremos olvidarlo, ni olvidarle.

León- diciembre de 2025

2
El proceso de civilización de la casa de Fernán Núñez: estrategias silenciosas de ascenso y consolidación a través del IV y V conde[1]

Arianna Giorgi

Universidad Rey Juan Carlos

1   Este estudio se inserta en el marco del Proyecto "Experiencias familiares y acciones personales. "Códigos socio-culturales, discursos y legados en los estratos superiores (1700-1833)", financiado por la Agencia Estatal de Investigación-Ministerio de Ciencia, Innovación y Universidades [2025- 2029].

La atención académica por los condes de Fernán Núñez encontró su punto de partida en la década de los sesenta con el trabajo pionero de Russell P. Sebold[2]. Este primer acercamiento del hispanista reivindicó la importancia y la significación del texto *El Hombre Práctico* del III Conde; análisis que se integró posteriormente en su famosa obra *El rapto de la mente* donde la poesía y la poética dieciochesca se interpretaban como resultado de las creaciones mentales imbuidas de ideales y significados de la época[3]. A pesar de haber sido rescatada temporalmente por José Antonio Maravall[4], Francisco Gutiérrez de los Ríos y su linaje cayeron en un nuevo y prolongado silencio. Esta tendencia se rompió con la coedición crítica de Sebold y Pérez Magallón[5] que marcaría un punto de inflexión fundamental no solo al proporcionar las bases documentales y un marco de estudio renovado, sino al convertirse en la fuente primaria ineludible para el estudio de la nobleza del siglo XVIII. Al contextualizar a Francisco Gutiérrez de los Ríos en la órbita literaria de los novatores, esta coedición analizaba sus discursos en relación con la ciencia, la educación y el pragmatismo de la época, irguiéndose como la base sobre la que se construirían los análisis de las posteriores investigaciones filológicas. Sin embargo, un nuevo camino le deparaba a esta dinastía de nobles: su trayectoria vital y cortesana dio un giro metodológico decisivo con la tesis doctoral de Carolina Blutrach Jelin, cuya publicación revisada y mejorada se publicó en 2014 con el título *El III conde de Fernán Núñez(1644-1721): Vida y memoria de un hombre práctico*[6]. Esta monografía desplazaría el foco del análisis textual a la función sociocultural del autor y su linaje. Como la propia autora confesaba en la Introducción, su interés nacía de una nota al pie de página en el artículo de Fernando Bouza[7]

---

2   Russell P. Sebold, " A sustancial analysis of the origins and nature of Luzan's Ideas on Poetry", *Hispanic Review*, 35, 1967, pp. 227-251.

3   Russell P. Sebold, "El Hombre Práctico " en *El rapto de la mente (Poética y poesía dieciochescas)*, Madrid, Prensa Española, 1970.

4   José Antonio Maravall, "Preludio a la Ilustración: El hombre práctico (1680) de Gutiérrez de los Ríos" en F. López, J. Pérez, N. Salomon, & M. Chevalier, *Actas del Quinto Congreso Internacional de Hispanistas* Bordeaux, Université de Bordeaux 1977, pp. 735-753.

5   Jesús Pérez Magallon y Russell P. Sebold, *Gutiérrez de los Ríos, Francisco, III Conde de Fernán Nuñez. El hombre práctico o discursos s¡varios sobre su conocimiento y enseñanza*, Córdoba, CajaSur, Obra social y cultural, 2000.

6   Carolina Blutrach Jelin, *El III conde de Fernán Núñez (1644-1721): Vida y memoria de un hombre práctico*, Madrid, CSIC-Marcial Pons, 2014.

7   Fernando Bouza, "La correspondencia del hombre práctico. Los usos epistolares de la nobleza española del Siglo de Oro a través de seis años de cartas del tercer conde de Fernán Núñez (1679-1684)" en *Cuadernos de Historia Moderna. Anejos*, 4 (2004), pp. 129-154.

que analizaba la práctica epistolar de la nobleza española. Superando así la visión dominante que se había centrado casi exclusivamente en la significación intelectual del texto, Blutrach trascendía del mero análisis documental para centrarse en la imagen de la perpetuación del linaje, así como en las aspiraciones de ascenso del conde, cuyos resultados se pueden hallar en sus publicaciones más famosas[8]. Esta línea de investigación fue crucial para el trabajo de José Vigara Zafra quien, desde el ámbito de la Historia del Arte, continuaría esa labor, centrándose en la dimensión material simbólica del VI conde de Fernán Núñez[9] en el siglo XVIII mediante el análisis del modelo sociocultural en sus embajadas en Lisboa y París como herramientas de promoción social a través de la diplomacia[10]. Más recientemente, la investigación acerca de esta dinastía ha continuado por nuevos derroteros temáticos, con contribuciones destacadas de Francisco Manuel Espejo Jiménez -desde el campo de la conservación y del patrimonio, abordando la figura de estos nobles en relación con el arte-[11] así como Giorgi[12] quien ha profundizado desde la historia cultural, centrándose en las identidades masculinas, el proceso de la construcción de la masculinidad hegemónica y la autoconfección de los Gutiérrez de los Ríos.

---

8   Blutrach Jelin, Carolina, ""Mi alma aturdido me tiene". Las pasiones en los discursos y cartas del III Conde de Fernán Núñez" en *Historia Social,* 81 (2015), pp. 73-92; "Mujer e identidad aristocrática: La memoria del vínculo materno en la Casa de Fernán Núñez" en *Arenal: Revista de historia de las mujeres,* 18 (2011), pp. 23-51; "El tercer conde de Fernán Núñez y la "Europa de los sabios"" en Agustín Guimera Ravina et all. *Acta de la VIII Reunión Científica de la Fundación de Historia Moderna,* CSIC, 2005, pp. 363-378; "Fernán Núñez y el Hombre Práctico: la experiencia de uns noble a través de su escritura" en Enrique Soria et all. , *Las élites en la época moderna: la monarquía española,* Córdoba, 2009, pp. 67-78.

9   José A. Vigara Zafra *Arte y cultura nobiliaria en la Casa de Fernán Núñez: (1700-1850),* [Tesis doctoral no publicada]. Universidad Nacional de Educación a Distancia (UNED), 2015.

10   José A. Vigara Zafra, J. A., *La embajada del VI Conde de Fernán Núñez en Lisboa (1778-1787)* en J. M. Morales Sánchez & C. J. Rodríguez Sánchez (Coords.), *Imágenes de la tradición clásica y cristiana* Ediciones de la Universidad de Castilla-La Mancha, 2016, pp. 573-585; Vigara Zafra, " Las obras pías del VI conde de Fernán Núñez: Un ejemplo de distinción social a través de la caritas ilustrada "en *De Arte. Revista de Historia del Arte,* 14 (2016), pp. 169–188.

11   Francisco Manuel ESPEJO JIMÉNEZ: "Aproximación entre el III conde de Fernán Núñez y Las Meninas de Velázquez" en *Boletín de arte,* 39 (2018), pp.283-287.

12   Arianna Giorgi, "Entre el Self-fashioning y la Herencia Familiar: la Masculinidad Hegemónica en la Identidad de los Gutiérrez de los Ríos" en *,Studia historica. Historia moderna,* 46 (2024), pp. 33-60; "Entre la Ética y la Estética de los Condes de Fernán Núñez: Arcanos del Dulce Vivir en el Antiguo Régimen", en F. Precioso Izquierdo y M.T. Marín Torres, *Los arcanos de la memoria familiar: usos y proyección del pasado en la sociedad española (1650-1850)* , 2024, pp. 203-22; "La representación de un joven menino de la reina Mariana de Austria: Francisco Gutiérrez de los Ríos y Córdoba, III conde de Fernán Núñez" en *Jóvenes preparados para la madurez (siglos XVI-XIX),* 2023, pp.. 89-103.

La convergencia de estos estudios ha reconocido la preminencia de la Casa de los Gutiérrez de los Ríos en la historiografía española, principalmente gracias a las figuras del III Conde -Francisco- y el VI Conde -Carlos José. No obstante, esta polarización ha generado una significativa laguna concerniente al IV y V conde de Fernán Núñez que, tal vez actores secundarios de esta dinastía actuaron estrategias de consolidación e hicieron posible el tránsito de un linaje de la nobleza andaluza a la cúspide de la aristocracia titulada[13]. De este modo, este estudio se centrará en las figuras de Pedro José -IV Conde- y José Diego -V Conde. A menudo relegados a notas a pie de página y considerados meros eslabones de sucesión, éstos no solo gestionaron el patrimonio durante un periodo de profunda transformación política y social, sino que consolidaron las ambiciones familiares en el contexto del cambio dinástico y la primera mitad del siglo XVIII borbónico. Su análisis resulta crucial: pues fue precisamente gracias al servicio del IV Conde cuando la Casa consiguió la tan ansiada Grandeza de España de Primera Clase, apuntalando los pasos previos e indispensables para el posterior Ducado.

Ante esta omisión y a pesar de la limitada disponibilidad de datos fehacientes[14], el objetivo principal de este trabajo es arrojar luz sobre estas figuras que funcionaron como puente estratégicos en la proyección del linaje. Sus estrategias administrativas y matrimoniales implementadas por ellos marcaron el camino para la elevación de la Casa, demostrando que ésta no fue solo resultado de la erudición del III Conde ni del lustre diplomático del IV Conde. En efecto, se argumentará que la culminación del proceso de su encumbramiento social y civilización *settecentesco* fue también fruto de la gestión y alianzas políticas ejecutadas por estos dos condes. Específicamente, se defenderá que la trayectoria naval y militar del V Conde, así como su posterior matrimonio con la nobleza francesa, constituyeron la palanca decisiva que cimentó no solo el estatus sino sobre todo el ideario de cortesanía ilustrada.

Apoyándose en las figuras del IV y V conde de Fernán Núñez, el presente estudio señalará las claves significativas para comprender los modelos de masculinidad nobiliaria en la España del siglo XVIII y

---

13   Agradecemos la sugerencia del Prof. Juan Hernández Franco acerca de la necesidad de investigar al IV y V Conde de Fernán Núñez.

14   José Valverde Madrid, ""En el centenario de Carlos III: el IV conde de Fernán Nuñez, autor de su biografía" en *Boletín de la Real Academia de Córdoba de Ciencias, Bellas Letras y Nobles Artes,* 117 (1989), pp. 99-104; Fernando González de Canales y López Obrero,, "Los condes de Fernán Núñez, tres marinos cordobeses" en *Revista de Historia Naval,* 122 (2013), pp. 83-95.

comienzos del XIX. A través de nuestra perspectiva histórico-cultural se propone analizar cómo estos dos condes encarnaron, negociaron y proyectaron formas específicas de identidad masculina en un contexto marcado por la transformación de los valores aristocráticos, la consolidación del Estado borbónico y las tensiones entre tradición y modernidad.

La primera mitad del siglo XVIII marcó una etapa de transición para la Casa de Fernán Núñez. Tras el impulso reformista del III conde, Francisco Gutiérrez de los Ríos, el linaje afrontó un tiempo de consolidación y dificultades, protagonizado por dos figuras menos estudiadas: Pedro Joseph Gutiérrez de los Ríos (IV conde) y José Diego Gutiérrez de los Ríos (V conde). Ambos aristócratas, aunque alejados del esplendor ilustrado que caracterizaría a su sucesor, el VI conde, desempeñaron un papel clave en la preservación del mayorazgo y en la definición de estrategias de continuidad nobiliaria en un contexto marcado por la Guerra de Sucesión, la reorganización borbónica y las tensiones económicas derivadas de la decadencia patrimonial.

1. PEDRO GUTIÉRREZ DE LOS RÍOS Y SU SUCESIÓN EFÍMERA

Si bien el mandato del IV Conde de Fernán Núñez fue breve y de escaso patronazgo artístico, resultó decisivo para que su linaje alcanzara la tan ansiada Grandeza de España de Primera Clase. Este era el hito más importante para la nobleza o, en palabras de Alonso Carrillo, una "extraordinaria gerarquía".

Se llamaba Pedro José y era el legítimo heredero y depositario del amplio legado material e inmaterial de su Casa. Hijo del III Conde y de Catalina Zapata de Silva —hija de Antonio Zapata Mendoza, III Conde de Barajas y Mayordomo Mayor de Felipe IV—, había seguido la costumbre familiar de vincularse con la Corte desde su más tierna niñez.

Siguiendo la tradición paterna, Pedro José pronto optó por la carrera de las armas, ingresando en la Armada y ostentando un compromiso inquebrantable con la causa borbónica. De hecho, su servicio coincidió plenamente con la Guerra de Sucesión Española, durante la cual defendió los intereses de Felipe V siendo recompensado por este primeramente en 1705 con el cargo de Gobernador General de la Armada, para poco después ser nombrado Comandante de la Escuadra de Galeras, dirigiendo la recuperación de Mallorca del control del Archiduque Carlos de Austria. Sus gestas y lealtad le valieron la Grandeza de Primera Clase, por Decretos de 2 y 23 de diciembre de 1728.

También en la elección de sus estrategias matrimoniales siguió los pasos de sus ancestros. Inicialmente, sus intereses se dirigieron hacia su prima María Francisca de Silva Hurtado de Mendoza -futura XI duquesa del Infantado-,[15] para luego concretarse con Ana Francisca de los Ríos y Alsacia -hija de los marqueses de los Ríos, don Francisco Gutiérrez de los Ríos de la Tour y Taxis y doña Ana de Alsacia-, natural de Bruselas con quien se casó en 1726[16], con dispensa de Benedicto XIII por su parentesco con su futuro marido. En ambos acercamientos matrimoniales, queda demostrada la estrategia de limar asperezas con el otros costado del linaje, el cual, en ambos casos, había apoyado fervientemente al archiduque Carlos durante la Guerra de Sucesión. En concreto, el padre de Ana Francisca había recibido el marquesado por su lealtad al bando australita y los trasladó con su familia a la corte de Bruselas, donde se otorgaron las capitulaciones matrimoniales en Bruselas a 27 de abril de 1726. En esta unión también buscaba reforzar los lazos con linajes de poder y prestigio internacional, incluyendo la alta nobleza europea a través de la rama de los Chimay.

Al suceder a su padre con 54 años, Pedro José sintió el compromiso de continuar con las mejoras comenzadas por su progenitor, así como emprender nuevas obras y reformas. Sin embargo, su gestión se caracterizó por una ralentización de la inversión patrimonial respecto a las anteriores debido a la redirección del patrimonio familiar hacia otros intereses del mayorazgo, como las obligaciones militares y un contexto de endeudamiento de la villa. A pesar de esta contención, fue el principal promotor de la reconstrucción de la iglesia de Santa Marina de Aguas Santas, obra fundada en el siglo XIV y restructurada por su progenitor[17]. Para dar continuidad a este proyecto, destinó 45.000 reales para el cierre del techo y de la bóveda del panteón, bajo la cual descansaban sus ancestros[18]. Aunque su mandato estuvo marcado por el endeudamiento de la villa , también coincidió con grandes

---

15   ES.45168.AHN, SN,/2//OSUNA,CT.229,D.143-200.

16   E S.28079.AHN//OM-CASAMIENTO_CALATRAVA,Exp.589

17   Ángel Marín Berral, *La iglesia parroquial de Santa María de Aguas Santas de Fernán Núñez. Evolución histórica, transformación arquitectónica y patrimonio artístico*, tesis doctoral, Universidad de Córdoba, 2025.

18   Francisco Crispín Cuesta, *Historia de la Villa de Fernán Núñez*, 1994.

avances industriales y económicos. Estos incluyeron la creación de molinos de harina, fábricas de seda y paños, los batanes, las huertas, el reparto de las tierras con censo enfitéutico.

No obstante, en el plano personal, este periodo culminó con su matrimonio y el reconocimiento de su servicio a la Corona. De hecho, el primer Borbón le concedió el 23 de diciembre de 1728 el mayor reconocimiento por sus gestas heroicas, culminando así la consolidación definitiva de la dinastía y otorgándole un lugar en la cúspide la de la aristocracia titulada.

Como ya abordado en anteriores investigaciones[19], la identidad del IV conde ha quedado erosionada por el tiempo. Sin embargo, sabemos que la caza era una de sus distracciones favoritas -tal y como se estilaba entre los nobles de la época. Para tal fin, mandó acotar las tierras de su jurisdicción y publicó bandos en los que se anunciaban las penas y sanciones de haber cazado en los terrenos vedados. Este pasatiempo estaba alineado con las nuevas disposiciones legales introducidas por Felipe V que limitaban esta práctica a la aristocracia[20].

Su pertenencia al estamento noble se percibía sobre todo por sus apariencias vestimentarias. A pesar de la pérdida de retratos significativos -como el realizado por su pintor de cámara Antonio Acisclo Palomino- el inventario de sus bienes colma estas lagunas y nos revela una identidad visual que coincide con la ficción estética configurada por su padre, el III Conde. Adaptándose al proceso de civilización indumentario de la nueva corte, su imagen no solo evidencia la lealtad política al Rey a través de la moda francesa, sino que la cantidad de prendas militares resalta su estatus y el carácter privilegiado de sus vestimentas y accesorios (véase Tabla 1).

La información extraída de los protocolos relativa a los bienes hallados en el Palacio de Cádiz respalda la tesis de la construcción de una imagen doble del IV Conde. Si por un lado, las 80 prendas inventariadas resaltaban su identidad cortesana alineada con la institucionalización del vestido a la francesa; por otro, la presencia de elementos militares demostraba su perfil marino. De hecho, su guardarropa no solo era reflejo de su apariencia cortesana -evidenciada por las 13 unidades representada por los vestidos de carro de oro, los *ringots* y las pelucas empolvadas-, sino también de la practicidad

---

19   Arianna Giorgi, "Entre el Self-fashioning y la Herencia Familiar: la Masculinidad Hegemónica en la Identidad de los Gutiérrez de los Ríos" en ,*Studia historica. Historia moderna,* 46 (2024), pp. 33-60.

20   Ceferino Caro López, "La caza en el siglo XVIII: sociedad de clase, mentalidad reglamentista", *Hispania. Revista Española de Historia,* 224 (2006), pp. 997-1018.

TABLA 1:
Inventario de Vestidos en el Palacio de Cádiz

PRENDA	NATURALEZA	CANTIDAD
Vestidos Completos a la Francesa	Cortesana y Gala	4
Ringot (Abrigo francés)	Cortesana y Gala	2
Chupa de raso liso encarnada	Cortesana y Gala	1
Peluca	Cortesana y Gala	3
Sombrero fino	Cortesana y Gala	1
Espadín	Cortesana, Gala, Militar	1
Capa española	Tradición	1
Almilla de algodón	Militar	9
Bata	Doméstico	3
Peinador	Uso Diario	1
Calzoncillos	Uso Diario	18
Calcetas	Uso Diario	12
Gorro	Tradición	15
Medias	Uso Diario	5
Camisa	Uso Doméstico y Diario	2
Brideçu/Biriçu (Gorro de seda)	Militar	1
Bonete	Tradición	1
Pañuelo	Uso Diario	1
TOTAL	-	80

Fuente: AHN, Sección de Nobleza, Protocolos notariales

militar que, con 10 unidades, subrayaba la tradición castrense de su linaje y atestiguaba su profunda vinculación con la Armada. De igual modo, se remarcaba su lealtad a la dinastía borbónica a través dela adopción de la nueva cultura vestimentaria, sino también el fundamento material de su masculinidad hegemónica que conjugaba el lujo extranjerizante con la autoridad militar y estatus de antiguo hidalgo español -aquí representado por la capa.

2. JOSEF DIEGO ENTRE CONTINUIDADES Y RUPTURAS

Incluso antes del fallecimiento de su hermano Pedro, el IV Conde, José Diego ya le había sucedido al frente de la escuadra de Galeras de España. A la muerte de éste[21], en 1734, heredó el título de Conde de Fernán Núñez, asumiendo la gestión del linaje y del mayorazgo en un momento crucial debido al pleito que mantenía con María Josefa de los Ríos y, Vicente Diego de los Ríos[22]. Su prioridad fue sanear las finanzas familiares y revertir la paulatina decadencia en gobierno de la villa cordobesa que había caracterizado el último periodo de su hermano.

Aun así, su impronta se proyectó marcadamente en el ámbito militar, en concreto, en el marítimo. De hecho, con apenas diez y seis años ingresó como soldado de marina en la Real Armada del Océano, inicialmente bajo las ordenes de su padre en la difícil tarea de defender Cádiz de los enemigos de la Corona, para luego ser destinado a la flota de galeones que le abriría las puertas de la Armada Real Francesa donde terminará sus estudios y recibirá clase de construcción de buques. Con esta preparación, fue ascendido en 1702 como Alférez de Navío y luego Teniente de la Mar en la defensa de la plazas de Málaga y Gibraltar que le valieron el cargo de Capitán de Navío. Esta rápida escalada le permitió ser nombrado edecán de Su Majestad a quien acompañaba durante la Guerra de Sucesión, apresando las embarcaciones del bando austracista del Archiduque Carlos. Y así lo testificaba Fernández Duro: "en todas estas operaciones del Mediterráneo prestaron buen servicio las galeras de España del mando de D. José de los Ríos, que puede decirse que se mantenían de lo que

---

21   AHN//CONSEJOS,10030,A.1734,Exp.8.

22   AHNOB//FERNAN NUÑEZ,C.430,D.28-29.

tomaban a los enemigos"[23]. Terminado este conflicto bélico se dedicó a combatir la piratería berberisca en las aguas del Mediterráneo. Así, en 1729 se le concedería el título en propiedad de Capitán General "en atención a sus dilatados y agradables servicios y ejecutados del expresado año de 1886 en la Armada Océano, la del Sr. Cristianísimo y en el ejército de tierra cerca de la persona del Rey N.S"[24].

En efecto, su servicio como Capitán General se extendió hasta la disolución oficial del Cuerpo de Galeras en 1747. José Diego fue el último en ostentar dicho cargo, cerrando así la brillante y envidiable carrera de los Gutiérrez de los Ríos al mando de este histórico cuerpo naval.

Paulatinamente también las galeras fueron desapareciendo de los mares españoles; siendo su galeón insignia fue la última de estas naves en entrar en el Puerto de Santa María para ser desguazado y del que se llevó el repostero, más conocido como lienzo-retablo, procedente de una embarcación turca que participó en la Batalla de Lepanto. Lo tenía arbolado en su galera capitana y hoy se conserva en el Museo Naval de Madrid donde se le describe de la siguiente forma:

Seda roja de forma rectangular, cosida a una vela, rodeado de una cenefa damasquinada de oro con su lado derecho curvilíneo. Tres figuras y tres escudos aparecen distribuidos homogéneamente en toda la superficie. En el centro, un Cristo Crucificado y bajo El un gran escudo rodeado por el Toisón de Oro y la corona con las armas reales de Castilla, León, Aragón, Dos Sicilias, Austria, Borgoña, Flandes y Tirol. A su derecha, Nuestra Señora la Virgen María entronizada, tres parejas de ángeles la acompañan, la sustenta una nube, otra porta las torres de la Virtud y la tercera, las palmas de la gloria y la corona. A su izquierda, un Santiago, Patrón de España, armado a lo antiguo, la espada en la mano derecha levantada, y en la izquierda, un estandarte con una Cruz, sobre un caballo blanco corriendo y en el suelo jeníza-ros turcos; uno ha dejado caer su escudo y su carcaj de flechas; otro con la cabeza rapada a la moda militar otomana, intenta un postrer movimiento defensivo con el escudo y la cimitarra; cuerpos yacentes en el fondo. A ambos lados y debajo de las anteriores figuras, dos escudos menores gemelos sobre metopa y cruz de Alcántara, bajo co-rona. Una bordura de castillos y leones acoge los cuarteles de los que "en jefe" aparecen las armas de los Ríos[25].

---

23 Cesáreo Fernández-Duro, *Armada Española*, Madrid, 1973, p. 83.

24 Francisco de Paula Pavía, *Galería biográfica de los generales de Marina*, Madrid, 1873, p. 545.

25 Hugo O'Donnel, *Las joyas del Museo Naval*, p. 13.

En 1749 moriría en Cartagena, ciudad a la que había sido destinado dos años antes.A diferencias de sus predecesores, apenas residiría en su palacio de Fernán Núñez que, sin embargo, se convertiría en el hogar de su mujer y sus hijos.

También en la construcción de su familia siguió un camino que se alejaba del trazado por sus ancestros. De hecho, confeccionaría su identidad nobiliaria a partir del proceso de civilización a través de la interiorización de nuevos comportamientos de cortesía y sentimientos civilizados propios del siglo XVIII. Esto le llevó a buscar un nuevo camino y una nueva proyección social para su linaje, fundamentada en la influencia francesa y el cosmopolitismo en un claro esfuerzo por adaptar su Casa a las exigencias de la Ilustración. Así en 1739 contrajo matrimonio con Charlotte Felicitas de Rohan Chabot, iniciando una alianza estratégica que consolidaba la conexión con la alta nobleza francesa iniciada por su hermano y que imprimiría su huella cosmopolita en sus descendientes. El ambiente intelectual de la corte de Versalles encarnaba un requisito indispensable para su ambición de reformar y modernizar su dinastía.

La búsqueda de una nueva sociabilidad internacional por parte del V conde no solo se manifestaba a través de su mujer sino también en la cuidada construcción de su imagen (Figura 1). Un pequeño cuadro de forma ovalada proyectaba su preminencia cortesana que acentuaba la nueva iconografía borbónica donde se fusionaba lo antiguo con lo moderno y lo militar con lo palaciego. Esta dualidad simbólica se apoyaba en la tradición militar de servir a la Corona y en la figura heroica de su abolengo castellano, elementos que se fusionaban con la estética gala y la institución de la moda francesa. De esta manera, la inspiración francesa no era un mero capricho estético, sino el resultado de la civilización a la que aspiraba la aristocracia ilustrada. Al adoptar las formas iconográficas de la corte de Versalles y, en este cuadro, la referencia directa de la imagen de Felipe V plasmada por Van Loo[26], José Diego conseguía definir su linaje a través de los nuevos códigos civilizatorios y mostrarse como un noble cosmopolita alineado con los ideales del Reformismo borbónico.

---

26   Nos referimos al retrato del monarca titulado *Portrait de Philippe V d'Espagne* que se conserva en el Museo Nacional del Prado.

Figura 1: Anónimo, *Don José Diego Gutiérrez de los Ríos, Conde de Fernán Núñez*, siglo XVIII. Archivo Moreno, Casa Moreno-Archivo de Arte Español (1893-1953). Fuente: IPCE: Ministerio de Cultura y Deporte.

3. LA GESTIÓN DE LAS CONDESAS VIUDAS

A mediados del siglo XVIII, la estabilidad de la Casa de Fernán Núñez estuvo marcada por la firmeza de sus Condesas viudas, mujeres que asumieron un rol de regencia y tutela. Ambas procedían de cortes extranjeras y no solo se aseguraron de la continuidad del

linaje, sino que impulsaron la educación ilustrada del futuro VI conde
y su hermana en el marco del proceso de civilización del Settecento,
demostrando su capacidad para actuar como la autoridad principal
de la villa,

3.1. ANA FRANCISCA,
LA *MATERFAMILIAS* DE FERNÁN NÚÑEZ

A pesar de haberse criado en la corte de Bruselas, la IV condesa de Fernán Núñez pasaría la mayor parte de su vida en Fernán
Núñez. Durante estos años Ana Francisca se dedicó a gobernar la
Villa mientras su marido, el Conde, surcaba mares en calidad de Capitán General. Fueron años marcados por su entrega y por voluntad
de apaciguar las antiguas tensiones familiares. Se trataba de un acercamiento sincero, impulsado por un interés común: el Marqués de los
Ríos había sido educado por el III Conde, lo que forjó el vínculo. Por
ello, ambos linajes volvieron a unirse con el único fin de mejorar la
situación de la villa y la vida de sus habitantes.

Incluso tras la muerte del marido, Ana Francisca afianzó aún
más su compromiso con Fernán Núñez. Su vida excepcionalmente
longeva la convirtió en una presencia constante que tuteló los intereses familiares y locales. A lo largo de más de cuatro lustros se convirtió en casi la autoridad principal, ya que incluso llegó a sobrevivir
incluso a los V Condes. Esta circunstancia que no solo afectó a su
línea directa, sino también a la colateral, ya que se ocupó de los hijos
de éstos que habían quedado huérfanos tempranamente.

Tras el fallecimiento de su marido se comprometió firmemente
con mantener su familia y la villa, asegurándose la finalización de
las obras de la Iglesia Mayor de Santa Marina de Aguas Santas. Su
intervención se reveló fundamental al invertir reales 8000 en julio de
1735 -tal y como consta en el documento del consejo que se conserva
en el archivo parroquial. También se dedicó a estrechar lazos con
figuras influyentes como el vicario Pedro de Luque Granados y los
miembros de la familia Villafranca, quienes eran los administradores
y capellanes de la Casa que gozaban del prestigio loca. Mantuvo esta
actitud de *materfamilias* no solo con su propio núcleo familiar, sino
que a la muerte de los V , se ocupó de los hijos de éstos que quedaron
bajo su tutela. De hecho, el futuro VI conde, Carlos José, y su hermana, Escolástica permanecieron en la Villa bajo su cuidado hasta que
pasaron los lutos y se resolvieran las disposiciones del Rey Fernando
VI acerca de la jurisdicción de Fernán Núñez, dado que Carlos José
todavía era menor de edad.

Su fallecimiento ocurrió el 30 de junio de 1752. En reconocimiento a su valor inestimable y la trascendencia de su labor, el consejo de la villa dispuso los debidos lutos y honores. Incluso adelantaron la celebración de la fiesta religiosa de Santa Marina como un gesto de profundo respeto y gratitud hacia la mujer que había asegurado la estabilidad y el progreso de la Casa y la villa en momentos de transición.

3.2. CHARLOTTE FÉLICITÉ DE ROHAN-CHABOT Y LA QUERELLA EN FERNÁN NÚÑEZ

Perteneciente a la más alta aristocracia francesa, Charlotte Félicité de Rohan-Chabot era hija de Luis de Bretaña -Príncipe de Lyon, Duque de Rohan y par de Francia- y de Francisca de Roquelaure. En 1739 Carlota, también conocida como María Armada, contrajo matrimonio con José Diego Gutiérrez de los Ríos, V conde de Fernán Núñez y Grande de España. Este enlace supuso un importante cambio la estrategia matrimonial del linaje ya que José Diego, al recaer en él los derechos sucesorios, secundó sus propias inquietudes -tal y como prescribía la nueva mentalidad ilustrada- priorizando una alianza dinástica con una de las Casas vinculadas con la realeza francesa. Por lo que este enlace acentuó el dispositivo civilizatorio y cosmopolita del V conde. Con ella se introdujo un refinamiento visible en las vestimentas de lujo, las joyas engarzadas o la contratación de médicos franceses -tal y como se aprecia en su testamento. Estas prácticas no solo buscaban mantener un decoro aristocrático sino en potenciar el prestigio y la posición social del Condado, alineándola con las costumbres más sofisticadas que procedía de Francia y de la corte de Versalles.

Mientras ostentó el título de condesa de Fernán Núñez, Carlota residió principalmente en Cartagena sin descuidar ni la corte madrileña ni la Villa cordobesa. Aun así, estrechó una sincera amistad con Leopoldina Elizabeth de Lorena, Mademoiselle de Pons y mujer del Duque de Béjar, a quien nombraría albacea y tutora de sus hijos -si el Rey lo consentía.

A la muerte de su marido en 1749 y tras apelar al Rey Fernando VI, Carlota heredó sus bienes y los estados, siendo también concedida la tutora de sus hijos, Escolástica y Carlos José. Durante los pocos meses que sobrevivió a su marido, emprendió constantes litigios con la IV condesa viuda y los capitulares de la Villa. En efecto, fallecía el 27 de mayo de 1750 y, a pesar de su clara intención de que sus hijos fueran educados en la corte e Francia por su hermano, el Duque de Rohan, su decisión no pudo llevarse a cabo. El mismo Fernando VI, consciente de la importancia estratégica y política de los estados en litigio y de la necesidad de mantener a los herederos bajo la influencia de la Corona, intervino directamente en el asunto. Por Real Provisión, prohibió la salida de los niños de España, disponiendo que continuasen su educación en la Corte bajo su supervisión, asegurando así su lealtad y la correcta administración de los bienes en favor de la Corona.

4. CONCLUSIÓN

Si el III conde fue uno de los más destacados novatores, anticipando el espíritu de la Ilustración y rompiendo el aislamiento español para incorporar los avances europeos, así sus hijos heredaron no solo sus estados sino también su apertura a Europa y la adhesión a costumbres que integraban la nueva civilidad y el refinamiento cortesano. Su perfil militar y su compromiso con el nuevo orden borbónico proporcionaron la legitimidad y el estatus nobiliarios necesarios para que el linaje pudiera consolidarse a través de las generaciones futuras para convertirse en una de las Casas nobles más influyentes y firmemente integrada en el proyecto de Estado Ilustrado.

Y esto fue posible sobre todo gracias a los protagonistas del segundo cuarto del siglo XVIII: el IV y V condes de Fernán Núñez. A pesar de representar un capítulo silente en la historia de la Casa, su importancia radica no solo en ser el puente dinástico necesario para impulsar el Condado a la cumbre nobiliaria durante los reinados de Carlos III, Carlos IV y Fernando VII, sino en sus decisiones estrategias que, de acuerdo con las primeras consignas del proceso de civilización, les aseguraron apuntalar el auge social de su dinastía.

En efecto, este estudio ha revelado la necesidad de ampliar el campo de estudio más allá de las figuras prominentes, explorando cómo los llamados " Fernán Núñez menores" contribuyeron de forma activa en la construcción de una nobleza ilustrada. En lugar de ser figuras pasivas, Pedro José y José Diego fueron los agentes que aseguraron su preminencia a través de alianzas estratégicas de diplomacia y matrimonio para convertirse en el modelo de nobleza enmarcada en el proyecto borbónico. Aunque su periodo constituye una etapa intermedia y menos visible, fue igualmente decisiva gracias a sus relaciones políticas necesarias para el salto social y honorífico de su Casa. De hecho, su estudio no solo ha llenado la laguna existente, sino ha revelado que el período 1721-1750 constituye una etapa intermedia, quizás menos visible, pero igualmente decisiva en la historia de la Casa.

A través fuentes primarias -como correspondencia privada, documentos administrativos, retratos, etc,...- nos han permitido contextualizar sus vidas y sus movimientos. El IV y V conde no fueron grandes reformadores, pero su gestión y sobre todo sus alianzas matrimoniales aseguraron la supervivencia del linaje en tiempos de incertidumbre y la voluntad de inscribir sus familias en el proceso de civilización. Se trata de una transición hacia el reformismo que caracterizó el reinado de Carlos III, definiendo además la evolución de la nobleza española. Si el IV conde se caracterizaba por un patrón de conducta más militar, mayormente marcado por el deber hacia la Corona y la voluntad de reforzar los vínculos familiares, el V se aseguró de cumplir con las consignas ilustradas para que sus sucesores, el VI y VII condes, no solo heredaran el título, sino también su prestigio en las cortes europeas. En la historia de la Casa de Fernán Núñez, la discreta gestión del IV y V conde no fue un paréntesis, sino la bisagra que enlazó el ideario novator del pasado con el esplendor borbónico del futuro.

BIBLIOGRAFÍA

BLUTRACH JELIN, Carolina , *El III conde de Fernán Núñez (1644-1721): Vida y memoria de un hombre práctico,* Madrid, CSIC-Marcial Pons, 2014.

BLUTRACH JELIN, Carolina, ""Mi alma aturdido me tiene". Las pasiones en los discursos y cartas del III Conde de Fernán Núñez" en *Historia Social,* 81 (2015), pp. 73-92).

BLUTRACH JELIN, Carolina, , "Mujer e identidad aristocrática: La memoria del vínculo materno en la Casa de Fernán Núñez" en *Arenal: Revista de historia de las mujeres,* 18 (2011), pp. 23-51.

BOUZA, Fernando, "La correspondencia del hombre práctico. Los usos epistolares de la nobleza española del siglo de oro a través de seis años de cartas del tercer conde de Fernán Núñez (1679-1684)" en *Cuadernos de Historia Moderna, Anejos,* 4 (2005), pp. 129-154.

CARO LÓPEZ, C., "La caza en el siglo XVIII: sociedad de clase, mentalidad reglamentista", *Hispania. Revista Española de Historia,* 224 (2006), pp. 997-1018.

CRISPÍN CUESTA, F., *Historia de la Villa de Fernán Núñez,* 1994.

FERNÁNDEZ-DURO, C., *Armada Española*, Madrid, 1973.

GIORGI, A., "Entre el Self-fashioning y la Herencia Familiar: la Masculinidad Hegemónica en la Identidad de los Gutiérrez de los Ríos",Studia histórica en *Historia Moderna,* 46 (2024), pp. 33-60;

GIORGI, A.,, "Entre la Ética y la Estética de los Condes de Fernán Núñez: Arcanos del Dulce Vivir en el Antiguo Régimen" en Francisco Precioso Izquierdo et all., *Los arcanos de la memoria familiar: usos y proyección del pasado en la sociedad española (1650-1850)* , 2024, pp. 203-22;

GIORGI, A., "La representación de un joven menino de la reina Mariana de Austria: Francisco Gutiérrez de los Ríos y Córdoba, III conde de Fernán Núñez" en M. García Fernández, *Jóvenes preparados para la madurez (siglos XVI-XIX),* 2023, pp. 89-103;

GIORGI, A., "Entre el Self-fashioning y la Herencia Familiar: la Masculinidad Hegemónica en la Identidad de los Gutiérrez de los Ríos" en ,*Studia historica. Historia moderna,* 46 (2024), pp. 33-60.

GONZÁLEZ DE CANALES Y LÓPEZ OBRERO, F. "Los condes de Fernán Núñez, tres marinos cordobeses" en *Revista de Historia Naval,* 122 (2013), pp. 83-95.

MARAVALL, José Antonio , "Preludio a la Ilustración: El hombre práctico (1680) de Gutiérrez de los Ríos" en F. López, J. Pérez, N. Salomon, & M. Chevalier, *Actas del Quinto Congreso Internacional de Hispanistas*, Université de Bordeaux 1977, pp. 735-753.

MARÍN BERRAL, Á., *La iglesia parroquial de Santa María de Aguas Santas de Fernán Núñez. Evolución histórica, transformación arquitectónica y patrimonio artístico,* tesis doctoral, Universidad de Córdoba, 2025.

O'DONNEL, H., *LAS JOYAS DEL MUSEO NAVAL.*

PAVÍA, F., *Galería biográfica de los generales de Marina,* Madrid, 1873.

MAGALLON PÉREZ, Jesús y SEBOLD, RUSSELL P., *Gutiérrez de los Ríos, Francisco, III Conde de Fernán Nuñez. El hombre práctico o discursos sjvarios sobre su conocimiento y enseñanza,* Córdoba, CajaSur, Obra social y cultural, 2000.

SEBOLD, RUSSELL P., " A sustancial analysis of the origins and nature of Luzan's Ideas on Poetry", *Hispanic Review,* 35 (1967) pp. 227-251.

SEBOLD, RUSSELL P. , "El Hombre Práctico " en *El rapto de la mente (Poética y poesía dieciochescas),* Madrid, Prensa Española, 1970.

VALVERDE MADRID, J. " "En el centenario de Carlos III: el IV conde de Fernán Nuñez, autor de su biografía" en *Boletín de la Real Academia de Córdoba de Ciencias, Bellas Letras y Nobles Artes,* 117 (1989), pp. 99-104.

VIGARA ZAFRA, J. A. , *Arte y cultura nobiliaria en la Casa de Fernán Núñez: (1700-1850)* [Tesis doctoral no publicada], Universidad Nacional de Educación a Distancia (UNED), 2015.

VIGARA ZAFRA, J. A., " La embajada del VI Conde de Fernán Núñez en Lisboa (1778-1787)" en J. M. Morales Sánchez & C. J. Rodríguez Sánchez (Coords.), *Imágenes de la tradición clásica y cristiana*, Ediciones de la Universidad de Castilla-La Mancha, (2016), (pp. 573-585).

VIGARA ZAFRA, J. A., "Las obras pías del VI conde de Fernán Núñez: Un ejemplo de distinción social a través de la caritas ilustrada"en *De Arte. Revista de Historia del Arte,* 14(2016), pp. 169–188.

3
La familia de los Condes de Villariezo: proyección y condiciones de vida (1659-1849)[1]

Juan Manuel Bartolomé Bartolomé

Universidad de León

---

1   Trabajo enmarcado en el Proyecto de Investigación: Conflictos intergeneracionales y procesos de civilización desde la juventud en los escenarios ibéricos del Antiguo Régimen (Fam&Civ), PID2020-113012GB-I00.

1. INTRODUCCIÓN

Un tema interesante y atractivo es la concesión de la Corona española de nuevos títulos de nobleza desde mediados del siglo XVII hasta finales del siglo XVIII[2]. Entre los mismos tenemos varios ejemplos de venta de títulos a familias castellanas, en concreto de la provincia de Burgos, como son los del marquesado de Lorchi[3] , los del conde de Berberana[4] y el condado de Villariezo. Este último será el que nos ocupe en este estudio, en el que - utilizando fundamentalmente las fuentes documentales del Archivo de la Nobleza de Toledo, las parroquiales y las de los Protocolos Notariales del Archivo Provincial

---

2   Ver trabajos de Francisco Andújar Castillo, " Venalidad de oficios y honores. Metodología de investigación", en Roberta Stumpf (coord.), Nandini Chaturvedula (coord.), *Cargos e ofícios nas monarquias ibéricas provimento, controlo e venalidade (séculos XVII-XVIII)*, Editores: Universidade Nova de Lisboa, 2022, pp.175-198. *El sonido del dinero. Monarquía, ejército y venalidad en la España del siglo XVII*, Marcial Pons,2004.
Mª del Mar Felices de la Fuente, *La nueva nobleza titulada de España y América en el siglo XVIII (1701-1746). Entre el mérito y la venalidad*, Edit. Universidad de Almería, Almería, 2012. "Recompensar servicios con honores: el crecimiento de la nobleza titulada en los reinados de Felipe IV y Carlos II", *en Studia Histórica. Historia Moderna*, Nº35, Salamanca, 2013, pp.409-435. Alberto Marcos Martín, "Dinámicas imperiales y prácticas de venalidad. Las ventas de jurisdicciones y vasallos en castilla durante el siglo XVII", *en Magallánica. Revista de Historia Moderna: 9 / 17 (Dossier)*, Julio - diciembre de 2022, ISSN 2422-779X.

3   A finales del siglo XVII , don Pedro de Castro y Cárdenas, maestre de Campo y general, cuya familia había estado muy relacionada con el ejército, inicia un expediente muy farragoso y extenso donde solicita un título nobiliario en el sur de Italia. Finalmente conocemos que en 1712 se le concede por el nuevo rey borbónico Felipe V, ya que el alcalde Mayor de Burgos envía copia del título de Marqués de la Tierra de Lorca dado en Sicilia en 14 de marzo. Archivo Histórico Nacional (A.H..N.), Consejos, 5240,A.1784 ,Exp.11. Disponible en ttps://pares. mcu.es/ParesBusquedas20/catalogo/find?nm=&texto=Pedro+de+Castro+y+C%C3%A1rdenas. Más tarde la familia, don Gaspar de Castro, Gutiérrez y Cárdenas, III Marqués de Lorca, se vio involucrada en escándalos, tras conocerse la compraventa de empleos militares y otras ilícitas operaciones castrenses, pensando en la salida profesional de sus hermanos. Para una mayor información Francisco José Sanz de la Higuera, " De Burgos a El Puerto de Santa María: el futuro profesional de la nobleza de provincias: los marqueses de Lorca en el setecientos", *Revista Trocadero, Nº20*, Cádiz, 2008, pp. 199-216.

4   La figura de Manuel Francisco Gil Delgado, I conde de Berberana, al igual que sus antepasados, ha conocido un escaso interés historiográfico, exceptuando algunas noticias de naturaleza genealógica recogidas en Ismael García Rámila, "Del Burgos de Antaño: Claros linajes burgaleses, los Sanzoles: Conclusión", *Boletín de la Comisión Provincial de Monumentos Históricos y Artísticos de Burgos*, 93, 1945, pp. 627-631 y "Homenaje a una ilustre progenie burgalesa", Boletín de la Institución Fernán González, 171, 1968, pp. 199-213. En los últimos años ver aportaciones de Alberto Gamarra Gonzalo y Francisco José González Prieto, " Los "libros" del I Conde de Berberana. Génesis de una biblioteca nobiliaria a finales del siglo XVIII", coord. por José Ignacio Fortea Pérez, Juan E. Gelabert, Roberto López Vela, Elena Postigo Castellanos, *Linajes y noblezas en la articulación de la monarquía hispánica*, Vol. 2, 2018 (Comunicaciones), ISBN 978-84- 949424-2-6, pp.957-968. Juan Manuel Bartolomé Bartolomé, "Familias de la España interior ante las oportunidades de la monarquía borbónica: trayectorias y condiciones de vida de los Arriaga y Gil Delgado (1700-1850)" (En prensa).

de Burgos- prestaremos atención a la trayectoria de la familia y sobre todo a la evolución de la cultura material, condiciones de vida y apariencias externas, de las familias del condado en la larga duración: desde 1663 a 1796. Casi dos siglos, atendiendo, en primer lugar, a los bienes, objetos, que son heredados, debido principalmente a su vinculación en el mayorazgo; en segundo lugar, los que han sido comprados y regalados por familiares en los momentos de matrimonio. Todo ello, observando el peso de la tradición, en principio más ligada a las herencias; y la llegada de la civilización y la modernidad, más conectadas con los objetos regalados y adquiridos.

En definitiva, la temática a la que hace referencia el trabajo de investigación forma parte de la renovada Historia Social, donde resulta fundamental el "análisis relacional" de tipo inductivo[5]. También se enmarca en la historia de la familia, en constante desarrollo historiográfico desde los años ochenta del siglo pasado[6]. Y finalmente, se encuadra en la sugerente historia social del consumo y de la cultura material, campos que resulta muy difícil separar[7].

---

5   José Mª Imízcoz Beunza, "Presentación" del Dossier: "Redes sociales, procesos de cambio cultural y conflicto en las provincias vascas y navarras (1700-1839)", *Historia Social*, 89,2107, pp. 73-77.

6   En lo referente a la Historia de la Familia, debido a problema de extensión citar las últimas aportaciones: Juan Hernández Franco y R A. Rodríguez Pérez, "Lo común y lo diferente en las trayectorias sociales familiares de la grandeza de Castilla (siglos XVI-XIX)", en Francisco García González F.(coordi.). *Familias, trayectorias y desigualdades estudios de historia social en España y en Europa, siglos XVI-XIX. Madrid*, Silex, 2021; Francisco García González y Sandro Guzzi-Hebb (eds.), *Historia de la familia, historia social. Experiencias de investigación en España y en Europa (siglos XVI-XIX)*. Edi. Trea, Gijón, 2023.

7   Más que una relación exhaustiva de todos los estudios sobre el consumo desarrollados desde los trabajos pioneros de Giovanni Levi o Paolo Malanima, a los que se unieron los planteamientos novedosos en economía de Neil McKendrick ("revolución del consumo") y Jean de Vries, ("revolución industriosa"), o sociales (Daniel Roche para Francia, Raffaela Sarti y Renata Ago para Italia, Nuno Luis Madureira para Portugal), únicamente queremos remarcar que en España desde sus inicios los estudios han derivado también hacia una tendencia más social y cultural, tal como se aprecia en las monografías pioneras de Antonio Eiras Roel, *La historia social de Galicia en sus fuentes de protocolos* Santiago de Compostela, 1980 y *Actas del II Coloquio de Metodología Histórica Aplicada. La Documentación Notarial y la Historia*, Santiago de Compostela, 1984. Tendencia también observada desde los trabajos que surgieron con la dirección de los proyectos de investigación coordinados por Bartolomé Yun Casalilla, hasta las publicaciones más actuales del grupo de investigación coordinado por Máximo García Fernández, como la de Isabel. dos Guimaraes Sá y Máximo García Fernández (dirs.), *Portas adentro. Comer, vestir, habitar (ss. XVI-XIX)*, Coimbra-Valladolid, 2010. Máximo García Fernández (dir.), *Cultura material y vida cotidiana moderna: escenarios*, Madrid, 2013. Juan Manuel Bartolomé y Máximo García Fernández(dirs.), *Apariencias contrastadas: contraste de apariencias. cultura material y consumos de antiguo régimen*. León, 2012. Bartolomé Yun Casalilla, "Prólogo", de Muñoz Navarro, D. (ed.), *Comprar, vender y consumir. Nuevas aportaciones a la historia del consumo en la España moderna*, Valencia, 2011, p. 11. Juan Manuel Bartolomé Bartolomé, *Interiores domésticos y Apariencias externas de las familias burguesas y nobles de la ciudad de León (1700-1850)*, León, 2017.

2. LA FAMILIA Y SU DINÁMICA: DESDE LA CREACIÓN DEL CONDADO DE VILLARIEZO A LA UNIÓN CON LA CASA DE BORNOS (1659-1849)

Según María del Mar Felices, los servicios desempeñados en cargos políticos, administrativos o de justicia, también fueron premiados con mercedes en muchos casos. Así sucedió con Diego de Riaño y Gamboa, que obtuvo en 1659 el condado de Villariezo[8]. Diego de Riaño y Gamboa nació en Burgos en 1589 en el seno de una familia de mercaderes. Su padre, Diego Riaño y Mazuelo, continuó con los negocios y contrajo matrimonio con Magdalena Gamboa Avendaño, natural de Bilbao. Enlace que, sin duda, sirvió para reforzar la situación de la empresa familiar dentro del comercio lanero[9]. Más tarde, en 1586, obtenía un oficio de regidor. El segundo varón, no primogénito, de ocho hermanos (todos ellos varones, excepto una hermana: Magdalena) fue orientado, como solía suceder en estas familias, a la carrera de las letras[10]. Comenzó su trayectoria universitaria a una edad muy temprana. El 19 de noviembre de 1604, a los quince años, se matriculaba, "en el segundo año", en la Facultad de Cánones de la Universidad de Salamanca, donde en 1608 obtendría el grado de Bachiller. En 1612 obtuvo el grado de Licenciado. No llegó a doctorarse, pero ese hecho nunca fue un obstáculo en su carrera. Como otros brillantes letrados de la Época Moderna, comenzó su actividad profesional como profesor universitario. El 28 de noviembre de 1618, a los veintinueve años, fue nombrado por tiempo indefinido fiscal de la Real Chancillería de Valladolid. Su carrera administrativa fue modélica, pues fue ocupando de forma ascendente los puestos administrativos más significados de la Corona de Castilla: fiscal del Consejo de Castilla y, un año más tarde, en 1634, a los cuarenta y cinco años, consejero. En 1642 obtuvo la presidencia de la Chancillería de Valladolid, sustituyendo a Juan Queipo de Llano, que había sido pre-

---

8 María del Mar Felices de la Fuente, "Recompensar servicios con honores…",, p.423.

9 Adriano Gutiérrez Alonso, Biografía de Don Diego de Riaño Gamboa, disponible en https://dbe.rah.es/biografias/19893/diego-de-riano-y-gamboa.

10 Ismael García Rámila, D. Diego de Riaño y Gamboa, insigne burgalés y hombre de Estado, Burgos, Diputación Provincial, 1958 (la base del libro se encuentra en diversos artículos publicados previamente en el Boletín de la Institución Fernán González entre 1956 y 1957, agrupados actualmente en los volúmenes XI y XII de la citada revista).

sentado como obispo de Pamplona. En fin, como colofón a su carrera, en julio de 1648 accedió a la presidencia del Consejo de Castilla, la más alta magistratura de la Corona de Castilla. Esta dedicación a la administración relegó a un segundo plano su carrera eclesiástica, donde ejerció cargos más honoríficos que reales: en 1643 canónigo de la Catedral de Cuenca, donde acabó siendo arcediano, y también fue presentado como obispo de Jaén, aunque acabó rechazando esa sede. Su carrera, alejado de la ciudad de Burgos, y de los entornos familiares de origen, no fue ningún obstáculo para que don Diego creara, desde su posición de privilegio, un entramando estratégico de cara a la protección y proyección familiar. Así utilizará su influencia en la Corte, como presidente del Consejo de Castilla, para comprar la jurisdicción real de Villariezo, en los años 1552-1653, dentro el marco de la venta de vasallos. La cual le permite, cinco y seis años más tarde, entre 1658 y1659, obtener en premio a sus servicios a la Corona dos títulos de Nobleza (ambos sobre jurisdicción previamente adquirida por compra): el vizcondado de Villagonzalo y el condado de Villariezo. La mejor forma de proteger los títulos conseguidos, el cuantioso patrimonio y en definitiva a la familia y su transmisión generacional, era mediante la creación de un mayorazgo. No fue hasta los momentos finales de su vida, retirado en su palacio de Rabé de las Calzadas por problemas de la gota, cuando se materializó la vía del mayorazgo. En abril de 1663 fallecía don Diego de Riaño y Gamboa, dejando en el testamento cerrado como sucesor del mayorazgo a su sobrino don Diego Luis de Riaño y Meneses (II Conde de Villariezo) - hijo primogénito de su hermano mayor don Francisco de Riaño y Gamboa, regidor de la ciudad de Burgos y caballero de la Orden de Santiago- y sus hijos y descendientes legítimos[11]. La evolución de la familia y el condado, durante aproximadamente cien años, fue de decadencia tanto a nivel económico, como en su estilo de vida, a pesar de los enlaces con la familia Arriaga, tal como lo demuestra la situación que refleja cuando fallece el IV Conde, don Ángel Francisco de Riaño y Arriaga en 1758.

Una serie de circunstancias fruto del azar sucesorio, unido a las estrategias realizadas con los matrimonios de los hijos/as, hizo que cambiase de forma favorable a finales del Antiguo Régimen, en un

---

11   "... Y por ser don Francisco de Salazar, aunque yo le quiero mucho y estimo, mi sobrino en grado más remoto y por línea materna y don Diego Luis más cercano...y sucesor en el mayorazgo...y así buelbo a suplicar a su Majestad se despachen en su cabeza los títulos de Bizconde y conde llegado el caso...", Archivo Histórico Provincial de Burgos (A.H.P.B), Juan de Plaza, Caja 3137.Ismael García Rámila, "Don Diego de Riaño...".

breve periodo de tiempo, la dinámica del condado de Villariezo. El punto clave es el casamiento de una hija de don Ángel Francisco de Riaño, el último conde analizado, doña Javiera, con don Juan Pedro Tello, regidor de Ávila y vecino de Arévalo. No era la heredera del condado, ya que éste recaía en su hermano primogénito, don Antonio José Riaño Orovio (V conde de Villariezo), pero de su matrimonio con doña María Antonia Vázquez de Lara, sólo tuvo dos hijas, doña María Rosario y doña María Antonia, pasando el condado primero a un hijo de doña María Rosario, don Francisco María de Cañas y Riaño (VI Conde), y tras su rápido fallecimiento a su tía, doña María Antonia (VII Condesa). Pero ésta al no tener hijos/as el título pasará a su tío don Joaquín Riaño Orovio, (VIII conde, el hijo menor de 14 años cuando fallece el padre), el cual muere en 1790 también sin hijos/as, pasando a la familia de su hermana, la ya referida doña Javiera, en concreto a su hija doña María Eusebia Tello Riaño (IX condesa de Villariezo en 1790). El casamiento, ya señalado, de doña Javiera con don Juan Pedro Tello, tuvo como hija a doña María Eusebia Tello Riaño, la cual enlazará en 1765 con don Francisco Javier de Rojas y del Hierro, de la familia de los marqueses de Villanueva de Duero. El novio nació en Madrid en 1742 y fue bautizado en Toledo. Se formó en el Seminario de Nobles de Madrid, ingresado después en la Marina, donde fue alférez de fragata de la Real Armada. Al fallecer su padre en 1778 le sucedió en el título de marqués de Villanueva de Duero y en los mayorazgos. En 1790 se le concedió la Grandeza honoraria de España por decreto de 26 de enero de 1790[12].

En 1795, su hija única, doña María Mercedes, se unirá en matrimonio con la relevante familia de los Belvis de Moncada: el tercer hijo, segundo varón, don Valentín. Este nació en Madrid a finales de 1762 y desde muy joven fue orientado a la carrera militar, donde consiguió ascensos importantes, pero tuvo que hacer frente a una etapa muy convulsa. Siendo ya mariscal de campo y aprovechando el final de la guerra con Francia, con 33 años, contraerá esponsales en Madrid, el 15 de agosto de 1795, con María de las Mercedes de Rojas y Tello.

A principios del siglo XIX, en 1814, la casa familiar del condado de Villariezo enlazará con la casa de Bornos, mediante el matrimonio de la hija única, doña Asunción Belvis, con don José Ramírez de Haro, X Conde de Bornos. Nació el 6 de noviembre de 1791 en Ma-

---

12   Pedro Rodríguez-Ponga y Salamanca, disponible en https://dbe.rah.es/biografias/124946/francisco-javier-de-rojas-y-del-hierro.

drid, y falleció joven, con 43 años, el 13 de marzo de 1834. Su esposa contrajo unas segundas nupcias con don Mariano Salcedo y Cortázar, llevando al matrimonio la cantidad de 287.608 reales: 212.500 en dinero y el resto en objetos de alhajas y plata[13].

3. LA EVOLUCIÓN EN LAS CONDICIONES DE VIDA

3.1 APARIENCIAS HEREDADAS (VINCULADAS)

En el testamento cerrado que se realiza en la villa de Rabé de las Calzadas, donde falleció el fundador del condado de Villariezo, don Ruis de Riaño y Gamboa, en 1663, se crea también un mayorazgo donde vincula todos sus bienes "...de mis bienes, juros, regimientos, rentas, censos, alcaualas, tercias, unos por ciento, servicio ordinario y extraordinario, casas, heredades, escrivanía de la villa de Rabé, pan de renta que tengo al presente o tubiere en todas las dichas villas y en el lugar de Saldaña y de la jurisdicción, señorío y basallaje de dichas villas de Billariezo y Billagonzalo de Pedernales y de la renta sobre la villa de Madrid y de todo lo demás que al presente me pertenece y perteneciere al tiempo de mi muerte i yo hubiere comprado de bienes raíces para que todos dichos bienes así expresados anden juntos y unidos en un sucesor perpetuamente después de mis días..."[14]. Es más, en el propio testamento especifica que también vincula: el cuadro de pintura descendimiento de la Cruz, que preside el altar del oratorio de la casa de Rabé, por ser "...original y de mucho precio..."; los relicarios de ágata y plata que hay en el oratorio; todas las demás laminas y pinturas del oratorio referido para "...que siempre esté con la decencia y deboción que hoy está..."; todas las pinturas y láminas de las casas de Rabé y Villariezo "... para que estén en el mesmo adorno..."; y toda la librería y papeles manuscritos "...como oy está, para que tenga en que leer y diuiertirse mi heredero..."[15].

En septiembre del mismo año, 1763, se procede a inventariar los bienes de don Diego de Riaño. Del cuantioso patrimonio integrado fundamentalmente por un capital de más de setenta cuentos (millones) de maravedís[16], los bienes, objetos, que conforman las condiciones o estilo de vida, incluido todos los del oratorio, están valorados en un total

---

13   Archivo Histórico Nobleza de Toledo (A.H.N.T.), Bornos, Caja 341.

14   A.H.P.B., Juan de Plaza, Caja 3137

15   Ibidem.

16   Ismael García Rámila, *D. Diego de Riaño y Gamboa...*.

de 150.610 reales. Exceptuando, los que se hallan en el oratorio que se tasan en 22.136 reales[17], la valoración más alta no es como pudiera imaginarse la de las objetos y alhajas de oro y plata, bien de uso personal o de cubertería de la casa -20.443 reales- o el mobiliario- 9.689 reales-, sino la de los objetos que decoran las estancias interiores de la casa -pinturas, estatuas, cortinas, alfombras, esteras, relojes, tapices, etc.- tasados en 81.926 reales, el 63,8% de estos objetos excluidos los del oratorio. Es de destacar que entre los mismos sobresalen los tapices con 65.140 reales. Si nos centramos en los objetos vinculados que han sido mencionados expresamente en el testamento, nos encontramos con la siguiente realidad: el cuadro principal del altar se valora en 11.000 reales"... del descendimiento de la cruz, de bara y media de caída en quadro con guarnición negra,..."; los relicarios de ágatas y plata que se inventarían son principalmente dos: uno al lado de la Epístola "...Un relicario de bronce y ágatas con su Santo Cristo en medio, guarnecido en forma de custodia en su caja, tasado en mil y cien reales...", y el otro localizado al lado del Evangelio :"... un relicario de plata todo, con un crucifijo en medio en forma de tabernáculo con sus pirámides, guarnecido de reliquias y Agnus y en lo alto del una grande de los mártires de Carderia con quatro ángeles por remates y un pelicano a los pies y en los extremos del suelo dos garitas con flores, todo ello de plata, en una caja de terciopelo negro, tasado en dos mil reales..."; las restantes láminas y pinturas del oratorio supondrían un total de 2.333 reales; las de las casas de Rabé y Villariezo : 12.110 reales; y finalmente los libros, manuscritos, un total de 10.078 reales[18].

Es, por lo tanto, una herencia material impregnada de tradición y religiosidad la que deja el fundador a sus sucesores familiares, remarcando el carácter sacro. El mobiliario de la casa palacio de Rabé de las Calzadas, donde reside los últimos años aquejado por la enfermedad de la gota hasta su fallecimiento, se caracteriza por la abundancia de muebles antiguos: cofres, bufetes, escritorios, papeleras, escribanías, mesas, sillas, etc., elaborados con pino, caoba, etc., donde son dignos de mencionar dos escritorios de ébano y marfil con diez cajones y una puerta en medio con cuatro columnas y dentro de ella cuatro cajones cada con su pie de nogal torneado, tasados en mil reales cada uno; y cuarenta y seis sillas de baqueta Moscovia y nogal, algo maltratadas, a treinta reales cada una. En las camas destacan sobre todo sus cortinajes:"...

---

17   En pinturas: 13.33 reales, estatuas religiosas y relicarios: 4.286 reales, mobiliario 352 reales, almohadas: 100 reales, ropa religiosa: 1.136 reales, ropa altar: 152 reales, candelero: 30 reales y objeto de plata oratorio (cálices): 2.247 reales. A.H.N.T., Bornos, Caja 29

18   Ismael García Rámila, *D. Diego de Riaño y Gamboa….*

Una cama de granadillo, guarnecida de bronce con sus cortinas cielo y rodapié, bordada de oro, seda, aves y otros animales, tasada en cuatro mil reales…". En los útiles de cocina, también predominan los tradicionales relacionados con la cocción de los alimentos: calderas, cazos, trébedes, etc.; aunque se ha de destacar la presencia de útiles utilizados para asar: cuatro asadores, dos parrillas. La ropa que cubre las camas tampoco tiene una alta valoración: 2.354 reales, donde abundan las sábanas de Ruán de dos piernas a cuarenta reales la unidad, y únicamente como novedad se recogen: "Dos colchas de cotonía, la una forrada en algodón con su fleco blanco, ambos ciento sesenta y seis reales…". En cambio, sí que tiene mayor presencia la ropa de la casa, alcanza los 2.580 reales, y destacan por su abundancia y calidad: manteles alemaniscos buenos, paños de manos de gusanillo de Vizcaya, manteles nuevos: "…Quatro tablas de manteles alemaniscos nuevos, tasados a sesenta reales cada una…". Los objetos y alhajas de oro y plata, como ya se ha señalado, no tienen una alta valoración, lo cual no deja de ser una sorpresa, y predominan los de cubertería de la casa: fuentes, jarros, salvillas, aguamanil – uno dorado grande que pesó seis marcos y una onza , tasado en trescientos y noventa y ocho reales- , etc.; destaca la referencia a plata blanca, donde se inventarían frascos, vasos, tazas, etc.: …" dos frascos iguales dorados por.dentro con las bombas, tapadores y contratapadores que pesan.doce marcos, y, dos onzas hacen setecientos y noventa y seis reales…". Tampoco las apariencias externas - vestimenta personal, adornos y joyas y coches, etc.-, son muy brillantes. La ropa personal sólo se valora en 616 reales, destacando por su sencillez: calzoncillos de Ruán, calcetas, jubones de Holanda, y únicamente un jubón de cotonia valorado en diez reales. No hay alhajas personales y en cuanto a los coches, únicamente se menciona uno nuevo "…Un coche nuevo, por dentro el tejadillo de damasco carmesí y seis cortinas de damasco y otras seis de paño, con almoadones, unos de baqueta y otros de paño y dos cojinetes de paño y sus estribos,dos de imbierno y dos de verano y su tornillo para levantarle..", tasado en 3.300 reales, y siete mulas de coche en 11.100 reales. En definitiva, unos interiores domésticos y unas apariencias externas alejadas de la grandilocuencia, lo cual no encajaba con su estatus social, y más cercana a la modestia, donde el ambiente sacro, con su oratorio y las pinturas era exclusivo, exceptuando los signos más nobiliarios propios de la nobleza: la decoración de las estancias con abundantes tapices. Estos son en total diez, valorados en la elevada cantidad de 65.140 reales, son de historias de personajes bíblicos: Noé, Moisés, etc., y de "boscaje y animales".

CUADRO 1.
CONDICIONES Y ESTILO DE VIDA DE DON DIEGO (1º CONDE)
Y DON ÁNGEL FRANCISCO (IV CONDE)
(En reales y porcentajes sobre el valor del stock de bienes inventariados)

	DON DIEGO (1663)		DON ÁNGEL FRANCISCO (1758)	
	TOTAL	%	TOTAL	%
Mobiliario casa	9.689	7,5	10.212	33,6
Útiles cocina	355	0,3	1.811	6
Decoración casa	81.926	63,8	6.151	20,2
Ropa personal	616	0,5	0	0
Ropa cama	2.354	1,8	5.526	18,1
Ropa casa	2.580	2	1.940	6,4
Objetos de oro y plata, alhajas personales	20.443	15,9	4.810	15,7
Libros	10.078	7,9	0	0
Juegos de mesa	433	0,3	0	0
TOTAL	128.474		30.450	

Fuente: A.H.P.B., Juan de Plaza, Caja 3137. Francisco de Villafranca, Caja 7093.

Estas apariencias heredadas, y en su mayoría vinculadas como es este caso, indudablemente suponen un condicionante muy importante en las condiciones y estilo de vida de las familias designadas como sucesoras del linaje, que en gran medida depende de las posibilidades y opciones de demanda de estas. Así, durante casi cien años, hasta 1758, que es cuando disponemos de la información que nos da el inventario de don Ángel Francisco Riaño y Arriaga, el IV Conde de Villariezo, la situación de decadencia económica se refleja en la modestia en la forma de vida, puertas adentro y apariencia externa, donde siguen siendo predominantes los objetos vinculados frente a las muy escasas novedades. De este modo, se aprecia la escasa cuantía, casi nula, de los bienes raíces y semovientes: en los primeros se establece que no se valoran debido a las deudas que se deben a su administrador de Burgos – don Juan Flamenco estimadas en 27.152 reales- y en los segundos sólo se tasan dos mulas de coche en 1.200

reales[19]. El dinero líquido brilla por su ausencia, y el que generan las inversiones de juros, censos, rentas de tierras y derechos señoriales, etc., es también una cantidad muy baja: 19.514 reales. La casa de residencia principal está situada en la ciudad de Burgos, no en Rabé de las Calzadas, y es una casa con dependencias heredadas, que han sufrido pocas transformaciones, donde tienen un lugar privilegiado el estrado y del oratorio. En sintonía el valor total de los bienes mobiliarios tampoco es muy elevado: 49.495 reales, debido en parte a los que están vinculados y por lo tanto no se tasan: joyas y alhajas del oratorio, cuadros sobre todo religiosos y libros. Esta particularidad tan interesante, de que se relacionen en el inventario bienes vinculados que no se valoran, nos permite analizar la presencia de objetos heredados, vinculados, que se transmiten generacionalmente, y su relevancia. En este sentido, en el apartado de "alhajas vinculadas", aparecen los cuados de pintura, mayormente de temática religiosa, que decoran las nuevas estancias del estrado y cuartos de la casa familiar en Burgos. En las "alhajas del oratorio" sigue sobresaliendo el querido cuadro del "Descendimiento de la Cruz...que es principal del altar"[20]. Y la librería simplemente se señala que no se inventaría por estar vinculada. En un estudio más pormenorizado, sobresale en el mobiliario de la casa, con 10.212 reales, donde predominan las piezas tradicionales, bufetes, arcas, baúles, cofres, escritorios, papeleras, etc., y sólo aparece como novedad dos tocadores y un armario[21]; la ropa de cama, la de uso personal no se valora, en 5.526 reales, en la que hay alguna prenda elaborada con algodón[22]; la cubertería de plata tasada en 4.810 reales; y, por último, los objetos decorativos, con tapices, frisos, alfombras y sobre todo las cortinas con una tasación de 1.262 reales[23]. En general, unas apariencias domésticas y externas ancladas en el pasado. La casa palacio construida por su antepasado, fundador del título y mayorazgo, en Rabé de las Calzadas, localidad próxima a Burgos, sigue existiendo, pero sin transformaciones dignas de resaltar en sus dependencias, ni en los objetos de su interior, ya que

---

19   A.H.P.B. , Francisco de Villafranca, Caja 7093.

20   Ibidem

21   Situados los tocadores en el "cuarto que cae al río". El uno valorado en 30 reales y el otro en 350 reales:"..de charol azul y dorado, con el vidrio quebrado, con sus gavetas y su mesa con pies de cabra...". Y el armario de pino tasado en 33 reales localizado en el "cuarto que cae al patio". Ibidem.

22   "Dos colchas de cotonia labradas...en 66 reales...". Ibidem.

23   Ibidem.

cuando se procede al inventario de los bienes del IV conde se destacan el oratorio y los cuadros vinculados y tan sólo 228 reales de piezas de mobiliario (mesas, taburetes) y 312 de madera[24].

Tampoco ayudó a mejorar la economía doméstica el segundo casamiento de don Ángel Francisco de Riaño, ya que la viuda solicita que no se incluyan en el inventario de bienes las alhajas que trajo al matrimonio, porque su marido no hizo carta de pago. Es más, el varón primogénito tuvo que adelantar el pago de los gastos de entierro y funeral del padre, un total de 6.183 reales, que estima se le deben y se tienen que descontar del inventario[25].

En conclusión, los objetos heredados, vinculados, impregnaron las apariencias internas, puertas adentro, y externas, acentuando el tradicionalismo, no favoreciendo la situación patrimonial el consumo y demanda de novedades, aunque éste no sea un factor totalmente determinante[26].

3.2. APARIENCIAS REGALADAS Y COMPRADAS

Como ya henos señalado previamente, una serie de circunstancias fortuitas, acaecidas en la segunda mitad del siglo XVIII, harán que las sucesoras de la casa condal sean las mujeres, proyectando una dinámica de crecimiento y expansión. Así, un acontecimiento clave será el casamiento en 1765 de doña María Eusebia Tello Riaño, única hija heredera, debido al fallecimiento de su hermana, de don Juan Pedro Tello y doña Javiera Riaño, con don Francisco Javier de Rojas y del Hierro, de la familia de los marqueses de Villanueva de Duero. Su herencia paterna no es muy elevada, pero, su matrimonio con la familia Rojas y del Hierro va a suponer el gran salto de los condes de Villariezo de su ámbito provincial a la vida de la corte y su encumbramiento. Todavía en 1779 residía en la villa de Olmedo, con su marido, su madre viuda y con su hija, doña María Mercedes. Más tarde, recuperada de su grave enfermedad, la familia se traslada a Madrid, comenzado la etapa de mayor esplendor del linaje: En 1794 consigue ser dama de la Orden de la reina María Luisa y en 1798 redacta su último testamento, donde ya señala que reside en Madrid. El siguiente paso importante será en 1795, cuando su hija única, doña María Mercedes, se una en matrimonio con la relevante familia de los Belvis de Moncada: el tercer hijo, segundo varón, don Valentín.

---

24   De 51 sauces. Ibidem.

25   Ibidem

26   El mimetismo no estaba reservado a los más pudientes. Daniel Roche, , *La culture des apparences. Une histoire du vêtement XVII-XVIII siècle*, Fayard, 1989

Disponemos de una información valiosa: las ya conocidas cartas de pago y recibo de dotes y la más novedosa de los regalos que hicieron los familiares a los novios, en este caso al novio, don Valentín. Los objetos que se regalan son en general adquiridos, comprados, para la ocasión. La duda surge más con los que conforman las dotes que se aportan al nuevo matrimonio. Lo más común es que fueran también más comprados heredados, éste era el espíritu de los ajuares de las novias, sobre todo en las familias más pudientes. Lo que no cabe ninguna duda es que, con estos bienes adquiridos para agradar, aparentar, y formar un hogar, podemos acercarnos a la llegada de las novedades y a modernidad.

Así, el valor total de la dote que lleva al matrimonio don Valentín es de un total de 369.878 reales, pero nos interesan más los regalos valorados en 64.560 reales[27]. Si nos centramos en los regalos de sus hermanos/as carnales y políticos desatacan los bienes relacionados con las apariencias externas: vestimenta principalmente personal y la berlina de transporte y sobre todo de paseo. Así, suponen el 88,7% de la cuantía regalada. La berlina nueva a la inglesa, con forro de terciopelo blanco, valorada en 21.000 reales, es un regalo de su hermano mayor[28]. En cambio, su hermana, la marquesa de Ariza, prefiere agasajarle con camisas de Holanda, guarnecidas con vueltas de muselina lisa y dobladillo ancho, corbatines y pañuelos para el cuello de muselina y calcetas. Lo acompaña con calzoncillos de Holanda, doce pares, ropa de cama: "...colcha de cotonia inglesa, dos sábanas y dos almohadas de Holanda, guarnecido todo ello de muselina bordada y festoneada..."[29], y ropa de casa: paños de batista y toallas alemaniscas[30]. La otra hermana, la marquesa de Castro Monte, prefiere también "camisas de Irlanda, con vueltas de muselina", valoradas en 3.360 reales, acompañadas de pañuelos de color para el bolsillo, calcetas y calzoncillos de Holanda. Como excepción, incluye un mueble moderno: "una papelera de caoba, con su herraje de bronce...valorada en 10.080 reales"[31]. Finalmente, su hermana política, la marquesa de Bélgida y Mondéjar sorprende con "un vestido de gala bordado de sedas, tasado en 5.035 reales"[32].

---

27   AHNT, Bornos, Caja 380

28   Junto a la berlina se le concede un par de mulas, tasadas en 13.000 reales, y los aparejos de estas, en 5.000 reales. Ibidem

29   Valorado en 1.106 reales. Ibidem

30   Su tasación es de 5.101 reales. Ibidem.

31   Ibidem.

32   Ibidem.

CUADRO 2.
REGALOS BODA A DON VALENTIN BELVIS DE MONCADA (1796)

	REALES	%
Coches, mulas	39.000	60,4
Ropa personal	18.276	28,3
Ropa cama	1.106	1,8
Ropa casa	5.101	7,9
Mobiliario casa	1.080	1,6
TOTAL	**64.560**	**100**

Fuente: A.H.N.T. Bornos, Caja 380

La novia aporta una dote más cuantiosa, en total su valor es de 820.368 reales, casi el doble que el novio. Desconocemos, ya que no se especifica, si los regalos familiares de la esposa se incluyen en la dote, aunque se supone que sí, ante el deseo de hacer más llevadera la nueva vida del matrimonio. Del estudio cuantitativo de la composición de la dote sobresalen de nuevo los objetos que nos hablan de las apariencias externas: la ropa de vestir el cuerpo, la personal, donde predomina las prendas externas, ocupa el primer lugar con 222.744 reales, lo que supone un 27,2% del total; seguido por las alhajas personales: 165.642 reales, un 20,2%. A ellos se unirían los abundantes abanicos tasados en 11.305 reales, un 1,4% del total. Por lo tanto, estos bienes constituyen casi la mitad, del valor total de la dote: un 48,8%[33], que se incrementarían con la existencia de piezas textiles de gasa china, cotonía inglesa, etc., utilizadas para elaborar ropa personal (vestidos, camisas, etc.), aunque también sábanas, etc., que son tasadas en 122.510 reales, un 15% del total dotal. Del resto, se pueden destacar, por una parte, la importancia de las piezas de ropa que cubren las camas y la de casa -paños de manos, toallas – valoradas en 119.893 reales (14,6%) y 69.809 reales (el 8,6%); por otra, los objetos de decoración de la casa -figuras chinas, alfombras, relojes, cortinas, etc.- con 42.393 reales (5,1%), la presencia de estuches y juegos de café (7.100 reales, 0,8%) y los ramos de flores (120 reales, 0,1%); y finalmente, los bienes que parecen más sacados del adelanto de la futura herencia no son muy significativos: la

---

33   Ibidem.

piezas de cubertería de plata y charol solo suponían un 1,9% del total , con 15.652 reales y los muebles un 5,1% con 42.340 reales[34] .

CUADRO 3.
DOTE DE DOÑA MARIA MERCEDES ROJAS Y TELLO (1796)

	REALES	%
Ropa personal (guantes)	222.744	27,2
Abanicos	11.305	1,4
Alhajas personales	165.642	20,2
Objetos de oro y plata	15.652	1,9
Ropa cama	119.893	14,6
Ropa casa	69.809	8,6
Objetos decorativos casa	42.393	5,1
Mobiliario casa	42.340	5,1
Piezas textiles (gasa China, algodón inglés, etc.)	122.510	15
Estuches y juegos de café	7.100	0,8
Ramos flores	120	0
Menaje casa (útiles cocina)	860	0,1
	820.368	100

Fuente: A.H.N.T. Bornos, Caja 380

Esta preferencia por la vestimenta y las ahajas personales, sin descuidar el interior doméstico, destinadas a ser mostradas en sociedad, se aprecia más intensamente a través de un análisis más cualitativo, donde abundan las nuevas modas de la corte y burguesas. Así, en la ropa del cuerpo hay nuevas prendas femeninas tradicionales de calidad y con novedades en las fibras y lo más relevante piezas nuevas y de gusto burgués. Entre las primeras tenemos enaguas, almillas, basquiñas, camisas de Holanda e Irlanda, jubones, zagalejos, etc.[35]. Y entre en los

---

34   Ibidem.

35   Por ejemplo, una basquiña de tafetán de lustre, con dos guarniciones de blonda y dos

segundas, vestidos, polonesa, pañuelos, mantillas, etc., elaborados con fibras de calidad y nuevas, donde destaca sobe todo el algodón y la seda. En concreto, un vestido de muselina con cenefa de colores, tasado en 800 reales; otro vestido bordado de algodones, valorado en 1.100 reales; una polonesa, color encarnado, bordado de color en 1.500 reales; un vestido de tafetán, color de rosa, guarnecido de gasa, bordado de plata y su guirnalda de flores en 4.700 reales; dos vestidos de piqué, el uno blanco, listado con lunares en color, tasado en 1.280 reales, y el otro, con listas verdes y blancas en 1.500 reales; una mantilla, que hace juego con una basquiña de tafetán, tasada en la elevada cantidad de 5.800 reales; ocho pañuelos de muselina, bordados para el cuello, festoneados en 2.000 reales. Todo ello, acompañado por los respectivos complementos: zapatos, guantes y abanicos[36].

La llegada de las novedades burguesas también será muy representativa de puertas adentro, en primer lugar, en los numerosos juegos de café[37]; en segundo lugar, en los objetos de la decoración de los interiores domésticos, con figuras chinas, relojes, espejos, alfombras y cortinas de algodón, tafetán, raso, de colores[38]; En tercer lugar, en el mobiliario[39] y finalmente en la ropa de cama y casa[40].

---

cintas valorada en 4.600 reales. Un jubón de gasa de plata con encajes de Flandes, con sus cintas bordadas de plata, en 2.300 reales. Una almilla de Holanda, guarnecida en encaje, en 800 reales. Una camisa de Holanda, guarnecida en muselina, bordada, en 1260 reales. Doce zagalejos de cotonia inglesa, guarnecidos de muselina de varias clases en 15.120 reales. Ibidem

36   Como muestra: 24 pares de zapatos valorados en 1.440 reales; 6 pares de guantes de raso, otros y pellejo en 96 reales, otro de piel en 28 reales; destacan tres abanicos: uno de marfil calado inglés en 960 reales; otro de pintura romana en 1.500 reales y el tercero, del país romano en 1.200 reales.

37   La llegada del consumo del café. Destacan cuatro estuches de café de China, con todo lo correspondiente, valorados en 5.660 reales. Ibidem

38   Sobresalen: cuatro figuras chinas de mármol valoradas en 4.600 reales; dos relojes, uno de pirámide, piedras, jaspe o mármol, con su cristal, en 2.900 reales y otro más chico en 1.600 reales; cuatro espejos en la sala, el gabinete y el cuarto de invierno, con marcos pintados, tasados todos ellos en 3.200 reales; tres alfombras para la sala, gabinete, alcoba y tocador, de mosquitas inglesas en 14.185 reales; cuatro cortinas de tafetán de color de rosa en 1.124 reales, seis de cotón en 252 reales; dos cortinas de raso azul y blanco para el gabinete, con sus borlas y cordones en 732 reales. Ibidem.

39   De forma curiosa, se incluyen piezas de mobiliario, señalando incluso las estancias en donde se alojan: sala, gabinete, alcoba, cuarto de invierno-, lo cual puede deberse a la cláusula de las capitulaciones matrimoniales donde se establecía que el nuevo matrimonio residiría en casa de los padres de la esposa. Así, se aportan sofás – uno compañero tasado en 700 reales, cómodas -una en 1.500 reales- canapés – cuatro de red pintados en 980 reales-, un tocador de palta completo en 11.600 reales y sillas a la inglesa -dos sillas moldeadas y pintadas-. Ibidem

40   En las prendas de cama hay sábanas de Holanda – una de cuatro piernas con guarnición de encaje de Flandes para los novios, valorada en 4.780 reales-, de Irlanda – una fina con guarnición de muselina en 1760 reales; colchas de muselina -dos bordada de colores, con guarnición de muselina bordada, de vara de ancho, en 6.452 reales-, de cotonia inglesa – dos

BIBLIOGRAFÍA

ÁNDUJAR CASTILLO, Francisco, "Venalidad de oficios y honores. Metodología de investigación", en Roberta Stumpf (coord.), Nandini Chaturvedula (coord.), *Cargos e ofícios nas monarquias ibéricas provimento, controlo e venalidade (séculos XVII-XVIII)*, Editores: Universidade Nova de Lisboa, 2022, pp.175-198.

ÁNDUJAR CASTILLO, Francisco, *El sonido del dinero. Monarquía, ejército y venalidad en la España del siglo XVII*, Marcial Pons, 2004.

BARTOLOMÉ BARTOLOMÉ, Juan Manuel y GARCÍA FERNÁNDEZ, Máximo (dirs.), *Apariencias contrastadas: contraste de apariencias. cultura material y consumos de antiguo régimen*. León, 2012.

BARTOLOMÉ BARTOLOMÉ, Juan Manuel, *Interiores domésticos y Apariencias externas de las familias burguesas y nobles de la ciudad de León (1700-1850)*, León, 2017.

BARTOLOMÉ BARTOLOME. Juan Manuel, "Familias de la España interior ante las oportunidades de la monarquía borbónica: trayectorias y condiciones de vida de los Arriaga y Gil Delgado (1700-1850)" (En prensa).

EIRAS ROEL, Antonio, *La historia social de Galicia en sus fuentes de protocolos* Santiago de Compostela, 1980 y *Actas del II Coloquio de Metodología Histórica Aplicada. La Documentación Notarial y la Historia*, Santiago de Compostela, 1984.

MARCOS MARTÍN, Alberto, "Dinámicas imperiales y prácticas de venalidad. Las ventas de jurisdicciones y vasallos en castilla durante el siglo XVII", *en Magallánica. Revista de Historia Moderna: 9 / 17 (Dossier)*, Julio - diciembre de 2022, ISSN 2422-779X

FELICES DE LA FUENTE, Mª del Mar, *La nueva nobleza titulada de España y América en el siglo XVIII (1701-1746). Entre el mérito y la venalidad*, Edit. Universidad de Almería, Almería, 2012.

FELICES DE LA FUENTE, Mª del Mar "Recompensar servicios con honores: el crecimiento de la nobleza titulada en los reinados de

---

con guarnición de muselina, bordadas y festoneadas, valoradas en 3.680 reales-; almohadas de Irlanda y Holanda – 24 con guarnición de guarnición de muselina, festoneadas en 12.480 reales-; colchones de cotonia inglesa -tres, con su lana, en 2.440 reales-. En la de casa destacan los peinadores de nuevo de Irlanda y Holanda, con sus abundantes toallas guarnecidas de muselina – doce de Irlanda fina de tres paños, con sus toallas correspondientes guarnecidas de muselina, en 17.090 reales-. Ibidem.

Felipe IV y Carlos II", *en Studia Histórica. Historia Moderna,* Nº35, Salamanca, 2013, pp.409-435.

GAMARRA GONZALO, Alberto y GONZÁLEZ PRIETO, Francisco José, " Los "libros" del I Conde de Berberana. Génesis de una biblioteca nobiliaria a finales del siglo XVIII", coord. por José Ignacio Fortea Pérez, Juan E. Gelabert, Roberto López Vela, Elena Postigo Castellanos, *Linajes y noblezas en la articulación de la monarquía hispánica,* Vol. 2, 2018 (Comunicaciones), pp.957-968

GARCÍA FERNÁNDEZ, Máximo (dir.), *Cultura material y vida cotidiana moderna: escenarios,* Madrid, 2013

GARCÍA GONZÁLEZ, Francisco y GUZZI-HEBB, Sandro (eds.), *Historia de la familia, historia social. Experiencias de investigación en España y en Europa (siglos XVI-XIX).* Edi. Trea, Gijón, 2023.

GARCÍA RÁMILA, Ismael,, "Del Burgos de Antaño: Claros linajes burgaleses, los Sanzoles: Conclusión", *Boletín de la Comisión Provincial de Monumentos Históricos y Artísticos de Burgos,* 93, 1945, pp. 627-631.

GARCÍA RÁMILA, Ismael, "Homenaje a una ilustre progenie burgalesa", Boletín de la Institución Fernán González, 171, 1968, pp. 199-213.

GARCÍA RÁMILA, Ismael, *D. Diego de Riaño y Gamboa, insigne burgalés y hombre de Estado,* Burgos, Diputación Provincial, 1958 .

GUIMARAES SÁ , Iabel do y GARCÍA FERNÁNDEZ, Máximo (dirs.), *Portas adentro. Comer, vestir, habitar (ss. XVI-XIX),* Coimbra-Valladolid, 2010.

GUTIÉRREZ ALONSO, Adriano, *Biografía de Don Diego de Riaño Gamboa,* disponible en https://dbe.rah.es/biografias/19893/diego-de-riano-y-gamboa

HERNÁNDEZ FRANCO, Juan y RODRÍGUEZ PÉREZ, Raimundo, "Lo común y lo diferente en las trayectorias sociales familiares de la grandeza de Castilla (siglos XVI-XIX)", en Francisco García González F.(coordi.). *Familias, trayectorias y desigualdades estudios de historia social en España y en Europa, siglos XVI-XIX.* Madrid, Silex, 2021.

IMÍZCOZ BEUNZA, José María , "Presentación" del Dossier: "Redes sociales, procesos de cambio cultural y conflicto en las provincias vascas y navarras (1700-1839)", *Historia Social,* 89,2107.

ROCHE, Daniel, *La culture des apparences. Une histoire du vêtement XVII-XVIII siècle,*Fayard, 1989.

SANZ DE LA HIGUERA, Francisco José , " De Burgos a El Puerto de Santa María: el futuro profesional de la nobleza de provincias : los marqueses de Lorca en el setecientos", *Revista Trocadero,* Nº20, Cádiz, 2008, pp. 199-216.

YUN CASALILLA, Bartolomé, "Prólogo", de Muñoz Navarro, D. (ed.), *Comprar, vender y consumir. Nuevas aportaciones a la historia del consumo en la España moderna*, Valencia, 2011

4
Notas sobre la primera generación de profesores de la Real Academia de San Fernando[1]

Ángel Varela Fernández
Universidad de León

1   Este trabajo se enmarca en una tesis doctoral realizada gracias a una ayuda para la formación del profesorado universitario del Ministerio de Universidades del Gobierno de España (FPU20/04660), así como en el proyecto de investigación financiado por el Ministerio de Ciencia e Innovación *Conflictos intergeneracionales y procesos de civilización desde la juventud en los escenarios ibéricos del Antiguo Régimen (Fam&Civ)*; PID2020-113012GB-I00 (2021-2025).

El encuentro, en las décadas finales del siglo XX, entre la historia de la economía interesada en el estudio de la cultura material y el consumo y la historia cultural, centrada hasta entonces principalmente en las ideas, dio lugar a una nueva línea de investigación en la que el análisis de los objetos y espacios que rodean al individuo en su quehacer cotidiano (resumido en la célebre tríada de comida, casa y refugio) se realiza desde un prisma nuevo, el de las implicaciones culturales que estos tienen y la información que nos ofrecen tanto sobre la mentalidad y la identidad de los individuos que los consumen como sobre su época[2]. El caso de la indumentaria, en concreto, es especialmente elocuente en lo que respecta a la manera en que las personas, en el acto consciente de elegir su ropa, definen su identidad vinculándose a determinados códigos vestimentarios que los asimilan a un grupo, definido por ciertos valores. En una sociedad jurídicamente desigual, como era la sociedad europea de los siglos XVI-XVIII, la jerarquía social debía mostrarse mediante la apariencia, y ambas contribuían en buena medida a la construcción de la identidad individual y grupal, aunque los historiadores han descubierto cómo las personas tenían cierto margen para construir su identidad o proyectar una determinada imagen de sí mismos en función de sus intereses[3], y así, por ejemplo, en la España de la Edad Moderna era frecuente aparentar la posición (social, económica, de linaje) que no se tenía, mediante la inversión en ropa cara y otros objetos de lujo[4].

El estudio de los cambios o las permanencias de los objetos, las prácticas sociales o íntimas y los espacios que habitamos y usamos puede indicar, pues, la existencia de procesos de cambio cultural o, por el contrario, de momentos de cierta estabilidad. En el siglo XVIII, España experimentará la llegada de novedades procedentes de Europa que van a ir cambiando las pautas y prácticas de consumo y de comportamiento y las formas de sociabilidad, creando apariencias nuevas y diferenciadas que vendrán asociadas a nuevos valores e ideas. La irrupción de nuevas formas de vestir, de comer, de comportarse en sociedad y ocupar el tiempo libre, de organizar y decorar la casa, de educar a los hijos o incluso de elegir marido o esposa tensará las viejas estructuras familiares y mentales de la España del Antiguo

---

2   Peter Burke, *¿Qué es la historia cultural?*, Barcelona, Paidós, 2010 [2004], pp. 89-90.

3   *Ibidem*, pp. 113-114.

4   Antonio Álvarez-Ossorio Alvariño, "Rango y apariencia. El decoro y la quiebra de la distinción en Castilla (SS. XVI-XVIII)", *Revista de Historia Moderna*, 17, 1998-1999, pp. 262-278.

Régimen, desencadenando una crisis que conducirá a la emergencia de la sociedad liberal[5].

Este proceso no fue lineal y uniforme, sino desigual y selectivo, puesto que se manifestó antes y con mayor intensidad entre determinados colectivos y con retraso e incluso poca incidencia entre otros. Uno de los retos a los que se enfrenta el historiador es identificar «los círculos sociales efectivos en los que se produjeron tales cambios y tendencias (o se conservaron las tradiciones y consensos previos) para poder explicar porqué precisamente dichos actores y cómo se reprodujeron entre ellos y no en otros ámbitos».[6]

Estudiando las pautas de consumo de los artesanos textiles que trabajaron para los reyes en el siglo XVII, Álvaro Romero descubrió que la obtención del estatus de criado de la Real Cámara y la integración en el espacio cortesano supuso para estos profesionales una "inflexión vital" porque esta nueva condición traía aparejado un incremento de su prestigio en el ámbito laboral y social, una mayor capacidad de influencia en su entorno gracias al acceso a la persona del rey y al contacto con personas influyentes de la Corte, y una mayor capacidad económica y estabilidad laboral. Ello creó en estos artesanos la necesidad de vincularse, mediante la apariencia externa (la indumentaria) e interna (la casa) y el lugar de residencia, a una sociedad, la "sociedad cortesana" de la que habló Norbert Elias, que les proporcionó también una nueva identidad que fue transmitida en el seno de la familia, al tiempo que ponían en marcha diferentes estrategias para reproducirse en los ámbitos de servicio del rey para no perder el elevado estatus obtenido[7].

Para la España del siglo XVIII, José María Imízcoz ha mostrado cómo el servicio al rey en las nuevas instituciones políticas y administrativas creadas por los Borbones, los nuevos cuerpos militares y las altas jerarquías eclesiásticas dependientes del real patronato, in-

---

5   Máximo García Fernández y Juan Manuel Bartolomé Bartolomé, "Familias e individuos: evolución de sus valores culturales y estéticos a finales del Antiguo Régimen", *Magallánica: revista de historia moderna*, 16 (8), 2022, pp. 214-241; Antonio Irigoyen López y Juan Hernández Franco, "Sociabilidad y autoridad: la familia en España ante los retos del siglo XVIII", *HISTOReLo: revista de historia regional y local*, 28 (13), 2021, pp. 169-204; Javier Antón Pelayo, "Comportamientos familiares y actitudes culturales durante la época moderna", *Studia Histórica: Historia Moderna*, 18, 1998, pp. 67-101.

6   Máximo García Fernández, "El vestido y la moda en la Castilla moderna. Examen simbólico", *Vínculos de Historia*, 6, 2017, p. 138.

7   Álvaro Romero González, "Apariencias y cultura material en el Madrid moderno. Prácticas identitarias y de consumo de los artesanos textiles de la Corte (s. XVII)", *Investigaciones históricas: Época moderna y contemporánea*, 42, 2022, pp. 415-444.

cidió sobre una serie de familias o parentelas vascas y navarras que se reprodujeron en estos ámbitos a lo largo de varias generaciones, patrimonializando en parte la gracia regia, actuando como impulsores de las reformas, y asimilando las nuevas prácticas civilizadoras y los ideales ilustrados difundidos desde la Corte y desde otros países, sobre todo Francia. Este fenómeno, de hondas consecuencias sociales, no fue uniforme sino desigual y eso produjo una ruptura de los consensos que trajo conflictos y rupturas en los mismos entornos locales de donde procedían estos individuos[8].

Uno de los escenarios donde se observa también este proceso de ascenso social y asimilación cultural mediante el servicio al rey es el de los nuevos organismos creados bajo patrocinio real para impulsar la política cultural de la corona. En concreto, las Reales Academias asumieron la misión de modernizar la cultura y el pensamiento español en los ámbitos de las letras, las ciencias, las artes o el derecho, pero cumplieron también un papel social y político e ideológico-cultural destacado que ha sido puesto de manifiesto por historiadores como Eva Velasco Moreno o Gloria Franco Rubio: el de servir de puente de unión entre sociedad y poder político, entre intelectuales y políticos o burócratas de las altas esferas de la administración del Estado —y en muchas ocasiones, ambos perfiles se conjugaron en una misma persona. En estas Academias, verdaderos centros de sociabilidad ilustrada, se reunieron en un ambiente "cortés" y "civilizado" altos mandos militares, clérigos seculares y regulares, empleados en la administración judicial y política de la monarquía, nobles con importantes títulos, intelectuales de extracción plebeya, hidalgos..., para compartir ideas, proyectos, esfuerzos, experiencias, siempre con el objetivo de ser útiles al rey y a la nación fomentando el trabajo, la ilustración y el mérito. Como las tertulias, los salones, los cafés o las sociedades económicas de amigos del país, las academias se convirtieron a lo largo del siglo XVIII en centros de una nueva sociabilidad difusores asimismo de una nueva mentalidad que se ha venido en llamar "ilustrada", por primar la igualdad de trato a los demás y el mérito frente a la desigualdad y la "calidad" de la sangre, y reformista, por servir

---

8   Véanse, sobre todo, José María Imízcoz Beunza y Javier Esteban Ochoa de Eribe, "Gobernando la civilización. Pautas civilizatorias de una clase política ilustrada y reformista", *Magallánica, Revista de Historia Moderna,* 4 (7), 2017, pp. 180-214, y José María Imízcoz Beunza, "Costumbres en tensión. El proceso de la civilización en las tierras vascas, de las costumbres compartidas a la fractura de la comunidad (1700-1833)", en José María Imízcoz Beunza, Máximo García Fernández y Javier Esteban Ochoa de Eribe (coords.), *Procesos de civilización: culturas de élites, culturas populares. Una historia de contrastes y tensiones (siglos XVI-XIX)*, Bilbao, Universidad del País Vasco, 2019, pp. 269-308.

de base a los proyectos de reforma dirigidos desde las altas instancias de la monarquía, bien estudiando problemas y sus soluciones, bien creando o movilizando a la opinión pública[9].

Una de estas instituciones, y una de las tres grandes academias reales creadas durante la primera mitad del siglo XVIII, fue la Real Academia de Bellas Artes de San Fernando. Surgida por la iniciativa de un grupo de artistas que trabajaban en las obras del nuevo palacio real de Madrid, liderados por el escultor del rey, Giovan Domenico Olivieri, y apoyados por funcionarios reales también vinculados a la obra, como su intendente Baltasar Elgueta y Vigil o los titulares de la primera Secretaría de Estado el marqués de Villarías y José de Carvajal, recibió la sanción oficial el 12 de abril de 1752[10]. En ella, empleados de la administración real y judicial, militares, intelectuales, clérigos, nobles adornados con grandes títulos, artistas y discípulos de todo tipo de condición social coincidirían con el objetivo común de «promover el adelantamiento de las bellas Artes, por cuantos caminos se le proporcionen»[11]: en las juntas ordinarias y generales, en las ceremonias de distribución de premios, en los pasillos y demás dependencias del centro, y, por supuesto, en las aulas donde se impartían las clases, a las que además de profesores y discípulos acudían también consiliarios y académicos de honor.

En este contexto, los artistas que entraron a formar parte de la nueva Academia vivirían encuentros y experiencias transformadoras, lo que supondría para ellos un punto de inflexión en sus vidas y sus carreras: en la Academia entrarían en contacto con las altas jerarquías administrativas del Estado, la alta nobleza de la Corte y algunos de los intelectuales más aventajados y mejor posicionados; con otros artistas, extranjeros o españoles, con carreras ya consolidadas al servicio del rey o de las altas dependencias eclesiásticas o discípu-

---

9   Eva Velasco Moreno, "Nuevas instituciones de sociabilidad: las academias de finales del siglo XVII y comienzos del XVIII", *Cuadernos Dieciochistas*, 1, 2000, pp. 39-55; Gloria Franco Rubio, "Espacios de sociabilidad, espacios de poder. Algunas reflexiones sobre la articulación de redes sociales en la España del siglo XVIII", en Enrique Martínez Ruiz (coord.), *Vínculos y sociabilidades en España e Iberoamérica, siglos XVI-XX*, Ciudad Real, Ediciones Puertollano, 2005, pp. 59-110.

10   Sobre los orígenes y fundación de la Real Academia de San Fernando, véase Claude Bédat, *La Real Academia de Bellas Artes de San Fernando (1744-1808)*, Madrid, Fundación Universitaria Española, Real Academia de Bellas Artes de San Fernando, 1989, pp. 27-81, esp. 30-35 y 66-69. Para profundizar en los años iniciales, correspondientes a la academia privada de Olivieri entre 1741 y 1744, es fundamental María Luisa Tárraga Baldó, *Giovan Domenico Olivieri y el taller de escultura del Palacio Real. Vol. 1, Biografía*, Madrid, CSIC, 1992, pp. 154-179.

11   ARABASF, *Actas de sesiones de la Real Academia de San Fernando*, sig. 3-84, junta ordinaria de 16 de noviembre de 1777, f. 67r.

los; con todos ellos establecerían lazos de amistad o de clientelismo. Además, su condición de académicos les traería privilegios frente a los demás artífices que permanecieron vinculados a los gremios en entornos locales, lo que sin duda constituía un rasgo de tipo jurídico o legal que los individualizaba y separaba de aquellos, convirtiéndoles en una especie de élite de artistas. La pregunta es: en este proceso de *socialización* dentro de los ambientes académicos y cortesanos y de ascenso social y laboral, ¿asimilaron también estos artistas las pautas civilizatorias, los rasgos de apariencia y de identidad, identificados con la *modernidad* en la España del siglo XVIII? ¿De qué manera mostraron, exteriorizaron, este nuevo estatus social?

A falta de un análisis más profundo, intento aquí una primera aproximación a este asunto a partir de algunos rasgos que definen a la primera generación de profesores de la Academia, y que seguirán haciéndolo en las sucesivas. Con primera generación me refiero a los nombrados directores honorarios, directores actuales y tenientes de director en 1752. Algunos ya venían desempeñando su labor docente en la institución con anterioridad a esa fecha —Giovan Domenico Olivieri, Antonio González Ruiz, Ventura Rodríguez...—, mientras que otros abandonarían la Academia poco después, como Louis-Michel van Loo (1752) y Juan Bautista de la Peña (1753).

El primero de estos rasgos ya ha sido adelantado, y es su vinculación directa al rey, mediante el ejercicio o disfrute de pensiones, cargos, empleos y títulos concedidos por el monarca: casi todos trabajaban o habían trabajado en las obras del nuevo palacio real de Madrid o en otras obras reales, y disfrutaban de cargos, empleos o títulos otorgados por Felipe V o Fernando VI, con sueldo fijo o sin él. Algunos, incluso, se habían formado allí, aprendiendo de los artífices extranjeros (franceses e italianos) que el monarca puso al frente de las obras de su nuevo palacio. Otros realizaban encargos puntuales para la corona, e incluso los había que gozaron pensiones del monarca para estudiar en Italia. En arquitectura, los tres directores honorarios, Giovanni Battista Sacchetti, François Carlier y Santiago Bonavia eran arquitecto y maestro mayor de S.M. y de la Villa de Madrid, arquitecto de los reyes, y pintor de cámara y maestro mayor de las Santas Iglesias de Toledo y Sevilla, respectivamente; los dos directores actuales (o con ejercicio, encargados de la docencia), Ventura Rodríguez y José de Hermosilla, eran ambos tenientes principales del arquitecto mayor del nuevo real palacio (Sacchetti); y uno de sus tenientes en la Academia, Diego de Villanueva, era delineador en esa obra. Lo mismo puede decirse respecto a la pintura y la escultura, puesto que casi todos los doce profesores de estas artes gozaban de empleos al servicio del rey o títulos concedidos por él: Louis-Michel van Loo, director de pintura, era primer pintor de cámara de S.M.; Pablo Pernicharo, Juan Bautista de la Peña y Andrés de la Calleja, tenientes de director en la Academia, eran asimismo pintores de cámara de S.M., y los dos primeros habían estado en Roma con una pensión del rey[12]; Giovanni Domenico Olivieri y Felipe de Castro, directores de escultura, eran escultor principal del rey y escultor de la Real Persona, respectivamente. Y Antoine Dumandré, director honorario de escultura, era también escultor de S.M. Por último, los dos directores del grabado estaban también empleados por el rey: Juan Bernabé Palomino era grabador de cámara de S.M. y Tomás Francisco Prieto grabador principal de las Reales Casas de Moneda[13].

Es evidente que esos puestos de servicio al rey estaban reservados a unos pocos artistas y que eran codiciados por muchos, si no casi todos los que vivían en Madrid. Ser nombrado pintor, escultor o grabador de cámara, de la real persona o del príncipe, maestro mayor de alguno de los Sitios u Obras Reales, etcétera, confería un reconocimiento a la valía personal del artífice y un prestigio que este normalmente rentabilizaba atrayendo encargos de la nobleza cercana al rey; además, conllevaba cierta estabilidad laboral y económica, la presencia en la Corte y otros Sitios Reales, con lo que eso implicaba de contacto con personajes influyentes —también artistas— y de enriquecimiento de la cultura visual de los artífices; y abría la puerta a la obtención de toda una serie de mercedes, prebendas, privilegios y favores con que el rey recompensaba los servicios de sus servidores[14]. A estas mercedes se unieron los privilegios concedidos a los académicos de San Fernando, que vinieron a encumbrar todavía más a esta reducida élite de artistas y a reforzar los vínculos de fidelidad con la corona: en 1753, una real orden al Consejo de Castilla informaba del establecimiento de la Academia y de los privilegios con que el rey la había distinguido, entre ellos que «dentro de Madrid sean y se tengan

---

12   Pilar Díaz del Corral Corredoira, "Pablo Pernicharo y Juan Bautista de la Peña, la trayectoria de dos pintores españoles a través de la correspondencia de la Academia de Francia en Roma", *ACTA ARTIS: Estudis d'Art Modern*, 2, 2-14, pp. 51-67.

13   Estos datos los extraigo de la *Abertura solemne de la Real Academia de las Tres Bellas Artes, Pintura, Escultura y Arquitectura, con el nombre de S. Fernando, fundada por el Rey Nuestro Señor. Celebrose el día 13 del mes de Junio de 1752...*, Madrid, Casa de Antonio Marín, 1752, pp. 33-35.

14   María Pilar García Sepúlveda, "Mercedes y prebendas de los artífices palaciegos del siglo XVII en los documentos del Palacio Real y el Archivo de Simancas", en Alejandro Cañestro Donoso (coord.), *Scripta artium in honorem Prof. José Manuel Valdovinos*, Alicante, Universidad de Alicante, 2018, pp. 586-597.

en todos Tribunales por tasadores para las obras que ocurrieren estimar, y tasar de dichas tres Artes los dichos Directores de la Academia cada uno respectivamente a las de su Arte», sin necesidad de obtener para ello la licencia específica del Consejo, como era normativo[15]. En 1757, los Estatutos definitivos, aprobados por real cédula de 30 de mayo, al tiempo que confirmaban los privilegios otorgados en 1753, concedían «a todos los académicos profesores, que por otro título no la tengan [...] el especial privilegio de Nobleza personal con todas las inmunidades, prerrogativas y esenciones que la gozan los Hijos Dalgo de Sangre de mis Reynos»[16], y prohibían tasar, medir y dirigir obras de arquitectura a quien en adelante no hubiese sido examinado y aprobado en estas facultades por la Academia[17], excluyendo de esta prohibición a sus profesores y académicos de mérito por la arquitectura, a quienes el rey declaraba «habiles para idear y dirigir toda suerte de Fàbricas [...] y por consiguiente para tasarlas y medirlas, sin necesidad de titulo, ò licencia de Tribunal alguno»[18].

Estas disposiciones constituían un primer intento de poner orden en el confuso mundo de la construcción en Madrid, donde cualquier albañil sin formación suficiente, sin necesidad siquiera de haber sido aprobado como maestro de su oficio por su gremio, se introducía a dirigir obras de arquitectura, medirlas y tasarlas, con nefastas consecuencias para el público[19]. Establecían una primera diferenciación, una jerarquización, en los oficios de la arquitectura, válida para todos, sin importar el gremio, separando de manera clara las competencias que correspondían a cada artífice, quedando las más elevadas, propias de la arquitectura como noble arte liberal, trazar y dirigir obras, en manos de los académicos. Por su parte, en la escultura y la pintura también se otorgaba a los profesores de la Academia la capacidad de examinar a quienes quisieran obtener licencia para tasar obras de estas artes[20].

---

15   ARABASF, leg. 2-58-2. Real orden al Consejo de Castilla comunicada por José de Carvajal y Lancáster, Madrid 27 de febrero de 1753. Es copia.

16   *Estatutos de la Real Academia de S. Fernando*, Madrid, Gabriel Ramírez, 1757, XXXIV, p. 95.

17   *Estatutos...*, XXXIII, pp. 87-89.

18   *Estatutos...*, XXXIV, 97.

19   Claude Bédat, *La Real Academia de Bellas Artes...*, pp. 339 y 372. Juan Caramuel lo expresaba así: «Los Muradores y Albañiles, luego que cobran algún crédito, se llaman Maestros de Obras, y después, dentro de pocos días, sin saber Artihmética, ni Geometría, se cuentan en el número de los Arquitectos». Juan Caramuel, *Arquitectura civil recta y oblicua*, t. II, Vigevano, 1678, p. 28. Tomado de Carlos Irisarri, *El arquitecto ilustrado. Del oficio a la profesión, Madrid*, Centro de Estudios Europa Hispánica, 2022, p. 96.

20   *Estatutos...*, XXXIV, p. 97.

Esta diferenciación era legal, pero también mental y social. Los académicos no se cansaron de manifestar su superioridad sobre los artesanos gremiales, a quienes aventajaban en formación y posición social. Esta ruptura en el mundo de las artes en Madrid se manifestó desde fechas muy tempranas, cuando empezó a funcionar la academia bajo la forma de una Junta Preparatoria. En una carta anónima escrita por un profesor de Madrid al viceprotector de la Junta Preparatoria Fernando Triviño, en fecha desconocida, pero que Claude Bédat data hacia 1745[21], se criticaba que «ninguno de los profesores antiguos y acreditados con sus obras» residentes en la Corte hubiesen sido invitados a formar parte de la nueva Academia, y tampoco hubiesen sido honrados con títulos de ella con que engrandecerla, y encima cuando asistían a las clases fueran tratados como «discípulos, sin más distinción, teniendo ellos más discípulos que algunos de los señores Directores»[22]. Nótese que se reivindicaba el papel de los profesores «acreditados con sus obras», como contraponiéndolos a los profesores acreditados con títulos del rey, que eran los elegidos para la nueva Academia.

Su elevada posición social, su cercanía al rey y su presencia en los ambientes cortesanos y en la Academia debió influir sobre las pautas de consumo y la cultura material de estos artistas, llevándolos a asimilar las apariencias propias de estos círculos en un intento de mostrar su buena fortuna y reforzar su vinculación con la sociedad cortesana. Tenemos algunos datos que así parecen confirmarlo. El escultor italiano Giovan Domenico Olivieri, contratado por el marqués de Villarías en 1739 como escultor del rey y para dirigir las obras de escultura del nuevo palacio real, vivió durante años ahogado por las deudas que contrajo como consecuencia de un nivel de gasto suntuario muy elevado, fruto de su gusto por el lujo y el deseo de manifestar la importancia de su arte y su propia posición en la Corte, a lo que se sumó la escrupulosidad de los funcionarios del rey que autorizaban las cuentas de los artistas de la obra del palacio y los retrasos en el cobro de su sueldo. Así, Olivieri no escatimó en gastos a la hora de escoger y adornar su definitiva residencia en la calle Ancha de San Bernardo, se construyó un palacete en Carabanchel Bajo y buscó otras formas de reconocimiento social más institucionalizadas, como el ingreso en órdenes de caballería. Obtuvo en 1757 la insignia de la Orden de San Miguel de Francia gracias a las gestiones y los informes

---

21 Claude Bédat, *La Real Academia de Bellas Artes…*, p. 41.

22 *Ibidem*, pp. 41-42.

positivos del duque de Duras y del abad de Frischmann[23]. Nadie podía dudar ya de su condición nobiliaria.

Otro rasgo que define a este grupo de artistas es la indumentaria. Como se decía al principio, la adopción de un determinado código vestimentario vinculaba a las personas a un concreto círculo o ambiente social y a unos determinados valores, y podría indicar la recepción de novedades no solo materiales, sino también de otros tipos. En el Madrid de la primera mitad del siglo XVIII, el tradicional vestido masculino, vinculado a los Austrias, compuesto por jubón, ropilla, calzón, golilla y capa, y en el que predominaba la severidad del negro en contraste con la blancura del cuello, tuvo que competir con el "vestido a la francesa" o "vestido a la moda", que, más cómodo, colorista y vinculado al prestigio y el refinamiento de la Corte de Versalles y a la nueva dinastía, se extendió con rapidez desde el palacio, adonde ya había llegado en tiempos de Carlos II. Se generalizó primero entre los servidores de la Corte y la nobleza cortesana y, poco a poco, fue penetrando, con la denominación de traje "a lo militar", en los guardarropas de otras capas sociales de la capital, sobre todo comerciantes, dependientes de grandes casas nobiliarias, profesionales liberales, militares, burócratas, quedando, entre las élites, el vestido de golilla asociado a los togados, casi como si de un uniforme se tratara[24]. Esta nueva indumentaria se extendió luego desde Madrid, llegando a lugares geográficamente tan alejados como las islas Canarias[25].

Los artistas de la Academia la adoptan sin tapujos, junto con otros elementos propios de las nuevas modas y objetos suntuarios que muestran el deseo de adornar la casa y el cuerpo conforme a su nuevo estatus. No hay que olvidar que el rey les había concedido el título de hidalguía, y por lo tanto pasaban a engrosar las filas de la nobleza. Y, en esta sociedad, tan importante era ser noble como pare-

---

23   María Luisa Tárraga, *Giovan Domenico Olivieri...*, pp. 34-86.

24   Arianna Giorgi, "Vestir a la española y vestir a la francesa. Apariencia y consumo de la población madrileña del siglo XVIII", en Juan Manuel Bartolomé Bartolomé y Máximo García Fernández (dirs.), *Apariencias contrastadas: contraste de apariencias. Cultura material y consumos de Antiguo Régimen*, León, Universidad de León, 2012, pp. 157-172. De la misma autora: "Ethos y retórica del vestido a la moda en el Madrid del siglo XVIII", *Imafronte: revista de historia del arte*, 21-22, 2009, pp. 145-154; Idem, "Apariencia e imagen de la Casa de Borbón en el siglo XVIII: los criados de Su Majestad", en Eliseo Serrano Martín (coord.), *I Encuentro de Jóvenes Investigadores en Historia Moderna. De la tierra al cielo: líneas recientes de investigación en Historia Moderna*, Zaragoza, Institución "Fernando el Católico", 2013, pp. 369-382, esp. 372-375.

25   Carlos Javier Castro Brunetto, "La moda francesa en la pintura canaria del siglo XVIII", *Anuario de Estudios Atlánticos*, 63, 2017, pp. 1-22.

cerlo. A eso se suma un factor más: cobraban suficientes honorarios como para poder permitirse vivir cómodamente: al sueldo fijado a los directores (3000 reales anuales) y tenientes directores (1500 reales anuales), había que sumar lo producido por los encargos particulares que asumieran y, sobre todo, el sueldo o pensión que cobraban del rey aquellos que estaban empleados a su servicio, que oscilaba entre 9000 y 2000 reales anuales[26].

Así, del estudio de algunos inventarios de bienes de estos artistas se desprenden unas condiciones de vida bastante buenas, con patrimonios en algunos casos cercanos o incluso superiores a los 100000 reales, con capacidad económica suficiente como para dotar a sus hijas con vestidos ricos y alhajas, ayudar a los hijos varones y habitar viviendas amplias, con mobiliario de buenos materiales y variado, menajes de cocina y mesa variados y con elementos de plata, y muchos y refinados elementos decorativos, como espejos, cornucopias, pinturas, estampas, escopetas, relojes franceses e ingleses, etcétera. Respecto a la ropa y complementos, tanto masculinos como femeninos, la variedad y el gusto refinado en la elección de los textiles y las prendas se manifiesta de nuevo, apareciendo, en los armarios masculinos, "trajes a lo militar", guantes, medias, relojes de faltriquera y bastones, y en los femeninos, basquiñas, abanicos o pañuelos. En el inventario de bienes del pintor Andrés de la Calleja realizado en 1740, cuando ya era pintor de cámara del Príncipe de Asturias, aparecen varios objetos de plata labrada, entre ellos "una salbilla de plata a la moda", "un salero de plata nuevo a la moda", "seis cucharas y seis tenedores de plata medianos a la moda" y "dos cucharas pequeñas a la moda", además de "un relox de Ynglaterra para faltriquera" valorado en 600 reales[27]. Su compañero en la Academia, el director del grabado Juan Bernabé Palomino, declaraba en 1767, en el momento de su matrimonio con Juliana Rico, poseer un capital de bienes de 33951 reales[28], entre ellos "un Bestido a lo militar

---

26 Bédat, *La Real Academia…*, p. 169. Véanse también las observaciones que hace al respecto José María Imízcoz Beunza, "La Real Academia de Bellas Artes y el siglo del buen gusto. Vanguardias reformistas y resistencias en la España del siglo XVIII", en Fernando R. Bartolomé García y Eneko Ortega Mentxaka (coords.), *Élites, promoción artística e imagen del poder (siglos XV-XIX)*, Bilbao, Universidad del País Vasco, Servicio Editorial, 2021, p. 70.

27 Archivo Histórico de Protocolos de Madrid [AHPM], protocolo 17214, ff. 168-185. Transcrito en José Luis Barrio Moya, "Algunas noticias sobre la vida y la obra del pintor Andrés de la Calleja", *Academia: Boletín de la Real Academia de Bellas Artes de San Fernando*, 67, 1988, pp. 338-343, esp. 342-343.

28 Al que habría que sumar las dotes de sus hijas: una de 12134 reales, otra de 11791 reales, y la ayuda económica que el grabador prestó a su hijo tras su matrimonio, y que ascendió a 5797 reales. Ver nota siguiente.

de Paño Color de Melocoton boton de Oro, forrado en Tafetan del mismo color" (240 reales), "Otro [vestido] a lo militar de Gloritú color Flor de Romero Forrado en tafetan blanco" (360 reales), una "Casaca a lo militar de Camelote forrada en tafetan color aplomado" (90 reales), y "Dos sombreros a lo militar", en 60 reales, además de "un Espadin con Guarnición de Plata", en 190 reales. Completaban su guardarropa dos vestidos negros, dos capas y tres pares de medias de seda negras[29]. El escultor Luis Salvador Carmona, teniente director de escultura en la Academia, declaraba en 1756 poseer un patrimonio valorado en 146147 reales, a medias con su esposa, fallecida a finales del año anterior. De la cantidad de muebles y, sobre todo, de camas y ropa blanca, se deduce que tenía una casa grande, bien dotada con espejos y cornucopias, pinturas, cerámicas de Talavera, China, cristal, y un completo guardarropa compuesto por casacas, trajes a lo militar, chorreras, corbatines, guantes de seda, pelucas y peluquines para él, además de basquiñas, escotes de encaje fino, medias de París o pañuelos de Cambray para ella[30].

Otro testimonio elocuente de este deseo por manifestar la nueva posición social alcanzada es la profusión de retratos de estos primeros profesores académicos, que contrasta con la relativa escasez de este género en siglos anteriores[31]. Aunque la Academia no formó una galería de retratos de académicos, como sí se hacía en las Academias de París y Roma, a lo largo de toda la segunda mitad del siglo XVIII algunos de sus miembros serían inmortalizados al óleo, al pastel o incluso al cobre, más fruto de iniciativas particulares que de un mandato o patrocinio institucional[32]. Los retratos siguen, en general, las convenciones propias de la época, el género y el ambiente académico en que se realizaron, mostrando al personaje generalmente de medio cuerpo o de busto, en posición de tres cuartos observando al espectador, sobre fondo neutro u oscuro, a la manera de la retratística espa-

---

29   AHPM, protocolo 16694, ff. 287-298. Transcrito en Natividad Galindo, "Algunas noticias sobre Juan Bernabé Palomino", *Academia: Boletín de la Real Academia de Bellas Artes de San Fernando*, 69, 1989, pp. 250-261, esp. 254.

30   María Concepción García Gaínza y Carlos Chocarro Bujanda, "Inventario de bienes del escultor Luis Salvador Carmona", *Academia: Boletín de la Real Academia de Bellas Artes de San Fernando*, 86, 1998, pp. 297-326, esp. 301.

31   Marina Gacto Sánchez, "La identidad del artista español en el siglo XVIII: hacia la configuración de un modelo ideal", en María Dolores Barral Rivadulla *et al.* (coords.), *Mirando a Clío: el arte español espejo de su historia*, Santiago de Compostela, Universidad de Santiago de Compostela, 2012, pp. 2263-2270.

32   María Victoria Alonso Cabezas, "Una galería de retratos en la Real Academia de Bellas Artes de San Fernando (1754-1833)", *Archivo español de arte*, XCII (366), 2019, pp. 191-202.

ñola del siglo XVII, y son excepción aquellos en los que se introducen en el fondo elementos propios del retrato de aparato cortesano como ricos cortinajes o monumentales columnas. Algunos portan en sus manos (y generalmente en la derecha) o lucen en el fondo de la escena instrumentos u objetos propios de su arte, como lapiceros, pinceles, carpetas con estampas o dibujos, medallas, esculturas o planos de edificios.

Todos, sin excepción, visten a la moda francesa, con casaca, chupa, camisa, calzón, medias, corbata en el cuello y peluca, con ligeras variantes que siguen las modas dominantes en la Corte a lo largo del siglo, algo que se deja ver sobre todo en los colores de la casaca, los brocados de la chupa, la extensión de las mangas y el tamaño y forma de las pelucas. En el retrato de Giovan Domenico Olivieri (1708-1762), obra del francés Michel Barthélemy Olivier, pintado entre 1758 y 1762, y conservado en la Real Academia de Bellas Artes de San Carlos de Valencia, institución a la que parece que él mismo lo regaló[33], el escultor aparece de cuerpo entero vestido con una casaca roja de grandes mangas abotonadas, chupa de ricos brocados, calzón, medias blancas, pañuelo y peluca algo más corta que la peluca *in-folio* típica del reinado de Felipe V, tal y como se llevaba en época de Fernando VI. Hay que destacar también algunos de sus útiles de escultor y, sobre una suntuosa mesa, un medallón de piedra que podría representar a Fernando VI, en clara alusión ambos elementos a su condición de escultor del rey y a la protección y los beneficios que este le dispensó. Aparecen también otros dos símbolos de su ascenso social: la banda de la Orden francesa de San Miguel conseguida en 1757 y la medalla de oro que le regaló la Academia en 1758 en recompensa por sus servicios[34]. El mismo lujo en el vestido se aprecia en el retrato que le hizo Antonio González Ruiz, esta vez de medio cuerpo y sobre fondo neutro, en el que luce casaca con camisa con finos encajes y un mantón carmesí sobre los brazos (hoy en colección particular).

Parecidos elementos, dispuestos en orden a manifestar la cercanía al rey y la posición social y económica desahogada alcanzada, aparecen en los retratos realizados del escultor Felipe de Castro (1704-1775). El más conocido hoy es un lienzo del pintor académico Gregorio Ferro, discípulo de Mengs, realizado hacia 1795 —y por lo tanto muerto ya el escultor—, por encargo de la Universidad de Santiago de Compostela, para honrar la memoria de quien había legado

---

33 María Luisa Tárraga, *Giovan Domenico Olivieri...*, p. 108.

34 *Ibidem*, pp. 108 y 113-114.

a esta institución su rica biblioteca[35]. Aunque se trata de un retrato póstumo, podría basarse en otro realizado en vida por Anton Rafael Mengs, aunque este punto no está claro[36]. Castro aparece de pie, en lo que parece su taller, pues al fondo aparecen dibujos y modelos, seguramente de yeso o de barro, libros, útiles de escultor y de pintor (paleta, pinceles), además de alusiones a dos de sus obras: una, el busto de fray Martín Sarmiento que hizo para la Academia de Bellas Artes, cuya presencia en esta obra pueda deberse al origen también gallego del fraile benedictino; la otra, en la que apoya su mano izquierda, es un león, que ha sido interpretado por Marina Gacto[37] como alusión directa a la monarquía española, indicando de esta manera su vinculación con el entorno cortesano, pero que yo prefiero interpretar también como una alusión clara al león que labró para la escalera del Palacio real nuevo de Madrid[38]. Viste con ropajes ricos, a la moda francesa, con elementos en oro, y llama la atención la ausencia de peluca, sustituida aquí por un turbante, hecho este relacionado quizás con el lugar, de carácter doméstico, en el que se encuentra.

Tras la muerte de Felipe de Castro en 1775 le sucedió en el puesto de primer escultor de cámara del rey Roberto Michel (1720-1786), escultor francés afincado en Madrid en 1740, que desarrolló su carrera en España al amparo de la corona y de la Real Academia de San Fernando, donde llegó a Director de Escultura en 1763 y Director General en 1774[39]. En su retrato, tradicionalmente atribuido a Jean

---

35 Ficha la ficha de la obra en el *Museo Virtual de la USC* realizada por José Manuel García Iglesias: https://museovirtual.usc.gal/es/bienes/felipe-de-castro [consultado el 15/10/2025].

36 Lo que no extrañaría ya que Castro y Mengs fueron buenos amigos, y Gregorio Ferro discípulo del segundo. El supuesto cuadro de Mengs, hoy en paradero desconocido, se conoce gracias a la estampa que Francisco Ribelles, discípulo del grabado de la Academia, realizó y fue premiada en el concurso del año 1805. En ella se muestra a Felipe de Castro en posición muy parecida a la del cuadro de Gregorio Ferro, sosteniendo en las manos útiles de escultor y apoyando el brazo derecho en la cabeza de un león. También viste a la francesa y con turbante, aunque la casaca es distinta. José Ribelles y Helip, *Retrato del escultor Felipe de Castro*, h. 1805, Madrid, Archivo-Biblioteca de la Real Academia de Bellas Artes de San Fernando, GR-2538 y GR-2539. Véase la obra y su comentario en *Academia colecciones*: https://www.academiacolecciones.com/estampas/inventario.php?id=GR-2538 [consultado el 15/10/2025].

37 Marina Gacto Sánchez, "La imagen del artista en la Academia de Bellas Artes de San Fernando: proyección social del individuo frente a la comunidad", en María Dolores Barral Rivadulla *et al.* (coords.), *Mirando a Clío: el arte español espejo de su historia*, Santiago de Compostela, Universidad de Santiago de Compostela, 2012, pp. 1155-1156.

38 David García Cueto, "El gusto artístico francés de los Borbones españoles en el siglo XVIII", en Amaya Alzaga Ruiz (dir.), *El gusto francés y su presencia en España (siglos XVII-XIX)*, Madrid, Fundación Mapfre, 2021, p. 98.

39 Carmen Lorente Arévalo y Clara M.ª Tascón Gárate, "Nuevas aportaciones a la biografía del escultor Roberto Michel", *Anales de Historia del arte*, 5, 1995, pp. 225-236, esp. 227-228.

Ranc y recientemente a Luis Egidio Meléndez, viste un espectacular conjunto francés de casaca, chupa, corbata y peluca corta con coleta y lazo, mientras sostiene con su mano izquierda un busto femenino, en alusión a su arte[40].

En fin, se podrían poner varios ejemplos más, y en todos se repite el mismo uniforme cortesano, con variantes de gusto, época y quizás también de capacidad adquisitiva: los retratos que Antonio González Ruiz pintó de los grabadores Juan Bernabé Palomino[41] y Tomás Francisco Prieto[42], así como su propio autorretrato[43]; los de los arquitectos Jacques Marquet y Diego de Villanueva que realizaron al pastel Faraona Olivieri y María Josefa Carrón respectivamente y que les valió el título de académicas de mérito por la pintura[44]; o el del grabador Manuel Salvador Carmona pintado por su esposa Ana María Mengs y regalado a la Academia en 1790[45]. Muchos de ellos, y otros no recogidos aquí, serían grabados al cobre por el propio Carmona o los jóvenes discípulos del grabado de la Academia, entre finales del siglo XVIII y principios del XIX, y hoy forman parte de la colección *Iconografía Hispana* de la Biblioteca Nacional de España[46].

Si bien sus retratos parecen transmitir una misma imagen, y todo este grupo de artistas compartían carreras al servicio del rey en las obras reales y en la Academia, a lo que debían su fortuna, aún no sabemos hasta qué punto formaron o no un grupo unitario, más o menos cohesionado por intereses comunes y lazos de diverso tipo, o, al contrario, dividido por enfrentamientos personales o profesionales.

---

40   Luis Egidio Meléndez, *Retrato de Roberto Michel*, óleo sobre lienzo, Madrid, Madrid, Museo de la Real Academia de Bellas Artes de San Fernando, INV. 0715.

41   Antonio González Ruiz, *Juan Bernabé Palomino*, óleo sobre lienzo, 1741, Madrid, Museo de la Real Academia de Bellas Artes de San Fernando, INV. 0039.

42   Descubierto por Alfonso E. Pérez Sánchez, "Algunos retratos desconocidos de Antonio González Ruiz", en *Tiempo y espacio en el arte. Homenaje al Profesor Antonio Bonet Correa*, t. II, Madrid, Editorial Complutense, 1994, pp. 911-920. Sirvió de base a Manuel Salvador Carmona para realizar el grabado de Prieto en 1784, aunque simplificando un poco la casaca. *Ibidem*, p. 915; Marina Gacto, "La imagen del artista…", p. 1153.

43   Antonio González Ruiz, *Autorretrato*, óleo sobre lienzo, h. 1760-1768, Madrid, Museo de la Real Academia de Bellas Artes de San Fernando, INV. 0038.

44   Ambos conservados hoy en la Real Academia de Bellas Artes de San Fernando (Faraona Olivieri, *Retrato del arquitecto Jacques Marquet*, pastel, h. 1759, INV. 0706; María Josefa Carrón, *Diego de Villanueva*, pastel, 1761, INV. 0040).

45   Anna María Mengs, *Manuel Salvador Carmona*, pastel sobre papel, Madrid, Museo de la Real Academia de Bellas Artes de San Fernando, INV. 0868.

46   Marina Gacto, "La imagen del artista…", y "Poder y apariencia: la revaloración del arte del grabado en el siglo XVIII y su reflejo en la efigie del grabador", *Potestas. Estudios del mundo clásico e historia del arte*, 8, 2015, pp. 265-282.

Tenemos algunas pistas, pero sería necesario un estudio mucho más profundo de las relaciones establecidas por cada uno de estos artistas, indagando en la manera en que estas influyeron, o no, en sus carreras. Por ejemplo, son bien conocidos los conflictos por cuestiones de precedencia en las juntas ordinarias y generales o la rivalidad entre profesores, como Diego de Villanueva y Ventura Rodríguez, o entre los hermanos González Velázquez y Antonio González Ruiz[47]. También sabemos que entre profesores de la Academia se forjaron amistades sólidas y duraderas, como la que mantuvo Felipe de Castro con Anton Rafael Mengs y Ventura Rodríguez. Por otra parte, los matrimonios entre artistas y sus familiares estuvieron a la orden del día, reproduciendo una práctica muy común entre artistas y artesanos. Quizás un estudio minucioso de este fenómeno pudiera descubrir estrategias matrimoniales ocultas, desplegadas por estos individuos para mantenerse en la cima del poder artístico, es decir, en los círculos más cercanos al patronazgo real y, de paso, reproducirse en la Academia. La lista es larga: el pintor Antonio González Ruiz casó con una hija del grabador Juan Bernabé Palomino. El arquitecto Ventura Rodríguez casó en terceras nupcias con la hija del arquitecto gaditano Torcuato Cayón, el principal introductor en Cádiz del barroco clasicista propugnado por su nuero. El grabador Manuel Salvador Carmona viajó a Roma en 1768 para contraer matrimonio con Ana María Mengs, hija del pintor Anton Rafael Mengs. Otro grabador, Pedro González Sepúlveda, casó con la hija de su maestro en la Academia, Tomás Francisco Prieto. Antonio González Velázquez casó con Manuela Tolosa y Aviñón, hermana del rico bordador y comerciante de tejidos Francisco Tolosa y Aviñón, que contaba entre sus clientes habituales a los reyes, príncipes y la nobleza de la Corte. Y una hija de este matrimonio, María, casó con el pintor y discípulo de la Academia Mariano Salvador Maella[48]. Por último, los discípulos y pensionados en Roma Francisco Gutiérrez y Miguel Fernández casaron en esta ciudad con dos hermanas romanas, convirtiéndose así en cuñados, y apareciendo juntos a su vuelta a Madrid en obras dirigidas por Francesco Sabatini, de quien Miguel Fernández era teniente arquitecto[49]. Algunas familias se reprodujeron en la Academia, ocupando puestos importantes

---

47   Claude Bédat, *La Real Academia de Bellas Artes…*, pp. 144-152.

48   Bertha Núñez Bernis, "Zacarías González Velázquez: nuevos retratos familiares y otras obras inéditas", *Goya: revista de arte*, 247-248, 1995, pp. 26-28.

49   María Luisa Tárraga Baldó, "Esculturas y escultores de la Puerta de Alcalá", *IV Jornadas de Arte: El arte en tiempo de Carlos III*, Madrid, Ediciones Alpuerto, 1989, pp. 274-275.

a lo largo de varias generaciones, como los Villanueva, los González Velázquez o los Rodríguez. No hay, por tanto, que minusvalorar el peso que los intereses personales y los lazos familiares, de amistad y otro tipo, jugaron en el seno de la institución y a la hora de obtener encargos, empleos y prebendas de ella y del rey, junto al mérito, como ya señaló José María Imízcoz[50].

La endogamia matrimonial pudo deberse también a otro factor: la convivencia estrecha, las relaciones entre maestro y discípulo, la comunión de intereses. Los datos y las ideas reunidos en este trabajo parecen apuntar a que estos artistas vinculados al rey y a la Academia formaron un grupo más o menos homogéneo en cuanto a sus pautas de vida y de consumo, integrándose perfectamente en el grupo de los servidores del rey más abierto a las novedades y las reformas. Algunos académicos asistieron a tertulias ilustradas en la Corte, como Felipe de Castro y Ventura Rodríguez, que acudían a la de Campomanes; otros serían perseguidos por la Inquisición por su pensamiento alineado con algunos presupuestos de la filosofía moderna, como Benito Bails. Y, no cabe duda, estos artistas representaron la vanguardia artística de la España del siglo XVIII, la más atenta a los desarrollos europeos, y contribuyeron a la difusión de los nuevos presupuestos academicistas y neoclásicos no solo desde Madrid, sino también en estrecha colaboración con discípulos y otros artistas repartidos por todo el territorio español.

BIBLIOGRAFÍA

Abertura solemne de la Real Academia de las Tres Bellas Artes, Pintura, Escultura y Arquitectura, con el nombre de S. Fernando, fundada por el Rey Nuestro Señor. Celebrose el día 13 del mes de Junio de 1752..., Madrid, Casa de Antonio Marín, 1752.

ALONSO CABEZAS, María Victoria, "Una galería de retratos en la Real Academia de Bellas Artes de San Fernando (1754-1833)", *Archivo español de arte*, XCII (366), 2019, pp. 191-202.

ÁLVAREZ-OSSORIO ALVARIÑO, Antonio, "Rango y apariencia. El decoro y la quiebra de la distinción en Castilla (SS. XVI-XVII)", *Revista de Historia Moderna*, 17, 1998-1999, pp. 262-278.

---

50   José María Imízcoz, "La Real Academia de Bellas Artes...", pp. 71-74.

ANTÓN PELAYO, Javier, "Comportamientos familiares y actitudes culturales durante la época moderna", *Studia Histórica: Historia Moderna*, 18, 1998, pp. 67-101.

BARRIO MOYA, José Luis, "Algunas noticias sobre la vida y la obra del pintor Andrés de la Calleja", *Academia: Boletín de la Real Academia de Bellas Artes de San Fernando*, 67, 1988, pp. 338-343.

BÉDAT, Claude, *La Real Academia de Bellas Artes de San Fernando (1744-1808)*, Madrid, Fundación Universitaria Española, Real Academia de Bellas Artes de San Fernando, 1989.

BURKE, Peter, *¿Qué es la historia cultural?*, Barcelona, Paidós, 2010.

Castro Brunetto, Carlos Javier, "La moda francesa en la pintura canaria del siglo XVIII", *Anuario de Estudios Atlánticos*, 63, 2017, pp. 1-22.

DÍAZ DEL CORRAL CORREDOIRA, Pilar, "Pablo Pernicharo y Juan Bautista de la Peña, la trayectoria de dos pintores españoles a través de la correspondencia de la Academia de Francia en Roma", *ACTA ARTIS: Estudis d'Art Modern*, 2, 2-14, pp. 51-67.

Estatutos de la Real Academia de S. Fernando, Madrid, Gabriel Ramírez, 1757.

FRANCO RUBIO, Gloria, "Espacios de sociabilidad, espacios de poder. Algunas reflexiones sobre la articulación de redes sociales en la España del siglo XVIII", en Enrique Martínez Ruiz (coord.), *Vínculos y sociabilidades en España e Iberoamérica, siglos XVI-XX*, Ciudad Real, Ediciones Puertollano, 2005, pp. 59-110.

GACTO SÁNCHEZ, Marina, "La identidad del artista español en el siglo XVIII: hacia la configuración de un modelo ideal", en María Dolores Barral Rivadulla *et al.* (coords.), *Mirando a Clío: el arte español espejo de su historia*, Santiago de Compostela, Universidad de Santiago de Compostela, 2012, pp. 2263-2270.

—, "La imagen del artista en la Academia de Bellas Artes de San Fernando: proyección social del individuo frente a la comunidad", *Mirando a Clío: el arte español espejo de su historia*, Santiago de Compostela, Universidad de Santiago de Compostela, 2012, pp. 1155-1156.

—, "Poder y apariencia: la revaloración del arte del grabado en el siglo XVIII y su reflejo en la efigie del grabador", *Potestas. Estudios del mundo clásico e historia del arte*, 8, 2015, pp. 265-282.

GALINDO, Natividad, "Algunas noticias sobre Juan Bernabé Palomino", *Academia: Boletín de la Real Academia de Bellas Artes de San Fernando*, 69, 1989, pp. 250-261.

GARCÍA CUETO, David, "El gusto artístico francés de los Borbones españoles en el siglo XVIII", en Amaya Alzaga Ruiz (dir.), *El gusto francés y su presencia en España (siglos XVII-XIX)*, Madrid, Fundación Mapfre, 2021, pp. 93-99.

GARCÍA FERNÁNDEZ, Máximo y Bartolomé Bartolomé, Juan Manuel, "Familias e individuos: evolución de sus valores culturales y estéticos a finales del Antiguo Régimen", *Magallánica: revista de historia moderna*, 16 (8), 2022, pp. 214-241.

GARCÍA FERNÁNDEZ, Máximo, "El vestido y la moda en la Castilla moderna. Examen simbólico", *Vínculos de Historia*, 6, 2017, pp. 135-152.

GARCÍA GAÍNZA, María Concepción y Chocarro Bujanda, Carlos, "Inventario de bienes del escultor Luis Salvador Carmona", *Academia: Boletín de la Real Academia de Bellas Artes de San Fernando*, 86, 1998, pp. 297-326.

GARCÍA SEPÚLVEDA, María Pilar, "Mercedes y prebendas de los artífices palaciegos del siglo XVII en los documentos del Palacio Real y el Archivo de Simancas", en Alejandro Cañestro Donoso (coord.), *Scripta artium in honorem Prof. José Manuel Valdovinos*, Alicante, Universidad de Alicante, 2018, pp. 586-597.

GIORGI, Arianna, "Vestir a la española y vestir a la francesa. Apariencia y consumo de la población madrileña del siglo XVIII", en Juan Manuel Bartolomé Bartolomé; Máximo García Fernández (dirs.), *Apariencias contrastadas: contraste de apariencias. Cultura material y consumos de Antiguo Régimen*, León, Universidad de León, 2012, pp. 157-172.

—, "Apariencia e imagen de la Casa de Borbón en el siglo XVIII: los criados de Su Majestad", en Eliseo Serrano Martín (coord.), *I Encuentro de Jóvenes Investigadores en Historia Moderna. De la tierra al cielo: líneas recientes de investigación en Historia Moderna*, Zaragoza, Institución "Fernando el Católico", 2013, pp. 369-382.

—, "Ethos y retórica del vestido a la moda en el Madrid del siglo XVIII", *Imafronte: revista de historia del arte*, 21-22, 2009, pp. 145-154.

IMÍZCOZ BEUNZA, José María, "Costumbres en tensión. El proceso de la civilización en las tierras vascas, de las costumbres compartidas a la fractura de la comunidad (1700-1833)", en José María Imízcoz Beunza; Máximo García Fernández; Javier Esteban Ochoa de Eribe (coords.), *Procesos de civilización: culturas de élites, culturas populares. Una historia de contrastes y tensiones (siglos XVI-XIX)*, Bilbao, Universidad del País Vasco, 2019, pp. 269-308.

—, "La Real Academia de Bellas Artes y el siglo del buen gusto. Vanguardias reformistas y resistencias en la España del siglo XVIII", en Fernando R. Bartolomé García; Eneko Ortega Mentxaka (coords.), *Élites, promoción artística e imagen del poder (siglos XV-XIX)*, Universidad del País Vasco, Servicio Editorial, 2021, pp. 45-114.

—, y Esteban Ochoa de Eribe, Javier, "Gobernando la civilización. Pautas civilizatorias de una clase política ilustrada y reformista", *Magallánica, Revista de Historia Moderna*, 4 (7), 2017, pp. 180-214.

IRIGOYEN LÓPEZ, Antonio y Hernández Franco, Juan, "Sociabilidad y autoridad: la familia en España ante los retos del siglo XVIII", *HISTOReLo: revista de historia regional y local*, 28 (13), 2021, pp. 169-204.

IRISARRI, Carlos, *El arquitecto ilustrado. Del oficio a la profesión*, Madrid, Centro de Estudios Europa Hispánica, 2022.

LORENTE ARÉVALO, Carmen y Tascón Gárate, Clara M.ª, "Nuevas aportaciones a la biografía del escultor Roberto Michel", *Anales de Historia del arte*, 5, 1995, pp. 225-236.

NÚÑEZ BERNIS, Bertha, "Zacarías González Velázquez: nuevos retratos familiares y otras obras inéditas", *Goya: revista de arte*, 247-248, 1995, pp. 26-32.

ROMERO GONZÁLEZ, Álvaro, "Apariencias y cultura material en el Madrid moderno. Prácticas identitarias y de consumo de los artesanos textiles de la Corte (s. XVII)", *Investigaciones históricas: Época moderna y contemporánea*, 42, 2022, pp. 415-444.

TÁRRAGA BALDÓ, María Luisa, "Esculturas y escultores de la Puerta de Alcalá", *IV Jornadas de Arte: El arte en tiempo de Carlos III*, Madrid, Ediciones Alpuerto, 1989, pp. 267-276.

—, *Giovan Domenico Olivieri y el taller de escultura del Palacio Real. Vol. 1, Biografía*, Madrid, CSIC, 1992.

VELASCO MORENO, Eva, "Nuevas instituciones de sociabilidad: las academias de finales del siglo XVII y comienzos del XVIII", *Cuadernos Dieciochistas*, 1, 2000, pp. 39-55.

5

Arte, devoção e família: a difusão de imaginária luso-oriental em Lisboa nos séculos XVII e XVIII

Andreia Durães

Centro de Estudos de Comunicação e Sociedade

(Universidade do Minho)

Importa, antes de mais, contextualizar este estudo, referindo que resulta de uma questão que entendemos pertinente desenvolver durante o doutoramento, que versou sobre o património e consumo das camadas intermédias em Lisboa nos finais do Antigo Regime (2018), mas, como outras, por falta de tempo, ficou por explorar. Retomamos o tema em 2025, apresentando os resultados preliminares desta investigação no Congresso Internacional *Familias y cambio histórico*, que teve lugar em Albacete, entre os dias 7 e 9 de maio, mais precisamente na sessão "Familias e individuos. Cultura material, apariencias social y civilización (1500-1850)", organizada por Juan Manuel Bartolomé Bartolomé, e Máximo García Fernández, homenageado nesta obra e a quem dedicamos este capítulo.

Como o título indica, pretendemos com este estudo conhecer a dinâmica de difusão de imaginária luso-oriental nos interiores domésticos lisboetas nos séculos XVII e XVIII. Interessa-nos a disseminação dos objetos religiosos de caráter oriental, executados em marfim, um material exótico, testemunho por excelência do encontro de culturas. O tratamento do tema impõe algumas notas prévias, ainda que breves, relativas aos conceitos de arte indo-portuguesa e arte luso-oriental. Utilizada pela primeira vez em 1881, a expressão arte indo-portuguesa designa a produção artística realizada sobretudo entre os séculos XVI e XVIII, marcada pela interpenetração das culturas portuguesa e indiana ou, mais genericamente, das regiões que integraram o espaço do Índico. O termo refere-se a uma integração de diferentes realidades culturais e estéticas, que se manifesta em aspetos formais, iconográficos, materiais e/ou técnicos e resulta, em última instância, da intensa circulação de produtos, ideias e objetos que ocorreu na Idade Moderna. No caso da imaginária de marfim, como vamos ver mais à frente, ela pode resultar de outras escolas/oficinais que não necessariamente da zona do Índico, pelo que a designação arte luso-oriental, como fez Bernardo Ferrão, na obra de 1983, e Rafael Moreira e Alexandra Curvelo, em 1997, afigura-se-nos mais adequada, o que não invalida o reconhecimento de que a escola indo-portuguesa tenha sido a mais profícua e a que assumiu maior individualidade[1]. Para mais, as expressões que as fontes utilizam, como sejam, "da Índia", "obra da Índia" ou ainda "feito na Índia" não são indicadores seguros, pois,

---

1 Bernardo Ferrão, *Imaginária Luso-Oriental*, Lisboa, Imprensa Nacional Casa da Moeda, 1983; Alexandra Curvelo; Rafael Moreira, "A Circulação das Formas. Artes Portáteis, Arquitectura e Urbanismo", em Francisco Bethencourt; Kirti Chauduri (dirs.), *História da Expansão Portuguesa*, Lisboa, Círculo de Leitores, 1998, vol. 2, pp. 532-570.

é sabido, estas eram genericamente aplicadas a todos os produtos importados do Oriente[2].

Para levar a cabo a nossa investigação partimos de uma amostra de inventários de bens realizados nos séculos XVII e XVIII. Do ponto de vista metodológico, o estudo seguirá uma matriz comparativa, uma vez que analisa a difusão social destes objetos religiosos associados ao luxo, tendo em conta várias variáveis, como o contexto geográfico rural e urbano, e o perfil socioeconómico e socioprofissional dos seus proprietários. Procurará também identificar tipologias e núcleos temáticos prevalecentes ao longo do período de análise, bem como captar eventuais mudanças ao nível da materialidade associada à religiosidade privada. O enfoque atentará tanto aos proprietários, como aos objetos em si, à sua materialidade, circulação e transmissão no âmbito da família. Importa salientar que, não obstante abordarmos objetos frequentemente tratados pelos historiadores da arte, o presente trabalho insere-se na história social. O enfoque atenta aos objetos, mas pretende sobretudo estabelecer uma relação com os seus proprietários e, apesar de tratar de imagens, recorre às palavras, no sentido em que assenta na análise de fontes escritas.

1. A FONTE

As fontes usadas neste estudo são inventários de bens, processos obrigatórios sempre que, à morte de um dos pais, ficava pelo menos um filho menor, ausente ou demente. No processo elencavam-se, avaliavam-se e procedia-se à partilha de todos os bens móveis, peças de ouro e prata, dinheiro, propriedades urbanas e rústicas, animais, dívidas ativas e passivas dos agregados[3]. No que diz respeito aos bens móveis, de uma forma geral, os objetos eram descritos por categorias ou tipologias e materiais, iniciando-se, quase sempre, com as joias e objetos de ouro e prata. Seguiam-se os móveis, a roupa de casa, e, de vestir e, finalmente, a louça e equipamentos de cozinha em metal. O

---

2 Alexandra Curvelo, "A arte", em A. H. Oliveira Marques (dir.), *História dos Portugueses no Extremo Oriente*, Lisboa, Fundação Oriente, 2001, vol. 2, p. 426.

3 *Ordenações Filipinas*, Lisboa, Fundação Calouste Gulbenkian, 1985, Livro I, Título 88, 4. Sobre as potencialidade e limitações desta fonte histórica, leia-se, por exemplo, Nuno Luís Madureira, "Inventários: Aspectos do consumo e da vida material em Lisboa nos finais do Antigo Regime", Tese de mestrado, Universidade Nova de Lisboa, 1989, e Andreia Durães, "Casas de cidade: processo de privatização e consumos de luxo entre as camadas intermédias urbanas (Lisboa na segunda metade do século XVIII e inícios do século XIX)", Tese de Doutoramento, Universidade do Minho, 2018, pp. 73-82.

objetivo do processo era acautelar os interesses dos herdeiros, assegurando uma divisão equitativa. Para isso, cada item era avaliado por louvados especializados nas diferentes artes e ofícios, os valores registados, e, no final, divididos pelo juiz partidor. Como esta documentação indica o valor do património e, por vezes, a profissão/estatuto dos inventariados e/ou respetivos cônjuges – seja por referência direta ou indireta no inventário ou documentação anexa ao processo –, permite uma perceção da posição dos indivíduos na escala social, e, desta forma, uma melhor compreensão do processo de disseminação social destes artefactos. De notar que incluímos na análise alguns processos de arrecadação dos bens que, apesar de não conterem a avaliação dos objetos, tendem a ser bastante exaustivos na sua descrição.

2. IMAGINÁRIA LUSO-ORIENTAL: ENQUADRAMENTO HISTÓRICO DA SUA PRODUÇÃO E DIFUSÃO

O marfim era um material conhecido e apreciado na Europa desde a Antiguidade. Em declínio no século XV, a arte de trabalhar o marfim conheceu um período de vitalidade em consequência da expansão, que potenciou o acesso mais direto às fontes de matéria-prima[4]. Uma das primeiras consequências artísticas da expansão e consequente contacto entre realidades culturais diferentes são os marfins afro-portugueses ou luso-africanos, avidamente colecionados pelas elites europeias[5]. Quando os Portugueses chegaram aos novos territórios asiáticos, em particular à Índia, depararam-se com uma escultura ebúrnea local extremamente desenvolvida. Em resultado disso, em meados do século XVI, diminuem as importações de marfins africanos, progressivamente substituídos por artefactos produzidos no Oriente[6]. Apesar do fluxo incluir outros artefactos, como mobiliário, joias, porcelanas e têxteis, neste capítulo a atenção cinge-se às imagens de marfim, e dentro destas, apenas às religiosas. Sabe-se que a presença portuguesa na Ásia deu origem a uma rápida pro-

---

4   Maria Cristina Osswald, "Marfins: formas e técnicas, com especial incidência na imaginária indo-portuguesa", *Oceanos*, 19-20, 1994, p. 64; Luís de Moura Sobral, "A expansão e as artes: Transferências, contaminações, inovações", em Francisco Bethencourt; Diogo Ramada Curto (eds.), *A Expansão Marítima Portuguesa, 1400-1800*, Lisboa, Edições 70, 2021, p. 411.

5   Luís de Moura Sobral, "A expansão e as artes...", pp. 411-415.

6   Luís de Moura Sobral, "A expansão e as artes...", p. 415.

dução e comércio de imaginária utilizada no culto religioso e privado. Para contextualizar a sua produção, cabe sublinhar a importância da adesão total de Portugal à Contrarreforma na segunda metade do século XVI, com a intensificação do proselitismo católico e a atividade missionária centrados na Companhia de Jesus, que acabou por ser o principal meio de penetração cultural[7]. De acordo com Bernardo Ferrão, no início da evangelização das populações locais, seriam poucos os artistas no seio dos núcleos missionários, pelo que, para fazer face à necessidade de imagens terá sido necessário recorrer à aptidão dos artesãos locais da Índia, Ceilão, China e Japão, que produziram imagens, inspirando-se, tudo indica, por um lado, em modelos levados da metrópole, por outro, nas velhas tradições locais do trabalho em marfim[8]. Inicia-se então um processo de transferência de símbolos, imagens e instrumentos cristãos, que são asiatizados do ponto de vista dos materiais, das formas e das técnicas. O marfim começou a ser usado de forma sistemática na produção de imagens religiosas no século XVI[9]. Em geral, as imagens eram de pequenas dimensões e, por vezes, policromas ou douradas, constituindo no passado, como hoje, objetos artísticos apreciados por colecionadores[10].

De notar que a escultura ebúrnea produzida na Ásia durante a permanência portuguesa, é geralmente classificada, de acordo com as suas características escultóricas e iconográficas, segundo escolas ou oficinas localizadas nas várias regiões de presença Portuguesa[11]. Segundo Bernardo Ferrão, as quatro grandes escolas regionais da imaginária do oriente português abrangiam a indo-portuguesa, que corresponde às produções do Indostão continental, e à qual se atribuíram durante muito tempo de forma indiscriminada todas as imagens exóticas, em particular as de marfim; a cíngalo-portuguesa, que se refere à da ilha de Ceilão (Sri Lanka); a sino-portuguesa, a que correspondem as poucas imagens chinesas, diferentes da resultante da produção hispano-filipina; e a nipo-portuguesa, relativa às raras imagens produzidas no Japão[12]. Cabe sublinhar que, como se disse antes, a produção de escultura de marfim indo-portuguesa assumiu

---

7 Luís de Moura Sobral, "A expansão e as artes...", p. 409.

8 Bernardo Ferrão, *Imaginária Luso-Oriental...*, p. XX.

9 Luís de Moura Sobral, "A expansão e as artes...", p. 416.

10 Luís de Moura Sobral, "A expansão e as artes...", p. 416.

11 Maria Cristina Osswald, "Marfins: formas e técnicas...", p. 64.

12 Bernardo Ferrão, *Imaginária Luso-Oriental...*, p. XIII.

maior individualidade e era mais abundante do que a das outras oficinas, em razão das suas raízes ancestrais ou de uma colonização mais antiga e profunda[13].

Bernardo Ferrão classificou a escultura ou imaginária luso-oriental em marfim segundo três ciclos temáticos principais: a iconografia de Cristo (fig. 1), a temática Mariana (fig. 2), e a iconografia de Santos ou Hagiologia. Embora raras, existem ainda as Árvores de Jessé. O segundo grupo, como o nome indica, compreende representações das várias devoções marianas (Nossa Senhora, Santa Ana, Nossa Senhora em Majestade com o Menino, Nossa Senhora da Conceição, Nossa Senhora com o Menino, Nossa Senhora do Rosário com o Menino, Nossa Senhora dos Navegantes com o Menino, Nossa Senhora do Carmo com o Menino) e, na sua perspetiva, corresponde, pela abundância, diversidade e valor iconográfico, ao mais importante da imaginária luso-oriental[14]. O segundo grupo compreende representações das fases da vida de Cristo, de que se destacam o ciclo do nascimento e infância, como presépios, Sagradas Famílias, e representações do Menino sozinho, por exemplo, como *Salvator Mundi*, normalmente de pé, nu, em cima de uma base retangular ou um globo terrestre. Destaque também para o ciclo dos Bons Pastores, que constitui, na ótica do autor, um dos motivos iconográficos de maior interesse, decorrente da sua abundância e originalidade. O último ciclo das representações de Cristo engloba figuras colocadas sobre cruzes e calvários. Este conjunto constitui, segundo Bernardo Ferrão, um importante núcleo de escultura sacra, possivelmente o segundo mais importante depois do das virgens[15]. "Os crucificados luso-orientais, sendo decalcados sobre modelos do Ocidente levados pelos portugueses em várias épocas, respeitam as suas características fundamentais no tocante à posição dos braços e torso, existência de cendal curto com laçada lateral, pés sobrepostos atravessados por um único cravo, barba bifurcada à espanhola, cabelos caindo em madeixas. Os braços horizontalizados são mais comuns que os erguidos"[16]. Quanto à iconografia ou hagiologia indo-portuguesa, destacam-se S. José, S. Francisco de Assis, Santo António, S. João Batista, São João Evange-

---

13   Maria Cristina Osswald, "Marfins: formas e técnicas..., p. 64; Alexandra Curvelo; Rafael Moreira, "A Circulação das Formas..., pp. 532-570.

14   Bernardo Ferrão, *Imaginária Luso-Oriental...*, p. XXXV.

15   Bernardo Ferrão, *Imaginária Luso-Oriental...*, p. LI; Luís de Moura Sobral, "A expansão e as artes..., pp. 416-417.

16   Bernardo Ferrão, *Imaginária Luso-Oriental..*, p. LI

lista, S. Pedro, S. Jerónimo, S. Francisco Xavier, S. Sebastião, Santo Inácio de Loiola, os quatro evangelistas, São Domingos, Santa Ana, Santa Madalena e Santa Rita de Cássia, com destaque para as representações de santos ligados à Contrarreforma[17].

Fig. 1 - Escultura em marfim, Cristo crucificado. Museu de Arte Cristã, Velha Goa, Índia
CC-BY-SA-3.0

Fig. 2 - Escultura em marfim, Nossa Senhora. Biblioteca de Arte / Art Library Fundação Calouste Gulbenkian
CC BY-NC-ND 2.0

Todas as imagens e conjuntos luso-orientais tinham bases ou peanhas decorativas ou de carácter simbólico, de marfim ou madeira, que beneficiavam a estética das peças, revelando-se hoje elementos fundamentais para o historiador de arte definir a origem e época das peças.

---

17   Maria Cristina Osswald, "Marfins: formas e técnicas...", p. 66.

3. ARTEFACTOS DE IMAGINÁRIA LUSO-ORIENTAL NOS INTERIORES DOMÉSTICOS LISBOETAS (SÉCS. XVII E XVIII)

O universo de estudo compreende 106 inventários relativos a Lisboa, realizados entre 1603 e 1834, o que viabiliza uma análise do fenómeno na longa duração. A amostra considerou todos os processos de inventário e arrecadação de bens relativos a Lisboa, disponíveis para consulta no Arquivo Nacional da Torre do Tombo, catalogados com a letra V. O Quadro 1 mostra a composição da amostra, considerando a distribuição dos processos ao longo do período de tempo analisado, segmentado em períodos de 50 anos, e o espaço geográfico a que dizem respeito, destrinçando o número de inventários relativos a agregados que residiam no espaço rural e urbano.

Quadro 1
Distribuição da amostra por períodos e espaço geográfico

	N.º de processos	Campo	%	Cidade	%
1600-1650	10	6	60	4	40
1651-1700	11	4	36	7	64
1701-1750	15	5	33	10	67
1751-1800	38	11	29	27	71
1801-1833	32	5	16	27	84
Total	106	31	29	75	71

Fonte: A.N.T.T., *Inventários Orfanológicos*, Letra V, maço 1 a 32.

Os dados do quadro mostram que existe um duplo desequilíbrio na amostra. Por um lado, existem mais processos relativos ao século XVIII, em particular à segunda metade da centúria, e primeiras décadas do século XIX, sendo que neste período de tempo, o peso dos inventários relativos ao espaço rural é menor, aspetos a ter em conta aquando da análise dos dados.

Embora a investigação se centre nas imagens religiosas de marfim, é importante salientar que os inventários analisados permitem um olhar sobre os materiais e usos das imagens religiosas em geral. Sobre este ponto, vale a pena sublinhar a diversidade dos materiais usados nas imagens devocionais que compunham os interiores domésticos neste período, como barro, cera, gesso, pedra, chumbo, madeira. Vejamos alguns exemplos e o seu valor. O inventário de Vitória Maria Bárbara, realizado em 1824, por exemplo, incluiu a descrição de várias imagens de barro, relativamente pouco valiosas, mas ainda assim avaliadas individualmente:

- Uma imagem de Santo Cristo de barro - 500 réis
- Mais duas imagens de Nossa Senhora da Conceição de barro estofada de três quartos de alto - 240 réis
- Mais uma imagem de Santo António de barro- 120 réis
- Mais uma imagem de São Batista de barro de meio palmo de alto - 400 réis
- Mais uma imagem de Santa Bárbara de barro - 100 réis[18]

O processo de inventário de Vitória Maria de Jesus, realizado em 1789, por exemplo, incluiu a descrição de um oratório avaliado em 800 réis e imagens em gesso, que não só não são especificadas, como não é avançado um valor para o conjunto[19]. Também são elencadas imagens de pedra, que poderiam ter valores muito diferentes. Senão vejamos: "uma imagem de Frei salvador do Mundo de pedra branca e frisos dourados com a peanha que também é de pedra" foi avaliada em 200 réis[20], enquanto "uma imagem de Cristo de pedra jaspe, palmo de alto, sobre uma cruz da mesma pedra, com seus vidros embutidos de cores, e peanha do mesmo" foi avaliada em 6.000 réis[21]. Muitas vezes, as famílias tinham conjuntos de imagens em diferentes materiais. Refira-se, a título de exemplo, o Desembargador Ventura Luís Pereira de Carvalho, cujo processo de inventário de bens incluiu um conjunto que compreendia uma imagem de S. Francisco de madeira, uma Senhora da Conceição de marfim, e uma imagem de Santo António de cera[22].

---

18 Arquivo Nacional da Torre do Tombo (doravante ANTT), *Inventários Orfanológicos*, Letra V, maço 13, n.º 6.

19 ANTT, *Inventários Orfanológicos*, Letra V, maço 32, n.º 7

20 ANTT, *Inventários Orfanológicos*, Letra V, maço 15, n.º 9

21 ANTT, *Inventários Orfanológicos*, Letra V, maço 15, n.º 12.

22 ANTT, *Inventários Orfanológicos*, Letra V, maço 13, n.º 2.

Sobre a imaginária de marfim descrita nos inventários analisados, consideramos para efeitos de análise peças executadas na sua totalidade em marfim, esculturas de marfim assentes em peanhas de madeira, assim como aquelas que, apesar de executadas em madeira, incluíam partes nobres (faces e mãos) em marfim. De notar que a prata também era utilizada nos acessórios das imagens e mereciam a atenção dos louvados. Surge com frequência a avaliação de coroas e resplendores e, no caso dos crucifixos, do título e cravos de prata, ora como parte da imagem, ora como item avaliado com a restante prata. A descrição dos crucifixos e imagens vai a este nível detalhe, prática reveladora do valor económico, mas também religioso e simbólico, destes objetos. Não encontrámos na amostra referências a imagens de marfim pintadas, o que não significa que não o fossem.

Vários aspetos concorrem para corroborar a perceção de que as imagens de marfim eram objetos valorizados, como o facto de muitas vezes as imagens serem avaliadas de forma individualizada. Tomando em consideração os casos em que as imagens de marfim são avaliadas separadamente, os valores de avaliação oscilam entre 30.000 réis, valor mais alto – correspondente a uma imagem de Cristo crucificado de marfim de um palmo em cruz preta, calvário de pau santo com imagens de marfim, resplendor, coroa e cravos de prata com pedras brancas e encarnadas –, e 120 réis, valor mais baixo, relativo a uma imagem de marfim sem braços nem palma, que os avaliadores acreditam representar Santa Rita. A maioria das imagens é avaliada acima dos 1.000 réis. No inventário de Valentim dos Santos, carpinteiro de seges, são elencadas duas imagens de Cristo com o mesmo tamanho, um palmo e meio, ou seja, 33 cm; a imagem de Santo Cristo de marfim resplendor e título de prata, colocada em cruz de madeira do Brasil e peanha irmã, foi avaliada em 8.000 réis, ao passo que a imagem de Santo Cristo de madeira com calvário diferente e com defeito foi avaliada em 1.000 réis, o que permite uma noção do quão valorizados eram os artefactos de marfim. Para se ter uma noção do significado destes valores, notamos que num inventário realizado em 1627, há referências aos salários de um criado e de um moço que auferiam de vencimento anual 5.000 e 2.000 réis, respetivamente. Estes dados tornam claro que estamos perante objetos de luxo, com valores proibitivos para muitos agregados. O facto de, em alguns casos estes objetos surgirem descritos sob o título genérico de móveis, outras sob o título "imagens", "imagens do oratório", ou simplesmente "oratório", muitas das vezes, no início da louvação dos móveis, e quase sempre, no caso de existirem, depois das joias e baixela, confirma a importância e valor destes objetos.

Nestes casos, as descrições facultadas pelos louvados permitem vislumbrar o programa decorativo e iconográfico dos "oratórios" e colocar as imagens religiosas e em particular as de marfim no respetivo contexto. Levado a cabo em 1824, o inventário de bens de D. Violante Rosa da Silva, viúva de Timóteo José da Fonseca, proprietária de uma botica, no qual foi estimada uma fazenda líquida próxima dos 4.000.000 réis, incluiu, sob o título "oratório", a seguinte descrição:

- Uma imagem de Cristo de marfim de palmo posto em cruz de madeira de pau santo, calvário de mesmo com engastes e raios de madeira de pinho entalhada e dourada com resplendor e título de prata bem conservada - 9.600
- Uma imagem da Senhora da Conceição de marfim de palmo e quarto com sua peanha de madeira de ébano com ornatos de marfim bem construída - 6.400
- Uma imagem de São José de madeira de palmo (...) peanha de madeira de pinho entalhada e dourada - 4.000
- Uma imagem da Senhora de madeira de palmo (...) peanha de pinho pintada e dourada (...) coroa de prata com falta de dedos - 2.400
- Uma imagem do Menino Jesus de madeira do tamanho de palmo (...) peanha de madeira de pinho entalhada e dourada (...) coroa de prata - 1.600
- Uma imagem de Santa Ana donde ficam a Nossa Senhora sentada numa cadeira de tamanho de palmo com coroa e resplendor de prata - 4.000
- Uma imagem de Santa Jsabel e S. Zacarias (...) peanha de madeira de pinho pintada e dourada - 2.400
- Uma imagem de São Francisco com cabeça e mãos de marfim em tamanho de palmo (...) peanha de pinho com resplendor e cruz de prata - 3.000
- Uma imagem de Santo António de marfim (...) de mais de palmo e com seu resplendor e cruz de prata - 1.200
- Uma imagem do Menino Jesus de marfim (...) de meio palmo (...) com resplendor de prata – 800
- Um painel do tamanho de meio palmo com moldura de alto relevado com vários santos dentro todos de marfim - 2.400

- Um painel de moldura de madeira e de alto relevado e de tamanho de palmo e dentro Jesus Maria José de marfim - 1.000[23]

O conjunto, vasto e rico, era complementado com 18 painéis de pintura ao divino, ou seja, de temática religiosa, com diversas molduras e tamanhos e, avaliados em 3.600 réis, e como acontecia em muitas habitações no século XVIII, um oratório e uma cómoda de madeira de pau santo, avaliados em 24.000 réis[24].

É sabido que, ao contrário do que acontece em grande parte dos países europeus, as representações pictóricas dos interiores civis portugueses são escassas e de pouco valor. Por essa razão, para sermos capazes de reconstituir, com algum rigor, o interior das residências temos de recorrer a fontes documentais, como os inventários de bens[25]. Com efeito, os inventários facultam uma imagem estática ou uma fotografia do mundo dos objetos que compunham o interior doméstico no momento da morte do seu proprietário[26]. O retrato é mais rico quando, como neste caso, nos parece fornecer a descrição do recheio de uma divisão em particular, ou uma parte dela, permitindo estudar o programa decorativo, pois temos as tipologias, características materiais e valores monetários dos objetos que compunham o seu recheio, e, por conseguinte, uma aproximação ao estudo dos espaços e objetos associados à religiosidade privada, nomeadamente as imagens de marfim que surgem contextualizadas e enquadradas no respetivo espaço doméstico.

Tomemos o exemplo de um outro processo realizado, em 1759, na sequência do falecimento de Vitória Francisca, no qual o viúvo, Manuel dos Santos, contramestre e senhorio de navio, assume o papel inventariante, e onde se apura um património na ordem dos 4.600.000 réis, do qual constam os seguintes itens:

- Uma papeleira de dois corpos de madeira de vinhático que finge cinco gavetas e duas portas em cima com forma de

---

23   ANTT, *Inventários Orfanológicos*, Letra V, maço 27, n.º 1.

24   ANTT, *Inventários Orfanológicos*, Letra V, maço 27, n.º 1.

25   Isabel Mayer Godinho Mendonça, "A decoração das casas senhoriais de Lisboa revelada pelos inventários", em Ana Pessoa; Marize Malta (org.), *Casa Senhorial: Anatomia dos Interiores*, Rio de Janeiro, Fundação Casa de Rui Barbosa, 2016, pp. 176-194.

26   Jan de Vries, "Between purchasing power and the world of goods: Understanding the household economy in early modern Europe", em John Brewer; Roy Porter (eds.), *Consumption and the World of Goods*, Londres, Routledge, 1993, pp. 85-132. Há, todavia, dados importantes que, pela sua natureza, os inventários não revelam, como sejam informações sobre quando e como é que estes objetos foram adquiridos e passaram a integrar o património familiar.

oratório tudo guarnecido de molduras de pau santo a qual
se acha malfeita e danificada - 8.000

- Uma imagem de Cristo de marfim com sua cruz e seu pé
com cinco palmos - 4.800
- Uma imagem da senhora Santa Ana de madeira estofada -
6.400
- Uma senhora da Conceição pouco mais de um palmo com
sua peanha lisa - 2.000
- Santo António e São Francisco feitos na Índia - 2.800[27]

Também neste caso, o inventário permite uma aproximação
senão à divisão, pelo menos à parte da casa relacionada com a religiosidade e devoção privadas. Destacamos também a referência "feitos
na Índia" na última entrada, ou, como aparece noutros documentos,
"obra da Índia". Fica a dúvida se a expressão tem algum significado
especial, nomeadamente a indicação específica de uma origem geográfica. Outra hipótese que colocamos é estarmos perante fontes de
produção diversas, uma local, ainda que com recurso a mão de obra
não local, e outra externa. O facto de lidamos apenas com palavras e
não com a materialidade dos objetos, a tecnologia de sua construção,
marca de ferramentas, tecnologia de encaixes e composição da po-
licromia, impede-nos de confirmar esta hipótese, como foi possível
para Minas, no Brasil[28].

Atentemos agora à presença de imagens religiosas de forma geral e de marfim na amostra. Considerando a totalidade dos processos
analisados, verificamos que 52 dos 106 inventários, ou seja, 49% da
amostra, incluiu a descrição de imagens religiosas, dos quais cerca
de metade possuía imagens de marfim. Uma análise mais detalhada
permitiu perceber flutuações ao longo do período analisado, que o
Quadro 2 põe em evidência.

---

27   ANTT, *Inventários Orfanológicos*, Letra V, maço 14, n.º 2.

28   Yacy-Ara Froner Gonçalves, "A presença de objetos de marfim em Minas colonial: estética, materialidade e hipóteses acerca da produção local", em Vanicléia Silva Santos; Eduardo
França Paiva; René Lommez Gomes (orgs.), *O comércio de marfim no mundo atlântico: circulação
e produção (séculos XV a XIX)*, Belo Horizonte, Clio Gestão Cultural e Editora, 2018, pp. 201-
223.

Quadro 2 –
Presença de imagens religiosas e imagens religiosas de marfim

	N.º de inventários	N.º de inventários com imagens religiosas	%	N.º de inventários com imagens religiosas de marfim	%
1600-1650	10	1	10	0	0
1651-1700	11	5	45	1	9
1701-1750	15	8	53	1	7
1751-1800	38	24	63	15	39
1801-1833	32	14	44	8	25
	106	52	49	25	24

Fonte: A.N.T.T., *Inventários Orfanológicos*, Letra V, maço 1 a 32.

De facto, o quadro mostra que a presença de imagens religiosas, indicador do fervor religioso, difusão do gosto, mas também de disponibilidade económica, é mais notória a partir da segunda metade do século XVII, sendo particularmente expressiva na segunda metade do século XVIII, altura em que está presente em cerca de 60% dos interiores domésticos analisados, com uma ligeira tendência de inflexão na primeira metade do século XIX. Se considerarmos apenas as imagens de marfim, a amostra aponta para um cenário de vasta difusão destes objetos na segunda metade do século XVIII e início do século XIX. Concorrerá certamente para este cenário, o facto de se tratarem de objetos duráveis e a constituição do património familiar ser, em princípio e circunstâncias normais, cumulativa.

Cruzando a análise com o contexto geográfico, torna-se evidente que a propriedade de imagens religiosas em geral e as de marfim em particular é um fenómeno mais urbano do que rural, uma vez que a maioria das imagens compõe o recheio de interiores domésticos de famílias que residem na cidade. No que diz respeito ao perfil socioprofissional, há um claro predomínio da presença de imagens religiosas nos interiores domésticos dos membros do clero, pois os dois inventários de membros associados a funções religiosas tinham imagens desta natureza, mas também uma forte presença em habitações de agregados ligados ao artesanato, comércio, transportes, proprietários, administração e profissões liberais. Com efeito, mais de metade destes agregados tinham imagens religiosas, e entre um quarto a um terço tinha imagens religiosas de marfim. Estes artefactos estão totalmente ausentes nos interiores domésticos de agricultores e criados. Quando cruzamos as variáveis posse de imagens com o nível de riqueza dos seus proprietários, considerando para o efeito a soma de todo o património do agregado apurada pelos juízes no âmbito do inventário, verificamos que a posse de imagens religiosas e imaginária de marfim não é apanágio das camadas mais ricas. Tomemos o exemplo do processo de Úrsula Margarida Mota, realizado em 1775, cujo património foi estimado em cerca de 350.000 réis, e inclui a avaliação de uma imagem de Cristo de marfim, de um palmo, com peanha e cruz de pau santo, muito velha, mas ainda assim, avaliada em 1.800 réis. Este processo de inventário pode ser completado pelo realizado em 1772, por morte do marido, percebendo-se que a imagem já integrava o património do casal, que coube à viúva na partilha dos bens e por morte desta a uma das filhas. Fica a ideia, que a compilação de mais dados confirmará (ou não), de que estes objetos são transmitidos sobretudo por via feminina. Este inventário é interessante também por nos mostrar que as imagens de natureza religiosa podiam integrar processos de circulação de objetos, servindo de caução de dívidas de pequenos montantes, pois, além da imagem de Cristo de marfim, é descrita em sede de inventário uma imagem de Nossa Senhora pequena empenhada em caução de 180 réis.

Vicente da Silva, identificado como "contramestre das fragatas de sua majestade", morador em Santa Apolónia, falecido em 1755, também não dispunha de um património vasto (cerca de 600.000 réis). Não obstante, o seu inventário contempla a louvação de uma "imagem do senhor crucificado de marfim de palmo em cruz preta, calvário de pau santo com suas imagens de marfim com seu resplendor de prata, coroa e cravos de prata com pedras brancas e encarnadas" avaliado em 30.000 réis, que corresponde a nada menos do que 4,8% do seu património. Esta proporção é ainda assim superada na relação de bens realizada na sequência da morte de Luís Gomes, no âmbito da qual se apura um património na ordem dos 450.000 réis, colocando o agregado um pouco acima do limiar de remediado, onde é descrito:

Hum oratório de madeira acharoado de preto e ouro de dois corpos o de baixo mostra seis gavetas almofadadas e de cima tem duas portas apaineladas por dentro e dentro uma imagem digo e dentro também apainelado há uma imagem de Cristo crucificado de menos de palmo de alto de marfim resplendor de prata e título de prata cruz e calvário de pau santo chapeado de latão dourado Uma imagem de Santo António de madeira de mais de dois palmos de alto com cruz e resplendor de prata Uma imagem de Nossa Senhora da Graça com sua peanha de madeira tudo é menos de palmo Um nicho com Menino Jesus de cera dentro e várias flores e frutas tudo de cera e três custodiazinhas de prata e o nicho com sua vidraça e dois castiçais de estanho de bojo pequenos...-25.000

Neste caso, o valor do conjunto dos objetos devocionais corresponde a 5,5% da fortuna do agregado. Na verdade, estamos perante casos extremos. Na maioria dos inventários que incluem a descrição e avaliação de imagens religiosas, estas representam entre 0 (3 casos) e 5,5% (1 caso) do património, sendo que na esmagadora maioria (27) as imagens devocionais correspondem a entre 0,1 e 0,5% do património, indiciando uma relação de proporcionalidade entre o valor dos objetos devocionais da família e o valor do património.

No que diz respeito às devoções, os inventários analisados evidenciam alguns aspetos em mudança. Nos processos do século XVII, as imagens descritas são relativas à figura de Cristo crucificado, Nossa Senhora e Santo António, na primeira metade do século XVIII, surgem também representações de S. José. É sobretudo na segunda metade século XVIII e início do seguinte que se multiplicam as imagens nos interiores domésticos e em que estas representam uma maior diversidade de santos. Além das previamente referidas, surgem também Nossa Senhora da Conceição, S. Francisco, S. Domingos, o Menino Jesus, por vezes, especificamente na representação de Salvador do Mundo, entre outras. Quanto às imagens de marfim, é inequívoca a hegemonia da representação de Cristo crucificado, frequentemente colocado numa cruz de pau santo e com título, resplendor e cravos em prata. Surgem também algumas imagens de Nossa Senhora, Nossa Senhora da Conceição, Santo António e S. Francisco, o Menino Jesus e apenas um Bom Pastor. A maioria das imagens seria de pequenas dimensões e, por conseguinte, portátil, como é característico deste tipo de manifestação artística. O conjunto mais significativo das imagens para as quais é facultada informação sobre a sua altura, tinha cerca de um palmo, ou seja, 22 cm. Os dados estão assim em linha com o quadro traçado para a generalidade destes objetos artísticos. Como refere Carla Alferes Pinto, "Não obstante a existência de peças de excepção plástica, a maior parte dos objectos do universo de produção "indo-portuguesa" é de série, seguindo modelos próximos dos propostos pela imagética contra-reformista, trabalhados e interpretados de maneiras diversas e variadas."

Em conclusão, propusemo-nos analisar uma amostra de inventários de bens de indivíduos falecidos entre 1603 e 1934, para estudar a difusão de objetos artísticos luso-orientais no contexto habitacional lisboeta, incidindo na imaginária de marfim. O nível de detalhe da descrição destes artefactos, bem como os valores de avaliação dos louvados revelam que as imagens de marfim eram objetos valiosos. Muitos destes objetos são descritos sob o título "oratório", "imagens", ou "imagens do oratório", muitas vezes no início da descrição dos móveis. A documentação analisada permitiu constatar a potencialidade dos inventários para reconstituir os interiores da divisão/parte da casa relacionada com a religiosidade privada. A fonte analisada e o tratamento a que foi sujeito permitiu conhecer o processo de difusão das imagens religiosas e de marfim no tempo, espaço geográfico considerado e relacioná-las com a estrutura social. Constatámos que as imagens se tornam mais frequentes nos interiores domésticos no século XVIII e início do XIX, e que o fenómeno é mais visível no contexto urbano. Verificou-se também uma disseminação relativamente alargada, não confinada às elites sociais e económicas. Fica patente que o ponto de viragem no que diz respeito à disseminação corresponde à segunda metade do século XVIII e início do XIX.

Traçamos também como objetivo analisar tipologias e núcleos temáticos. Apesar do tamanho da amostra ser reduzido, fica a impressão de uma prevalência de imagem de Cristo crucificado, presença comum na maior parte dos inventários que continha imagens, sendo que alguns processos incluem a descrição de mais do que um. Acreditámos que o confronto é profícuo, e que o diálogo entre História e História da Arte é possível e necessário. Na verdade, até agora a imagem que tínhamos sobre a difusão destes objetos era sobretudo a dos historiadores da arte, que lidam com os espécimes que sobreviveram ao tempo. Os inventários têm a vantagem de facultar uma imagem mais dinâmica da evolução do gosto e da presença das tipologias. Para terminar, considerámos necessário robustecer este estudo com mais dados, por forma a dar maior sustentação e consistência às conclusões agora esboçadas.

BIBLIOGRAFÍA

Fontes manuscritas

A.N.T.T., *Inventários Orfanológicos*, Letra V, maço 1 a 32.

Obras impressas

Ordenações Filipinas, Lisboa: Fundação Calouste Gulbenkian, 1985, Livro I.

CURVELO, Alexandra, "A arte", em A. H. Oliveira Marques (dir.), *História dos Portugueses no Extremo Oriente*, Lisboa, Fundação Oriente, 2001, vol. 2, pp. 425-458.

CURVELO, Alexandra; MOREIRA, Rafael, "A Circulação das Formas. Artes Portáteis, Arquitectura e Urbanismo", em Francisco Bethencourt; Kirti Chauduri (dirs.), *História da Expansão Portuguesa*, Lisboa, Círculo de Leitores, 1998, vol. 2., pp. 532-579.

DURÃES, Andreia, "Casas de cidade: processo de privatização e consumos de luxo entre as camadas intermédias urbanas (Lisboa na segunda metade do século XVIII e inícios do século XIX)", tese de Doutoramento, Universidade do Minho, 2017.

FERRÃO, Bernardo, *Imaginária Luso-Oriental*, Lisboa, Imprensa Nacional Casa da Moeda, 1983.

GONÇALVES, Yacy-Ara Froner, "A presença de objetos de marfim em Minas colonial: estética, materialidade e hipóteses acerca da produção local", em Vanicléia Silva Santos; Eduardo França Paiva; René Lommez Gomes (orgs.), *O comércio de marfim no mundo atlântico: circulação e produção (séculos XV a XIX)*, Belo Horizonte, Clio Gestão Cultural e Editora, 2018, pp. 201-223.

MADUREIRA, Nuno Luís, "Inventários: Aspectos do consumo e da vida material em Lisboa nos finais do Antigo Regime", Tese de mestrado, Universidade Nova de Lisboa, 1989.

MENDONÇA, Isabel Mayer Godinho, "A decoração das casas senhoriais de Lisboa revelada pelos inventários", em Ana Pessoa; Marize Malta (org.), *Casa Senhorial: Anatomia dos Interiores*, Rio de Janeiro, Fundação Casa de Rui Barbosa, 2016, pp. 176-194.

OSSWALD, Maria Cristina, "Marfins: formas e técnicas, com especial incidência na imaginária indo-portuguesa", *Oceanos*, 19-20, 1994, pp. 60-70.

PINTO, Carla Alferes, "Os marfins indo-portugueses do Museu de Artes Aplicadas de Budapeste", em Clara Riso; István Rákóczi (orgs.), *Os descobrimentos portugueses e a Mittel-Europa*, Budapeste, Elte Eötvös Kiado, 2012, pp. 39-49.

SOBRAL, Luís de Moura, "A expansão e as artes: Transferências, contaminações, inovações", em Francisco Bethencourt; Diogo Ramada Curto (eds.), *A Expansão Marítima Portuguesa, 1400-1800*, Lisboa, Edições 70, 2021, pp. 403-468.

TÁVORA, Bernardo Ferrão de Tavares e, *Imaginária luso-oriental*, Lisboa, Imprensa Nacional - Casa da Moeda, 1983.

VRIES, Jan de, "Between purchasing power and the world of goods: Understanding the household economy in early modern Europe", em John Brewer; Roy Porter (eds.), *Consumption and the World of Goods*, Londres, Routledge, 1993, pp. 85-132.

Patrimonios heredados, patrimonios adquiridos. La tierra, una constante en la España de los siglos XVIII y XIX[1]

Francisco García González
Universidad de Castilla-La Mancha

1 Este trabajo forma parte del proyecto *Familias, dependencia y conflicto en España, 1700-1860* de referencia PID2024-159231NB-I00, financiado por la Agencia Estatal de Investigación del MICIU y dirigido por Francisco García González (Universidad de Castilla-La Mancha) y Jesús González Beltrán (Universidad de Cádiz).

A lo largo de los siglos XVIII y XIX se fueron diversificando los patrimonios de los grupos dominantes. Pero, ¿cómo hay que entender al patrimonio? ¿es solo la base material que deriva de una actividad económica o más bien es el medio desde el que construir unas relaciones sociales a partir del poder, el status y el prestigio que implica? La racionalidad de muchas trayectorias familiares en el siglo XIX no era incompatible con otros criterios más propios de un modo de reproducción social que recuerda a épocas pasadas. La capacidad de individuos concretos y su eficaz gestión sienta sus bases en experiencias familiares que se fueron acumulando a lo largo del tiempo actualizadas para aprovechar las nuevas fuentes de riqueza surgidas en paralelo a la consolidación del sistema liberal.

En este punto, en un país eminentemente rural como España, la tierra siguió teniendo un protagonismo destacado a la hora de definir la identidad personal y social. Por ello, como señalaba José Sánchez Jiménez[2], aún en el siglo XIX, y durante bastante tiempo más tarde, se incidió en todo un conjunto de estrategias en torno a la acumulación, administración y transmisión de su propiedad, en torno a su relación con el poder, y, en definitiva, en torno a su importancia económica y su papel simbólico. De esta forma, era sobre todo en función de la propiedad de la tierra, del ganado o de otros medios de producción como los grandes propietarios gozaban de un prestigio y de una influencia que traspasan lo puramente económico para convertirse en la base sobre la que se establecían las redes de control y de dominación social, los vínculos de dependencia que, en verdad, le permitían reproducirse a lo largo del tiempo[3]. Una importancia muy bien constatada igualmente en muchos de los trabajos realizados por Máximo García Fernández[4].

---

2   Jose Sánchez Jiménez, "Pequeña y gran propiedad a finales del siglo XIX: Andalucía", en *Cuadernos de Historia Contemporánea*, nº 16, 1994, p. 14. De acuerdo a Fernando Sánchez Marroyo, *Riqueza y familia en la nobleza española del siglo XIX*, Ediciones 19, Madrid, 2014, pp. 439-440, para la nobleza la tierra seguía siendo un componente básico cuando no el principal en el siglo XIX. Y para la clase política también, Jesús Cruz, *Los notables de Madrid. Las bases sociales de la revolución liberal española*, Madrid, Alianza Editorial, 2000, p. 145. Para una reflexión más global, Francisco Chacón Jiménez, "Familia, sociedad y sistema social. Siglos XVI-XIX", en Francisco Chacón Jiménez – Joan Bestard (Coords), *Familias. Historia de la sociedad española (del final de la Edad Media a nuestros días)*, Madrid, Cátedra, 2011, pp. 325-392

3   Francisco García González, *Las estrategias de la diferencia. Familia y reproducción social en la sierra (Alcaraz, siglo XVIII)*, Madrid, Ministerio de Agricultura, Pesca y Alimentación, Serie Estudios, 2000, pp.272-273.

4   En especial desde una de sus obras más citadas y con mayor impacto como fue *Herencia y patrimonio familiar en la Castilla del Antiguo Régimen (1650-1834). Efectos socioeconómicos de la muerte y la partición de bienes*, Valladolid, Secretariado de Publicaciones, Universidad de Valladolid, 1995. En la misma dirección, Llorenç Ferrer i Alós, "Acceso y distribución de los

Antes de terminar el siglo XVIII ya se estaba reordenando y racionalizando la gestión y la administración de los patrimonios, se revisaban lindes, se regularizaban propiedades y censos, se reclamaba a deudores y se liquidaban deudas, documentando los derechos sobre los bienes y las rentas. Tarea nada fácil entre los grandes propietarios al tratarse de patrimonios complejos, muy atomizados, con dificultades intrínsecas por impagos o abandonos de arrendadores y rentistas, con alquileres obsoletos, intereses de censos perdidos o confundidos entre la maraña de herencias recibidas. Dificultades que obligaban al retraso en las particiones como ocurrió con el Conde de Toreno entre 1743 y 1756 o el Marqués de Grañina[5]. El testamento de este último se hizo en 1850 pero para el reparto hubo que esperar hasta 1876 debido a los problemas para localizar los títulos de propiedad.

El ejemplo de Grañina puede servirnos para ver el perfil de los patrimonios de origen nobiliario en el siglo XIX y la importancia de los bienes vinculados en siglos anteriores. Ocupando el puesto 80 a nivel nacional en la lista de contribuyentes de 1875, su caudal hereditario líquido total fue valorado en 4,9 millones de pesetas (19,6 millones de reales). Dos terceras partes (66 %) correspondía a patrimonios rústicos (9000 has) dispersos en cuatro provincias (Cádiz, Jaén, Soria y Navarra); casi una cuarta parte (24%) eran bienes inmuebles y edificios (desde 4 palacios y 2 castillos hasta 77 casas, entre otros); un 8 % capital financiero, repartido entre títulos de deuda o alcabalas y censos a favor que, a pesar de las leyes abolicionistas, seguían en vigor. El restante 10 % eran bienes propios del ajuar doméstico y pertenencias situadas en la casa mortuoria más algún dinero en metálico[6].

---

medios de producción: Herencia y reproducción social", en Francisco Chacón – Joan Bestard, (Coords), *Familias: historia de la sociedad española* (del final de la Edad Media a nuestros días), Madrid, Cátedra, 2011, pp. 255-324; David Martínez López, "Herencia y familia en la sociedad agraria decimonónica", en Francisco Chacón – Juan Hernández Franco, (Coords.), *Espacios sociales, universos familiares: la familia en la historiografía española*, Editum, Murcia, 2007; Hortensio Sobrado Correa, *Las tierras de Lugo en la Edad Moderna. Economía campesina, familia y herencia, 1550-1860*, Fundacion Pedro Barrie, A Coruña, 2001; Francisco García González, "Herencia y prácticas sociales en España, siglos XVIII-XIX. Perpetuar la desigualdad, reproducir las diferencias", en *Historia Social*, N° 104, 2022, pp. 143-159

5   Yolanda Fernández Valverde, *De la hidalguía a la grandeza de España. La familia Enríquez en Cuenca (ss. XVI-XIX)*, Albacete, UCLM, Tesis Doctoral, 2020 (publicada como libro: *De mercaderes a la grandeza de España. De los Enriquez de Cuenca a los Queipo de Llano, Condes de Toreno, SS. XVI-XIX*, Madrid, Dykinson, 2021); María Parias Sáinz de Rojas, "La pervivencia de las estrategias "vinculares" en las transmisiones testamentarias de la segunda mitad del siglo XIX: el caso del marquesado de Grañina, 1850-1875", en Pegerto Saavedra – Ramón Villares, (coord.): *Señores y campesinos en la Península Ibérica, siglos XVIII-XX*, Vol. 1, Barcelona, Crítica, 1991, pp. 44-45.

6   María Parias Sáinz de Rozas, "La pervivencia de las estrategias..... p. 52-53

Como es obvio, no todas las familias eran millonarias. Un dato puede servir para ilustrarnos los niveles de riqueza en el interior castellano: entre 1650 y 1834, solo un 14,5 % de los inventarios sobrepasaban los 100.000 reales en Valladolid y veinte localidades próximas. Y además eran patrimonios muy desigualmente repartidos: una décima parte era quien aglutinaba el 60 % de los bienes tasados. Así, si nos fijamos en el ejemplo de los comerciantes, no más de un 4,8 % superaban el millón de reales. De hecho, también en León la media era de 504.000 reales[7]

Para la nobleza, si observamos la genealogía de sus patrimonios, comprobamos que un denominador común es que, en su mayoría, los tenían como herederos de mayorazgos y, a mucha distancia, por herencia de sus padres o comprados a particulares y al Estado con las desamortizaciones. De los 15,3 millones de reales del caudal hereditario del X Marqués de Mirabel, tres cuartas partes procedían de mayorazgos (73 %)[8]; de los 19,6 millones del IV Marqués de Grañina, el 63,2 % , o de los 8,8 millones del VII Conde de Toreno, el 59,2 %[9]. Pero también ocurría con el regidor leonés Fausto Villafañe: de sus 683.712 reales, el 84 % provenían del mayorazgo[10]. En otros casos, los patrimonios eran abrumadoramente bienes gananciales, lo que evidencia otro tipo de trayectorias fruto de los espectaculares beneficios obtenidos a partir de sus negocios o del éxito de sus carreras profesionales: en la misma ciudad de León, de los 504.000 reales de media patrimonial de las familias burguesas entre 1700 y 1850, los gananciales suponían el 77 %[11]; y a otra escala muy diferente ocurría algo similar, como ilustra en Madrid con Aureliano Beruete, con 23

---

7   Juan Manuel Barolomé Bartolomé – Máximo García Fernández, "Patrimonios urbanos, patrimonios burgueses: herencias tangibles y transmisiones inmateriales en la Castilla interior", en *Studia Historica. Historia Moderna*, nº 33, 2011, pp. 43, 45 y 47.

8   Fernando Sánchez Marroyo, *Riqueza y familia en la nobleza….op. cit.*, pp.428-429. También en Málaga, la forja del patrimonio de Francisco Romero Robledo durante la Restauración es un ejemplo de como, junto a la suma de las herencias recibidas, un matrimonio ventajoso con la hija de un comerciante de esclavos y fabricante de azúcar cubano o su participación en empresas como la Sociedad Azucarera Antequera, la compra de tierra entre familiares fue fundamental. Mercedes Fernández Paradas – Francisco José García Ariza, "La forja del patrimonio de Francisco Romero Robledo", *Vínculos de Historia*, nº 9, 2020, pp. 399-416.

9   Yolanda Fernández Valverde, *De la hidalguía a la grandeza….op. cit.*

10   Juan Manuel Bartolomé Bartolomé, "El acceso de los jóvenes de la nobleza a la herencia: el ejemplo de las familias de regidores leoneses (1700-1850)" en *Revista de Demografía Histórica*, XXXI, II, 2013, p. 31

11   Juan Manuel Barolomé Bartolomé - Máximo García Fernández, "Patrimonios urbanos, patrimonios burgueses…*op. cit.* pp. 46-47.

millones, de los que más del 86% eran gananciales[12]; o Paula Udaeta, 12,5 millones, dos tercios gananciales[13].

En general se consiguió mantener lo esencial de los bienes vinculados. Todo apunta a que la nobleza se adaptó con rapidez a las reglas del mercado reajustando su situación para afrontar los retos del futuro dentro de un marco propicio para el éxito de las familias de comerciantes, financieros o industriales con las que entroncarían sobre todo a través del matrimonio. Un proceso en el que no todos pudieron culminar, aunque más bien su desaparición sería una minoría. De acuerdo al caso sevillano, la nobleza vendería el doble que compraría, muestra de la necesidad de dinero o de sufragar deudas, pero su peso en el conjunto de las transacciones fue muy minoritario[14]. De hecho, algunos casos como el Conde de Adanero y a su muerte su hermano el Marqués de Castro Serna, a pesar de que las deudas suponían una cuarta parte de su patrimonio, consiguieron convertirse en una de las fortunas más importantes de la aristocracia a finales del siglo XIX[15]. Todo lo contrario, ocurrió con el Duque de Osuna, que quebró al no poder sortear la descapitalización patrimonial[16]. En otros, como el Marqués de Cerralbo, liberado desde 1842 de las deudas que agobiaron a su antecesor, en vez de continuar sobre bases sólidas volvió a hipotecarse y tuvo que vender las propiedades[17]. Es verdad que el endeudamiento de la nobleza no dejó de crecer desde finales del siglo XVIII y en el primer tercio del siglo XIX, pero, como en Cataluña, la pérdida de poder económico a medida que se fue liquidando el Antiguo Régimen no fue algo generalizado y de hecho se encontraron soluciones para aparecer algunas casas entre los mayores

---

12   Fernando Sánchez Marroyo, "Los ricos en la España de la Restauración. El ejemplo vasco. Los Udaeta", en Mónica Moreno Seco, (coord.) & Rafael Fernández Sirvent. y Rosa Ana Gutiérrez Lloret, (eds.): *Del siglo XIX al XXI. Tendencias y debates*, Alicante, Biblioteca Virtual Miguel de Cervantes. 2019, p. 611

13   *Íbidem*, p. 608

14   De acuerdo al caso de Sevilla, las compraventas de tierra procedentes de mayorazgos y fundaciones supusieron el 8,3 % del total de transacciones realizadas entre 1835 y 1900. En el 90 % de las ocasiones se vendían en importantes lotes por lo que su repercusión en la estructura de la propiedad volvería a favorecer a unos pocos propietarios. Vid. María Parias Sáinz de Rojas, "La pervivencia de las estrategias...*op. cit.*,pp. 43-44.

15   Fernando Sánchez Marroyo, *Riqueza y familia en la nobleza*....op. cit. p 435.

16   Ignacio Atienza, *Aristocracia, poder y riqueza en la España Moderna: La casa de Osuna siglos XV-XIX*, Madrid, Siglo XXI, 1987.

17   Miguel Sánchez Herrero, "El fin de los «buenos tiempos» del absolutismo: los efectos de la revolución en la Casa de Cerralbo", en *Ayer*, Nº 48, 2002, pp. 85-126

contribuyentes a mediados del XIX[18]. Otra cosa es que para entonces no pocos mayorazgos ya estaban vacíos de contenido. Por ejemplo, en el caso de los Neve, la mayoría de los bienes vinculados se habían perdido a finales del siglo XVIII y la decadencia era patente[19].

El ejemplo de la familia Roig demuestra cómo los patrimonios sufrían altibajos y oscilaciones: los bienes vinculados a finales del siglo XVII no procedían de la hacienda de los Roig medievales. Se trataba de un conjunto heterogéneo procedente de la acumulación de herencias de no más de cuatro generaciones, así como de la incorporación de bienes de familiares sin descendencia. Sobre su base, los Roig recuperaron y reforzaron su prestigio en las décadas siguientes a la Guerra de Sucesión dentro de las élites locales valencianas. Se amplió el patrimonio gracias a la buena gestión del vínculo detentado con la adquisición de tierras de huerta y arrozal e inversiones en manufacturas sederas de tal modo que los bienes gananciales llegaron a valorarse en 71350 libras (alrededor de 1 millón de reales). Sin embargo, de nuevo, se evidencia cómo las trayectorias hereditarias no son lineales. Debido a la separación en 1766 del regidor D. Francisco Roig Deona de su esposa, se dividieron los gananciales perdiendo más de 34000 libras. A partir de ahí el patrimonio se estancaría para avanzar muy poco durante la centuria siguiente.

Sin duda hay que reconocer la importancia de la desamortización en el dinamismo de la transferencia de la propiedad que se produjo en el siglo XIX. Casos emblemáticos como el de Ignacio Vázquez ejemplifican cómo la burguesía terrateniente aprovechó estos procesos desde finales del siglo XVIII[20]. Pero su impacto no se reflejó de forma tan significativa en el incremento del número de propietarios como en principio podría pensarse. Utilizado como laboratorio el caso excepcional de la provincia de Ciudad Real -la provincia de España donde más tierra se trasvasó con la desamortización general-

<hr>

18   José Miguel Sanjuan, "La pervivencia de una élite: la evolución de la nobleza urbana barcelonesa en el largo plazo (1714-1919)", en Mónica Moreno Seco, (coord.) & Rafael Fernández Sirvent. y Rosa Ana Gutiérrez Lloret, (eds.): *Del siglo XIX al XXI. Tendencias y debates*, Alicante, Biblioteca Virtual Miguel de Cervantes. 2019, pp. 612-625. También para Fernando Sánchez Marroyo, *Riqueza y familia en la nobleza española ...op. cit*, pp.421, en general, dentro de los reajustes de fortunas nobiliarias que se produjeron en el siglo XIX, numerosos títulos locales no solo consiguieron sobrevivir sino que incrementaron su patrimonio considerablemente

19   Isabel María Melero Muñoz, "El cursus honorum de los Neve, de comerciantes a mayorazgos. Vinculación de bienes y pleito sucesorio (1743-1771)", en *Studia historica. Historia Moderna*, Vol. 42, Nº 1, 2020, pp. 195-219.

20   François Heran, *Tierra y parentesco en el campo sevillano. La revolución agrícola del siglo XIX*, Madrid, Ministerio de Agricultura, Servicio de Publicaciones agrarias, Serie Estudios, 1980.

Angel Ramón del Valle Calzado[21] comprueba cómo destacó el protagonismo de los compradores foráneos y, en especial, de la burguesía madrileña, como en Extremadura. Entre los 10 millones de reales que llevó al matrimonio la esposa del Marqués de Castro Serna, sobresalían las tierras que poseían en el Valle de Alcudia compradas por su padre, el importante financiero Carlos Manuel Calderón Molina, en 1861 aprovechando su puesta en el mercado con la desamortización de Madoz[22]. Veinte años después el propio Marqués haría lo mismo ampliado las propiedades en la zona al comprar otras a uno de los grandes beneficiados de la desvinculación de bienes como fue Aureliano Beruete[23]. De este modo, entre Ciudad Real y Cáceres, donde tenía otras dehesas y fincas procedentes de su herencia familiar, consiguió concentrar un enorme patrimonio rústico al que había que añadir otras tierras dispersas por Valladolid, Segovia, Burgos, León, Salamanca o Guadalajara. Pero entre los compradores que más se beneficiaron del proceso también hubo grandes propietarios agrarios. Siguiendo con el caso manchego, muchos eran miembros de la vieja hidalguía rural (Jaraba, Melgarejo, Treviño, Castro, Rosales, etc). De ahí que, para Valle Calzado, la toma de partido por el bando liberal de buena parte de las antiguas élites rurales hay que buscarla en la reforma agraria y, muy especialmente, en la desamortización[24]. Como Jesús Cruz o Imízcoz, parece que la explicación de la caída del Antiguo Régimen no parece que haya que buscarla solo en esa nueva clase social que denominamos burguesía[25]. Una vez hechos los reajustes pertinentes y disponer de la liquidez necesaria, el ejemplo manchego pone de manifiesto que también la nobleza compró tierras desamortizadas. Y su concentración quizá sea mayor de lo que podría parecer

21   El proceso en Ciudad Real supuso el 13 por ciento del total nacional y sólo tres regiones en su conjunto (Extremadura, Castilla-León y Andalucía) superan lo que se vendió en ella. Ángel Ramón Valle Calzado, "El mundo rural ante la Desamortización General. Los modelos de la España interior (Ciudad Real, 1855-1910)", *Historia Contemporánea*, 52, 2016, pp. 115-116

22   Fernando Sánchez Marroyo, *Riqueza y familia en la nobleza española....op. cit.* pp. 435-439

23   Las compras realizadas a Beruete importaron 1.254.000 reales. Véase Fernando Sánchez Marroyo, "Los ricos en la España de la Restauración...*op. cit.* p. 611; y también Fernando Sánchez Marroyo, *Riqueza y familia en la nobleza española....op. cit.* pp. 435-439

24   Ángel Ramón Valle Calzado, "La nobleza rural en La Mancha: cambio generacional y movilidad social entre el Antiguo Régimen y la Revolución Liberal", en Juan Francisco Henarejos López y Antonio Irigoyen López, (coords.): *Escenarios de familia: Trayectorias, estrategias y pautas culturales, siglos XVI-XX.* Murcia, Editum, 2017, pp. 25-36.

25   Jesús Cruz, Jesús, *Los notables de Madrid....op. cit.* pp. 14-174; José María Imízcoz Beunza, "Las redes de la monarquía: familias y redes sociales en la construcción de España", en Francisco Chacón Jiménez- Joan Bestard, (Coods): *Familias: historia de la sociedad Española (del final de la Edad Media a nuestros días)*, Madrid, Cátedra, 2011, p. 455

si tenemos en cuenta que muchas de estas familias formaban parte de tupidas redes de parentesco forjadas desde el siglo XVI.

No se puede afirmar que el papel del mercado en los procesos de transmisión de la propiedad solo fuera algo subsidiario antes de la Revolución liberal[26]. Otra cosa es que su importancia se multiplicara con su expansión en el siglo XIX y la generalización de la economía monetaria y financiera. Es cierto que la burguesía comercial estuvo interesada por la adquisición de tierras, edificios, casas y otros bienes durante los grandes procesos desamortizadores decimonónicos[27]. Pero también antes. Los casos de León, Vitoria o Valencia lo demuestran[28]. Con proporciones situadas entre el 10 y el 20 por ciento del valor de sus activos, solían preferir las inversiones inmobiliarias urbanas que los bienes raíces, aunque en zonas como la huerta valenciana la tierra despertaba un mayor interés por su fertilidad.

En 1750, en la ciudad de León, entre los regidores por el estado noble, D. Andrés Escobar siguió los pasos de su padre comprando numerosas parcelas de tierra, sobre todo de viña, incrementando sustancialmente la producción. Y con el objetivo de mejorar su distribución, formaría una potente compañía de comercio con el rico mercader Manuel Arroyo[29]. En el caso de Albacete, parte del millón y medio

---

26   La compraventa de tierras no siempre ni exclusivamente fue entre parientes, lo que demuestra un elevado grado de desapego con respecto a las mismas y, como señala Boudjaaba (2008), el campesinado no estaba tan atado a la tierra como se había pensado. Y esto tanto para las zonas igualitarias como no igualitarias de acuerdo a Gérard Béaur, "Gestionar la transmisión del patrimonio: las familias y sus estrategias de reproducción social en la Francia rural, siglos XVI-XIX", *Obradoiro de Historia Moderna*, nº 26, 2017, p. 21, según datos de principios del siglo XIX, todo apuntaba a que no hubo una correlación directa entre el modo de transmisión de la propiedad y la actividad de los mercados de la tierra. Por más que en las zonas igualitarias ese mercado debía ser hiperactivo, eso no implica que en las otras fuera algo cerrado.

27   El rico comerciante de origen catalán Mariano Jolís compró tierras al Ayuntamiento de León por valor de 66000 reales y a la Orden de San Juan por 13000 entre 1845 y 1851. Juan Manuel Bartolomé Bartolomé, *Familias de comerciantes y financieros en la ciudad de León (1700-1850)*, León, Universidad de León, Secretariado de Publicaciones y Medios Audiovisuales, 2009, p. 30.

28   *Íbidem*, p. 36; Alberto Angulo Morales, *Del éxito de los negocios al fracaso del consulado: la formación de la burguesía mercantil de Vitoria (1670-1840)*, Bilbao, Universidad del País Vasco, 2000; Ricardo Franch Benavent, *El capital comercial valenciano en el siglo XVIII*. Valencia, Universidad de Valencia, 1989; Cosme Jesús Gómez Carrasco, *Familia y capital comercial en la Castilla meridional: la comunidad mercantil de Albacete (1700-1835)*, Madrid, Sílex, 2009.

29   Adquirió 60 viñas, invirtiendo unos 18.544 reales, así como prados por valor de 8.320 reales. Muestra de lo lucrativo que era el comercio del vino es que tenía una deuda a su favor de 50.000 reales. como primogénito no solo recibió las legítimas de sus dos hermanos, sino que fue el heredero del mayorazgo familiar, además de ser mejorado con el tercio y remante del quinto de todos los bienes libres. Pero además su padre, ya se había preocupado por invertir en un cercado plantado de viña y una bodega que incorporaba al mayorazgo. Juan

de reales en que se valoró el patrimonio del enriquecido comerciante Ignacio Suárez, procedía de las muchas tierras que compró, asociándose para algunos de sus negocios con el gran terrateniente Fernando Carrasco, Conde de Villaleal[30]. No muy lejos de allí, en Caudete, en 1782, Francisco Albalat formó una sociedad con Antonio Izquierdo para vender aguardiente en Madrid y toda su provincia[31] tras haber comprado tierras y viñedos en una clara demostración de la apuesta por la economía de mercado aprovechando la emergencia progresiva de la agricultura de corte capitalista.

Conviene detenerse en el caso de esta familia como prototipo de esa burguesía terrateniente a nivel local en la España meridional que construyó y consolidó un patrimonio vertebrado en torno a la casa de labor, verdadero cimiento sobre el que pivotó su continuidad social. Sin ser la masía catalana o el caserío vasco, también aquí se convirtieron en símbolo de su identidad[32]. Tradicionalmente vinculada al ejercicio de profesiones liberales como boticarios o abogados, sus intereses agrarios se verían plasmados en la Casa de Aguas Verdes, adquirida por Francisco Albalat Pérez en 1811 mediante permuta por otra en el casco urbano. La finca estaba compuesta por una era de pan trillar, setenta y un jornales de tierra panificada, 4500 vides y 36 olivos[33]. Posteriormente, en 1852, sus hijos José María y Francisco, levantaron la Casa de Albalat, situada en el emergente camino entre Valencia y Andalucía. A partir de 1840 fueron comprando tierras, unas de forma individual y otras de manera conjunta. Roturaron el monte y talaron los pinos, lo pusieron en producción en forma de bancales para sortear las pendientes. Sembraron cereales y plantaron viñas y olivos haciendo un gran esfuerzo para disponer de agua con

---

Manuel Bartolomé Bartolomé y Máximo García Fernández, "De padres a hijos: revestimientos hereditarios, posiciones de linaje y decisiones individuales de una elite (1700–1850)", *Tiempos Modernos. Revista Electrónica de Historia Moderna*, Vol. 9, Núm. 38, 2019, p. 380 y 388.

30   Cosme Jesús Gómez Carrasco, *Entre el mundo rural y el mundo urbano: familia, parentesco y organización social en la villa de Albacete*, Albacete, Instituto de Estudios Albacetenses "Don Juan Manuel", 2007. p. 297-302.

31   Joaquín Mollá Francés, *Francisco Albalat Navajas, conde de San Carlos*, Albacete, Instituto de Estudios Albacetenses "Don Juan Manuel", 2018, pp. 19-20.

32   Al respecto véase Francisco García González, "Familia, desigualdad y reproducción social en la España rural, siglos XVI-XIX: un balance historiográfico (2000-2014)", en Francisco García González – Gérard Béaur – Fabrice Boudjaaba, eds., *La historia rural en España y Francia (siglos XVI-XIX): contribuciones para una historia comparada y renovada*, Zaragoza, Universidad de Zaragoza, 2016, pp. 271-318.

33   Fue explotada directamente mediante un criado de labor al dedicarse él a la botica. Joaquín Mollá Francés, *El Conde de San Carlos…… op. cit.*, p. 27.

la construcción de un pozo y de aljibes para poner en regadío una parte, además de aprovecharla para rebaños de ganado lanar y caprino. Contaba con una casa de labor con cuadras, bodegas y pajares y otra para la familia de mayor calidad[34]. Finalmente, uno de los hijos de Francisco, el título carlista Conde de San Carlos, Francisco Albalat Navajas, fundó *La Corbeyana*, gentilicio femenino castellanizado de Corbie, población francesa donde vivió con su esposa la Baronesa de Caix durante sus años de exilio. Se trata de una gran extensión fruto de la fusión de tres fincas contiguas que adquirió por 98.725 pesetas y que eran limítrofes de otras suyas y de sus hermanos que habían heredado de sus padres en las Casas de Albalat. Posteriormente ampliaría esta finca con más compras y sobre todo intensificaría su producción aumentado su capacidad de riego. Aunque no redujo apenas la superficie destinada a otros cultivos, todos los ejidos y yermos que roturó fueron plantados con vides. Sus rendimientos fueron excelentes, con una producción estimada de 200.000 litros de vino y 15.000 de aceite, 250.000 kg. de cebada y 100.000 de trigo, 50.000 de alfalfa y otros productos, frutales y de huerta[35]. No es extraño que en 1916 instituyera como heredero único a su sobrino Francisco Albalat Golf, con la obligación de no poder enajenar o gravar *La Corbeyana* y reservarla para sus descendientes. En definitiva, la trayectoria de la familia Albalat culmina en el último cuarto del siglo XIX desarrollando una actividad empresarial muy diversificada a través del llamado Conde de San Carlos. Fue constructor, empresario taurino, se dedicó al negocio de las finanzas e invirtió en acciones y títulos de valores, tuvo la concesión de una mina de lignito, etc, pero continuó con una tradición familiar iniciada en la centuria anterior apostando por la tierra, la viña y el regadío, preocupándose por la modernización de su explotación y la extracción de agua para ello. Así, la progresión de la riqueza de la familia fue en paralelo a la del valor de sus fincas y casas de labor: mientras que la de Agua Verde se estimó en 29.115 reales, la de Albalat se fijó en 110.005 reales y la Corbeyana como mínimo en 704000 reales, convirtiéndose su propietario en el principal contribuyente de la localidad.

Los inventarios de partición reflejan el interés por los bienes de tipo suntuario y honorífico en los que se invertían importantes canti-

---

34   *Ibidem,* pp. 74 y 75

35   La finca para los albaceas tenía un precio único de 176.500 pesetas. A la Inspección de Hacienda le pareció poco y la valoró en 250.000 pesetas. *Ibidem,* p. 565

dades[36]. También en donativos u obras de caridad. Inversiones sin una finalidad productiva pero que en absoluto carecían de rentabilidad. Como en siglos anteriores, el poder de la apariencia era fundamental dentro de las relaciones sociales como expresión del estatus y símbolo de la posición económica. La desvinculación de los patrimonios con la ley de mayorazgos implicaría supuestamente la desaparición de los comportamientos irracionales para imponerse una lógica exclusivamente económica desligada de otras consideraciones. Pero la realidad no fue así. La continuidad de estrategias familiares con una marcada rentabilidad social –y no siempre de acuerdo al mero cálculo monetario- es una evidencia.

BIBLIOGRAFÍA

ANGULO MORALES, Alberto, *Del éxito de los negocios al fracaso del consulado: la formación de la burguesía mercantil de Vitoria (1670-1840)*, Bilbao, Universidad del País Vasco, 2000

ATIENZA, Ignacio, *Aristocracia, poder y riqueza en la España Moderna: La casa de Osuna siglos XV-XIX*, Madrid, Siglo XXI, 1987

BARTOLOMÉ BARTOLOMÉ, Juan Manuel, *Familias de comerciantes y financieros en la ciudad de León (1700-1850)*, León, Universidad de León, Secretariado de Publicaciones y Medios Audiovisuales, 2009.

BARTOLOMÉ BARTOLOMÉ, Juan Manuel, "El acceso de los jóvenes de la nobleza a la herencia: el ejemplo de las familias de regidores leoneses (1700-1850)" en *Revista de Demografía Histórica*, XXXI, II, 2013.

BAROLOMÉ BARTOLOMÉ, Juan Manuel – GARCÍA FERNÁNDEZ, Máximo, "Patrimonios urbanos, patrimonios burgueses: herencias tangibles y transmisiones inmateriales en la Castilla interior", en *Studia Historica. Historia Moderna*, nº 33, 2011

BAROLOMÉ BARTOLOMÉ, Juan Manuel – GARCÍA FERNÁNDEZ, Máximo, "De padres a hijos: revestimientos hereditarios, posiciones de linaje y decisiones individuales de una elite (1700–1850)", *Tiempos Modernos. Revista Electrónica de Historia Moderna*, Vol. 9, Núm. 38, 2019.

---

36 Juan Manuel Barolomé Bartolomé – Máximo García Fernández, "Patrimonios urbanos, patrimonios burgueses...*op. cit.*

BÉAUR, Gérard, "Gestionar la transmisión del patrimonio: las familias y sus estrategias de reproducción social en la Francia rural, siglos XVI-XIX", *Obradoiro de Historia Moderna*, nº 26, 2017.

CHACÓN JIMÉNEZ, Francisco, "Familia, sociedad y sistema social. Siglos XVI-XIX", en Francisco Chacón Jiménez – Joan Bestard (Coords), *Familias. Historia de la sociedad española (del final de la Edad Media a nuestros días)*, Madrid, Cátedra, 2011, pp. 325-392

CRUZ, Jesús, *Los notables de Madrid. Las bases sociales de la revolución liberal española*, Madrid, Alianza Editorial,2000

GARCÍA FERNÁNDEZ, Máximo, *Herencia y patrimonio familiar en la Castilla del Antiguo Régimen (1650-1834). Efectos socioeconómicos de la muerte y la partición de bienes*, Valladolid, Secretariado de Publicaciones, Universidad de Valladolid, 1995.

FERNÁNDEZ PARADAS, Mercedes – GARCÍA ARIZA, Francisco José, "La forja del patrimonio de Francisco Romero Robledo", *Vínculos de Historia*, nº 9, 2020, pp. 399-416.

FERNÁNDEZ VALVERDE, Yolanda, *De la hidalguía a la grandeza de España. La familia Enríquez en Cuenca (ss. XVI-XIX)*, Albacete, UCLM, Tesis Doctoral, 2020

FERNÁNDEZ VALVERDE, Yolanda, *De mercaderes a la grandeza de España. De los Enriquez de Cuenca a los Queipo de Llano, Condes de Toreno, SS. XVI-XIX*, Madrid, Dykinson, 2021

FERRER I ALÓS, Llorenç, "Acceso y distribución de los medios de producción: Herencia y reproducción social", en Francisco Chacón Jiménez – Joan Bestard, (Coords), *Familias: historia de la sociedad española* (del final de la Edad Media a nuestros días), Madrid, Cátedra, 2011, pp. 255-324.

FRANCH BENAVENT, Ricardo, *El capital comercial valenciano en el siglo XVIII*. Valencia, Universidad de Valencia, 1989

GARCÍA GONZÁLEZ, Francisco, *Las estrategias de la diferencia. Familia y reproducción social en la sierra (Alcaraz, siglo XVIII)*, Madrid, Ministerio de Agricultura, Pesca y Alimentación, Serie Estudios, 2000

GARCÍA GONZÁLEZ, Francisco, "Familia, desigualdad y reproducción social en la España rural, siglos XVI-XIX: un balance historiográfico (2000-2014)", en Francisco García González – Gérard Béaur – Fabrice Boudjaaba, eds., *La historia rural en España y Francia (siglos XVI-XIX): contribuciones para una historia comparada y renovada*, Zaragoza, Universidad de Zaragoza, 2016, pp. 271-318.

GARCÍA GONZÁLEZ, Francisco, "Herencia y prácticas sociales en España, siglos XVIII-XIX. Perpetuar la desigualdad, reproducir las diferencias", en Historia Social, Nº 104, 2022, pp. 143-159.

GÓMEZ CARRASCO, Cosme Jesús, *Familia y capital comercial en la Castilla meridional: la comunidad mercantil de Albacete (1700-1835)*, Madrid, Sílex, 2009.

HERAN, François, *Tierra y parentesco en el campo sevillano. La revolución agrícola del siglo XIX*, Madrid, Ministerio de Agricultura, Servicio de Publicaciones agrarias, Serie Estudios, 1980

IMÍZCOZ BEUNZA, José María, "Las redes de la monarquía: familias y redes sociales en la construcción de España", en Francisco Chacón Jiménez- Joan Bestard, (Coods): Familias: historia de la sociedad Española (del final de la Edad Media a nuestros días). Madrid, Cátedra, 2011

MARTÍNEZ LÓPEZ, David, "Herencia y familia en la sociedad agraria decimonónica", en Francisco Chacón – Juan Hernández Franco, (Coords.), E*spacios sociales, universos familiares: la familia en la historiografía española*, Editum, Murcia, 2007

MELERO MUÑOZ, Isabel María, "El cursus honorum de los Neve, de comerciantes a mayorazgos. Vinculación de bienes y pleito sucesorio (1743-1771)", en *Studia historica. Historia Moderna*, Vol. 42, Nº 1, 2020, pp. 195-219.

MOLLÁ FRANCÉS, Joaquín, *Francisco Albalat Navajas, conde de San Carlos*, Albacete, Instituto de Estudios Albacetenses "Don Juan Manuel", 2018

SÁINZ DE ROJAS, María Parias, "La pervivencia de las estrategias "vinculares" en las transmisiones testamentarias de la segunda mitad del siglo XIX: el caso del marquesado de Grañina, 1850-1875", en Pegerto Saavedra – Ramón Villares, (coords*.): Señores y campesinos en la Península Ibérica, siglos XVIII-XX*, Vol. 1, Barcelona, Crítica, 1991.

SÁNCHEZ HERRERO, Miguel, "El fin de los «buenos tiempos» del absolutismo: los efectos de la revolución en la Casa de Cerralbo", en *Ayer*, Nº 48, 2002, pp. 85-126

SÁNCHEZ JIMÉNEZ, José, "Pequeña y gran propiedad a finales del siglo XIX: Andalucía", en *Cuadernos de Historia Contemporánea*, nº 16, 1994.

SÁNCHEZ MARROYO, Fernando, *Riqueza y familia en la nobleza española del siglo XIX*, Madrid, Ediciones 19.

SÁNCHEZ MARROYO, Fernando, "Los ricos en la España de la Restauración. El ejemplo vasco. Los Udaeta", en Mónica Moreno

Seco, (coord.) & Rafael Fernández Sirvent. y Rosa Ana Gutiérrez Lloret, (eds.): *Del siglo XIX al XXI. Tendencias y debates*, Alicante, Biblioteca Virtual Miguel de Cervantes. 2019, pp. 598-611

SANJUAN, José Miguel, "La pervivencia de una élite: la evolución de la nobleza urbana barcelonesa en el largo plazo (1714-1919)", en Mónica Moreno Seco, (coord.) & Rafael Fernández Sirvent. y Rosa Ana Gutiérrez Lloret, (eds.): *Del siglo XIX al XXI. Tendencias y debates*, Alicante, Biblioteca Virtual Miguel de Cervantes. 2019, pp. 612-625

SOBRADO CORREA, Hortensio, *Las tierras de Lugo en la Edad Moderna. Economía campesina, familia y herencia, 1550-1860*, Fundacion Pedro Barrie, A Coruña, 2001

VALLE CALZADO, Ángel Ramón, "El mundo rural ante la Desamortización General. Los modelos de la España interior (Ciudad Real, 1855-1910)", *Historia Contemporánea*, 52, 2016.

VALLE CALZADO, Ángel Ramón, "La nobleza rural en La Mancha: cambio generacional y movilidad social entre el Antiguo Régimen y la Revolución Liberal", en Juan Francisco Henarejos López y Antonio Irigoyen López, (coords.): *Escenarios de familia: Trayectorias, estrategias y pautas culturales, siglos XVI-XX*. Murcia, Editum, 2017, pp. 25-36.

7

Los Vandergoten y la Real Fábrica de Tapices. Artesanos, patrimonio y burguesía en el Madrid ilustrado (1720-1822)[1]

Álvaro Romero González

Programa de Becas Posdoctorales "Elisa Acuña"

Coordinación de Humanidades, UNAM

1   Este trabajo forma parte del proyecto de investigación posdoctoral, "De la pintura a la indumentaria. Artesanos en el Virreinato de Nueva España (1598-1700)", financiado por el programa de Becas Posdoctorales "Elisa Acuña" de la Coordinación de Humanidades de la Universidad Nacional Autónoma de México, en el Instituto de Investigaciones Estéticas, bajo el asesoramiento de la Dra. Patricia Díaz Cayeros (IIE-UNAM).

Europa se transformó en un sistema económico de producción que superó los métodos más tradicionales a lo largo del siglo XVIII. Su evolución impulsó a una nueva sociedad que se alejaba de las antiguas dinámicas en favor de un nuevo modelo de producción en masa, lo cual establecía un punto de ruptura en el transcurso del tiempo histórico. Este proceso pone el acento en la trascendencia de la Edad Moderna como un periodo de transición entre el feudalismo medieval y las sociedades contemporáneas con un nuevo modelo que sentó las bases de nuestro tiempo: el capitalismo.

El transcurso de las grandes ciudades se orquestó hacia un amplio volumen de producción controlado por hombres con horizontes capitalistas[2], cualidad que impulsó la aparición de una burguesía definida por tres factores: su comportamiento, su distinción y su vida social[3]. Su modelo de vida se concretó a través de unas pautas de refinamiento y la promoción de un estilo distinguido que reafirmó un íntimo proceso civilizador para los grupos artesanos[4]. Su atención radicó en la remodelación del comportamiento estructural[5] al identificar sus valores con una mentalidad de renovación social constituida a partir de las relaciones entre el capital relacional, las propiedades y la vestimenta, lo cual les confería un valor y efectos prácticos[6] que legitimó un principio de *enclasamiento* en una estructura social a través de la *estética de la percepción*[7].

1. LOS VANDERGOTEN Y LA REAL FÁBRICA DE TAPICES (1720-1783)

Durante la segunda mitad del siglo XVII, los maestros antuerpienses solían trasladarse a Londres buscando oportunidades de ne-

2   Eric J. Hobsbawm, *En torno a los orígenes de la revolución industrial*, Madrid, Siglo XXI de Editores, 1988, p. 46.

3   Jesús Cruz Valenciano, *El surgimiento de la cultura burguesa*, Madrid, Siglo XXI de Editores, 2014, p. 59.

4   Francisco Hidalgo Fernández, *Familia y artesanos plateros en el sureste español, 1700-1868*, Málaga, Universidad de Málaga, 2022.

5   Norbert Elías, *El proceso de la civilización. Investigaciones sociogenéticas y psicogenéticas*, México, Fondo de Cultura Económica, 2010 p. 105.

6   Pierre Bourdieu, *La distinción. Criterio y bases sociales del gusto*, Madrid, Taurus, 1998, p. 104.

7   Máximo García Fernández, «Cultura material, consumo, moda e identidades sociales: la almoneda de bienes», en Máximo García Fernández (dir.), *Cultura material y vida cotidiana moderna: escenarios*, Madrid, Sílex, 2013, pp. 235-259.

gocio fuera del epicentro tapicero por excelencia. En 1687, Cornelis de Wael intuía con total seguridad que Jan van der Goten comenzaría su producción a orillas del Támesis, pero falleció sin haber pisado suelo británico en 1700. Jacob van der Goten, de por entonces 14 años, asumía de forma temprana la dirección del taller, aunque la realidad implicaba que su madre, Clara Bruyneel, y otros tapiceros dirigiesen el espacio productivo[8].

El 23 de marzo 1703[9], con 17 años, Jacob contrajo matrimonio con Anna María Canjuweel al tiempo que la industria tapicera se desinflaba paulatinamente en el norte de Europa. Durante la Guerra de Sucesión española (1701-1714), la caída progresiva de la demanda internacional de tapices flamencos se contraponía con el crecimiento de la fábrica de los Gobelinos en Francia, pues la producción de tapices en Amberes «y, de hecho, su economía urbana, se dirigían a un callejón sin salida»[10]. Para entonces, Bernardo Cambí, poco amigo de los franceses y comisionado por el ministro Alberoni, convenció a Van der Goten para establecerse en Madrid, lo que se consideró como un acto de espionaje industrial y una traición que le llevaron a ser encarcelado en el castillo de su ciudad natal[11].

Para entonces, los magistrados de las corporaciones flamencas habían establecido unas reglas muy estrictas para evitar la salida de maestros hacia otras ciudades extranjeras[12] cuando la nueva política de Felipe V desencadenó un cambio en el paradigma productivo de la Monarquía para competir con otras potencias. A pesar de la fuerte oposición a finales del siglo XVII y de la caída del mercado de tapices, la administración borbónica impulsó el sector atrayendo mano de obra, talento artesano del extranjero y capital procedente de

---

8   Koenraad Brosens, «Los tapices de Amberes y la familia Van der Goten, 1660-1720», en Antonio Sama (ed.), *La Real Fábrica de Tapices. 300 años (1721-2021)*, Madrid, Real Fábrica de Tapices, 2024, pp. 21-42.

9   Fundación Real Fábrica de Tapices. Archivo Histórico [AHRFT]. RFT 1/2.

10   Koenraad Brosens, «Los tapices de Amberes y la familia Van der Goten, 1660-1720»…, *op. cit.*

11   Florentina Vidal Galache y Benicia Vidal Galache, «Origen, historia y relaciones del hospital de San Andrés de los flamencos y la Real Fábrica de Tapices», en *De Amberes a Madrid. La obra de Carlos de Amberes y los tapiceros Vandergoten-Stuyck*, Madrid, Fundación Carlos de Amberes, 2008, pp. 19-38.

12   Concha Herrero Carretero, « L'établissement de la Manufacture Royales des Tapisseries à Madrid au XVIIIème siècle. Les Van der Goten, maîtres tapissiers d'Anvers », en Guy Delmarcel (ed.), *Flemish Tapestry Weavers Abroad. Emigration and the Founding of Manufacturies in Europe*, Leuven, Leuven University Press, 2002, pp. 227-246.

particulares[13]. Gracias al rey, en su condición de creador y *dador* de nobleza[14], el maestro tapicero pasó beneficiarse económica y socialmente como servidor y dependiente de quien realmente era la fuente de su poder y gracia[15].

La promesa de Felipe V y los riesgos afrontados por la familia[16] llevaron a Jacobo a aceptar la propuesta borbónica, lo cual le condujo a su apresamiento durante nueve meses costando «dicha prisión grande suma de maravedíes» y un grave perjuicio de salud[17]. El injusto encarcelamiento, sostenido desde un punto de vista puramente económico, empujó al artesano, a su familia y a cuatro de sus trabajadores a emigrar hacia España. A su liberación, el tapicero consiguió reunir algunos cartones de Teniers para comenzar a trabajar a su llegada a Madrid[18] iniciando su aventura en un modelo de empresa pública industrial similar al iniciado por Colbert en la Francia del siglo XVII[19].

Antes de completar un año desde su establecimiento en Madrid, Jacobo otorgó un poder para testar a su mujer y a su hijo Francisco Ignacio el 26 de agosto de 1721, dos años antes de su fallecimiento en la Nochebuena de 1723[20]. En enero del año siguiente se atendieron sus últimas voluntades, pero no se recogieron aspectos materiales debido a que «los bienes que quedaron en esta corte fueron de tan corta entidad que no alcanzan para pagar los gastos del funeral,

---

13   Luna San Eugenio, «Las reales fábricas: auge, crisis y pervivencia de un modelo productivo protegido», en Concepción Camarero Bullón y Miguel Ángel Bringas Gutiérrez (edit.), *Industria y territorio: patrimonio preindustrial*, Madrid, Ministerio de Industria, Comercio y Turismo, 2021, pp. 255-271.

14   Antonio Álvarez-Ossorio Alvariño, «Las esferas de la corte: príncipe, nobleza y mudanza en la jerarquía», en Francisco Chacón Jiménez y Nuno G. Monteiro (coords.), *Poder y movilidad social: cortesanos, religiosos y oligarquías en la península ibérica*, Madrid, CSIC, 2006, pp. 129-214.

15   Jesús Bravo Lozano, «Gracia y merced en época de desgracias. Cámara y vida cotidiana en el reinado de Carlos II», en Jesús Bravo Lozano (ed.), *Espacios de poder: cortes, ciudades y villas (s. XVI-XVIII)*, Madrid, Universidad Autónoma de Madrid, 2002, pp. 101-122.

16   Francisco Hidalgo Fernández, «De los peligros, los riesgos y las incertidumbres en el Antiguo Régimen. Reflexiones en torno a la historia de los artesanos», en Francisco Hidalgo Fernández y José A. Nieto Sánchez (coords.), *Artesanos. Una historia social en España (siglos XVI-XIX)*, Gijón, Trea, 2024, pp. 31-63.

17   AHRFT, RFT 1/2.

18   Koenraad Brosens, «Los tapices de Amberes y la familia Van der Goten, 1660-1720»…, *op. cit.*

19   Juan Helguera Quijada, «Las Reales Fábricas», en Pablo Martín-Aceña Manrique y Francisco Comín Comín (coords.), *Historia de la empresa pública en España*, Madrid, Espasa Calpe, 1991, pp. 51-88.

20   Archivo Histórico Provincial de Madrid [AHPM], prot. 14418, fol. 14r-19v.

misas y entierro del susodicho, además de haber dejado contraídas deudas»[21]. Desde entonces, Francisco Vandergoten, que abandonó la nomenclatura flamenca y adaptó su apellido a la fonética española, comenzaba a dirigir la Real Fábrica desde enero de 1724, acto que coincidía con el inicio del efímero reinado de Luis I y el atormentado regreso de Felipe V.

Los primeros años de la Real Fábrica fueron complicados. La familia se asentó en las inmediaciones de la puerta de Santa Bárbara[22], extramuros al norte de la villa de Madrid y en las lindes de la cerca de Felipe IV. La casa del Abreviador, donde se situaba la Real Fábrica de Tapices, se hallaba desde 1720 «tan arruinada que han declarado varios alarifes [que] no se puede habitar sin próximo riesgo de la vida»[23]. En los primeros nueve años de actividad, la producción se destinó casi por completo al palacio de San Ildefonso donde no solo la familia Vandergoten desempeñó su esfuerzo, sino que se instalaron en dicha fábrica los empleados franceses que dividían el trabajo entre el alto y bajo lizo[24].

Jacobo, Adrián, Francisco y Cornelio encabezaban la dirección conjunta de la Real Fábrica de Tapices. Las decisiones se tomaban en común, pero no de la manera tradicional a partir de la presencia de un maestro con distintos oficiales o aprendices, sino que se tejieron una serie de relaciones que dividían la dirección del espacio productivo. Bajo su dirección se encontraba Basilio Martínez Tineo –intendente–, quien se encargaba del cuidado y gobierno de la Real Fábrica mientras que Juan Sánchez desempeñaba el cargo de veedor, otorgaba los pagos a los trabajadores y daba cuenta de la razón de la fábrica[25].

Durante los primeros años, la producción de tapices y alfombras recayó sobre Antonio Linger (maestro de telar alto) y Francisco Vandergoten (maestro de telar bajo), hasta que Jacobo obtuvo el cargo tras la muerte del primero. A inicios de la década de 1730, la dirección artística de los trabajos se enmarcó bajo Jaime Allemans como maestro de dibujo de los oficiales y aprendices[26]. Por su parte, Andrea Procaccini se empleaba en otros quehaceres debido a su experiencia

---

21   AHRFT, RFT 1/2.

22   AHRFT, RFT 10/10 (1).

23   AHRFT, RFT 1/4 (11).

24   Archivo General de Palacio [AGP], Sección General Cajas [SGC], leg. 680.

25   AGP, SGC, leg. 680.

26   AGP, SGC, leg. 680.

pasada en la dirección de la fábrica de tapices en El Vaticano[27] junto a su discípulo Domenico Sani[28].

La producción madrileña halló un paréntesis entre 1729-1731. Jacobo Vandergoten se trasladó a Sevilla junto a la corte para establecer una contrata de telares de alto lizo en la Casa de la Lonja[29] al mismo tiempo que los encargos en la capital se veían mermados. El 18 de noviembre de 1730, Francisco acusaba la falta de trabajo y las miserias que él y sus empleados pasaban esperando los encargos del rey. Mientras la actividad discurría de aquella manera, Ana María Canjuweel contrajo segundas nupcias con Jaime Allemans en 1725[30], de quien se separó de buenas maneras «sin odio ni mala voluntad» en 1737[31]. Algunas hipótesis han considerado cómo la presencia del dinero jugó un papel fundamental en su divorcio cuando la familia se regía en «un auténtico matriarcado» y la viuda disponía de los salarios asignados a sus hijos y a su segundo marido[32].

Los primeros réditos de la empresa fueron más bien escasos como reflejó Francisco a finales de 1730. El supuesto poder adquisitivo de Canjuweel se diluye al observar su testamento de 1737, cuando reconocía que no se otorgó carta de pago, ni recibo de dote de sus bienes y efectos, ni inventario de ellos, ni Allemans refirió capital de bienes propios[33]. Ana María contaba con una asignación de 60 reales que otorgó a sus hijos, pero no dispuso de sus salarios ni del de su segundo marido, más bien distribuyó el salario de su primer esposo y lo transformó en un socorro para el disfrute de sus descendientes[34].

Los engranajes de la Real Fábrica se desengrasaron al recibir los encargos del rey. A pesar de la pérdida de Pedro Vandergoten, oficial de

---

27 José Luis Morales y Marín, *Pintura en España, 1750-1808*, Madrid, 1994, p. 94.

28 Álvaro Romero González, «Domingo Sani y su familia. Pintura, trabajo y extranjeros en la corte de los Borbones (1690-1805)», en Manuel Reyes García Hurtado (coord.), *Actas de la XVIII Reunión Científica de la Fundación Española de Historia Moderna*, Santiago de Compostela, Universidade de Santiago de Compostela, 2025 [en prensa].

29 Concha Herrero Carretero, «La Casa de la Lonja y la Fábrica de Tapices de Sevilla (1730-1733)», en Nicolás Morales y Fernando Quiles García (eds.), *Sevilla y su corte. Las artes y el lustro real (1729-1733)*, Madrid, Casa de Velázquez, 2010, pp. 105-112.

30 AHPM, prot. 16589, fol. 387r.

31 AHPM, prot. 16658, fol. 132r-133v.

32 Benicia Vidal Galache y Florentina Vidal Galache, «Livinio Stuyck Vandergoten, un flamenco contra Bonaparte», *Cuadernos de Historia Moderna. Anejos*, 9, 2010, pp. 17-46.

33 AHPM, prot. 16589, fol. 387r.

34 AHPM, prot. 16589, fols. 506r-509r.

bajo lizo que otorgó declaración de pobre en 13 de octubre de 1737[35], surgió una posibilidad de medro en la sociedad cortesana. En 1739, el duque de Medinaceli consideraba muy útiles a Francisco y Jacobo en el cuidado de los tapices, en el manejo para su buen acondicionamiento y en la decencia para los reales cuartos, por lo que se les concedió las plazas de ayudas supernumerarios de la tapicería de la reina en 14 de agosto de 1739, a los que se unieron más tarde Cornelio y Adrián el 17 de diciembre de 1745[36]. Como miembros supernumerarios, recibían un total de 5.500 reales de vellón al año[37] por los que debían abonar el pago de la media anata correspondiente; es decir, debían otorgar a la administración por lo honorario de su cargo 2.750 reales[38].

Su beneficio en la corte se vio incrementado por el salario mensual de director de la Real Fábrica de Tapices que ascendía a 1.800 reales. El mercado de tapices permitía al director ingresar 27.100 reales por cada año de trabajo en la fábrica, a los que se sumaban otros tantos que variaban en función de los encargos recibidos. A estas percepciones se sumaban los gastos de hospedaje que corrían por cuenta de la administración regia[39], así como la manutención de la familia «con media arroba de carne, media arroba de vino y dos arrobas de aceite para su consumo y el de cinco aprendices»[40], cuestión que no respondía únicamente a una exención de impuestos como se ha apuntado en otras ocasiones[41].

La dirección de la Real Fábrica de Tapices repercutió grandes beneficios a la familia Vandergoten desde la segunda mitad del siglo XVIII. Antes del fallecimiento de Jacobo en 1768, el conjunto experimentó un incremento patrimonial mediante la adquisición de bienes

---

35   AHPM, prot. 16658, fol. 108r-108v. (3ª foliación).

36   AGP, SGC, C. 1108, exp. 28.

37   AGP, SGC, C. 1108, exp. 27.

38   La media anata es un recurso hacendístico creado por el conde duque de Olivares desde 1629. Su finalidad recaudatoria se inscribe en el transcurso de la Guerra de los Treinta Años (1618-1648) donde se conferían los oficios en propiedad a cambio de un único pago que suponía la mitad del sueldo anual señalado por la Real Hacienda. Véase: Joseph Rezabal y Ugarte, *Tratado del Real Derecho de las Medias-Anatas Seculares y del Servicio de Lanzas a que están obligados los títulos de Castilla*, Madrid, Benito Cano, 1792, p. 40.

39   Este tipo de pagos recuerdan a los de la administración habsbúrgica con sus trabajadores donde se les proporcionaba aposentamiento. Véase: José Martínez Millán, «La corte de Madrid y las etiquetas cortesanas como modo de distribución del espacio», en Inmaculada Arias de Saavedra y Miguel López-Guadalupe Muñoz (eds.): *La vida cotidiana en la Monarquía Hispánica. Tiempos y espacios*, Granada: Universidad de Granada, 2015, pp. 39-58.

40   AGP, SGC, leg. 680.

41   Benicia Vidal Galache y Florentina Vidal Galache, «Livinio Stuyck Vandergoten…», *art. cit.*

inmuebles, algo que ya sucedió en el entorno artesanal con los sastres de la reina, Francisco de Soria[42] y Mateo Aguado[43], durante el siglo XVII. En el seiscientos, como sostiene Hobsbawm, comenzó a darse uso de grandes capitales en forma no productiva –posiblemente ante la falta de un lugar para invertirlo de forma progresiva–, donde los holandeses paliaron esta saturación a partir de un invento moderno: el auge de la inversión especulativa[44] que se trasladó a la búsqueda de réditos mediante la compra de bienes raíces para su futuro alquiler.

Entre 1765 y 1775, Jacobo, Francisco, Adrián, Cornelio y María Teresa adquirieron hasta un total de siete propiedades repartidas por la villa de Madrid (fig. 1). El 19 de septiembre de 1765, los hermanos adquirieron tres inmuebles: una casa en la calle del Medio Día 11, los números 7 y 8 de la calle San Dimas y los números 4 y 5 de la calle Quiñones/Santo Domingo por un total de 58.317 reales y 20 maravedíes[45], práctica que continuó entre 1787 y 1815 con la compra de nuevas propiedades en las calles de San Dimas, Santa María del Arco, San Marcos y San Antón[46].

Una vez fallece Jacobo en 1768, Adrián en 1773 y Francisco en 1774, la dirección de la Real Fábrica de Tapices recayó sobre Cornelio. En 1782, con los achaques propios de la edad y sin la ayuda de sus tres hermanos, hizo llamar a su sobrino Livinio Stuyck para que, desde Amberes, se desplazase a Madrid para ser instruido en la dirección de la fábrica durante 1783[47]. El para entonces director manifestó, respecto a este, «su aplicación con tanto acierto que con su particular talento se halla capaz de dirigir y gobernar cuanto ocupa en esta real fábrica de modo que dentro de poco tiempo estará perfeccionado en todos los trabajos y maniobras». A esto se unía la petición de su tío, quien solicitaba a Carlos III que le «honrase con los honores de servidumbre de ayuda de su Real Tapicería, desempeñando con el mayor acierto que es notorio el arreglo de la cuelga y descuelga de los tapices de las reales habitaciones de los palacios de San Lorenzo y el Pardo»[48].

---

42   Juan C. Zofío Llorente, *Gremios y artesanos en Madrid, 1550-1650. La sociedad del trabajo en una ciudad cortesana preindustrial*, Madrid, CSIC, 2005, p. 215.

43   Amanda Wunder, *La moda española en la época de Velázquez. Un sastre en la Corte de Felipe IV*, Madrid, El Viso, 2024.

44   Eric J. Hobsbawm, *En torno a los orígenes de la revolución industrial…*, op. cit., p. 24.

45   AHPM, prot. 15886, fols. 254r-259v.

46   AHPM, prot. 20107, fols. 246r-250v.

47   AHPM, prot. 19638, fol. 164r-166v.

48   AHRFT, RFT, 1/3 (11).

Fig. 1. Fuente: elaboración propia. Detalle. Antonio Espinosa de los Monteros, *Plano Topographico de la Villa y Corte de Madrid*, 1769. Señalado en naranja la situación de la Real Fábrica de Tapices, en rojo los inmuebles adquiridos por Jacobo, Francisco, Jacobo, Adrián, Cornelio y María Teresa Vandergoten (1765-1775) y en verde los comprados por Livinio Stuyck (1785-1815).

Como estrategia presucesoria, la transmisión del cargo establecía una herencia inmaterial a partir de un capital simbólico que facilitaría la inserción del sobrino[49] en un nuevo espacio profesional al margen de las decaídas corporaciones flamencas. La transversalidad de la sucesión del cargo en la relación tío-sobrino se vio favorecida cuando el primero, desprovisto de miembros familiares hábiles para la empresa, se veía en la necesidad de contar con una mano de obra cualificada aminorando otro tipo de faltas[50]. Tras llegar a Madrid, adoptó el apellido familiar de los Vandergoten que no le correspondía[51] para justificar su procedencia y vinculación familiar ante otros interesados en ocupar el cargo[52].

<hr>

49   Juan Manuel Bartolomé Bartolomé y Máximo García Fernández, «Patrimonios urbanos, patrimonios burgueses. Herencias tangibles y transmisiones inmateriales en la Castilla interior», *Studia Historica, historia moderna*, 33, 2011, pp. 29-60.

50   Francisco Hidalgo Fernández, «Entre tíos y sobrinos. Relaciones de parentesco en el artesanado platero del sureste peninsular (siglos XVIII-XIX)», en José María Imícoz Beunza, Javier Esteban Ochoa de Eribe y Andoni Artola Renedo (coords.), *Los entramados políticos y sociales en la España Moderna: del orden corporativo-jurisdiccional al Estado Liberal*, País Vasco, Universidad del País Vasco, 2023, pp. 1555-1567.

51   Francisco Hidalgo Fernández, «Los Oliver-Copons. De la platería a la diáspora liberal en la encrucijada del cambio social», en Pablo Ortega del Cerro y Francisco Hidalgo Fernández (eds.), *Entre venturas y desdichas. Trayectorias familiares en el ocaso del Antiguo Régimen (siglos XVIII-XIX)*, Madrid, Sílex, 2021, pp. 241-265.

52   AHRFT, RFT, (2)

2. UNA TRANSFORMACIÓN SOCIAL. APUNTES ALREDEDOR DEL PATRIMONIO FAMILIAR (1783-1822)

Los artesanos enriquecidos alcanzaron ciertas prácticas nobiliarias a lo largo de la Edad Moderna. En 1552, Lorenzo Lotto retrató a un zapatero y a un carpintero[53] mientras que, una década después, Moroni inmortalizaba a un sastre italiano (National Gallery de Londres, 1565-1570). En España, esta dinámica no iba a quedarse fuera de juego cuando, aparentemente, Jerónimo de Negrilla era retratado por Bartolomé González tras alcanzar el puesto de bordador del rey en las primeras décadas del siglo XVII[54]. En la centuria posterior, la familia de tapiceros dio buena cuenta de las posibilidades a las que accedían estos grupos cuando Cornelio Vandergoten era inmortalizado a través de los pinceles de Goya a finales del siglo XVIII (fig. 2).

La obra atribuida al pintor zaragozano por una inscripción en el ángulo superior derecho continúa en entredicho[55]. Fechada en 1782, la obra pudo trasladarse al Hospital de San Andrés de los Flamencos a su fallecimiento el 25 de marzo de 1786[56]. Muchas de las pinturas que pertenecieron al director se vendieron, pero las que no se adjudicaron en la almoneda fueron tomadas por los interesados[57].

El patrimonio de Livinio Stuyck se potenció gracias a la herencia de su tío Cornelio, aunque con algún que otro inconveniente. El 27 de julio de 1786 afrontaba las amenazas de ruina de sus propiedades en la calle de Santo Domingo (4 y 5), en la manzana 514. Para solucionar el inconveniente, el director solicitaba su demolición y la futura reedificación con arreglo a una traza del momento (fig. 3)[58]. Lejos de referir un asunto aislado, seis años después sucedía algo si-

---

53   Peter Burke, «Sociología del retrato renacentista», en *El retrato en el Museo del Prado*, Madrid, Fundación de Amigos del Museo del Prado, 1994, pp. 99-116.

54   Álvaro Romero González, «*Jerónimo de Negrilla, bordador de la reina* (1617-1623). Hipótesis sobre el *retrato de un bordador* atribuido a Bartolomé González (1608-1627)», *Hipogrifo. Revista de Literatura y Cultura del Siglo de Oro*, vol. 10, 2, 2022, pp. 957-979.

55   *Museo del Prado: catálogo de las pinturas*, Ministerio de Educación y Cultura, Madrid, 1996, p. 151.

56   AHRFT, RFT, (14).

57   AHPM, prot. 20107, fol. 220r y 232v-233r.

58   Archivo de la Villa de Madrid [AVM], Secretaría, 1-50-43.

Fig. 2. Anónimo. *Cornelio Van der Gotten*. Óleo sobre lienzo. Museo del Prado.
Siglo XVIII.

milar en la misma localización cuando precisaba construir una nueva
planta con ciertas particularidades estructurales en su composición[59].

Más cercana a la puerta de Santa Bárbara que las anteriores se
encontraba otra casa en calle Regueros 6, «que se halla a la malicia»

59   AVM, Secretaría, 1-52-49.

con los mismos problemas estructurales y variaciones que las anteriores[60]. Fue administrada por su sobrino, Juan Bautista Stuyck[61], pero la labor urbanística de Livinio no quedó ahí. A la preocupación por rehabilitar las casas que tenía en propiedad a finales del siglo XVIII, el 12 de septiembre de 1806, el Hospital de San Andrés de los Flamencos le concedió licencia para reedificar en la calle San Marcos 11[62].

Su actividad en el parque inmobiliario se potenció durante los siguientes años, pues la partición de sus bienes refleja un total de once casas distribuidas por la villa y ascendían a un total de 846.595 reales de vellón[63]. La gran mayoría de sus propiedades no quedaron sujetas a transacciones salvo tres de ellas, pues el resto correspondían a la de sus tíos durante el último cuarto del siglo XVIII. González Heras sostiene, a partir de diferentes estudios, cómo el patrimonio inmobiliario del tercer estado quedaba distribuido de forma medianamente heterogénea alcanzando una cifra próxima al 52% que se repartía por toda la urbe[64].

Pocos años después de su llegada a Madrid, Livinio contrajo matrimonio con María de las Nieves Álvarez, natural de Lerma. El 13 de mayo de 1786, el director de la Real Fábrica de Tapices y su cónyuge otorgaban carta de dote y capital de bienes, respectivamente. La conformación del enlace advertía una desigualdad que no permitía estructurar las *messaliance* de los matrimonios artesanos más aventajados del siglo anterior[65], sino que la desproporción era francamente llamativa: mientras que María de las Nieves aportaba al matrimonio un total de 100.600 reales, Livinio contribuía con 3.823.909 reales y 20 maravedíes; o lo que es lo mismo, el 97,4% del patrimonio familiar.

---

60   AVM, Secretaría, 1-51-12. Las casas a la malicia gozaron de gran popularidad desde el establecimiento de la corte en Madrid en la primavera de 1561. A través de la apertura de vanos irregulares sobre las fachadas se perseguía distorsionar las dimensiones interiores, de las que debían dar cuenta los veedores, para evitar una incómoda partición cuyo fin era albergar a ministros y demás personas que se desplazaban con la comitiva regia. Véase: Francisco José Marín Perellón, «El aposentamiento de la Corte en el reinado de Felipe IV: la Junta de Aposento», en José Martínez Millán y José Eloy Hortal Muñoz (dirs.), *La Corte de Felipe IV (1621-1665). Reconfiguración de la Monarquía católica*, tomo I, vol. III, Madrid, Polifemo, 2015, pp. 1897-1960.

61   AHRFT, RFT, 16/7 (2).

62   AVM, Secretaría, 1-54-56.

63   AHPM, prot. 20107, fols. 242v-251r.

64   Natalia González Heras, *Habitar en el Madrid del siglo XVIII. Formas de residencia y cultura material entre los servidores de la monarquía*, Gijón, Trea, 2023, p. 60.

65   Álvaro Romero González, «Trayectorias familiares en la corte de los Austrias (1598-1700). De los oficios textiles a nuevos horizontes sociales», en Francisco Hidalgo Fernández y Daniel Maldonado Cid (eds.), *Inflexiones vitales. Trayectorias familiares y cursos de vida en España (siglos XVII-XX)*, Madrid, Dykinson, 2023, pp. 33-53.

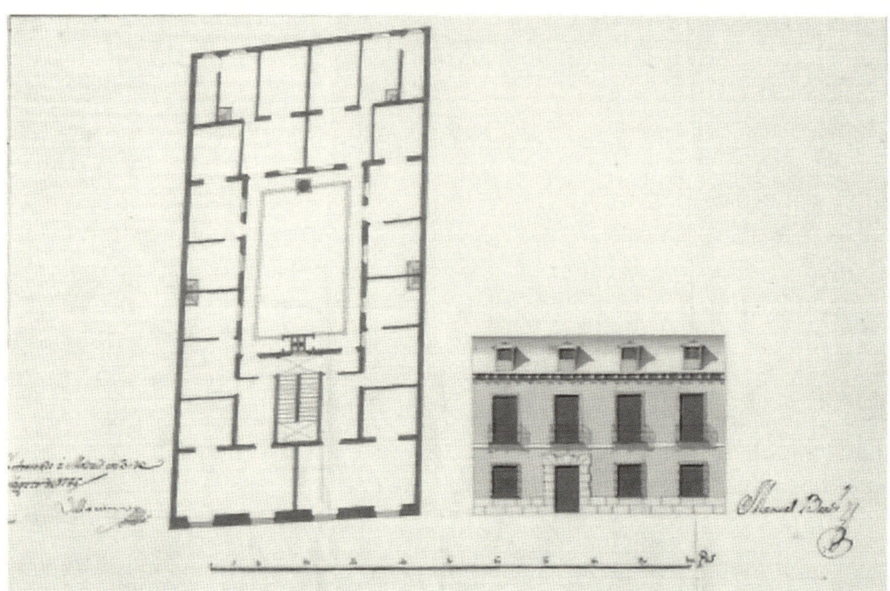

Fig. 3. Traza para la reconstrucción de las casas de la calle Santo Domingo, números 4 y 5, conforme a la traza del arquitecto mayor. Madrid, 1786. Fuente: AVM, Secretaría, 1-50-43.

La visión cuantitativa de los bienes aportados al matrimonio refleja una llamativa desigualdad entre ambos. La tasación de la Real Fábrica de Tapices englobó los telares, herramientas, estambres, sedas, materiales y otras especies sin incluir la casa y huerta en que se hallaban, pues eran propiedades de la corona. En cuanto al menaje aportado por Livinio, que ascendía al 12.7% del total de bienes, se incluían muebles, ropa blanca, lienzos, vestidos, alhajas de plata, diamantes, alfombras y tapices que pertenecían a Cornelio, a lo que se añadían un coche, mulas, granos, comestibles, enseres y demás especies. Al igual que Livinio, María de las Nieves Álvarez aportó acciones al matrimonio: treinta y tres del Banco Nacional de San Carlos[66], a 2.500 reales cada una. El flamenco aportaba casi cuatro veces más acciones (125), y a todas ellas se sumaron treinta de la Compañía de Filipinas por un total de 112.500 reales y 48 vales que alcanzaban 270.244[67].

---

66   Véase: Francisco Cebreiro Ares, *El Banco Nacional de San Carlos en Galicia (1783-1808). Periferia financiera, plata hispánica y final del Antiguo Régimen monetarios*, París, Éditions Hispaniques, 2020.

67   AHPM, prot. 21485, fols. 427r-429r.

Tabla 1. Patrimonio familiar del matrimonio entre Livinio Stuyck, director de la Real Fábrica de Tapices, y de María de la Nieves Álvarez (1786)

María de las Nieves Álvarez			Livinio Stuyck Vandergoten		
Bienes	Precio (reales)	Porcentaje	Bienes	Precio (reales)	Porcentaje
Ropa	6.090	0.2 %	Real Fábrica de Tapices	1.500.000	38.2 %
			Menaje	500.000	12.7 %
Decoración	12.010	0.3 %	Acciones	695.244	17.7 %
			Inmuebles	820.000	20.9 %
Acciones	82.500	2.1 %	Censos	141.000	3.6 %
			Deudas	41.795	1.1 %
Total	100.600	2.6 %	Dinero líquido	125.570	3.2 %
			Total	3.823.909	97.4 %
Patrimonio conjunto					3.924.509

Fuente: AHPM, prot. 21485, fols. 430r-441r.

El patrimonio líquido del matrimonio se situaba por encima del que de la burguesía comercial poseía en la segunda mitad del siglo XVIII. Comparando este particular caso con la ciudad de Burgos en aquel momento, el endeudamiento pasivo era alto y se situaba por encima del 20% con un líquido patrimonial medio de 385.093 reales[68],

---

68   Juan Manuel Bartolomé Bartolomé, «Las familias de negocios de la ciudad de Burgos a finales del Antiguo Régimen: patrimonios y dinámicas (1700-1850)», *Studia histórica, historia moderna*, 43, 1, 2021, pp. 407-423.

mientras que en León ascendía a 463.890 reales[69]. Para este caso, la muestra asciende muy por encima de la burguesía castellana situándose casi diez veces por encima de la primera y entre ocho y nueve por encima de la segunda. La distinción de Livinio no se limitó a su papel como director de la Real Fábrica de Tapices, sino que participó como personaje público en ciertos cargos de la villa de Madrid.

Las revueltas del motín de Esquilache favorecieron la creación de los llamados alcaldes de barrio debido a la necesidad del gobierno por controlar con mayor rigor a la población de las grandes ciudades y prevenir nuevos alborotos. Aquellos representantes populares encontraron en este mecanismo un medio de ascenso personal para algo que se concibió como un factor de renovación social[70]. El flamenco fue nombrado teniente de alcalde de la Santa y Real Hermandad de Hombres Buenos y Labradores de la Villa de Madrid, más tarde alcalde del barrio del Barquillo y durante la Guerra de la Independencia adquirió el cargo de alcalde de la Santa Hermandad del Cuartel Alto de Madrid[71].

Livinio Stuyck falleció el 30 de junio de 1817. Su patrimonio se vio diezmado por las circunstancias políticas que envolvieron a España durante la guerra frente a las tropas de Napoleón. A tenor del capital de bienes aportado tras la herencia familiar, los problemas entre la viuda, los hijos y sus cónyuges no tardarían en ver la luz. Entre 1820 y 1822, la búsqueda de enriquecimiento en detrimento de los otros miembros de la familia quedó reflejada en distintas escrituras. Era de esperar que, tras el abundante capital de bienes aportado por Livinio y el aparente enriquecimiento, apareciesen las disputas. En 1820 dieron comienzo los problemas entre sus miembros con el litigio por los bienes que derivó en un convenio amistoso entre las partes para no perjudicar a los hijos menores del director en 1822.

Inventariadas y tasadas las pertenencias que quedaron a su muerte, la partición de los bienes de Livinio Stuyck ascendía a un total de 2.516.903 reales y 8 maravedíes que, después de bajas generales y particulares, quedó en 2.390.723 reales y 4 maravedíes[72]. Tras

---

69   Juan Manuel Bartolomé Bartolomé, «Niveles de riqueza patrimonial, condiciones de vida y pautas de consumo de las familias de comerciantes y financieros de la ciudad de León (1700-1850)», en Francisco Chacón Jiménez y Cosme J. Gómez Carrasco (coords.), *Familia, recursos humanos y vida material*, Murcia, Editum, 2014, pp. 181-204.

70   Antonio Domínguez Ortiz, *Carlos III y la España de la Ilustración*, Madrid, Alianza, 2023, p. 179.

71   Archivo Histórico Nacional [AHN], Consejos, L. 1402, exp. 20.

72   AHPM, prot. 20107, fol. 265r.

los abusos franceses en la Real Fábrica, las pérdidas englobaban los telares de alto y bajo lizo, las herramientas y el resto de los materiales para confeccionar las alfombras y los tapices. Eliminando la cantidad en la que se tasó lo concerniente al espacio productivo y algunos de los bienes muebles, la valoración de los bienes de Livinio ascendía a 2.323.909 en 1786. La cifra es muy similar respecto a la fecha de su matrimonio y la cantidad referida en 1822, lo cual induce a entender que no hubo una oscilación económica llamativa en el patrimonio total.

3. CONCLUSIONES

Por todos es conocido que la Edad Moderna es un periodo de transformación: el sistema feudal de la Edad Media derivó en un periodo preindustrial que antecede el capitalismo contemporáneo. Para nuestro particular caso, donde el enriquecimiento atisba un mecanismo de cambio social, algunos apuntes sostienen que el caudal económico por sí mismo no configuraba un factor decisivo[73]. A pesar de ello, el capital económico por sí solo no permitiría una transformación de un individuo o su familia, pero sí de las relaciones derivadas de su uso y la manera en la que es utilizado para atraer más riqueza.

El tapiz formaba parte de los circuitos del lujo en la Europa moderna. Su producción artesanal se estandarizó a partir del uso de distintos cartones que permitirían la reproducción de las piezas. La destreza de los maestros, frente a otros trabajadores del mundo textil, sirvió a los tapiceros para obtener grandes recompensas económicas permitiendo el cambio social necesario para pasar de artesanos a burgueses a lo largo del siglo XVIII.

Los beneficios de servir en la corte, y el consecuente acceso a un capital relacional, impulsaron ciertos valores a través de la condición de criado real. El comportamiento en espacios de preponderancia social y distinción por pertenecer a estos círculos empujaron a una vida social y profesional muy distinta a la de otros criados de manos. En atención al desarrollo favorecido por Felipe V, la familia Vandergoten logró unas ventajas muy favorables para retomar el nivel de vida que abandonaron en Amberes en apenas dos generaciones.

---

73   Antonio Manuel Hespanha, «Las estructuras del imaginario de la movilidad social en la sociedad del Antiguo Régimen», en Francisco Chacón Jiménez y Nuno G. Monteiro (eds.), *Poder y movilidad social. Cortesanos, religiosos y oligarquías en la península ibérica (siglos XV–XIX)*, Madrid, CSIC, 2006, pp. 21-41.

Los salarios por pertenecer a la tapicería de la reina, los encargos y los pagos en especie (vivienda y manutención por parte de la administración) fomentaron un caudal económico que alcanzó 3.000.000 de reales a final del siglo XVIII. Con un nulo patrimonio familiar a su llegada a Madrid en 1720, las ventajas otorgadas por Felipe V favorecieron un capital económico que se destinó a otros activos que potenciaron su enriquecimiento durante la segunda mitad del siglo XVIII. El patrimonio familiar acumulado durante casi medio siglo tras el fallecimiento de Cornelio permitió a Livinio potenciar sus bienes obteniendo un mayor enriquecimiento para granjear mayor influencia accediendo a cargos de renombre.

BIBLIOGRAFÍA

ÁLVAREZ-OSSORIO ALVARIÑO, Antonio, «Las esferas de la corte: príncipe, nobleza y mudanza en la jerarquía», en Francisco Chacón Jiménez y Nuno G. Monteiro (coords.), *Poder y movilidad social: cortesanos, religiosos y oligarquías en la península ibérica*, Madrid, CSIC, 2006, pp. 129-214.

BARTOLOMÉ BARTOLOMÉ, Juan Manuel «Las familias de negocios de la ciudad de Burgos a finales del Antiguo Régimen: patrimonios y dinámicas (1700-1850)», *Studia histórica, historia moderna*, 43, 1, 2021, pp. 407-423.

–, «Niveles de riqueza patrimonial, condiciones de vida y pautas de consumo de las familias de comerciantes y financieros de la ciudad de León (1700-1850)», en Francisco Chacón Jiménez y Cosme J. Gómez Carrasco (coords.), *Familia, recursos humanos y vida material*, Murcia, Editum, 2014, pp. 181-204.

BARTOLOMÉ BARTOLOMÉ, Juan Manuel y GARCÍA FERNÁNDEZ, Máximo, «Patrimonios urbanos, patrimonios burgueses. Herencias tangibles y transmisiones inmateriales en la Castilla interior», *Studia Historica, historia moderna*, 33, 2011, pp. 29-60.

BOURDIEU, Pierre, *La distinción. Criterio y bases sociales del gusto*, Madrid, Taurus, 1998.

BRAVO LOZANO, Jesús, «Gracia y merced en época de desgracias. Cámara y vida cotidiana en el reinado de Carlos II», en Jesús Bravo Lozano (ed.), *Espacios de poder: cortes, ciudades y villas (s. XVI-XVIII)*, Madrid, Universidad Autónoma de Madrid, 2002, pp. 101-122.

BROSENS, Koenraad, «Los tapices de Amberes y la familia Van der Goten, 1660-1720», en Antonio Sama (ed.), *La Real Fábrica de Tapices. 300 años (1721-2021)*, Madrid, Real Fábrica de Tapices, 2024, pp. 21-42.

BURKE, Peter, «Sociología del retrato renacentista», en *El retrato en el Museo del Prado*, Madrid, Fundación de Amigos del Museo del Prado, 1994, pp. 99-116.

CEBREIRO ARES, Francisco, *El Banco Nacional de San Carlos en Galicia (1783-1808). Periferia financiera, plata hispánica y final del Antiguo Régimen monetarios*, París, Éditions Hispaniques, 2020.

CRUZ VALENCIANO, Jesús, *El surgimiento de la cultura burguesa*, Madrid, Siglo XXI de Editores, 2014.

DOMÍNGUEZ ORTIZ, Antonio, *Carlos III y la España de la Ilustración*, Madrid, Alianza, 2023.

ELÍAS, Norbert, *El proceso de la civilización. Investigaciones sociogenéticas y psicogenéticas*, México, Fondo de Cultura Económica, 2010.

GARCÍA FERNÁNDEZ, Máximo, «Cultura material, consumo, moda e identidades sociales: la almoneda de bienes», en Máximo García Fernández (dir.), *Cultura material y vida cotidiana moderna: escenarios*, Madrid, Sílex, 2013, pp. 235-259.

GÓMEZ GONZÁLEZ, Inés y LÓPEZ-GUADALUPE, Miguel (coords.), *La movilidad social en la España del Antiguo Régimen*, Comares, 2007.

GONZÁLEZ HERAS, Natalia, *Habitar en el Madrid del siglo XVIII. Formas de residencia y cultura material entre los servidores de la monarquía*, Gijón, Trea, 2023.

HELGUERA QUIJADA, Juan, «Las Reales Fábricas», en Pablo Martín-Aceña Manrique y Francisco Comín Comín (coords.), *Historia de la empresa pública en España*, Madrid, Espasa Calpe, 1991, pp. 51-88.

HERRERO CARRETERO, Concha, «La Casa de la Lonja y la Fábrica de Tapices de Sevilla (1730-1733)», en Nicolás Morales y Fernando Quiles García (eds.), *Sevilla y su corte. Las artes y el lustro real (1729-1733)*, Madrid, Casa de Velázquez, 2010, pp. 105-112.

—, «L'établissement de la Manufacture Royales des Tapisseries à Madrid au XVIIIème siècle. Les Van der Goten, maîtres tapissiers d'Anvers », en Guy Delmarcel (ed.), *Flemish Tapestry Weavers Abroad. Emigration and the Founding of Manufacturies in Europe*, Leuven, Leuven University Press, 2002, pp. 227-246.

HESPANHA, Antonio Manuel, «Las estructuras del imaginario de la movilidad social en la sociedad del Antiguo Régimen», en Francisco Chacón Jiménez y Nuno G. Monteiro (eds.), *Poder y movilidad social. Cortesanos, religiosos y oligarquías en la península ibérica (siglos XV-XIX)*, Madrid, CSIC, 2006, pp. 21-41.

HIDALGO FERNÁNDEZ, Francisco, «De los peligros, los riesgos y las incertidumbres en el Antiguo Régimen. Reflexiones en torno a la historia de los artesanos», en Francisco Hidalgo Fernández y José A. Nieto Sánchez (coords.), *Artesanos. Una historia social en España (siglos XVI-XIX)*, Gijón, Trea, 2024, pp. 31-63.

–, «Entre tíos y sobrinos. Relaciones de parentesco en el artesanado platero del sureste peninsular (siglos XVIII-XIX)», en José María Imícoz Beunza, Javier Esteban Ochoa de Eribe y Andoni Artola Renedo (coords.), *Los entramados políticos y sociales en la España Moderna: del orden corporativo-jurisdiccional al Estado Liberal*, País Vasco, Universidad del País Vasco, 2023, pp. 1555-1567.

–, *Familia y artesanos plateros en el sureste español, 1700-1868*, Málaga, Universidad de Málaga, 2022.

–, «Los Oliver-Copons. De la platería a la diáspora liberal en la encrucijada del cambio social», en Pablo Ortega del Cerro y Francisco Hidalgo Fernández (eds.), *Entre venturas y desdichas. Trayectorias familiares en el ocaso del Antiguo Régimen (siglos XVIII-XIX)*, Madrid, Sílex, 2021, pp. 241-265.

HOBSBAWM, Eric J., *En torno a los orígenes de la revolución industrial*, Madrid, Siglo XXI de Editores, 1988.

MARÍN PERELLÓN, Francisco José, «El aposentamiento de la Corte en el reinado de Felipe IV: la Junta de Aposento», en José Martínez Millán y José Eloy Hortal Muñoz (dirs.), *La Corte de Felipe IV (1621-1665). Reconfiguración de la Monarquía católica*, tomo I, vol. III, Madrid, Polifemo, 2015, pp. 1897-1960.

MARTÍNEZ MILLÁN, José, «La corte de Madrid y las etiquetas cortesanas como modo de distribución del espacio», en Inmaculada Arias de Saavedra y Miguel López-Guadalupe Muñoz (eds.): *La vida cotidiana en la Monarquía Hispánica. Tiempos y espacios*, Granada: Universidad de Granada, 2015, pp. 39-58.

MORALES Y MARÍN, José Luis, *Pintura en España, 1750-1808*, Madrid, 1994.

Museo del Prado: catálogo de las pinturas, Ministerio de Educación y Cultura, Madrid, 1996.

ORTEGA DEL CERRO, Pablo, «Cambio e Historia: necesidades y posibilidades del análisis historiográfico a través de las "experiencias de transformación"», *Revista de Historiografía*, 29, 2018, pp. 277-296.

REZABAL Y UGARTE, Joseph, *Tratado del Real Derecho de las Medias-Anatas Seculares y del Servicio de Lanzas a que están obligados los títulos de Castilla*, Madrid, Benito Cano, 1792.

ROMERO GONZÁLEZ, Álvaro, «Domingo Sani y su familia. Pintura, trabajo y extranjeros en la corte de los Borbones (1690-1805)», en Manuel Reyes García Hurtado (coord.), *Actas de la XVIII Reunión Científica de la Fundación Española de Historia Moderna*, A Coruña, Universidad de La Coruña, 2025 [en prensa].

–, «Trayectorias familiares en la corte de los Austrias (1598-1700). De los oficios textiles a nuevos horizontes sociales», en Francisco Hidalgo Fernández y Daniel Maldonado Cid (eds.), *Inflexiones vitales. Trayectorias familiares y cursos de vida en España (siglos XVII-XX)*, Madrid, Dykinson, 2023, pp. 33-53.

–, «*Jerónimo de Negrilla, bordador de la reina* (1617-1623). Hipótesis sobre el *retrato de un bordador* atribuido a Bartolomé González (1608-1627)», *Hipogrifo. Revista de Literatura y Cultura del Siglo de Oro*, vol. 10, 2, 2022, pp. 957-979.

SAN EUGENIO, Luna, «Las reales fábricas: auge, crisis y pervivencia de un modelo productivo protegido», en Concepción Camarero Bullón y Miguel Ángel Bringas Gutiérrez (eds.), *Industria y territorio: patrimonio preindustrial*, Madrid, Ministerio de Industria, Comercio y Turismo, 2021, pp. 255-271.

VIDAL GALACHE, Benicia y VIDAL GALACHE, Florentina, «Livinio Stuyck Vandergoten, un flamenco contra Bonaparte», *Cuadernos de Historia Moderna. Anejos*, 9, 2010, pp. 17-46.

VIDAL GALACHE, Florentina y VIDAL GALACHE, Benicia, «Origen, historia y relaciones del hospital de San Andrés de los flamencos y la Real Fábrica de Tapices», en *De Amberes a Madrid. La obra de Carlos de Amberes y los tapiceros Vandergoten-Stuyck*, Madrid, Fundación Carlos de Amberes, 2008, pp. 19-38.

WUNDER, Amanda, *La moda española en la época de Velázquez. Un sastre en la Corte de Felipe IV*, Madrid, El Viso, 2024.

ZOFÍO LLORENTE, Juan C., *Gremios y artesanos en Madrid, 1550-1650. La sociedad del trabajo en una ciudad cortesana preindustrial*, Madrid, CSIC, 2005.

8
Adhesiones y conflictos civilizatorios en la España ilustrada

José Pablo Blanco Carrasco
Universidad de Extremadura

1. PARADOJAS
DEL INDIVIDUALISMO MODERNO

Tal como se ha afirmado del mercantilismo, el individualismo no es, en puridad, una teoría política ni tampoco económica. Si aquel es interpretado como un conjunto de prácticas políticas y comerciales, éste se dibuja esencialmente como la conciencia necesaria para propiciar un proceso de cambio cultural en las relaciones que conectan a cada persona con el conjunto social. Para poder definir el conjunto de cambios ideológicos que permitieron el desarrollo de la cultura occidental hasta alcanzar su forma actual es imprescindible incluir en su formulación una lenta revolución de la conciencia, un nuevo código de valores que guía las elecciones y acciones de los hombres y mujeres modernos[1].

Existe un cierto consenso en afirmar que las *actitudes* individualistas forman parte del nacimiento mismo de los tiempos modernos. Estas actitudes, sin duda, son posibles a partir de cambios en el equilibrio de las libertades y coerciones que modulan la modernidad; cambios legales, mentales, religiosos, actitudinales, sentimentales y de cualquier índole que emergen en Europa a partir de la catarsis que supuso la crisis del siglo XV para buena parte del continente. Laurent sostenía, en un repaso historiográfico del término que todavía es válido en sus aportaciones fundamentales, que se había vuelto común a finales del siglo XX afirmar que el individualismo es tanto una característica de la civilización occidental moderna como el "epicentro de la contemporaneidad", una idea de la que parte Louis Dumont, por ejemplo, cuando afirma que es posible designar con la palabra individualismo la configuración ideológica moderna en su conjunto[2]; Henri Mendras[3], dota al término de una cronología precisa y afirma que llega a convertirse desde el Renacimiento en una forma de ser común a todos, y, con el tiempo, -según el atrevido análisis de Ayn Rand- en un dilema que plantea el egoísmo como una forma de individualismo extremo, un frente opuesto al altruismo, y por tanto perfectamente

---

1   Obras clásicas en torno al tema serán las de Durkheim y Simmel, y otros autores contemporáneos como Z. Bauman, U. Beck, Gilles Lipovetsky o Robert Whutnow, al margen, por su puesto, del determinante trabajo que Norbert Elias dedicó al tema a principios de los años treinta del siglo pasado.

2   Louis Dumont, *Essais Sur L'individualisme: Une Perspective Anthropologique Sur L'idéologie Moderne*, París, Le Seuil, 1983.

3   Henri Mendras, *Sociología de Europa Occidental*. Madrid, Alianza Editorial, 1999.

válido como cuestión moral y ética, ligada a los sentimientos, no al comunalismo, del que nace y contra el que crece aupado por el racionalismo[4].

Dicho esto, y del mismo modo, no es seguro que todo el mundo entienda lo mismo cuando articula esta palabra, cuyo carácter polisémico y a menudo degradado ya había sido señalado por Max Weber cuando subraya el hecho de que el término "individualismo" abarca historiográficamente tantas nociones como uno pueda imaginar[5], a lo que Friedrich Hayek añadió que ningún término político ha sufrido transformaciones más heterogéneas que la palabra "individualismo"[6].

Para nuestro análisis, creemos más operativa la acepción que aproxima al individualismo a un concepto cultural soportado por la idea del ejercicio libre de la voluntad personal, un individualismo de tipo primitivo y germinal que es perfectamente identificable si lo asociamos a determinados comportamientos observados entre los componentes de las diferentes jerarquías modernas. A partir de ese semillero, sólo a finales del siglo XVIII el edificio ideológico europeo y español parecen haber encajado en sus postulados políticos las estructuras básicas de su desarrollo posterior en forma de liberalismo político y económico. Sin embargo, sus principios elementales ya estaban perfectamente instalados en el conjunto social en su forma primitiva, si bien ésta se manifestó secularmente como una construcción más patente en la vida privada que en la escena política.

El fenómeno no es nuevo en absoluto. En coincidencia con otros muchos sistemas, "el individualismo comenzó a existir antes de ser pensado o querido, y solo fue teorizado, legitimado y conceptualizado como un paradigma coherente a posteriori[7]". Esta idea, que se subraya con frecuencia en la literatura política, encuentra un relato especialmente fructífero en las obras más recientes sobre el tema,

---

4   "El «sacrificio» es la entrega de un valor superior en beneficio de un valor menor, o de algo carente de valor. Así, el altruismo mide la virtud de un hombre según el grado de su disposición a capitular, a renunciar o traicionar sus valores (dado que ayudar a un desconocido, o a un enemigo, se considera más virtuoso, más noble y menos egoísta que ayudar a un ser querido)." Ayn Rand, *La virtud del egoísmo... ePubLibre*, 2015, p. 76.

5   Max Weber, *La ética protestante y el espíritu del capitalismo*. Puebla (México), Premia editora, 9ª Ed. 2004, Nota 23, p. 145

6   La route de la servitude, París, Presses Universitaires de France (PUF), 1985 (1944). Cit. Alain Laurent - *Histoire de l'individualisme*. París, Presses Universitaires de France (PUF), 1993, p.4

7   Laurent, ib. p. 9

abiertas sin restricciones a un uso polisémico y a una conceptualización muy poco rígida del término.

La afirmación de Laurent nos remite inmediatamente al interior de los hogares y a las dinámicas intergeneracionales. También Francis Fukuyama postulaba hace ya una década que el individualismo fue muy temprano en Europa; para él, antes de convertirse en una teoría política, los conceptos de libertad de elección y acceso a la propiedad eran elementos básicos en las familias y las comunidades modernas. De tal modo, el individualismo se expresó primero y principalmente en el interior de los agregados domésticos[8]. En otras palabras, la fundamentación teórica del individualismo se formuló sobre sociedades en las que las personas ya disfrutaban de cierta libertad de acción frente al grupo familiar, frente a la comunidad de pertenencia y frente al resto de los poderes institucionales a los que estaban sometidos.

Dado que este individualismo es enteramente moderno, anterior a la consolidación de los Estados de base democrática y liberal en occidente, su desarrollo está plagado de contradicciones, de avances y de retrocesos, en especial en los países católicos bajo la órbita de Trento. En España, uno de ellos, las paradojas que anuncian el germen del individualismo son muy visibles, a diferencia de lo indicado por Norbert Elías, por ejemplo, que excluía a la Península ibérica de la aceptación y desarrollo de esta forma de pensar y de ser durante el siglo XVIII[9]. A pesar de que se trata de sociedades mayoritariamente rurales, la vivencia cotidiana de nuevos espacios de libertad en las ciudades comerciales más integradas en la nueva economía mundo subsiste en el centro de una sociedad desigual y estratificada en múltiples contextos, coexiste junto a la robustez de corporaciones cerradas e inmovilistas, como los gremios, amplios sectores de la sociedad civil y buena parte de la iglesia. En muchos de los territorios hispanos, la vida diaria de villas y territorios sometidas a usos comunales es perfectamente compatible con iniciativas privadas de lucro personal; la voluntad de consentir libremente creció en un contexto nupcial intervenido por la voluntad de los padres; las apariencias reforzaban la individualidad a la vez que, en la práctica política cotidiana, se imponían culturas uniformizadoras de amplio consenso social, reacias a reafirmar la diferencia entre iguales, y todo ello en el seno de una sociedad que a la vez estaba extremadamente jerarquizada.

---

8   Francis Fukuyama, *The origin of political order*, Nueva York, Macmillan, 2011, p. 231.

9   Cit. Laurent, op. cit, p. 39

Es una evidencia que el individualismo primitivo se desarrolló y evolucionó en todos los sectores sociales a pesar de crecer y madurar en un contexto de afirmación de actores colectivos paralelo al fortalecimiento del Estado moderno. Así, mientras los perfiles del individuo se hacían cada vez más nítidos en la ley, emergían nuevas formas de colectivismo que tendían a desdibujarlo. El impulso comunitario de cofradías o hermandades y la renovada fortaleza de modos de vida colectiva de origen medieval, como pudieran ser las hermandades y cofradías; la consolidación de vías de integración generacional y otros modos de reforzamiento de la identidad colectiva, convivieron con un discurso ilustrado que resituaba al individuo al centro de la acción política, económica y social. Lógicamente, esta convivencia de realidades intermedias causó tensión social en el tradicional equilibrio de jerarquías modernas y maduró en un escenario de cambio extremadamente complejo, sujeto a fuertes contrastes y contradicciones.

2. NUEVOS ESPACIOS DE RUPTURA DE LAS JERARQUÍAS MODERNAS. PROCESO CIVILIZATORIO

El mundo moderno podría caracterizarse como el período de la historia en el que el pensamiento laico racional sustituyó a la mentalidad religiosa en la mecánica de construcción y justificación de los valores que codificaban la vida cotidiana. No en vano, esta idea subyace en las obras clásicas que justifican sobre ella el nacimiento de una época diferenciada netamente de la anterior -la Edad media- y construida sobre la base de la primacía de lo humano. La transición de la preponderancia de la autoridad familiar a la autoridad estatal, la difusión de idearios laicos, el proceso de individualización de los sentimientos y opiniones, son aspectos todos ellos relacionados con la modernidad que pueden ayudar a comprender el alcance y la difusión del individualismo primitivo.

2.1. ESCENARIOS

Van Dülmen compendiaba en 1997 cuatro escenarios en los que era posible observar y justificar el nacimiento del individualismo contemporáneo en Europa al menos desde los albores del Renacimiento[10]. Sus argumentos van desde la percepción de un cambio radical en la concepción del lucro personal -enfrentado al concepto de bien común, idea central de todo el pensamiento social y político de la baja Edad Media y de la primera Modernidad-; la transformación de la interpretación del matrimonio, "derivada de los cambios en el modo de vida, en las ideas morales y en las aspiraciones vitales"[11], materializada finalmente durante la Ilustración pero con raíces reformistas; la familia nuclear burguesa, precursora de la educación individualizada y orientada a la competencia, y protagonista de un modo de vida común orientado a sí misma, con cierto desapego del mundo externo, al menos en determinadas culturas occidentales, y, finalmente, la individualización de los estilos de vida favorecidos por la extensión de la literatura, la moda, la separación cada vez más nítida de los espacios domésticos y los laborales y la rigidez eclesiástica, al menos en el mundo urbano.

2.2. EL MUNDO DEL TRABAJO Y EL LUCRO PERSONAL

El lucro personal está ligado íntimamente con las prácticas laborales, con el desempeño del trabajo. Es posible sostener que, en un escenario de crecimiento económico y al amparo de la cultura del beneficio privado, se generaran, activaran y multiplicaran nuevos medios para lograr el ascenso social basados en el trabajo y el lucro personal y, en general, medidas y actitudes que ponían en entredicho las jerarquías en las que se organizaban familias y comunidades. Todo ello implicaba, sin embargo, la sustitución del paradigma de predominio del bien común y altruista, y la aceptación de la faceta egoísta de la actividad económica, un hecho con una trayectoria muy distinta según se trate de territorios y sociedades con mayor o menor actividad o con diferente presencia de los valores dictados por la Iglesia.

En principio, la sociedad moderna española no es una civilización apoyada culturalmente en el mérito del trabajo. Todo lo contrario. De hecho, el trabajo -la ocupación, en un sentido más amplio y pegado a las fuentes-, podía llegar a ser un elemento determinante en las estrictas pautas de diferenciación personal barajadas por la opinión pública. La comunidad, en especial la comunidad rural, fue adaptándose progresivamente a la realidad del dinero y los nuevos modos de ostentación capitalista y burguesa, a los nuevos acaudala-

---

10   Richard van Dülmen. *El descubrimiento del individuo, 1500-1800*. Madrid, Siglo XXI, 2006, p. 125 y ss.

11   Richard van Dülmen, ibid. p. 128

dos, pero no será hasta finales del siglo XIX cuando la cuestión de la ocupación pasase a ser un condicionante menor a la hora de entablar relaciones familiares, sociales o políticas. En un tribunal, por ejemplo, el oficio desempeñado por los actores en pleito era determinante para decantar la sentencia en un sentido o en otro. El discurso desplegado por los abogados recuerda todavía a finales del siglo XVIII el férreo disciplinamiento al que eran sometidos en estos escenarios oficios considerados viles. Del mismo modo, los expedientes de ingreso en determinadas instituciones educativas u honoríficas comportaban un escrutinio detallado de la ocupación de padres y abuelos en los que era preceptivo para obtener una valoración positiva no haber ejercido ninguna de las artes mecánicas y, sobre todo, ninguno de los oficios viles proscritos socialmente: juglar, cortador, pelaire, mesonero, cochero, torero...

Hizo falta un cambio en los resortes de la opinión muy profundo, lento y a veces tortuoso para que la consideración del trabajo en el mundo campesino fuese modificada con el sentido que ya tenía en buena parte de España y en casi toda Europa. Las jerarquías sociales basadas en el trabajo fueron desapareciendo a medida que se avanzaba en el transcurrir del siglo XVIII, pero en relación con este tema, de fuerte significación simbólica, conviene recordar que la opinión pública ofrecía fuertes resistencias en diferentes sectores de la comunidad. Pese a ello, en España, una parte del cambio de mentalidad respecto del libre ejercicio de oficios estuvo motivado por su multiplicación; por la generalización en las regiones septentrionales de un modo de entenderlos que difería del tradicional punto de vista discriminador de las artes mecánicas y, en fin, por el prestigio creciente de las ocupaciones técnicas -administrativas, sanitarias o artesanales- en el mundo urbano y en los entornos de la burguesía media industrial.

La promulgación de la pragmática de 1783 sobre el libre ejercicio de los oficios y su recalificación como "actividades universalmente honestas" respondía a una realidad ya establecida en la conciencia social de una parte importante del país y, en la práctica, anulaba formalmente cualquier discriminación en los tribunales y en las vías de promoción social. En las ciudades, el mercado laboral se había transformado al compás de la introducción en los hogares de necesidades de consumo más complejas; en el mundo rural, la élite local demandaba servicios y productos que ayudaron a dinamizar el sector artesanal local a la vez que impulsaban las economías domésticas de sus empleados. Pese a que la mayoría de los españoles residentes en el mundo rural se desenvolvían en un ambiente de recursos y bienes de consumo limitado, las necesidades siguieron creciendo y ampliando el número de operaciones comerciales, la educación y otros medios de socialización.

Sin embargo, frente al peso de las profesiones ligadas al sector primario, el conjunto de talleres presentes en el mundo rural español era muy limitado. El modelo básico incluía oficios tradicionales relacionados con el consumo inmediato bajo un patrón orientado al consumo local de vestido -incluido el calzado-, alimentos, arreglos domésticos, utillaje agrario y herramientas básicas. Si añadimos los ejercicios ligados al cuidado de personas y animales, el espectro laboral está básicamente cubierto. Por lo demás, buena parte de estos artesanos, eran, por lo general, campesinos con ocupaciones estacionales o diarias complementarias al laboreo de la tierra, sin especialización ni tecnificación suficientes.

Pese a ello, el proceso de protoindustrialización había comenzado a situar fábricas y talleres especializados en regiones concretas a comienzos del siglo XVIII, de manera que la realidad del mundo del trabajo en España no era totalmente plana, ni se ajustaba perfectamente a un modelo homologable en todo el territorio. Al amparo del incremento del consumo, el principado de Cataluña, localidades del reino de Valencia y de los señoríos vascos, grandes ciudades como Madrid, Sevilla o Málaga desplegaban un mapa artesanal muy distinto del que era habitual en sus entornos rurales. El sector textil era el principal motor de este cambio, una actividad que acabó por transformar radicalmente las comunidades en las que prosperó. A cambio, amplias zonas del interior peninsular se beneficiaron durante todo el siglo del incremento de la producción de bienes de consumo en estos focos preindustriales, favorecidas por la oferta creciente de productos cada vez más accesibles.

Este hecho tiene una gran significación a la hora de explicar el cambio de actitud ante el trabajo de amplios sectores de la sociedad moderna hispana, a la vez que nos muestra las contradicciones con las que era manejada esta realidad. Campomanes, en su célebre memorial sobre la industrial popular, cifraba una parte del impulso del crecimiento económico español en la necesidad de incorporar a la vida diaria del campesinado una serie de labores artesanales complementarias a los trabajos del campo, sujetos a una estacionalidad que dejaba sin empleo a un buen número de campesinos no propietarios durante meses. La especialización primaria preconizada en este ensayo venía a confirmar el hecho de que, en buena parte de la España septentrional, la cultura del trabajo era equiparable a la que se observaba en otros países de Europa porque, al igual que aquellas, el objetivo de las familias se fue concentrando progresivamente en el consumo. Era necesario ampliar esa influencia al resto del país, pero para ello era imprescindible a su vez que se desterraran de las comunidades los reparos seculares que anquilosaban el proceso productivo, en especial abordar el espinoso problema de la dignificación de los oficios mecánicos y la participación de las mujeres en las fases de transformación inicial. Ambas limitaciones eran el principal inconveniente para el incremento de los patrimonios familiares y, con ello, de la capacidad de gasto. A cambio, toda esta transformación debía hacerse sin detraer del campo la mano de obra necesaria para el sostenimiento de la actividad agraria, motor de la economía nacional y clave de bóveda en el edificio fisiócrata que regía el pensamiento político español sobre la población. Parafraseando a Cabarrús, con el fin de fomentar el crecimiento económico y una nueva cultura del progreso, era imprescindible remover, primero, los obstáculos de la opinión.

Aunque no podamos vincular la política de incentivos al trabajo doméstico imaginada por los sucesivos gobiernos ilustrados, las actividades agrarias, comercial e industrial se intensificaron sin duda durante toda la segunda mitad del siglo XVIII en España, pero esto no ocurrió por igual en todas las regiones del país. La base de esta ampliación era el incentivo del interés económico personal vinculado a la inteligencia y el trabajo. Pese a ello, la política de desamortización de tierras baldías y comunitarias no trajo consigo una profunda transformación social excepto en la concepción misma de la propiedad de manos muertas, vista ahora como un privilegio injustamente mantenido por las corporaciones frente al interés personal de los cultivadores. En pocos rincones del país eran desconocidas las oportunidades que ofrecían los polos de atracción económica, pero sin duda fueron los territorios próximos a las localidades fabriles y a las ciudades en las que la intensificación de los contactos fue más evidente y más prontamente vemos desaparecer el conjunto de prejuicios que rodeaba al mundo del trabajo.

Al margen de las posibilidades que ofrecía la formación académica y de otros factores determinantes en un cambio de modelo, otros elementos coadyuvaron a diversificar las posibilidades de medro social relacionadas con el desempeño de oficios. El movimiento geográfico de la población se intensificó posiblemente más allá de lo que todavía hemos podido vislumbrar y muchos de esos desplazamientos tuvieron que ver con cambios de residencia definitivos con fines laborales. La tendencia tradicional de muchos de los habitantes de las regiones septentrionales a complementar sus capitales con períodos de estancia más o menos alargados en las ciudades del sur se plasmó pronto en una constante llegada de nuevos vecinos. El efecto sobre las comunidades de origen es poco conocido, pero puede ponernos en contacto con procesos de reorganización de las poblaciones emisoras para colmatar los vacíos impuestos por la emigración definitiva. El impacto sobre las *comunidades extensas* desequilibra el mercado matrimonial y, por tanto, diluye las reglas de emparejamiento prenupcial, relajando las exigencias del juicio público sobre la calidad de los matrimonios o el ejercicio de una autoridad paterna excesivamente rígida. Posiblemente, por tanto, la relativización del conjunto de prejuicios anteriormente vigente en la comunidad emocional vino a disolverse antes por pragmatismo que por convencimiento.

En los pocos lugares en donde la economía comunitaria regía las dinámicas sociales todavía en los años veinte del siglo XIX, se reforzaron los lazos de la solidaridad local. La defensa de lo propio-común pujaba por permanecer y rejuvenecerse a despecho de las corrientes que vieron en los comunales el principal problema del desarrollo nacional, incluidas la mayor parte de las élites ilustradas rurales. Este problema alcanza su mayor significación en el hecho de que, abolidas las restricciones de neolocalización por parte de cualquier ciudadano en las Cortes de Cádiz, muchas de ellas siguieran defendiendo sus antiguos usos de avecindamiento. Su respuesta al liberalismo económico rampante fue el rejuvenecimiento de los lazos de solidaridad autóctonos.

Frente a este modelo, lo cierto es que la cultura laboral, basada en la captación de recursos económicos, incentivó progresivamente las actitudes ligadas al individualismo. El beneficio privado frente a la colectividad; el uso de todas las posibilidades al alcance de la mano para lograr una posición de ventaja frente a la demanda de mano de obra y oportunidad de mejorar la posición económica, constituyeron un cambio de conducta que fue implantándose en el conjunto del país conforme se generalizaban los nuevos valores liberales. En ese sentido, para la difusión de este modo de vida fueron muy influyentes la creciente complejidad de las ocupaciones, la tecnificación y el aumento de la producción en un mundo fabril en crecimiento desde mediados del siglo XVIII; como lo fueron también, en fechas muy parecidas, la creciente búsqueda de mayor productividad en el campo y la proletarización de las actividades agrarias, compatibles ahora con corrientes migratorias impulsadas por las nuevas posibilidades de medro personal.

La experiencia vital del joven Julián Mancheño nos puede ayudar a comprender hasta qué punto la movilidad formaba parte de las vidas de los hombres y mujeres modernos. Nuestro protagonista nació por casualidad en Cuenca. Su madre, criada de un pariente ligado a la Catedral, le había dado a luz allí, pero tenía casa en Huélamo, una pequeña localidad de la vecina provincia de Guadalajara, a la que volvió cuando se hubo recuperado del parto. Y allí, desde recién nacido, permaneció en compañía de sus padres hasta que tuvo diez u once años. A partir de entonces, su vida estuvo marcada por los continuos cambios de residencia y el trabajo en múltiples empleos progresivamente especializados. Del testimonio recogido por el fiscal eclesiástico del tribunal de Sigüenza donde se vio su caso hemos recogido el pormenor de su trayectoria:

> "De esta edad [10 u 11 años] fue por infante de coro de la Santa Iglesia de dicha ciudad de Cuenca a el colegio que hay en ella para dichos infantes, en el que, y dicha ciudad, permaneció de siete a ocho meses, y desde allí volvió con el referido su padre a la expresada villa de Huélamo, en donde estuvo una temporada de tres o cuatro meses y luego se fue con su mismo padre a Andalucía, en donde le dejó y permaneció en la ciudad de Andújar, como dos años, en casa y servicio de D. Lorenzo Rubio; y pasado, desde allí se volvió otra vez a dicha villa de Huélamo y habiendo permanecido en ella como cinco o seis meses, luego se fue a la villa de Albacete, reino de Mancha (sic), donde estuvo poco más de medio año; y desde allí pasó al Campillo de Alzoboi donde estuvo la temporada de tres o cuatro meses, con dos hermanas suyas que estaban sirviendo en dicha villa; y desde ella se volvió a Huélamo, donde estuvo otra temporada de cuatro o cinco meses; y después se fue a servir a la villa de Majadas y entró por pastor del ganado fino de D. Juan de Toledo, en cuyo servicio permaneció dos años, pasando en tiempo de invierno a la Extremadura con otros ganados; y después fue a servir al lugar del Arcos de la Sierra, donde permaneció siendo pastor como año y medio; y desde allí se volvió a la Expresada villa de Huélamo, donde estuvo otra temporada corta que fue la de dos meses poco más o menos; y luego se pasó a la villa de Bonache de la Sierra, en donde estuvo sirviendo por criado de labor como un año y desde allí se vino a la villa de Cañizares, en la que permaneció como tres meses; y luego se pasó a la villa de Azañón, donde permaneció

como otros tres meses sirviendo de criado de labor al padre del cura de dicha villa de Azañón, que la tenía en la expresada de Cañizares; y últimamente, de vino desde la villa de Azañón por dirección del cura de ella, su amo, y D. José Vera, prebendado de esta santa Iglesia, a esta ciudad [Cuenca] donde hace permanece como seis meses y está sirviendo en el Colegio de San Gerónimo extramuros de ella, el la cual tiene tratado contraer matrimonio [...]

La vida de este joven es un hilo con muchos nudos. De los más de diez desplazamientos que protagoniza, solo los últimos cuajan en una dirección profesional determinada, algunos realizados bajo la tutela paterna, otros en cambio movido por el deseo de mejorar de empleo y aumentar el margen de sus beneficios, lo cual puede afectar a un conjunto muy superior de jóvenes. Lo cierto es que, en tan sólo 9 años, su recorrido consumió más de 2.000 kilómetros, un dato nada despreciable en un mundo considerado casi estático.

Una nueva cifra confirma la creciente distancia que los hombres y mujeres modernos recorren en sus vidas: los matrimonios registrados en una pequeña muestra rural extremeña centrada en el cuadrante noroccidental de la provincia de Cáceres. De los cerca de 5.000 casos conocidos que nos permiten vislumbrar la procedencia del marido en los matrimonios celebrados entre 1690 y 1724, el 5% (232) habían recorrido más de 100 kilómetros en el momento de casarse desde su población de origen a la parroquia que celebró los esponsales de presente. Un 1% más lo había hecho en un tramo de 25 a 50 kilómetros. Si se tiene en cuenta la excentricidad geográfica de la muestra, la cercanía de las localidades implicadas y el hecho de que la mayoría se desplazase en un entorno no superior a 12 Km, es imprescindible admitir que la movilidad afecta de forma directa a una parte importante de la población. Desde luego, no conocemos el itinerario anterior, pero estas cifras nos deben alertar sobre la movilidad que afecta a los jóvenes y de la normalidad de los desplazamientos personales en busca de mejores expectativas de vida.

Donde se evidenciaron primero y con más fuerza los nuevos designios del beneficio privado, fue en las localidades fabriles. En España, el núcleo moderno más consistente debemos situarlo en Cataluña y en localidades puntuales del Mediterráneo, en donde la actividad textil había transformado por completo buena parte de las antiguas comunidades rurales. Vich, Manresa, Reus, Sabadell, Alcoy y otras localidades fabricaban en sus talleres buena parte del tejido destinado al consumo nacional y colonial, incluso ocupaban una posición relativamente importante en los mercados internacionales. En ellas, la actitud positiva ante el trabajo y el beneficio privado cimentado en la competencia estaban perfectamente asentadas. A lo largo del siglo de las Luces y esencialmente a mediados y finales de la centuria, la especialización permitía el desarrollo de una mentalidad de naturaleza individualista, basada en el paradigma del beneficio propio. Las posibilidades de negociación y la movilidad laboral eran realidades que jugaban a favor del reforzamiento del individuo a través de la contratación según sus competencias y habilidades.

José Adam, un fabricante vecino de la ciudad de Vich nos ofrece un relato muy interesante al respecto de la situación en la que se encontraban las relaciones laborales en la ciudad a comienzos del siglo XIX. El fabricante fue conminado a principios de octubre por parte de la Junta de Reclutamiento a que llevase a cabo el reparto de cierta cantidad de dinero adeudada en concepto de alistamiento voluntario, una modalidad a la que estaba sujeto el conjunto del Principado a cambio de no aplicar en su territorio el sistema de quintas que se seguía en el resto del país. En su caso, se trataba de unas setenta libras a repartir entre casados y solteros.

En sus alegaciones, el primero de los aspectos que aborda Adam es la propia falta de jurisdicción y autoridad sobre sus trabajadores para detraer de su salario cantidad alguna. En calidad de dueño de la fábrica, tiene hecho contrato con ellos por el que les paga a proporción de lo que trabajan o "por jornales conforme quedan convenidos, y en virtud del mismo convenio está forzosamente obligado a entregar las cantidades prometidas como es patente". Sus trabajadores están ajustados por jornales y en ocasiones por lo que trabajan diariamente por lo que tienen libertad para despedirse si no llegan a un acuerdo por los servicios prestados. En definitiva, la naturaleza del mercado del trabajo local puede hacer que.

> "cualquier jornalero puede cualquier día despedirse, recoger su jornal y no volver al día siguiente, de forma que puede en un instante quedar sin persona alguna si todas quieren irse; y así conocerá la superior luz y justificación de v.s. que se ha instado una orden contra el exponente, que no debe cumplirla, y que tal vez no podría, aunque quisiese".

El problema reside no sólo en la respuesta inmediata de los trabajadores, también afecta a la reputación de la fábrica, a su pérdida de credibilidad entre los trabajadores especializados, puesto que incumple unilateralmente los términos de los contratos firmados entre ambas partes.

> "Los fabricantes reclaman el dinero que justamente acreditan por sus trabajos y jornales, y el exponente en fuerza de los contratos no puede dejar de entregarlos, porque debe prescindir de las correlaciones públicas, y si la Junta, u otro magistrado público, debe o quiere exigirles alguna contribución contra ellos mismos, ha de dirigir la acción y no contra un tercero, al cual se le hace la injusticia de hacerle faltar a su palabra, que es la principal vara del comercio, y al mismo tiempo se le hace sufrir la compasión de ver que un infeliz casado con su consorte y familia, que acaso en una semana habrá ganado ocho pesetas, se le retengan seis de un golpe, sin quedarle para comer el más amargo pan; exíjase la contribución enhorabuena, pero el fabricante no ha de ser el ministro de la ejecución contra aquellos infelices que con sus brazos le labran sus tejidos de los cuales deduce sus ganancias.

Todo ello llevó a José Adam a rechazar la propuesta de la Junta porque sencillamente no "le conviene por sus intereses", actuar del modo en el que se le requiere causaría malestar entre sus empleados y se arriesga a perder prestigio entre ellos, una buena fama sustentada sobre las bases de relaciones laborales muy activas. Se trata de argumentaciones en las que puede observarse la importancia de las relaciones contractuales, la movilidad de los trabajadores, sus resortes y, sobre todo, la cultura del trabajo que preside las relaciones entre los diferentes actores implicados en el proceso productivo. José Adam busca su interés personal y acepta que es el interés personal de los trabajadores en definitiva el que le permite poner sus productos en el mercado. El precepto de autoridad que la Junta le atribuye sólo está presente en la solidez de su palabra individual.

En los ámbitos rurales estos aspectos son menos visibles, pero no faltan ejemplos que nos hacen pensar en la capacidad de maniobra de los trabajadores en determinadas circunstancias, hecho que en unos lugares significaba una fuerte sujeción al mercado de trabajo local, con sus coerciones y limitaciones estructurales, pero no en otros. La proletarización del campo y la creciente especialización de los cultivos comenzaron a implantar diferencias entre los trabajadores según su especialización y valía, observándose una creciente demanda de mano de obra cualificada en las zonas agrarias más productivas. En la mayor parte del territorio meridional de grandes latifundios, las cuadrillas están compuestas tanto por jornaleros sin especialización como por un grupo cada vez más numeroso de trabajadores que desempeñan tareas necesitadas de mayor cualificación. La propagación de nuevos cultivos subrayaba, además, esta tendencia, pero la tónica general del trabajo en el campo siguió siendo la inseguridad y la escasa cualificación de sus tareas en la mayor parte del país hasta bien entrado el siglo XX.

2.3. LA EDUCACIÓN, LA INTELIGENCIA, LA SUPERACIÓN Y SU INFLUENCIA

Las posibilidades de medro social que fueron brindando la nueva oferta académica y la educación artesanal especializada en manos de los gremios -pieza esencial del argumento a favor de su mantenimiento en pleno debate sobre la libertad económica- afectó de forma muy intensa a los grupos de la pequeña burguesía rural y a los jóvenes próximos a las fábricas y factorías que surgían en las regiones más activas económicamente, pero no al conjunto social. A los primeros les facultó para ocupar la multiplicidad de puestos intermedios de la administración del Estado en los tribunales, oficinas y secretarías repartidas por todas las intendencias de la monarquía y en especial en la Corte[12]; a los segundos, hombres y mujeres, les facultaba para el ejercicio de profesiones alejadas de las penurias del campo, anclado todavía en sistemas productivos poco eficientes y con un régimen laboral estacional e inseguro.

La legislación nacional, lejos de ofrecer un discurso temprano de innovación y proyectismo académico, vino tan sólo a ratificar los deseos de la población para el desarrollo del sistema educativo desde sus bases familiares. Con los decretos que conducirían finalmente al establecimiento de un sistema de educación nacional ordenado y su sanción constitucional, que convertía de facto a los gobiernos en garantes de su expansión y desarrollo, se sancionaba un clamor tradi-

---

12   El número de empleados de la administración Real y periférica se multiplicó a lo largo del siglo XVIII. Con la creación de las nuevas Audiencias durante los reinados de Carlos III y Carlos IV, por ejemplo, el número de empleados de la justicia real se multiplicó, no sólo para cubrir las plazas necesarias en los tribunales, también en todo el entramado de profesionales de menor rango relacionados con la administración. Pequeñas ciudades como Cáceres, por ejemplo, sede de la nueva Real Audiencia de Extremadura, transformaron radicalmente el equilibrio de su estructura social y vivieron transformaciones igualmente intensas en el plano social o cultural. Publio Hurtado, "Tribunales y abogados cacereños". *Revista de Extremadura.* XII. 1910, pp. 97 y ss.

cional en el conjunto del país. La instalación de escuelas en el mundo rural, a pesar de las dificultades de integración en la vida diaria de las familias campesinas menos favorecidas, era una constante en toda la monarquía, y no era más que el reflejo de una sociedad que comenzaba a ver la educación como un valor imprescindible en el desarrollo de sus hijos. El testimonio de unos preocupados padres de Gandía en 1776 es muy expresivo de la valoración social de la educación existente en ese momento en determinados sectores de la sociedad:

> "Los padres de familia abajo firmados, cumpliendo con la estrecha obligación impuesta por el mismo Dios, con el mayor respeto y veneración a Vuestra excelencia exponen y dicen que, hallándose esta ciudad totalmente falta de una regular enseñanza y particularmente por lo que toca a niñas, hicimos todos elección de las buenas, conocidas calidades de Ignacio Meló, mozo soltero en la mayor edad de 27 años, para educar en las primeras letras de leer, escribir y contar a nuestros hijos e hijas, [...] (Sin embargo) se le ha alistado en la presente quinta contra la real intención y piedad de Su Majestad para con sus vasallos y particularmente para los que enseñan. Por tanto, suplicamos a Vuestra excelencia y toda esa Real junta se dignen atender a la necesidad de nuestros amados hijos [...]"[13]

La solicitud está firmada por algunos de los vecinos más representativos de la ciudad, altos cargos de la administración, fabricantes y comerciantes de éxito, pero creemos que puede hacerse extensiva, en términos generales, a la situación que se vive en buena parte del territorio nacional, en donde el incremento de nacidos y de población entre los 7 y los 15 años no ha parado de crecer desde 1720, haciendo más visible si cabe las graves carencias del sistema educativo[14]. Sin duda, una de esas carencias residía en la formación primaria de las niñas. Pese a ello, no estaban fuera de la atención de las familias, como puede verse, y dentro del esquema formativo ilustrado tuvieron cierto protagonismo al menos en el pensamiento teórico sobre el tema.

---

13 *Archivo Municipal de Gandía*. Expedientes de quintas, Sig. 1444-1445, años 1775-1794. Sf. Citado por Elena Paoletti Ávila, *El surgimiento del individualismo moderno en España. El papel de la juventud a finales del Antiguo Régimen*, tesis doctoral. Universidad de Extremadura, Cáceres, 2022. Publicada como *Jóvenes modernos: La historia de la juventud española a finales del Antiguo Régimen*, Silex, Madrid, 2023.

14 Jaques Soubeyroux. "Niveles de alfabetización en la España del siglo XVIII: primeros resultados de una encuesta en curso". *Revista de historia moderna*, n°5, 1986, pp. 159-172

Los problemas de financiación constituían una de las carencias mencionadas. Con frecuencia, las escuelas estaban mal dotadas y equipadas, los sueldos de los maestros no atraían candidatos de calidad y la situación se agravaba en buena parte del país al intentar compatibilizar la educación de los niños con la necesidad de manos útiles en las tareas y trabajos estacionales del campo. Las familias campesinas menos afortunadas no podían permitirse prescindir de la ayuda de los niños de la casa en las tareas de recolección, trillado, etc. El resto de las familias -un número que no dejó de incrementarse, a decir verdad-, sin embargo, empeñaba una parte de sus ingresos y bienestar en garantizar la educación de los hijos más allá de las primeras letras, bien con estudios de latinidad y gramática, antesalas de la mayoría de los estudios universitarios, o en los largos períodos de aprendizaje técnico impuestos por los gremios y los colegios profesionales.

La necesidad de proporcionar un nivel básico de educación a jóvenes y niños fue calando en el mundo político conforme el mercado laboral y las posibilidades de medro social se fueron ampliando. Sin embargo, creemos que la percepción de su necesidad y utilidad fue muy anterior por razones muy variadas. Entre ellas podemos citar las estrategias familiares dirigidas a la incorporación de algunos de sus vástagos a la carrera eclesiástica o administrativa, a la que se añadirían más tarde las posibilidades profesionales ofrecidas por el ejército. En la ciudad de Plasencia y su partido, una extensa porción de terreno enclavado al norte de Extremadura, muchos de los concejos, incluso los más pequeños, habían interiorizado desde hacía tiempo la necesidad de sufragar la educación de los jóvenes hijos de familia. Una cuenta pormenorizada de sus gastos llevada a cabo en 1791 nos informa de que todos ellos -sesenta poblaciones, con una media de 180 vecinos por población y más de 10.000 vecinos en total- dedican parte del gasto de sus arbitrios a la contratación de maestros de primeras letras[15]. En la capital, que por entonces contaba con poco menos de la mitad de la población del conjunto de su partido, la oferta educativa incluía el seminario conciliar y varias escuelas de gramática, todas ellas sufragadas por clientes.

En todo caso, la cultura ilustrada dio un paso importante no tanto en el proceso de generalización de la educación, incluyendo en sus currículos un contenido profesional, sino, sobre todo, en un plano ideológico y político que sirvió de base material e intelectual al individualismo económico y social rampante sobre nuevas bases liberales.

---

15 *Archivo Histórico Provincial de Cáceres.* Fondo Vicente Paredes Guillén. Plasencia.

En 1815, año en el que el revisionismo absolutista puso de manifiesto el alcance que tales medidas habían logrado y el fuerte influjo sobre determinados sectores de la población, la denuncia de los llamados *Catecismos patrióticos* revelaba hasta qué punto los idearios políticos basados en el individualismo habían permeado el grupo de los jóvenes con ideales contrarios ahora al Estado según el dictamen de los miembros del Consejo. Los procesos de independencia nacional americanos son un buen ejemplo de la fuerza amenazante que estos principios habían impreso en la conciencia política de la juventud revolucionaria e independentista de forma irreversible.

Será en estos nuevos actores sociales en los que se desarrolle con más nitidez un interés ideológico y político diferenciador, una especie de transición de lo emocional a lo político que cobrará vida material en el nuevo sistema de partidos. Quizá la evolución en el tiempo de estas corrientes de pensamiento basadas en el individualismo revolucionario de finales del Antiguo Régimen deba centrarse en el contexto de la emergencia de las corrientes políticas que dinamitaron a la mayor parte de las monarquías autoritarias europeas, pero es preciso poner énfasis en la existencia previa de comunidades emocionales en las que comenzaban a darse ciertas contradicciones ideológicas que ayudarán a la consolidación de sistemas de pensamiento totalmente distanciados de la tradición. Estas comunidades tuvieron como efecto la erosión de las identidades sociales y una incoherencia creciente entre las estrategias de desarrollo personal y las expectativas que la comunidad tenía fundadas en ellas. En palabras de E.H. Erikson, los comportamientos personales dejaron de regirse progresivamente por la percepción que el individuo tenían de las exigencias del grupo al que pertenece.

El proceso es complejo y debemos situarlo en el centro de los conflictos intergeneracionales. De una parte, porque, en puridad, no se actúa de espaldas o contra el conjunto de la comunidad; la comunidad básica de pertenencia puede resultar un referente válido para el desarrollo de estas actitudes individuales, al menos en parte, un soporte emocional suficiente como para fortalecer modos de vida que erosionan las relaciones con el resto de la comunidad. De este modo, individualismo y comunidad conviven con cierto grado de armonía. De otra, el rechazo a los valores preexistentes en cuanto a la determinación y validación propia de la voluntad personal por parte de comunidades emocionales como la juventud, no se produce por lo general de forma convulsa, aunque sí crítica.

Buena parte de los conflictos que socavaban el conjunto de valores tradicionales venían dados por el acceso cada vez más numeroso de la población no urbana a niveles culturales superiores, sobre todo por un acceso más fluido a los canales culturales de la época -en especial la lectura- y a cierto grado de deslocalización en cuanto a moda, arte y tendencias en el vestido o la apariencia personal. Sus efectos fueron visibles rápidamente en determinadas zonas. El sentido de la obediencia en asuntos clave como el acceso al matrimonio, las preferencias laborales o residenciales, o el conjunto de valores que articulaba el juicio público para ordenar las jerarquías locales, comenzaron a verse sacudidos por la oposición cada vez más crítica de nuevas tendencias de la opinión.

2.4. CICLO DE VIDA Y CONFLICTOS INTERGENERACIONALES

Las comunidades de Antiguo Régimen exigen a sus miembros el cumplimiento con formas de vida que no traspasen los límites de lo *bien quisto*, de lo correcto, de lo aceptado. El concepto de libertad individual no puede transgredir determinados parámetros impuestos por el precepto de bien común aún sin ser estrangulado por este. Dichos límites no son irracionales o inconcretos, sino todo lo contrario, vienen marcados por el juicio público y tienen una plasmación inmediata en los mecanismos coactivos de la opinión compartida[16]. Ello es así no tanto porque afecten al individuo en sí mismo -aunque sin duda lo haga en mayor medida-, como por el efecto que la mala nota proyecta sobre el conjunto del grupo familiar, es decir, sobre la *casa*.

En un pleito de divorcio litigado ante el tribunal eclesiástico de Ciudad Rodrigo entre Catalina Robledo y Joaquín Carranza, iniciado en el verano de 1814, se pueden observar con claridad algunos de los elementos claves del conflicto entablado entre la voluntad personal y la voluntad familiar y comunitaria. En este plano de confrontación es en el que se manifiestan con detalle las ideas que subyacen en los conflictos intergeneracionales que se están viviendo en estas fechas de cambio histórico. Este juego de consentimientos múltiples nos acerca al problema que emana de la confrontación entre el ejercicio de la

---

16 Elena Paoletti Ávila, José Pablo Blanco Carrasco, "Calla y otorga. Obediencia y desobediencias en el sistema matrimonial de Antiguo Régimen. Un ejemplo rural hispano" en *Palacios, plazas, patíbulos: la sociedad española moderna entre el cambio y las resistencias* / coord. por James S. Amelang, Fernando Andrés Robres, Rafael Benítez Sánchez-Blanco, Ricardo Franch Benavent, Mirian Galante, 2018, págs. 393-406

voluntad entendida en el plano de lo individual y las herramientas de coerción con las que estas pulsiones son abordadas y aplacadas[17].

En efecto, en este documento se visualiza un plano del ejercicio de la voluntad personal que nos muestra sin cortapisas el valor de la conciencia de sí mismo. En el caso que nos ocupa, ejercer el derecho a negar o aceptar es determinante desde un punto de vista legal a la hora de contraer matrimonio, pero también lo es ahora desde el punto de vista familiar y desde la comunidad, como tendremos ocasión de observar. En la descripción sumaria del caso se plasma con rotundidad:

> "Juan Antonio Recuero, en nombre y como curador *ad litem* nombrado por Catalina Robledo... comparezco y digo: que mi menor es una de aquellas infelices jóvenes que, dominadas y violentadas del imperio de que algunos padres o madres abusan, llegan al sacramento del matrimonio contra su voluntad, siendo este un acto en que se requiere la más libre y espontánea (sic) para la validación del conyugal vitalicio enlace. Porque contra la suya, por complacer a su madre y evadirse de más vejaciones y molestias de las que había padecido, dio el Sí a la puerta de la Iglesia en que se celebró un matrimonio válido en apariencia y de ningún valor en la substancia..."

La estrategia del letrado se dirigió por tanto a demostrar que su cliente no deseaba el matrimonio, sino todo lo contrario, que había manifestado una y otra vez su desacuerdo ante la familia y la comunidad y que, de casarse finalmente, sería por gusto de terceras personas, pero no por su deseo. Este disenso nos facilita la comprensión del proceso por el cual se articula la toma de decisiones en momentos claves del ciclo vital, de su forma de manifestarse y de los diferentes planos en los que tiene sentido.

El disenso personal, la voluntad personal de Catalina Robledo es la cuestión principal. Al ser cuestionados los testigos sobre este punto, clave en el proceso de divorcio, las respuestas coincidieron mayoritariamente en el hecho de que nunca aceptó el compromiso al

---

17   José Pablo Blanco Carrasco, "Notas sobre la desobediencia intergeneracional durante los últimos compases de la España Moderna". *Tiempos Modernos*, 38 (2019/1). Vid. también José Pablo Blanco Carrasco, "Desobediencias domésticas. Los jóvenes ante el modelo de autoridad familiar moderno" en José Pablo Blanco, Máximo García Fernández y Fernanda Olival *Jóvenes y juventud en los espacios ibéricos durante el Antiguo Régimen. Vidas en construcción*, Lisboa, Ediçoes Colibri, 2019, pp. 43-68.

que era empujada por su madre con tanto ahínco. Son especialmente elocuentes las respuestas que ofrecieron tanto su hermana como sus amigas íntimas, todas ellas conformes con la tradición y favorables a que se doblegara a la voluntad de la familia. Siempre la hallaron renitente. Isidora Cambón nos cuenta que nunca había consentido en casarse con Joaquín Carranza y aunque la declarante varias veces le aconsejó que accediese a "indicado matrimonio por haberlo determinado sus padres". A su juicio, la repugnancia nacía de ser "cojo el dicho Joaquín y ella muy bien parecida y entendida" y, sobre todo, de "hallarse inclinada a otro mozo con quien tenía algún trato, siendo así que con el Joaquín ninguno había tenido ni tenía". En definitiva, la voluntad de Catalina Robledo era frontalmente opuesta a la de su familia por cuestiones sentimentales, enteramente emocionales: ella ya había tomado una decisión, aparentemente basada en la experiencia de una relación anterior y no coincidía de ninguna forma con la que le venía impuesta.

Para ser eficaz, el disenso debía ser ratificado a cada paso seguido por el ritual de los esponsales. En la entrega de regalos, varios testigos observaron cómo una vecina cercana a la familia de Joaquín había forcejeado con la joven para lograr que se colgara el hilo y crucifijo de oro que la familia del novio le regalaba en prenda. Esta negativa fue corroborada por la comunidad dado que los testigos se encargaron de difundir el episodio por todo el pueblo. Los desaires no acabaron aquí. La ceremonia de entrega de regalos mutuos incluía una sortija que Catalina debía poner a Joaquín Carranza en el dedo para ratificar el trato entre las familias frente a la comunidad, cosa que nunca llegó a pasar, y sí el chasco de ver cómo la joya era entregada a una tía del novio para que la guardase y se la hiciese llegar a este más tarde. Este tipo de gestos, que rompen absolutamente el consenso que es preciso para que la comunidad admita los esponsales, fueron objeto de comentario durante mucho tiempo y significaron, para Catalina Robledo, un recrudecimiento grave de la extorsión a la que estaba siendo sometida por parte de su madre y otras vecinas y amigas de la familia.

La familia se instala en un espacio de consensos que se extiende por todas las ramas del árbol familiar. Es cierto que la mayoría de los procesos de elección y coerción se desarrollan en el interior de las unidades residenciales, de modo que el espacio familiar es un laboratorio con frecuencia cerrado a los ojos del historiador. En este caso, sin embargo, conocemos el diferente grado de compromiso familiar adquirido con este plan de matrimonio futuro y ello nos permite valorar los matices del consenso familiar respecto de las preferencias elaboradas por los progenitores u otra figura de autoridad definida.

Los padres, tanto uno como otra, estaban de acuerdo en que su hija debía contraer matrimonio con Juan Carranza. Esta decisión, por lo demás, era todo lo necesario para obtener el acuerdo del resto de los integrantes del núcleo familiar y sus parientes próximos. Debían presentar un frente unido, eso sí, por no dar motivo para los rumores. Sin embargo, parte de la línea argumental del abogado encargado del caso estaba precisamente encaminada a laminar este acuerdo al poner el foco en los modos con los que se pretendía obtener y el juicio que tales prácticas les sugerían. Quizás la disidencia era evidente, pero debía esconderse de cara a la comunidad.

El dictado de la madre de Catalina era taxativo, no admitía un no. La unión debía celebrarse una vez tratada entre las familias como era costumbre, no sólo por principios y posiblemente por interés, sino también por no alterar el buen nombre de la familia con actitudes desairadas o mal vistas de cara al resto de la comunidad. No era adecuado dar que hablar, como confesó María Velasco, que así se llamaba la madre de Catalina, a su prima política Francisca Robledo, y sí actuar lo más contundentemente posible. Cuando esta pariente se atrevió a aconsejar a la madre que despidiese al novio y a sus padres "en virtud de la repugnancia de Catalina", había replicado María Velasco "-A esas gentes no se da ese feo, antes se coge un palo y se castiga a la muchacha". La testigo confiesa que aquellas palabras le habían "extrañado sobremanera".

Las repercusiones de un escándalo semejante apuntaban a una convicción profunda en el daño que la situación podía causar en el prestigio de la familia entera, de ahí la vehemencia con la que se conducía la madre de la novia, abiertamente opuesta al matrimonio y determinada a no casarse al margen de su voluntad. A pesar de su carácter violento, estaba claro que su papel estuvo siempre determinado por una idea fija, que de nuevo nos sitúa frente al peso del juicio público. María Pérez, una vecina de sesenta años implicada en el caso por ser una de las elegidas por María Velasco para hacer cambiar de opinión a Catalina, cuenta en su testimonio que un día se vio obligada a confesar su convencimiento a la madre de Catalina de que cualquier intento sería en vano, "que dejase la boda de Joaquín en vista de que Catalina no quería casarse" de ninguna manera. Recuerda la reacción de la madre con sus mismas palabras:

"-Como no quiera, acaba conmigo. Será descrédito de mi linaje. ¡La he de matar!

-Pues que las cosas a fuerza no son buenas, -replicó María Pérez. Déjala, que la quieres.

-¿En lugar de que tú la habías de animar y aconsejar, me vienes ahora con eso?"

En la réplica de María Pérez podemos atisbar una parte del cambio que se está obrando en el seno de las familias. La frase "Déjala, que la quieres", nos advierte de la emergencia definitiva de valores sentimentales y afectivos que han sustituido a la mera percepción de la autoridad paterna sobre los hijos como único justificante de la resolución de conflictos entre generaciones. La apelación a este tipo de resortes para organizar a su alrededor las pautas elementales de la relación paternofilial es la prueba más evidente del progresivo peso que el ejercicio consciente y crítico de la voluntad personal por parte de los hijos está ejerciendo sobre el núcleo central de la convivencia familiar, ahora amparado por la opinión pública de forma evidente, frente a las herramientas de coerción tradicionalmente ejercidas por los padres. Al margen de las consecuencias personales, podemos asegurar que la comunidad expone también un tipo de consentimiento activo que debe ser asegurado por las familias, es decir, un proceso que se ajuste a los valores comunes y permita a las familias convivir con el juicio público al que se someten. Desde el punto de vista de la comunidad, cada vez es más valiosa la opinión individual frente a la familiar, la voluntad personal frente a las estrategias familiares.

La base de este nuevo estado de cosas radica en la importancia que ahora adquiere la libertad personal de elegir. Aunque en el trasfondo de los hechos no puede dejar de ser visible que la novia prefirió no alargar el conflicto y ceder a la brutal resistencia de su madre -y someterse por tanto el sistema de elección de cónyuge intervenido por la familia-, en las declaraciones de los testigos más cercanos, los sentimientos de Catalina son, en esencia, el componente que debe primar sobre todos los demás. En este sentido, aunque las posiciones indican una convivencia tensa entre la coerción y la libertad de elección, no es menos cierto que la primacía de los sentimientos sobre la opinión pública había llegado para no retroceder.

Este estado de cosas es evidente en varios testimonios, sobre todo los que refieren escenas íntimas ocurridas bajo el techo familiar. La tía de Catalina, la ya mencionada Francisca Robledo, había criticado abiertamente conversando en la cocina con sus primos la mala elección de novio para su sobrina que habían hecho. No ponía énfasis en cuestiones económicas, de orden social, ni apeló a la mala nota de la familia de aquel, es decir, todas aquellas razones que pudiesen explicar una diferencia notoria de rango social entre las dos familias, sino subrayando el escaso atractivo personal del candidato. Su frase no dejaba lugar a dobles interpretaciones: "no lo merecía ella cojo". Este hecho, lejos de ser inasumible por parte de la comunidad, aparece con el mismo rango que los eximentes habituales en el contexto de las elecciones de pareja en condiciones de Antiguo Régimen. La apelación a la diferencia de atractivo entre ambos contrayentes era esencial para el grupo de amigas más cercano a Catalina. Entre sus jóvenes amigas, destaca la declaración de Isidora Cambón. En su discurso se admite formalmente el respeto a la costumbre y se aconseja acatamiento a la voluntad paterna en estos contratos, pero la actitud de Catalina le resultaba perfectamente justificada:

> "A la primera pregunta responde que nunca había consentido en casarse con Joaquín Carranza la Catalina Robledo, aunque la declarante varias veces la aconsejó que accediese a indicado matrimonio por haberlo determinado sus padres. Y que, a su juicio y parecer, nacía la repugnancia de ser cojo el dicho Joaquín y ella muy bien parecida y entendida, y hallarse inclinada a otro mozo con quien tenía algún trato, siendo así que con el Joaquín ninguno había tenido ni tenía."

No sólo existe una diferencia personal de atractivo que es utilizada como argumento en beneficio de la racionalidad de Catalina, sino que la propia voluntad de su amiga, ya comprometida posiblemente con otra persona, no había sido tenida en cuenta por sus padres.

Ante la rebeldía de los hijos, la posición de los padres se encontraba teóricamente apoyada tanto por la tradición como por la ley. En algunos casos, su voluntad era impuesta por medio de coacciones. No siempre, por supuesto. En realidad, los jóvenes solían acatar las decisiones paternas de cara a la comunidad, aunque expresaran rechazo, por lo que debemos suponer que los pocos testimonios que nos llegan pudiesen ser considerados casos extremos de desacuerdo. La propia Catalina, en boca de su amiga Teresa, acabó cediendo a la voluntad materna después de semanas de acoso interminable. De nada valieron su determinación ni su voluntad férrea porque la presión a la que fue sometida fue de mayor intensidad. Por muchas veces que había dicho que no quería casarse con Joaquín de manera ninguna, y que, si llegaba a dar el sí a la puerta de la Iglesia, sería solo por el temor a su madre, por no faltarle al respeto y por no dar más que decir, "ni motivo a ser tenida por una bribona y mala hija".

No eran pocos los casos en los que la elección de los jóvenes era modificada por decisiones ulteriores de los padres de uno o de otro, pasando por encima de los posibles compromisos de futuro contraídos por los novios. De hecho, en la mayor parte de los casos de demanda por ruptura de palabras de matrimonio, media una decisión paterna en sentido contrario al que motivó las promesas. Con frecuencia, se trata en estos casos de procesos incompatibles: las relaciones privadas de los hijos pueden no coincidir con los planes nupciales de la familia.

3. EL CONTEXTO AGRARIO Y EL PROBLEMA DE LA PROPIEDAD COMUNAL

Uno de los laboratorios en los que es más visible la pugna entre las tendencias colectivistas y las pulsiones individualistas se observa en el proceso de depreciación y posterior jibarización de las economías comunitarias existentes en el mundo rural. A finales del siglo XIX, en el período final de la redacción del Código Civil español y de madurez del nacionalismo político regional, estaba teniendo lugar en distintos medios de la intelectualidad española un apasionado debate sobre la necesidad de perm itir que la costumbre y la identidad diferencial encontrasen su lugar en el marco normativo nacional. En España, la implantación de reformas en el aparato del Estado estuvo caracterizada por ser un proceso lleno de idas y venidas entre el tradicionalismo y el liberalismo, lo que en sí mismo significaba, a la vez, bruscos virajes entre las corrientes individualistas y las comunitaristas. Menciono este hecho porque la labor realizada en el ámbito de la historia social por Costa, Azcárate, Altamira, Pedregal, Serrano o Linares en defensa de la conservación de formas de colectivismo arraigadas todavía en algunos territorios, podían ser útiles aún, por razones prácticas, frente al liberalismo ciego e *individualista*.

Rafael Altamira detrae del acervo ilustrado cualquier signo de originalidad en el desarrollo del individualismo[18]. Ni los economistas

---

18 "Así, en este respecto, la Revolución -francesa- no hizo nada propio o mejor, nada nuevo. Resumió, dándole remate formal y aparatoso, el sentido individualista que había venido creciendo en la política y en la ciencia desde el Renacimiento, especialmente, y al que se debían las desamortizaciones españolas, los repartos de Luis XIV y Luis XV, las distribuciones y las Enclosure Acts de los ingleses." Altamira y Cevea, Rafael: Historia de la propiedad comunal, Madrid, 1890, p. 251.

ni los políticos tuvieron que hacer muchos esfuerzos para implantar sus ideas. De hecho, salvo contados casos, el individualismo había arraigado con fuerza durante la Época moderna, conservándose por pragmatismo o tradición en unos cuantos rincones de Europa y de España modelos de convivencia regulados por la propiedad común. A este movimiento privatizador, lógicamente, coadyuvaron no sólo la erosión progresiva de las organizaciones sociales supraconcejiles, sino también, en otra escala, la conversión evidente de la familia compleja en unidades compuestas por miembros dotados de derechos individuales muy arraigados. Altamira cifra el fin de la sociedad comunal en España en torno a 1812, con la promulgación de la Constitución liberal y la serie de decretos que puso en marcha su desarrollo legislativo, pero hace arrancar este proceso mucho antes, en la política privatizadora de los gobiernos ilustrados anteriores y en la dinámica misma del mercado de la tierra[19].

En las reformas de los gobiernos ilustrados tenemos un buen aporte de pruebas en beneficio de la extensión de este principio elemental del liberalismo político germinal. Programas marcados por iniciativas de redistribución de tierras consideradas improductivas por el régimen de propiedad al que se encontraban sujetas son una constante desde los primeros años del reinado de Carlos III[20]; la liberalización del mercado de la tierra, que afectaba esencialmente a las personas jurídicas, tanto de carácter general, como la Mesta, o

---

19   Existe cierto consenso en atribuir al decreto de 1813 la consagración política del fin de la propiedad colectiva. Prueba de ello es, sin duda, lo recogido con autoridad por Altamira Cevea en el trabajo reseñado en los párrafos anteriores. Pese a ello, a poco que rastreemos el proceso, observaremos precedentes suficientes como para abandonar esta cronología en favor de un período de disolución anterior. Lenta pero ininterrumpidamente, la nueva burguesía urbana y las élites de labradores rurales imponen una cultura individualista que contrapone los beneficios de la propiedad privada a cualquier otro modo de propiedad, con especial rechazo de las propiedades amortizadas.

20   *Real Provisión del Supremo Consejo de Castilla, expedida en 2 de mayo del año pasado 1766, a representación del corregidor intendente de la ciudad de Badajoz, por loa cual se manda, que todas las tierras labrantías propias de l os pueblos y los baldíos o concejiles que se rompiesen y labrasen en dicha provincia en virtud de reales facultades, se dividan en suertes y tasen a juicio prudente de labradores justificados e inteligentes, y se repartan entre los vecinos más necesitados en la forma que en ella se previene.* En Vicente Branchat, Tratado de los derechos y regalías que corresponden al real patrimonio en el reino de Valencia y en la jurisdicción del intendente como subrogado en lugar del antiguo bayle general. Valencia, 1786, pp. 84-86. Las dificultades de aplicación ocasionaron un cambio en la forma de reparto y mayor rigor en las formas de aprovechamiento, alejando a los senareros y jornaleros de la preferencia en el reparto en beneficio de labradores de una o más yuntas. *Provisión del real y supremo consejo de 26 mayo del año 1770, ibid.* pp. 88-93. Una adición de 1771 denunciaba nuevamente la falta de rigor con que se había ejecutado el programa de reparto y los perjuicios que se seguían de tales prácticas a las haciendas concejiles.

los mayorazgos, los bienes de propios y otros arbitrios, familiares, mancomunados o comunitarios; la mala praxis y los abusos de las oligarquías locales fueron el objetivo principal de la crítica ilustrada al considerar que impedían el desarrollo económico del país, cifrado esencialmente en la puesta en marcha de la riqueza agraria nacional alimentada por la iniciativa individual.

Sus principales exponentes en España, o al menos los más conocidos, fueron Campomanes, Olavide y Floridablanca, con diferentes medidas y *planes*, aunque deben incluirse otros muchos activistas de la iniciativa privada, totalmente convencidos de que el principal estorbo para la felicidad del pueblo eran las tierras amortizadas y de manos muertas.

Si bien es cierto que muchas iniciativas de los siglos XVII y XVII exhibían un marcado carácter benéfico[21], la conversión de la propiedad en manos de instituciones y linajes en propiedades de disfrute individual, con las vicisitudes de la Guerra de la Independencia y las acuciantes necesidades del Estado para hacer frente a la deuda pública, aceleraron un proceso privatizador imparable buscando con ellas antes la rentabilidad del fisco que sus posibles efectos benéficos. No es vano recordar que la conversión en sus múltiples variantes de grandes lotes de tierra y edificios de propiedad de pública a privada es un proceso inherente a la modernidad, usado con frecuencia en situaciones de apuro fiscal por todos los monarcas desde el reinado de Felipe II.

Quizás el decreto de 1813 sencillamente amplía esta mecánica y nos permite jalonar el proceso con la llegada de la Constitución y su espíritu liberal e individualista; planta un hito sin duda, pero no sólo las deudas acumuladas por la monarquía y la imposibilidad de atender al pago de los vales reales son sus únicos elementos a tener en cuenta. A partir de la segunda mitad del siglo XVIII el pensamiento ilustrado está conjurado para hacer de los terrenos públicos y vinculados la principal barrera para la felicidad pública, dotando al proceso de una base intelectual que la sociedad hizo suya y en cierto modo

---

21 La propuesta de Pablo de Olavide articulada en su Plan motivaba sus acciones en el beneficio de la privatización de baldíos y otras tierras concejiles a los braceros sin propiedades, a imagen de lo ocurrido en Extremadura en 1766. El poco éxito de la medida, del que Olavide aprendió lo suficiente como para no repetir el mismo modelo en el proyecto de Nuevas poblaciones iniciado poco después, hizo que Jovellanos reformulara sus proyectos en este terreno para conseguir que la cesión fuese rentable y productiva, y no causase un efecto perverso en las estructuras de a propiedad locales. El mejor camino era no ceder estas tierras a jornaleros y otros trabajadores del campo, sino sólo a los campesinos con capacidades productivas probadas, labradores con una, dos o tres yuntas. Vid. al respecto, Tomás y Valiente, Francisco (1972). *El marco político de la desamortización en España* (2ª edición). Barcelona: Ariel.

originó. Este hecho es visible en las entregas de tierras de 1766, y los mismos argumentos son patentes en 1798. El proceso desamortizador se convierte en la principal herramienta del estado para alcanzar, a través del individualismo inherente en la sociedad, no sólo los fines económicos deseados, sino también la necesaria libertad personal imprescindible para transformar las comunidades y, en consecuencia, el conjunto social. Es cierto que su éxito fue relativo, pero con este plan, concebido por entero sobre bases doctrinales liberales, se pusieron en venta -sumados los bienes desamortizados de la orden de los jesuitas y los de los colegios mayores-, los bienes pertenecientes a hospitales, hospicios, casas de misericordia y reclusión. En 1805 se amplió el espectro a bienes ya propiamente eclesiásticos y en 1807 se redoblaba la presión sobre este tipo de propiedad al incluirse en ellos la venta de la séptima parte de las fincas eclesiásticas y los bienes inmuebles de las capellanías[22].

Este tipo de medidas se agudizaban durante las guerras mantenidas por la monarquía desde 1700. Es más, podríamos decir que las necesidades del erario público fueron el mejor aliado y un acicate perfecto para la privatización de la propiedad común en España[23]. La dinámica era conocida por los concejos, en la mayor parte contrarios más o menos abiertamente a la venta de terreno público de cualquier clase. Sus razones eran sistemáticamente expuestas en memoriales y quejas al monarca: la cabaña ganadera estante necesitaba los pastos; la Mesta también; los oligarcas locales, muchos de ellos poseedores de ganado, gozaban de facto buena parte de los baldíos, de manera que cualquier enajenación era contraria a sus intereses; por otra parte, a nadie se le escapaba que el beneficio de unos pocos devenía en perjuicio de otros, casi siempre la parte del vecindario menos afortunada. Un buen ejemplo -los hay desde el siglo XVI al menos- lo encarna la iniciativa de venta y privatizaciones de 1810 promovida por la Junta Suprema y las reacciones que suscitó en el conjunto del país. El invierno de aquel año, la Junta Provincial de Extremadura envió a las Juntas municipales una orden para proceder a la venta de la mitad de los baldíos y una tercera parte de los propios de los municipios, con el objetivo inmediato

---

22 Marta Friera Álvarez. *La desamortización de la propiedad de la tierra en el tránsito del Antiguo Régimen al Liberalismo. La desamortización de Carlos IV*. Gijón, Fundación Jovellanos, 2007, p. 29.

23 Canga Argüelles cifró en 1811 el montante de la deuda pública en 7.000 millones de reales. Él mismo observó como las urgencias motivadas por la guerra contra Francia fueron el detonante de un cambio en la política española respeto de los bienes raíces amortizados. José Canga Argüelles, *Diccionario de Hacienda para el uso de los encargados de la Suprema Dirección de ella*. Tomo 5, Londres, 1826., pp. 233-243.

de aliviar los gastos que la guerra ocasionaba a la nación. Se proponía
con este plan que los concejos generaran una caja de ahorros que sería
repartida entre el propio concejo y la Junta Suprema. En realidad, no
interesa de este singular documento el parecer respecto de la inoportunidad de vender terreno público, habida cuenta las condiciones del
mercado de la tierra en ese momento, sujeto a precios que podían llegar
a ser muy bajos por la inseguridad de la propia venta. En cambio, en
la introducción puede leerse una frase que resume hasta qué punto de
profundidad ha calado entre la población la nueva mentalidad liberal e
individualista propia del pensamiento ilustrado:

> "Es constante la observación de que los países más ricos
> en baldíos y otros terrenos semejantes, son al mismo tiempo los
> más despoblados. Una mirada ligera sobre nuestra península
> presenta inmediatamente la prueba de esta verdad. La enajenación de aquellos terrenos les señalaría dueños que por su interés individual sacarían de ellos todo el producto que pueden
> dar. De aquí, el aumento de las subsistencias y el que es consiguiente, de la población y de la riqueza nacional"[24].

Los efectos sobre la economía estatal no alcanzaron en ningún
caso a cubrir las expectativas puestas en las enajenaciones. El desconocimiento de las dinámicas del poder local junto a la necesidad perentoria de numerario, abarataban los precios de manera escandalosa o
se ponían en práctica mecanismos de venta orientados a la oligarquía
capitalista por su privilegiada posición en las subastas. Por otra parte,
un contingente de tierras y arbitrios importantes fueron puestos a disposición de las oligarquías locales -en especial ganaderos, administradores de rentas y negociantes de todo tipo- como compensación de las
pérdidas que pudiesen ocasionarse del préstamo que estos mantenían
vivo contra los concejos, en la mayor parte del país resultantes de las
urgencias de la guerra. Pese a ello, no es menos cierto que el cambio
de política respecto a la propiedad había provocado dos cambios importantes desde el segundo tercio del siglo XVIII. En primer lugar, el
paso de grandes cantidades de terreno disponibles para ser adquiridas
como propiedad privada; en segundo lugar, un cambio en las relaciones
socioeconómicas de las poblaciones, de sus relaciones internas tradicionales, en las comunidades y en el interior de las familias.

---

24   Archivo Histórico Nacional, CONSEJOS, 12006, Exp.17

El acceso a pequeñas porciones de tierra a través de estas iniciativas había provisto a los concejos de un número menor pero significativo de nuevos labradores[25]. Se suponía que el acicate de la propiedad recién adquirida suscitaría en la población agraria local un nuevo aire de prosperidad basado en el trabajo, lo cual, a juzgar por la evolución de algunas variables positivas, como el crecimiento de la población, no dejó de surtir efectos positivos, aunque ciertamente limitados. Sin embargo, fueron muy pocos los jornaleros que accedieron a estas propiedades debido esencialmente a las condiciones con las que fueron traspasados los lotes, las cuales exigían, generalmente, la disponibilidad por parte del proponente de una cantidad de dinero o una capacidad de roturación determinada, situación sólo al alcance de ciertas clases sociales y, en especial, presente en el grupo intermedio de los labradores propietarios de tierras y medios de producción. Pese a ello, este proceso no dejó de tener consecuencias sociales en todas las comunidades rurales, a pesar incluso de la presión que las oligarquías ganaderas ejercían sobre el terrazgo vinculado y de las estrategias de ampliación patrimonial de los labradores mejor situados: la puesta en cultivo de nuevas parcelas fomentaba el mercado de trabajo local en condiciones más ventajosas para los jornaleros y sus familias, lo cual proporcionaba a la comunidad cierta seguridad económica en el futuro inmediato, permitía la formación de nuevas familias y el crecimiento consiguiente de la población.

El problema de la propiedad vinculada en España fue objeto de debate a lo largo del período ilustrado y alcanza su fase de desarrollo definitivo con la puesta en marcha del proyecto legislativo constitucional. En el trasfondo de ese proceso se vislumbra con claridad la emergencia de una mentalidad individualista que es aprovechada por los sucesivos gobiernos ilustrados para apuntalar sus principios elementales de libertad y propiedad privada en el patrimonio cultural de la mayor parte de la población. Otro de los escenarios en el que está presente esta dicotomía será el mundo del trabajo y su protagonismo en el surgimiento de nuevas vías de ascenso social, verdadero resorte de cambio y paso final a la sociedad contemporánea.

---

25 La acción sobre los comunes en el conjunto del país fue muy diferente entre unas regiones y otras. Allí donde el peso de la comunidad era mayor, la enajenación de tierras y la multiplicación de propietarios fue muy modesta. En León, por ejemplo, buena parte del proceso desamortizador desatado en el siglo XIX pasó desapercibido en la mayor parte de sus comarcas montañosas. No así en las vegas y zonas de cereal. En Extremadura, en cambio, la mayoría de las comunidades habían perdido ya la mitad al menos de sus comunes, baldíos y arbitrios llegados al primer tercio del siglo XIX.

BIBLIOGRAFÍA

ACHÓN INSAUSTI, José Angel, Imízcoz Beunza, José María, (cords), *Discursos y contradiscursos en el proceso de la modernidad: (siglos XVI-XIX)*, Sílex, Madrid, 2019.

ALAIN LAURENT, Alain, - *Histoire de l'individualisme*-Presses Universitaires de France (PUF) , París, (1993)

ALBERT SCHATZ, Albert; Cyrille Ferraton, Cyrille; Benoît Prévost, Benoît - *L'Individualisme économique et social*, -Les Belles Lettres, París, (2013.)

ARMONA Y MURGA, José Antonio de, Álvarez Barrientos, Joaquín (ed. lit.), Imízcoz Beunza, José María (ed. lit.), Aranburuzabala Ortiz de Zárate, Yolanda (ed. lit.), *Noticias privadas de casa útiles para mis hijos*, Ediciones Trea : Universidad de Oviedo, Instituto Feijoo de Estudios del Siglo XVIII, Gijón, 2012

ARTOLA RENEDO, Andoni, Imízcoz Beúnza, José María, "Politics, morals and politicisation in the eighteenth-century Spanish monarchy. The creation of a public sphere and its enemies", *Journal of Iberian and Latin American Studies*, 28, Nº. 2, 2022, págs. 163-182

BIRD, Colin - *The Myth of Liberal Individualism*, Cambridge University Press, Cambridge, 1999

BLANCO CARRASCO, José Pablo (aut.), García Fernández, Máximo, Olival, Fernanda (eds), *Jóvenes y juventud en los espacios ibéricos durante el Antiguo Régimen: Vidas en construcción*, Edições Colibri, Lisboa, 2019.

BLANCO CARRASCO, José Pablo, "Disensos: conflictos de la patria potestad en la España rural moderna", *Studia historica. Historia moderna*, Vol. 38, Nº 2, 2016 (Ejemplar dedicado a: Crisis familiares y curso de vida en la España Moderna), págs. 107-135

BLANCO CARRASCO, José Pablo, "Notas sobre la desobediencia intergeneracional durante los últimos compases de la España Moderna", *Tiempos modernos: Revista Electrónica de Historia Moderna*, Vol. 9, Nº. 38, 2019

BLANCO CARRASCO, José Pablo, "Villanos y hombres buenos: la élite campesina en el mundo rural hispano durante la época moderna". *Estudis: Revista de historia moderna*, Nº 47, 2021 (Ejemplar dedicado a: História social: los "grupos intermedios" en la historia moderna europea), págs. 387-406.

BLANCO CARRASCO, José Pablo, Paoletti Ávila, Elena, "Comunidad, familia e individuo. Notas sobre el conflicto generacional y sus escenarios a finales de la centuria ilustrada" *Studia historica. Historia moderna*, Vol. 46, Nº 1, 2024 (Ejemplar dedicado a: Identidad, familia y pautas de civilización en la España Moderna: herencias en transformación), págs. 171-190.

BROWN, Gillian, *Domestic individualism, imagining self in nineteenth-century America* University of California Press, Oakland, 1992

CELLA, Gian Primo, *Persone finte. Paradossi dell'individualismo e soggetti collettivi*, Il Mulino, Bolonia, 2015

CHARLES R. MCCANN, Jr. - Individualism and the Social Order_ The Social Element in Liberal Thought-Routledge (2004)

COLIN BIRD, Colin, - *The Myth of Liberal Individualism.* -Cambridge University Press, Cambridge, (1999.)

COTTA, Gabriella, *La nascita dell'individualismo moderno. Lutero e la politica della modernità*-Il Mulino (2002)

DUMONT, Louis, *Essais Sur L'individualisme. Une Perspective Anthropologique Sur L'idéologie Moderne*, SEUIL, París, 1983

GABRIELLA COTTA, Gabriella, - *La nascita dell'individualismo moderno. Lutero e la politica della modernità,* -Il Mulino, Bolonia, (2002)

GARCÍA FERNÁNDEZ, Máximo, "Comportamientos intergeneracionales tutelados: una educada sociabilidad juvenil, *Magallánica: revista de historia moderna*, Vol. 10, Nº. 19, 2023, págs. 295-317.

GARCÍA FERNÁNDEZ, Máximo, "Permanencias estructurales rurales versus mudanzas. Consumos, necesidades y apariencias en Valladolid a finales del Antiguo Régimen", *Revista de Historia Moderna*, Nº 37, 2019 (Ejemplar dedicado a: Miradas cruzadas: Italia y España en el siglo XVIII / coord. por Armando Alberola-Romá, María del Carmen Irles Vicente), págs. 316-346

GARCÍA FERNÁNDEZ, Máximo, BARTOLOMÉ BARTOLOMÉ, Juan Manuel, "Familias e individuos: evolución de sus valores culturales y estéticos a finales del Antiguo Régimen", *Magallánica: revista de historia moderna,* Vol. 8, Nº. 16, 2022, págs. 214-241

GARCÍA FERNÁNDEZ, Máximo, BARTOLOMÉ BARTOLOMÉ, Juan Manuel, BLANCO CARRASCO, José Pablo (eds.), *Una civilización juvenil en la Edad Moderna: Desigualdades de edad y contrastes generacionales,* Peter Lang, Berlín, 2022.(New Directions in Social Psychology.) Triandis, Harry Charalambos - Individualism & collectivism-Westview Press (1995)(1)

GARCÍA FERNÁNDEZ, Máximo, Javier Esteban Ochoa de Eribe, BLANCO CARRASCO, José Pablo (eds), Modelos de vida: Procesos de civilización y emergencia del yo a finales del Antiguo Régimen, Ediciones Trea : Universidad de Castilla-La Mancha, Ediciones de la Universidad de Castilla-La Mancha, Gijón, 2025.

GIAN PRIMO CELLA, Gian, - *Persone finte. Paradossi dell'individualismo e soggetti collettivi*. -Il Mulino, Bolonia, (2015)

GILLES LIPOVETSKY, Gilles, - La era del vacío._ Ensayos sobre el individualismo contemporáneo, -Anagrama, Barcelona, (1994.)

GILLIAN BROWN, Gillian, - *Domestic individualism:_ imagining self in nineteenth-century America.* -University of California Press, Oakland, (1992)

GRANT RUTH W., ". - Locke's Political Anthropology and Lockean Individualism". *The Journal of Politics.* Vol. 50, No. 1 (Feb. 1988), pp. 42-63.

HEATH, Maureen P., *The Christian Roots of Individualism*-Springer International Publishing, Palgrave Macmillan, Bloomington, 2019

HOLBROOK, Peter, *Shakespeare's Individualism*, Cambridge University Press, Cambridge, 2010

HOWELLS, Bernard, - *Baudelaire:_ individualism, dandyism and the philosophy of history.* -Taylor & Francis (CAM) _Routledge, Londres, (2017)

HOWELLS, Bernard, *Baudelaire, individualism, dandyism and the philosophy of history*-Taylor & Francis (CAM)_Routledge (2017)

IMÍZCOZ BEÚNZA, José María; GARCÍA FERNÁNDEZ, Máximo; y OCHOA DE ERIBE, Javier Esteban (coords.), Procesos de civilización: culturas de élites, culturas populares. Una historia de contrastes y tensiones (siglos XVI-XIX), Bilbao, Universidad del País Vasco, 2019.

INFANTINO, Lorenzo, *Individualism in Modern Thought. From Adam Smith to Hayek*-Routledge, Londres, 1998

JOHN JEFFRIES MARTIN, John Jeffries, - *Myths of Renaissance Individualism* (Early Modern History), Palgrave, Londres, (2004.)

KRAMER, Matthew H., *John Locke and the Origins of Private Property. Philosophical Explorations of Individualism, Community, and Equality*, Cambridge University Press, Cambridge, (1997)

KRAMER, Matthew H., *John Locke and the Origins of Private Property. Philosophical Explorations of Individualism, Community, and Equality*, Cambridge University Press (1997)

LAURENT, Alain *Histoire de l'individualisme*, Presses Universitaires de France (PUF), París, 1993

LEIRNER, Piero, *Hierarquia e Individualismo*-Jorge Zahar Editor Río de Janeiro, 2003

LIPOVETSKY, Gilles, *La era del vacío, Ensayos sobre el individualismo contemporáneo.* Anagrama, Madrid (1994)

LORENZO INFANTINO - Individualism in Modern Thought_ From Adam Smith to Hayek-Routledge (1998)

LOUIS DUMONT, Louis, - *Essais sSur lL'individualisme. _ Une Perspective Anthropologique Sur L'idéologie Moderne*, SEUIL, (1983)

MACPHERSON CRAWFORD BROUGH, *The Political Theory of Possessive Individualism_ Hobbes to Locke*, Oxford Paperbacks, Oxford, 1964

MACPHERSON, Crawford B., *The Political Theory of Possessive Individualism_ Hobbes to Locke* , Oxford, 1964

MACPHERSONCPHERSON, Crawford. B., - *La teoría política del individualismo posesivo - De Hobbes a Locke*, -Banco de Lecturas-Trotta, Madrid, (2005.)

MAFFESOLI, Michel, *El tiempo de las tribus: el ocaso del individualismo en las sociedades posmodernas*, Siglo XXI, Madrid, 2004

MAUREEN P. HEATH, Maureen P., - *The Christian Roots of Individualism*, -Springer International Publishing, _Palgrave Macmillan, New York , (2019.)

MCCANN, Charles R. Jr., *Individualism and the Social Order, The Social Element in Liberal Thought*, Routledge, Londres, 2004

MCPHERSON, C. B. - *La teoría política del individualismo posesivo - De Hobbes a Locke*-Banco de Lecturas (2005)

MELISSA M. WILCOX, Melissa M., - *Queer Women and Religious Individualism*, -Indiana University Press, Bloomington, (2009)

MICHEL MAFFESOLI, Michel, - *El tiempo de las tribus:_ el ocaso del individualismo en las sociedades posmodernas*, -Siglo XXI, Madrid, (2004)

PAOLETTI ÁVILA, Elena, "La juventud y el problema de las generaciones: convivencia y emancipación de los jóvenes españoles a finales del Antiguo Régimen", *Revista de Demografía Histórica-Journal of Iberoamerican Population Studies*, Vol. 41, N° 1, 2023, págs. 37-57

PAOLETTI ÁVILA, Elena, Jóvenes modernos: la historia de la juventud española a finales del Antiguo Régimen, Sílex, Universidad de Extremadura, Servicio de Publicaciones, Madrid, 2023

PIERO LEIRNER, Piero, *Hierarquia e Individualismo*, -Jorge Zahar Editor, Rio de Janeiro, 2003

SCHATZ, Albert, FERRATON, Cyrille, PRÉVOST, Benoît, *L'Individualisme économique et social*-Les Belles Lettres, París, 2013

WILCOX, Melissa M. *Queer Women and Religious Individualism*-Indiana University Press 2009.

Un acuerdo matrimonial fallido
y tres generaciones familiares en conflicto
(1777-1783)[1]

Antonio Irigoyen López

Juan Hernández Franco

(Universidad de Murcia)

1 Este trabajo forma parte de los proyectos de investigación: PID2020-113509GB-I00: *Generaciones inciertas. Las familias de los influyentes españoles en tiempos de transformación (1740-1830)* y PID2024-158016NB-I00: *Experiencias familiares y acciones personales. Códigos socio-culturales, discursos y legados en los estratos superiores (1700-1833)*, financiados por el Ministerio de Ciencia, Innovación y Universidades; y 21883/PI/22: *De Fajardo a Toledo: el marquesado de los Vélez en el siglo XVIII. Relaciones familiares y dominio señorial en el sureste español (1691-1814)*, financiado por la Fundación Séneca. Agencia de Ciencia y Tecnología de la Región de Murcia. En las citas textuales se ha actualizado la grafía.

1. FUNDAMENTOS TEÓRICOS Y METODOLÓGICOS

"En el lento camino hacia el individualismo, nuevos valores fueron modificando las relaciones sociales". Así hablaba Máximo García Fernández, al tiempo que también llamaba la atención sobre el hecho de que "las relaciones familiares se movieron entre continuidades y mutaciones durante el Antiguo Régimen"[2]. Compartía planteamientos y, de esta forma, se sumaba a las investigaciones que en los últimos años están tratando de dilucidar cómo se fue produciendo el paso desde la familia de linaje a la familia conyugal, advirtiendo de la complejidad de un proceso en el cual los comportamientos debieron enfrentarse a un contexto de profunda y dilatada renovación como fueron los siglos XVIII y XIX[3].

Cuando se pretende estudiar un modelo de familia, posiblemente una de las vías analíticas más fructíferas pase por establecer el fundamento de las relaciones establecidas entre sus componentes. Claro que esto implica determinar dónde se va a poner el centro de interés: ¿en lo biológico, en lo material, en lo simbólico, en lo ideológico? Por otra parte, ¿qué es lo más dominante: lo colectivo o lo individual; la autoridad o el sentimiento; la jerarquía o la igualdad; la imposición o la negociación; la sumisión o la autonomía; el conflicto o el consenso? Interrogantes de difícil solución que permiten comprender la complejidad que envuelve el objeto científico 'familia' que, en cualquier caso, debe contemplarse como proceso, como objeto dotado de historicidad y, por tanto, condicionado por la estructura social.

Precisamente, este trabajo tiene como finalidad explorar los conflictos intergeneracionales que podían surgir en torno a una cuestión fundamental en toda organización social como es el matrimonio. Se ha optado por una metodología cualitativa como es el estudio de caso, que sirve para analizar una situación técnicamente distintiva en la cual hay muchas más variables de interés que datos observables[4].

---

2   Máximo García Fernández, "Mudanzas juveniles castellanas: biografías personales y estructuras familiares", en Máximo García Fernández; Francisco J. Lorenzo Pinar; María Ángeles Sobaler Seco (eds.), *Jóvenes preparados para la madurez (siglos XVI-XIX)*, Madrid, Sílex, 2023, p. 181.

3   Francisco Chacón Jiménez; Juan Hernández Franco; Antonio Irigoyen López, "Explaining social change through marriage, family, and kinship. Circa 1750-circa early 20th century", en Francisco Chacón (ed.), *Changing Social Environments in Spain: Families, New Solidarities and Hierarchical Breakdown (16th-20th Centuries)*, Berlín, Peter Lang, 2023, p. 263.

4   Edgar Castro Monge, "El estudio de casos como metodología de investigación y su

Así, se han tratado unos hechos, hasta cierto punto excepcionales, en los cuales, se pueden apreciar los comportamientos y valores que se estaban dando en la España del siglo XVIII y cómo los sobrellevaban tres generaciones distintas. Además, este ejemplo trata de la aristocracia, el grupo social privilegiado y preeminente del Antiguo Régimen, y va a permitir estudiar la concepción y significado que el estamento tenía sobre diferentes cuestiones relacionadas con la familia.

La hipótesis de la que se parte es que, a pesar de que parte de la alta nobleza española asumiera las nuevas ideas, valores y pautas de comportamiento que circulaban durante el siglo XVIII, sin embargo, le costaba trasladarlos a la realidad familiar, pues las obligaciones del linaje y la continuidad –biológica, material, institucional, social y simbólica– de la casa y la familia se contemplaban como ineludibles para los individuos, en especial para los padres que eran titulares de casas aristocráticas. Para cumplir con estos presupuestos se debía conjugar la obligación paterna de dar estado a sus hijos conforme a su calidad con la obligación filial de obediencia a las disposiciones paternas, por lo que se continuaba exigiendo el diseño de estrategias familiares, las cuales podían chocar con aquellos novedosos planteamientos, lo que, en consecuencia, podía provocar conflictos.

El caso que se va a analizar se conserva en el Archivo Histórico de la Nobleza, fondo Luque[5], y tiene su origen en el pleito por incumplimiento de esponsales que interpone el marqués de Villa Alegre, contra Cristóbal Fernández de Córdoba Barradas[6]. El expediente se compone diferentes documentos. Para el presente trabajo, se van a

---

importancia en la dirección y administración de empresas", *Revista nacional de administración*, 1 (2), p. 36.

5 Este fondo está digitalizado en su mayoría en PARES. Una vía que está siendo transitada tiene que ver con el análisis de la escritura de cartas personales desde la filología: Belén Almeida Cabrejas, "Cartas escritas por mujeres en el fondo de los condes de Luque: estudio preliminar", en Cristina Tabernero Sala; Jesús M. Usunáriz (eds.), *Santas, poderosas y pecadoras: representación y realidad de las mujeres entre los siglos XVI y XIX*, Nueva York, Idea, 2021, pp. 57-76; Belén Almeida Cabrejas, "Cartas escritas por mujeres en las cajas de correspondencia particular del Archivo de los Condes de Luque del Archivo Histórico de la Nobleza", *Revista internacional de lingüística iberoamericana*, 41, 2023, pp. 11-30; Pilar López Mora, "Escritura epistolar y rasgos de oralidad concepcional: cartas dirigidas al conde de Luque desde la provincia de Málaga en las primeras décadas del s. XIX", *Álabe: Revista de Investigación sobre Lectura y Escritura*, Extra 2, 2024, disponible en: https://ojs.ual.es/ojs/index.php/alabe/article/view/9856/8228; Pilar López Mora, "Fenómenos de variación concepcional en cartas familiares andaluzas (1759-1831)", en Inés Carrasco Cantos (coord.), *El español del siglo XIX en textos impresos y manuscritos*, 2022, Granada, Comares, pp. 125-146; Pilar López Mora, "Aproximación a la lengua de las cartas de sor Dolores Fernández de Córdoba y su familia (1759-1830)", *Revista internacional de lingüística iberoamericana*, 39, 2022, pp. 117-134.

6 AHNob, Luque, C. 66, D. 62-85.

utilizar la ejecutoria dada por el Tribunal de la Rota sobre el asunto; la carta que el IV marqués de Algarinejo, Cristóbal Rafael Fernández de Córdoba Ordoñez, dirigió al arzobispo de Granad, así como la certificación de fray Pedro Acosta sobre la voluntad de contraer matrimonio de Cristóbal Fernández de Córdoba Barradas.

2. HECHOS Y PROTAGONISTAS

Dos hombres charlan; se conocen. Sus ropajes delatan su condición social: uno pertenece a la nobleza[7]; el otro, al clero. Sin embargo, este último también es noble. Se trataba de Francisco de Paula Fernández de Córdoba Venegas, hijo único de Cristóbal Rafael Fernández de Córdoba Ordoñez, IV marqués de Algarinejo, y de María Vicenta Egas Venegas, V condesa de Luque. Es decir, a la muerte de sus progenitores iba a reunir en su persona, no sólo los dos títulos anteriores, sino otros muchos[8], con lo que pasó a ocupar un lugar digno dentro de la nobleza andaluza[9], merced a una renta media anual que estaría situada en torno a los setenta mil ducados[10].

---

7   Sobre la relación entre nobleza y vestido, puede consultarse: Arianna Giorgi, "Entre el *self-fashioning* y la herencia familiar: la masculinidad hegemónica en la identidad de los Gutiérrez de los Ríos", *Studia historica. Historia moderna*, 46, 2024, pp. 33-60.

8   IV marqués de Algarinejo, VI conde de Luque, X marqués de Cardeñosa, VII marqués de Valenzuela, señor de la real villa de Zuheros, su castillo y las Navas altas y bajas, cabeza y pariente mayor del linaje de Garci López de Chaves en Ciudad-Rodrigo, señor de las Villas, lugares y términos de Sobradillo, Villavieja, Pedraza de Yeltes, Villaquejida, Espino-Arcillo, Martihernando y el Palomar, Señor de estas Villas, con sus castillos y fortalezas, de la Torre de Íscar, del Salobral y el Valle, de Benahavis, el Daidín, Campanillas, Montemayor, Almachar, el Naranjo y Puertoestéril, Señor de la Torre de Dos Barrios, del Pito y Sierro, Collado, Fuente de San Esteban, Villarmuerto, Tirados y Laigal, con otros muchos lugares, términos y heredamientos en Castilla la Vieja y Andalucía, señor de Scinola y Monte de Vay en la Señoría de Génova, alférez mayor perpetuo de Granada y Gibraltar, veinticuatro perpetuo de Córdoba y Granada, caballero de la Real Maestranza de esta Ciudad de Granada, alcalde mayor de preeminencia de Sevilla y Écija, regidor perpetuo de las ciudades de Zamora, Salamanca, Toro, Ávila, Ciudad-Rodrigo, Gibraltar, Écija, Motril y Loja, cabeza del banco de la derecha del Cabildo de Ciudad-Rodrigo y dueño de la mitad de los oficios de él, alguacil mayor del Santo Oficio de la Inquisición de la ciudad de Sevilla y su reino: Francisco Fernández de Béthencourt, *Historia genealógica y heráldica de la Monarquía Española, Casa Real y Grandes de España, tomo séptimo*, Madrid, Establecimiento tipográfico de Jaime Ratés, 1907, pp. 187-188.

9   Enrique Soria Mesa, *Señores y oligarcas: los señoríos del reino de Granada en la edad moderna*, Granada, Universidad de Granada, 1997, p. 261.

10   Juan Aranda Doncel, "Bienes y rentas de la nobleza andaluza en el siglo XVIII: los Marqueses de Algarinejo y Condes de Luque", en *Actas del II Congreso de Historia de Andalucía, vol. 7 (Historia Moderna I)*, Córdoba, Junta de Andalucía-Cajasur, 1995, p. 310.

Había nacido en Algarinejo en 1739 y moriría en Granada en 1796. Tuvo dos matrimonios. El primero, cuando contaba con sólo catorce años, en 1754, con Leonor de Barradas y Fernández Henestrosa, la hija menor de Antonio Lope Pérez de Barradas y Baeza, III marqués de Cortes y Graena, y de Inés Ana María Fernández de Henestrosa y Barradas, su prima-hermana, hija Juan Bautista Fernández de Henestrosa Aguilar y Montemayor, III marqués de Peñaflor. La novia llevó ocho mil ducados de dote. Tuvieron un único hijo, el ya citado Cristóbal Fernández de Córdoba Barradas, quien, con apenas dos años, quedó huérfano de madre en 1763. Francisco de Paula casó por segunda vez en 1764 con María Josefa Álvarez de las Asturias Bohorques y Vélez-Ladrón de Guevara, hija de hija de Don Alonso Diego Álvarez de las Asturias Bohorques Verdugo y Castilla Girón de la Cueva y Benavides, V marqués de los Trujillos, y de María Fausta Manuela Vélez-Ladrón de Guevara y Montalvo. Para la novia también era su segundo matrimonio, el cual duraría ocho años, pues falleció en 1772, dejando cuatro hijos. En septiembre de ese mismo año, Francisco de Paula ya había recibido la primera de las órdenes sagradas[11], el subdiaconado y antes de fin de año, ya se había convertido en clérigo presbítero, en sacerdote[12].

Su padre era Cristóbal Rafael Fernández de Córdoba Ordoñez. Nació en Granada en 1707 y murió en 1785. Era hijo de Juan Andrés Fernández de Córdoba, III marqués del Algarinejo, y de Ana Dorotea Ordóñez Portocarrero, VIII marquesa de Cardeñosa. Casó, como se ha indicado, con María Vicenta Egas Venegas (1718-1788), que era tía suya. No tuvieron un matrimonio fácil; de hecho, se divorciaron tras un largo proceso, que tuvo mucha repercusión[13], en el que pleitearon sobre la manutención y pago de los alimentos[14]. La condesa de Luque alegó malos tratos y fue recluida en el convento de Santa Paula en Granada, pero la tensión entre los cónyuges no disminuyó: el marido pedía que se restringieran las visitas a su mujer, la cual debería llevar una vida acorde a las prácticas conventuales, mientras que la condesa pedía trasladarse a otro convento, lejos de su marido[15].

---

11   AHNob, Luque, C. 565, D. 17.

12   AHNob, Luque, C. 374, D. 488.

13   Belén Almeida Cabrejas, "«Litigan dos años hace desde un convento de Granada»: un divorcio entre nobles en el siglo XVIII", en *Rinconete*, 31 de mayo de 2022, disponible en: https://cvc.cervantes.es/el_rinconete/anteriores/mayo_22/31052022_01.htm.

14   AHNob, Luque, C. 697, D. 19; C. 574, D. 332; C. 367, D. 524; C. 409, D. 159; C. 367, D. 375-433

15   AHNob, Luque, C. 409, D. 159.

El hijo primogénito de Francisco de Paula Fernández de Córdoba Venegas era Cristóbal Fernández de Córdoba Barradas (1761-1833), quien habría de convertirse en el VII conde Luque y VI marqués de Algarinejo.

Estos tres miembros de una misma familia, representantes de tres generaciones sucesivas, se vieron envueltos en un episodio cuasi novelesco que provocó un grave enfrentamiento y que sirve para mostrar cómo se entendían las obligaciones familiares.

En apariencia, nada hacía presagiar la complejidad del caso, pues nacía del pleito por incumplimiento de esponsales que en la audiencia episcopal de Granada se había interpuesto contra Cristóbal Fernández de Córdoba Barradas. Algo más o menos habitual en España tras el Concilio de Trento, como demuestran diversos trabajos sobre este asunto[16], evidenciando que este tipo de causas fueron las predominantes en los tribunales diocesanos[17].

Se han señalado múltiples motivos por los que se incumplía la promesa de matrimonio y la mayoría de ellos se relacionan con la vulnerabilidad femenina y el engaño masculino para conseguir favores sexuales. Ruiz Sastre, en todo caso, los reúne en tres grandes grupos: la intención de contraer otro matrimonio, la oposición de parientes hacia determinados enlaces y las largas esperas y dilaciones. También conviene indicar que los pleitos se solían hacerse contra el novio, pues fueron insignificantes los interpuestos contra mujeres[18].

Interesa centrarse en el segundo grupo de motivaciones, el que agrupa las demandas presentadas porque se vulneraba la libre elección de los contrayentes, principalmente por la presión de padres o parientes. Hay que recordar que el fundamento del matrimonio católico se basaba en el libre consentimiento de los cónyuges, lo cual podía chocar con las estrategias familiares y generar importantes con-

---

16   María del Juncal Campo Guinea, *Comportamientos matrimoniales en Navarra (siglos XVI-XVII)*, Pamplona, Gobierno de Navarra, 1998; Francisco Javier Lorenzo Pinar, "Conflictividad social en torno a la formación del matrimonio (Zamora y Toro en el siglo XVI)", *Studia Historica: Historia Moderna*, 13 (1), 2009, pp. 131-154; María Luisa Candau Chacón, "Entre lo permitido y lo ilícito: la vida afectiva en los Tiempos Modernos", *Tiempos modernos: Revista Electrónica de Historia Moderna*, 18, 2009, pp. 1-21; Marta Ruiz Sastre, *El abandono de la palabra. Promesas incumplidas y ruptura de noviazgo en el arzobispado sevillano durante el siglo XVII*, Madrid, Fundación Española de Historia Moderna, 2018.

17   Ruiz Sastre, *El incumplimiento de la palabra*, pp. 103-106. Señala esta autora que el incumplimiento de esponsales era un asunto de fuero mixto por lo que también podía tratarse en los tribunales civiles; sin embargo, en la España moderna lo mayoritario fue acudir a la justicia eclesiástica.

18   *Ibidem*, pp. 125-141.

flictos[19]. No obstante, Ruiz Sastre da pocas noticias sobre la imposición de matrimonio a los futuros cónyuges, mientras que señala que, en la mayoría de los casos que se dieron en Sevilla durante el siglo XVII, lo que sucedía es que la intervención familiar trataba de impedir un matrimonio que no se consideraba conveniente y que había sido acordado por los propios intervinientes, por lo que se presionaba para que se desdijeran[20].

De esta forma, aunque se conocen, ciertamente no son muchos los pleitos en los que el inculpado por faltar a las promesas del matrimonio argumentaba haber recibido fuertes presiones para realizarlas. Este hecho ya justificaría tratar el caso que se está analizando. Pero no sólo eso: el cómo se llegó a esta situación es lo que es excepcional[21].

Cuando Francisco de Paula Fernández de Córdoba enviudó por primera vez, pronto volvió a casarse. Cristóbal, el único hijo que tuvo con su primera esposa, contaba entonces con tan solo dos años de edad. Una de las cláusulas de las capitulaciones matrimoniales estipulaba que no conviviría con su padre y su nueva familia, sino que residiría con su abuelo paterno, el IV marqués de Algarinejo, divorciado de la V condesa de Luque, como ya se indicó. La correspondencia familiar refleja cierta continuidad en la comunicación epistolar entre Cristóbal Fernández de Córdoba Barradas y su padre, pero también con sus medio hermanos; lo mismo se puede decir de Francisco de Paula Fernández de Córdoba con su padre y con su madre.

Y llega 1777. Para entonces, Antonio Joaquín Porcel Manrique, el marqués de Villa Alegre, y Francisco de Paula Fernández de Córdoba habían determinado que sus hijos Manuela y Cristóbal se casasen. No se conocían, pero eso no suponía ningún contratiempo; a fin de cuentas, era algo habitual entre la nobleza. Había que propiciar un encuentro y hacerles ver las ventajas del acuerdo. Pero Cristóbal residía con su abuelo, el IV marqués de Algarinejo, por lo que había que conseguir que volviera con su padre, al menos temporalmente. En principio, no tenía que haber ningún problema. Lo hubo porque Francisco de Paula había escondido a su padre las negociaciones ma-

---

19   James Casey, "La conflictividad en el seno de la familia", *Estudis*, 22, 1996, pp. 9-25; James Casey, *Familia, poder y comunidad en la España Moderna. Los ciudadanos de Granada (1570-1739)*, Valencia, Universitat de Valencia-Universidad de Granada, 2008; James Casey, *Historia de la familia*, Madrid, Espasa, 1991.

20   Ruiz Sastre, *El incumplimiento de la palabra*, pp. 133-138.

21   Si bien la reconstrucción de los hechos procede únicamente de una de las partes, la del IV marqués de Algarinejo, con las reservas que ello implica, parece aportar una narración verosímil de lo sucedido.

trimoniales y su intención era que continuara ignorándolas hasta que hubiesen culminado con los esponsales. De esta forma, Antonio Porcel y Francisco de Paula Fernández de Córdoba establecieron un plan para sacar a Cristóbal de la casa de su abuelo. Comienza la aventura.

El 17 de enero de 1777, Francisco de Paula llegó a casa de su padre en Algarinejo. Dijo que aprovechaba que estaba de viaje para pasar a verlo y también a su hijo. Despacharon amigablemente y en una de las conversaciones, tanteó a su padre sobre el matrimonio de su hijo. El IV marqués de Algarinejo manifestó que, aunque había tenido propuestas, todavía no las había tenido en consideración porque Cristóbal era todavía muy joven. Francisco de Paula comentó que también él había recibido varias ofertas y una de ellas era del marqués de Villa Alegre. En realidad, Francisco de Paula quería llevarse a su hijo y propuso que le acompañara a cazar. Lo que había urdido con el marqués de Villa Alegre es que, cuando estuvieran en el campo, una cuadrilla compuesta por cuatro soldados que él había comprometido y a cuyo frente puso a José Rosales, dependiente de la renta del tabaco de Granada, los escoltarían hasta su casa. Pero esto no pudo cumplirse por diversas circunstancias.

Al tiempo, el marqués de Villa Alegre puso un recurso ante la Chancillería de Granada solicitando que se sustrajese a Cristóbal de la tutela de su abuelo, pues le tenía retenido contra su voluntad, casi preso. Se mandó un preceptor para que comunicase la provisión al IV marqués de Algarinejo. Llegó a la villa el día 23, pero no cumplió con su cometido ya que se puso de parte de Francisco de Paula. Entonces, al atardecer, éste pidió a su hijo que lo acompañara porque iba a dar la extremaunción a un moribundo. Así, lo hizo y cuando llegaron a la iglesia, se encerraron en un cuarto y los soldados mandados por el marqués de Villa Alegre –a los que se habían subido otros tres efectivos, acompañados de Diego de Landa, también dependiente de la renta del tabaco– "con bayoneta calada" se apostaron en el exterior para guarnecerlos.

La presencia militar despertó la curiosidad de los vecinos y empezaron a correr las noticias acerca de lo que estaba sucediendo y, con ello, su indignación. Enterado el IV marqués de Algarinejo intentó hablar con su hijo, pero éste se negaba. Envió el cura de la villa, pero lo logró; tuvo más suerte el capellán del marqués, quien obtuvo como única respuesta: "diga V. a mi padre que ahora se principian los golpes".

A las once de la mañana, Francisco de Paula y su hijo, escoltados por los soldados y los dos dependientes, salieron de la iglesia y del pueblo, hasta llegar a donde estaban los caballos. Emprendieron la marcha hasta Granada y, al anochecer, llegaron a un cortijo del marqués de Villa Alegre. Fue entonces cuando Cristóbal conoció a Manuela, y se les preguntó si estaban de acuerdo en casarse. Ante la respuesta positiva de ambos, esa misma noche los dos padres fueron a ver al provisor para pedir licencia de casamiento, pero no lo encontraron. A la mañana siguiente, lo intentaron directamente con el arzobispo, pero no se la concedió, ya que debía solicitar primero el permiso regio.

3. EL RECORRIDO JUDICIAL

El 23 de mayo de 1777, el marqués de Villa Alegre presentó petición ante el tribunal diocesano de Granada para que Cristóbal cumpliese con los esponsales. Argüía que el 27 de enero de dicho año, se habían realizado las capitulaciones matrimoniales tras haberse "advertido la complacencia, gusto y cariño de los mismos contrayentes"[22]. Después el IV marqués de Algarinejo presentó un recurso ante la Real Chancillería de Granada y el propio Cristóbal también solicitó liberarse de la promesa de esponsales. El primer auto episcopal declaraba

> "a mayor abundamiento intervenir y verificarse en este
> caso por las circunstancias que le precedieron, acompañaron
> y siguieron, racionales causas que legalmente impiden el apremio, y compulsión para el cumplimiento de la obligación de
> esponsales, que por disposición anticipada de sus respectivos
> padres se expresan contraídos la noche del veinte y cinco de
> enero de mil setecientos setenta y siete, y reiterados en instrumento de capitulaciones el veinte y siete de dicho mes y año, y a
> los referidos señores Dª Manuela Porcel y Cañaveral y D. Cristóbal Rafael Fernández de Córdoba y Barradas en libertad para
> elegir el estado que Dios les dictare, y más bien visto les fuere,
> y sin perjuicio de la responsabilidad que por los sentimientos
> ocultos de su interior reconocieren tener en el mismo fuero"[23].

---

22   AHNob, Luque, C. 66, D. 62, f. 2v.

23   AHNob, Luque, C. 66, D. 62, f. 8r-v.

El 15 de julio de 1780, el ordinario de Granada (Antonio de la Plaza, canónigo doctoral, provisor y vicario general por el arzobispo Antonio Jorge y Galván) absuelve del compromiso a Cristóbal Fernández de Córdoba y Barradas:

> "Debemos de declarar, y declaramos, que la parte de dicho sr. marqués de Villa Alegre, como padre de la sra. Dª. Manuela Porcel Cañaveral, no probó bien y cumplidamente su acción y demanda como le convenía, y que la parte del sr. Dn. Cristóbal Rafael Fernández de Córdoba y Barradas probó en bastante forma y para el efecto que se expresará; a cuya consecuencia le absolvemos de dicha demanda en los términos que se propone, con imposición en los mismos de perpetuo silencio"[24].

El marqués de Villa Alegre recurre entonces al tribunal de la Rota porque señala que Cristóbal Rafael escribió varias cartas y versos a Manuela. El tribunal el 28 de noviembre de 1781 rechaza la pretensión del marqués, pero este insiste por lo que un año después, el 25 de noviembre de 1782, los auditores de la Rota proveyeron auto en el que confirmaron la sentencia dada en el arzobispado de Granada. Los auditores se reafirman en 6 de junio de 1783 y, a pesar de la resistencia del marqués, el 3 de julio de 1783 mandan letras ejecutoriales al ordinario de Granada para que cumpla con lo dispuesto en la Rota.

Nada más conocer los sucesos, el IV marqués de Algarinejo escribió al arzobispo de Granada. Sabía bien cómo inclinar la causa a su favor. Señalaba que él había criado a su nieto desde los dos años de edad, que le había dado la educación exigida ("instruyéndolo en las máximas cristianas y políticas correspondientes a las circunstancias de su nacimiento") y que, dada su corta edad en esos momentos, cercana a los quince años, todavía no se había preocupado de darle estado, aunque no le habían faltado ofrecimientos, ya que "se le han propuesto bodas con hijas de Grandes y otras personas de muy alta clase". Pero, a continuación, introducía la justificación principal de no haberse ocupado de este asunto, pues su nieto

> "no ha manifestado dicha inclinación, pues sin ella sería violentar su voluntad, y exponerlo a las fatales consecuencias, que son de considerar, de abrazar un estado sin elección, ni

---

24   AHNob, Luque, C. 66, D. 62, f. 7v.

libertad, y si por respetos hijos de coacción, y persuasión, nada racional ni justo"[25].

4. UN EPISODIO DE MODA, O NO TANTO, ¿O SÍ?

Que los sucesos analizados se desarrollaran en 1777 tiene una importancia simbólica para los historiadores españoles de la familia, pues justo tienen lugar al año siguiente de la promulgación de un texto legal que habría de cambiar para siempre el tratamiento legal del matrimonio: la pragmática sanción sobre los matrimonios de los hijos de familias. Mucho se ha escrito sobre las causas que lo motivaron. La justificación que se da en el preámbulo de la ley indica claramente un motivo: "habiendo llegado a ser tan frecuente el abuso de contraer matrimonios desiguales los hijos de familias, sin esperar el consejo y consentimiento paterno"[26].

Esto hablaría que los matrimonios acordados por los futuros cónyuges al margen de las familias parece que no dejaron de aumentar durante el siglo XVIII. Este hecho habría que vincularlo entonces con los conflictos intergeneracionales que surgieron en el interior de las familias tanto por el cuestionamiento de la autoridad paterna como con el incipiente desarrollo de la autonomía personal[27], la cual iría creciendo conforme avanzaba la centuria. Todo esto motivó una campaña de concienciación por parte de la Iglesia sobre la obediencia a los padres[28], y también de la Monarquía, a través de la ya mencionada Pragmática de 1776.

Si se trataba de reivindicar el principio de autoridad paterna, había que incidir en la obediencia de los hijos. Para lograrlo, se acudía a crear la conciencia de pecado pues la autoridad de los padres

---

25   AHNob, Luque, C. 66, D. 63, f. 2r.

26   *Pragmática-Sanción a consulta del Consejo, en que S. M. establece lo conveniente para que los hijos de familias, con arreglo a las leyes del Reino, pidan el consejo y consentimiento paterno antes de celebrar esponsales, haciendo lo mismo, en defecto de padres, a las madres, abuelos, o deudos más cercanos, y a falta de ellos hábiles a los tutores y curadores, bajo de las declaraciones y penas que expresa,* Madrid, en la oficina de Don Antonio Sanz, impresor del Rey nuestro Señor, de su Real Consejo, y del de las Órdenes, 1776.

27   Antonio Irigoyen López; Juan Hernández Franco, "Sociabilidad y autoridad: la familia en España ante los retos del siglo XVIII", *Historelo. Revista de historia regional y local*, 28, 2021, pp. 169-204.

28   Antonio Irigoyen López, "La transmisión de la doctrina cristiana como obligación de los padres de familia según los tratados eclesiásticos españoles del siglo XVIII", *Tiempos modernos: Revista Electrónica de Historia Moderna*, 38, 2019, pp. 285-309.

procedía directamente de Dios; de ahí que, si no se les obedecía, se estaba incurriendo en pecado.

Efectivamente, hay que señalar que la literatura eclesiástica –ya desde la baja edad media y con un notable repunte tras el Concilio de Trento– a la hora de interpretar el cuarto mandamiento, establecía que honrar significaba amar y obedecer, sobre todo esto último. Todavía, en la segunda mitad del siglo XIX, el franciscano Ramón Buldú, insistía en que la palabra englobaba amor, respeto, obediencia y asistencia[29]. En cualquier caso, lo que es evidente es que el cuarto mandamiento era el que legitimaba la autoridad paterna. Se estaba proporcionando una estructura jerárquica de la familia y se condenaba al pecado a los hijos que no lo cumplían. De esta manera, la norma de la obediencia del hijo al padre pudo mantenerse durante toda la edad moderna[30]. Así, habría de llegar intacta al siglo XVIII[31]; centuria en la que se ha visto que, en la práctica, comenzaba a ser cuestionada.

Los tratadistas eclesiásticos, por supuesto, dedicaron no pocas páginas a vincular el cuarto mandamiento con la elección de estado. Como ya se ha indicado, realizaron una defensa a ultranza de la libertad personal a la hora de tomar estado. Pero, realmente, lo que les preocupaba –en sintonía con el espíritu de los decretos tridentinos– era que la decisión de ingresar en la Iglesia no se viera entorpecida. Es verdad que, en cualquier caso, se condenaba cualquier imposición paterna al estado clerical o matrimonial[32]. Pero el espacio que se le dedicaba era mucho menor que el destinado a los hijos. Por otra parte, todo lo anterior no significaba que los jóvenes pudieran decidirlo todo de forma independiente. No, la doctrina católica sugería y apostaba por el consejo y el diálogo con los padres e, incluso, censuraba a los hijos que actuaban por sí solos, sin consultar, ni tener en cuenta la opinión de los padres: todo en aras de la armonía familiar. Y así

---

29   Ramón Buldú, *Año apostólico. Pláticas catequísticas sobre las cuatro partes de la doctrina cristiana, tomo II*, Barcelona, Librería católica de los editores Pons y compañía, 1864, p. 12.

30   Juan Hernández Franco, "Reflexiones sobre la figura del padre en la edad moderna", en Juan B. Vilar; Antonio Peñafiel Ramón; Antonio Irigoyen López (eds.), *Historia y sociabilidad: homenaje a la profesora María del Carmen Melendreras Gimeno*, Murcia, Universidad de Murcia, p. 225.

31   Mariela Fargas Peñarrocha, "El sentido de lo justo y el gobierno del padre en 'La familia regulada' de Arbiol", *Chronica Nova*, 38, 2012, pp. 153–175.

32   Diego Ortiz Cantero, *Directorio parroquial, práctica de concursos y de curas*, Madrid, por Francisco del Hierro, 1727, p. 231.

había que entender la encíclica *Satis Vobis Compertum*, promulgada en 1741 por el papa Benedicto XIV[33].

En este caso no se cumpliría con ese consenso, por lo que el demandado argumentó falta de libertad a la hora de contraer los esponsales, es decir, que fue empujado –por obedecer y agradar a su padre– a realizar el futuro compromiso sin que él realmente lo quisiera.

Precisamente, es interesante detectar las actitudes de los intervinientes hacia la autoridad paterna. En realidad, no existe una diferencia generacional, ya que los tres actuaron teniendo como fundamento su vigencia. En la argumentación que hace el IV marqués de Algarinejo al arzobispo de Granada desde el primer momento censura el comportamiento de su Francisco de Paula porque no ha cumplido con sus deberes como hijo, por lo que solicita que debe arrepentirse por "el atropellamiento y desobediencia con que le ha tratado"[34].

En Francisco de Paula se aprecia que también creía firmemente en la autoridad paterna. El mismo hecho de que concertara el matrimonio de su hijo Cristóbal es el mejor testimonio. Pero también parece que era consciente de que, al ocultárselo a su padre, estaba atentando contra dicho precepto.

Por último, su hijo Cristóbal tenía tan inculcada la obediencia al padre que, en los primeros momentos, consintió en aceptar el enlace matrimonial que se le proponía, tanto como para manifestar que lo hacía voluntariamente. En efecto, su padre, con el fin de cumplir con la doctrina católica de que Cristóbal iba al matrimonio libre y conscientemente, solicitó que le entrevistase el dominico fray Pedro de Acosta, del convento granadino de Santa Cruz y que emitiese un dictamen acerca de ello. El fraile, aunque dictaminó que lo hacía libremente, sin embargo, no pudo dejar de señalar que su voluntad no estaba totalmente asentada.

5. CONCLUSIONES

La educación recibida en la familia puede condicionar los esquemas mentales que generan una visión del mundo, pero no la determina, al menos no siempre, porque los sujetos van acumulando experiencias que pueden contribuir a modificarlos. Pueden plantearse

---

33   Elisa Díaz Álvarez, "El consentimiento paterno para contraer matrimonio: de la Real Pragmática de 1776 al proyecto de Código Civil de 1836", *Anuario de la Facultad de Derecho. Universidad de Extremadura*, 36, 2020, pp. 589-590.

34   AHNob, Luque, C. 66, D. 63, f. 7r.

la realidad que viven, pueden cuestionarla y, si tienen voluntad y determinación, disfrutan de la opción de cambiarla.

Durante el Antiguo Régimen, la socialización familiar inculcaba entre sus componentes que la familia era lo primero de todo. También que tenía una estructura jerárquica muy definida que descansaba en el poder omnímodo del padre. Su obligación era mantener a sus hijos y luego colocarlos, por lo que debía proporcionarles un estado; por esta razón, debía intervenir en sus elecciones matrimoniales. Esto había sido así siempre y es lo que se pretendía que se mantuviera durante la edad moderna. Pero el debate en torno a la libre voluntad de los esposos se incrementó a finales del siglo XVI, a lo que contribuyeron los decretos del Concilio de Trento sobre el sacramento del matrimonio. Pero, como indica Renata Ago, ya los humanistas habían especulado –a partir del concepto de vocación– sobre la necesidad de que cada individuo reflexionase de manera responsable sobre su futuro y el estado que debía abrazar[35]. Pero esto chocaba con el autoritarismo paterno, lo que, unido a la idea vigente de la juventud como una etapa vital de transición caracterizada por la inquietud y cierta irreflexión, hizo que las familias trataran el matrimonio de los hijos como un problema que debían solucionar cuanto antes mejor. Lo que era especialmente visible en el caso de la aristocracia porque la continuidad del linaje y de la Casa era lo fundamental, por lo que debían atenderse todos los aspectos, desde los materiales hasta los simbólicos. Ya en 1991, Francisco Chacón advertía que matrimonio y patrimonio, es decir, familia y propiedad, eran dos realidades estrechamente ligadas que formaban el eje fundamental de la vertebración social del Antiguo Régimen[36]. Pero esto es todavía más cierto para el caso de la nobleza, tal y como también señala Raúl Molina, cuando incide en los nada desdeñables resultados económicos obtenidos de las políticas matrimoniales[37]. Por otra parte, el binomio matrimonio-patrimonio encierra muchas posibilidades para conocer los mecanismos del parentesco formal e

---

35   Renata Ago, "Jóvenes nobles en la época del absolutismo: autoritarismo paterno y libertad", en Giovanni Levi y Jean Claude Schmitt (coords.), *Historia de los jóvenes, vol. I: De la Antigüedad a la Edad Moderna*, Madrid, Taurus, 1996, pp. 371-374.

36   Francisco Chacón Jiménez, "Nuevas tendencias de la demografía histórica en España: las investigaciones sobre historia de la familia", *Boletín de la Asociación de Demografía Histórica*, 9 (2), 1991, p. 89.

37   Raúl Molina Recio, "El largo camino hacia el individualismo. El palacio de los condes de Luque en Granada en los inicios de la contemporaneidad", *Historia y Genealogía*, 1, 2011, pp. 65-66.

informal[38], así como para comprender mejor las relaciones entre las generaciones familiares que estaban condicionadas, como no podía ser menos, por las circunstancias y contextos históricos.

El caso analizado ha mostrado los diferentes conceptos que tenían los individuos de tres generaciones de una misma familia sobre lo que significaba la autoridad paterna y también que en los enlaces matrimoniales de las casas de la Grandeza durante el siglo XVIII primaba la voluntad de mantener el férreo control paterno. Se trataba de que prevaleciera la homogamia social[39], algo que se estimaba como un requisito fundamental para la supervivencia de la nobleza como estamento privilegiado y que vendría a corroborar la intencionalidad primigenia de la pragmática sanción de 1776, tal y como no se cansó de repetir uno de sus primeros grandes defensores, Joaquín Amorós, en una obra cuyo título no dejaba lugar a ninguna duda: *Discurso en que se manifiesta la necesidad y utilidad del consentimiento paterno para el matrimonio de los hijos y otros deudos*[40]. Pero los tiempos demostraban que esto no era tan fácil.

BIBLIOGRAFÍA

AGO, Renata, "Jóvenes nobles en la época del absolutismo: autoritarismo paterno y libertad", en Giovanni Levi; Jean Claude Schmitt (coords.), *Historia de los jóvenes, vol. I: De la Antigüedad a la Edad Moderna*, Madrid, Taurus, 1996, pp. 365-413.

ALMEIDA CABREJAS, Belén, "«Litigan dos años hace desde un convento de Granada»: un divorcio entre nobles en el siglo XVIII", en *Rinconete*, 31 de mayo de 2022, https://cvc.cervantes.es/el_rinconete/anteriores/mayo_22/31052022_01.htm

ALMEIDA CABREJAS, Belén, "Cartas escritas por mujeres en el fondo de los condes de Luque: estudio preliminar", en Cristina Tabernero Sala; Jesús M. Usunáriz (eds.), *Santas, poderosas y pe-*

---

38 Francisco García González y Sandro Guzzi-Heeb, "Introducción. La historia de la familia y el impulso de la historia social: una panorámica europea, siglos xvi-xix", en Francisco García González y Sandro Guzzi-Heeb (eds.), *Historia de la familia, historia social. Experiencias de investigación en España y en Europa, siglos XVI-XIX*, Gijón, Trea, 2023, p. 18.

39 Juan Hernández Franco, "*Nubi Pari*. Comportamientos tradicionales en las alianzas matrimoniales realizadas por las casas de la Grandeza de España en el siglo XVIII", *Tiempos modernos: Revista Electrónica de Historia Moderna*, 42, 2021, pp. 115-132.

40 Joaquín Amorós, *Discurso en que se manifiesta la necesidad y utilidad del consentimiento paterno para el matrimonio de los hijos y otros deudos*, Madrid, en la casa de Blas Román, 1777.

cadoras: representación y realidad de las mujeres entre los siglos XVI y XIX*, Nueva York, Idea, 2021, pp. 57-76.

ALMEIDA CABREJAS, Belén, "Cartas escritas por mujeres en las cajas de correspondencia particular del Archivo de los Condes de Luque del Archivo Histórico de la Nobleza", *Revista internacional de lingüística iberoamericana*, 41, 2023, pp. 11-30.

AMORÓS, Joaquín, *Discurso en que se manifiesta la necesidad y utilidad del consentimiento paterno para el matrimonio de los hijos y otros deudos*, Madrid, en la casa de Blas Román, 1777.

ARANDA DONCEL, Juan, "Bienes y rentas de la nobleza andaluza en el siglo XVIII: los Marqueses de Algarinejo y Condes de Luque", en *Actas del II Congreso de Historia de Andalucía, vol. 7 (Historia Moderna I)*, Córdoba, Junta de Andalucía-Cajasur, 1995, pp. 303-310.

BULDÚ, Ramón, *Año apostólico. Pláticas catequísticas sobre las cuatro partes de la doctrina cristiana, tomo II*, Barcelona, Librería católica de los editores Pons y compañía, 1864.

CAMPO GUINEA, María del Juncal, *Comportamientos matrimoniales en Navarra (siglos XVI-XVII)*, Pamplona, Gobierno de Navarra, 1998.

CANDAU CHACÓN, María Luisa, "Entre lo permitido y lo ilícito: la vida afectiva en los Tiempos Modernos", *Tiempos modernos: Revista Electrónica de Historia Moderna*, 18, 2009, pp. 1-21.

CASEY, James, "La conflictividad en el seno de la familia", *Estudis*, 22, 1996, pp. 9-25.

CASEY, James, *Familia, poder y comunidad en la España Moderna. Los ciudadanos de Granada (1570-1739)*, Valencia, Universitat de Valencia-Universidad de Granada, 2008.

CASEY, James, *Historia de la familia*, Madrid, Espasa, 1991.

CASTRO MONGE, Edgar, "El estudio de casos como metodología de investigación y su importancia en la dirección y administración de empresas", *Revista nacional de administración*, 1 (2), p. 36. pp. 31-54.

CHACÓN JIMÉNEZ, Francisco, "Nuevas tendencias de la demografía histórica en España: las investigaciones sobre historia de la familia", *Boletín de la Asociación de Demografía Histórica*, 9 (2), 1991, pp. 79-98.

CHACÓN JIMÉNEZ, Francisco; HERNÁNDEZ FRANCO, Juan; IRIGOYEN LÓPEZ, Antonio, "Explaining social change through marriage, family, and kinship. Circa 1750-circa early 20th century", en Francisco Chacón Jiménez (ed.), *Changing Social Environments in Spain: Families, New Solidarities and Hierarchical Breakdown (16th-20th Centuries)*, Berlín, Peter Lang, 2023, pp. 263-300.

DÍAZ ÁLVAREZ, Elisa, "El consentimiento paterno para contraer matrimonio: de la Real Pragmática de 1776 al proyecto de Código Civil de 1836", *Anuario de la Facultad de Derecho. Universidad de Extremadura*, 36, 2020, pp. 579-622.

FARGAS PEÑARROCHA, Mariela, "El sentido de lo justo y el gobierno del padre en 'La familia regulada' de Arbiol", *Chronica Nova*, 38, 2012, pp. 153-175.

FERNÁNDEZ DE BÉTHENCOURT, Francisco, *Historia genealógica y heráldica de la Monarquía Española, Casa Real y Grandes de España, tomo séptimo*, Madrid, Establecimiento tipográfico de Jaime Ratés, 1907.

GARCÍA FERNÁNDEZ, Máximo, "Mudanzas juveniles castellanas: biografías personales y estructuras familiares", en Máximo García Fernández, Francisco J. Lorenzo Pinar; María Á. Sobaler Seco (eds.), *Jóvenes preparados para la madurez (siglos XVI-XIX)*, Madrid, Sílex, 2023, pp. 181-204.

GARCÍA GONZÁLEZ, Francisco; GUZZI-HEEB, Sandro, "Introducción. La historia de la familia y el impulso de la historia social: una panorámica europea, siglos xvi-xix", en Francisco García González; Sandro Guzzi-Heeb (eds.), *Historia de la familia, historia social. Experiencias de investigación en España y en Europa, siglos XVI-XIX*, Gijón, Trea, 2023, pp. 18-30.

GIORGI, Arianna, "Entre el *self-fashioning* y la herencia familiar: la masculinidad hegemónica en la identidad de los Gutiérrez de los Ríos", *Studia historica. Historia moderna*, 46, 2024, pp. 33-60.

HERNÁNDEZ FRANCO, Juan, "*Nubi Pari*. Comportamientos tradicionales en las alianzas matrimoniales realizadas por las casas de la Grandeza de España en el siglo XVIII", *Tiempos modernos: Revista Electrónica de Historia Moderna*, 42, 2021, pp. 115-132.

HERNÁNDEZ FRANCO, Juan, "Reflexiones sobre la figura del padre en la edad moderna", en Juan B. Vilar; Antonio Peñafiel Ramón; Antonio Irigoyen López (eds.), *Historia y sociabilidad: homenaje a la profesora María del Carmen Melendreras Gimeno*, Murcia, Universidad de Murcia, pp. 231-244.

IRIGOYEN LÓPEZ, Antonio, "La transmisión de la doctrina cristiana como obligación de los padres de familia según los tratados eclesiásticos españoles del siglo XVIII", *Tiempos modernos: Revista Electrónica de Historia Moderna*, 38, 2019, pp. 285-309.

IRIGOYEN LÓPEZ, Antonio; Hernández Franco, Juan, "Sociabilidad y autoridad: la familia en España ante los retos del siglo XVIII", *Historelo. Revista de historia regional y local*, 28, 2021, pp. 169-204.

LÓPEZ MORA, Pilar, "Aproximación a la lengua de las cartas de sor Dolores Fernández de Córdoba y su familia (1759-1830)", *Revista internacional de lingüística iberoamericana*, 39, 2022, pp. 117-134.

LÓPEZ MORA, Pilar, "Escritura epistolar y rasgos de oralidad concepcional: cartas dirigidas al conde de Luque desde la provincia de Málaga en las primeras décadas del s. XIX", *Álabe: Revista de Investigación sobre Lectura y Escritura*, Extra 2, 2024, https://ojs.ual.es/ojs/index.php/alabe/article/view/9856/8228

LÓPEZ MORA, Pilar, "Fenómenos de variación concepcional en cartas familiares andaluzas (1759-1831)", en Inés Carrasco Cantos (coord.), *El español del siglo XIX en textos impresos y manuscritos*, 2022, Granada, Comares, pp. 125-146.

LORENZO PINAR, Francisco Javier, "Conflictividad social en torno a la formación del matrimonio (Zamora y Toro en el siglo XVI)", *Studia Historica: Historia Moderna*, 13 (1), 2009, pp. 131-154.

MOLINA RECIO, Raúl, "El largo camino hacia el individualismo. El palacio de los condes de Luque en Granada en los inicios de la contemporaneidad", *Historia y Genealogía*, 1, 2011, pp. 57-111.

ORTIZ CANTERO, Diego, *Directorio parroquial, práctica de concursos y de curas*, Madrid, por Francisco del Hierro, 1727.

RUIZ SASTRE, Marta, *El abandono de la palabra. Promesas incumplidas y ruptura de noviazgo en el arzobispado sevillano durante el siglo XVII*, Madrid, Fundación Española de Historia Moderna, 2018.

SORIA MESA, Enrique, *Señores y oligarcas: los señoríos del reino de Granada en la edad moderna*, Granada, Universidad de Granada, 199

10

Amos y criados en la "economía moral" de la antropología católica[1]

José María Imízcoz Beunza

Universidad del País Vasco

1 Proyectos de I+D+i del Gobierno de España PID2020-114496RB-100, "Disrupciones y continuidades en el proceso de la modernidad, siglos XVI-XIX. Un análisis pluridisciplinar (Historia, Arte, Literatura)" (2020-2024). Grupo de Investigación del Sistema Universitario Vasco IT1465-22, *Sociedades, Procesos, Culturas (siglos VIII-XVIII)*.

Con este texto pretendo simplemente ofrecer a los investigadores los discursos de tres autores navarros del siglo XVIII que escribieron sobre cómo deberían ser las relaciones entre amos y criados para ser relaciones justas y benéficas, según las experiencias de la economía doméstica y los principios de la moral católica. El primer autor, Francisco Magallón y Beaumont, V marqués de San Adrián, escribe para utilidad y guía de sus hijos y descendientes desde la experiencia de la gestión de su casa, así como desde sus lecturas sobre *Oeconomia* y desde sus profundas convicciones religiosas. El segundo, José Goya y Muniain, es un eclesiástico que escribe más bien desde los principios de la teología moral aplicados a cómo debe tratar un amo cristiano a sus criados. El tercer documento es obra de un jesuita, el padre Pedro de Calatayud, que escribe sobre la vida de un amo ejemplar que se ocupa intensamente de la salud espiritual de sus criados y criadas.

Estos discursos se inscriben dentro de lo que he denominado la "economía moral" de los patricios[2]; esto es, expresan no cómo eran estas relaciones, sino cómo deberían ser para ser justas. El término de "economía moral" lo empleó E.P. Thompson para referirse a la conciencia que tenía la plebe, en los motines de subsistencia en la Inglaterra del siglo XVIII, frente a carestías y especuladores, sobre cual debía ser el precio justo del pan[3]. En trabajos anteriores, he aplicado este concepto a las relaciones verticales que vertebraban los entramados sociales del Antiguo Régimen, unos entramados en los cuales la "desigualdad" económica no se traducían en términos de "separación" de los desiguales, como en las sociedades de clase contemporáneas, sino en una estructura vertical de producción y de distribución de bienes y servicios caracterizada por relaciones de autoridad y de dependencia, estrechas e inmediatas.

Los actores vinculados de este modo tenían su "economía moral"; esto es, una idea de cómo "deberían ser" sus relaciones recíprocas para ser justas y, al contrario, qué eran abusos, incumplimientos e injusticias. En efecto, las relaciones entre desiguales estaban regidas por "obligaciones mutuas vinculantes" que cada parte tenía que cumplir: los padres de familia y los dependientes de la "casa grande", los amos y los criados, los maestros de taller y los oficiales y aprendices, los señores y los vasallos, los patrones y los clientes, el rey y el reino. En función del cumplimiento

---

2   José María Imízcoz Beunza, "La economía moral de los patricios, del Antiguo Régimen a la Revolución (ca. 1748-1840), en J.A. Achón Insausti, J. Esteban Ochoa de Eribe, I. Muguruza Roca (eds.), *Respuestas sociales en tiempos de crisis. Entre la historia, la literatura y el discurso*, Gijón, Ediciones Trea- Ediciones de la Universidad de Castilla-La Mancha, 2024, pp. 179-214.

3   En otro sentido, Laurence Fontaine, *L'économie morale. Pauvreté, crédit et confiance dans l'Europe préindustrielle*, Paris, Gallimard, 2008.

o incumplimiento de estas "obligaciones mutuas vinculantes", los actores implicados respondían con premios y castigos, servicios y deservicios, resistencias pasivas o activas, aclamaciones o revueltas, violencia punitiva o recurso a los tribunales para exigir justicia.

El término de "economía" se refería al gobierno de la casa (*oikos*) y consistía en la administración recta y prudente de los bienes y de las personas que formaban parte de la "casa grande", bajo el gobierno del "pater familias"[4], y, por lo tanto, el concepto de "economía moral" expresa adecuadamente cómo debería ser la economía doméstica —y en nuestro caso las relaciones entre amos y criados— para ser moralmente justas.

Con "antropología católica" señalo el referente último en el que cobraba sentido y se entendía esta "economía moral"[5]. En esta sociedad religiosa, lo moral y lo inmoral estaban determinados por los valores y preceptos del cristianismo. Bartolomé Clavero ya explicó cómo el principio último y fundamento de esta "economía moral" vertical era la religión: en este universo no se entiende nada si no se parte del supuesto de que la religión es antes que la libertad, antes que el contrato, antes que todo concepto jurídico. Se trataba de una sociedad fundada sobre intercambios desiguales de gracia y de beneficios, y el catolicismo fue su fundamento y su signo más representativo, en cuanto que instauraba el precepto de la correspondencia desigual. La religión fue una parte constitutiva de una mentalidad, pero también de una sociabilidad que suponía la mutua dependencia y el establecimiento de un vínculo de amor y de obligación[6].

1. LAS RELACIONES ENTRE AMOS Y CRIADOS SEGÚN FRANCISCO DE MAGALLÓN Y BEAUMONT, V MARQUÉS DE SAN ADRIÁN

Francisco Magallón y Beaumont (Tudela, 1707-1778), V marqués de San Adrián, pertenecía a uno de los linajes más distinguidos de la nobleza navarra. Su familia había entroncado durante varias ge-

---

4   Otto Brunner, "La "casa grande" y la "Oeconomica" de la vieja Europa", en *Nuevos caminos de la historia social y constitucional*, Buenos Aires, 1976, pp. 87-123.

5   José María Iñurritegui, *La gracia y la república: el lenguaje político de la teología católica y "El príncipe cristiano" de Pedro de Ribadeneyra*, UNED, 1998.

6   Bartolomé Clavero, *Antidora. Antropología Católica de la Economía Moderna*, Milán, Giuffre Editore, 1991, pp. 14 et 191; Antonio Manuel Hespanha, *La gracia del derecho. Economía de la cultura en la Edad Moderna*. Madrid. Centro de Estudios Constitucionales, 1993, pp. 151-176.

neraciones con otras familias nobles del reino, de modo que acumulaba varios títulos, además del principal de marqués de San Adrián. A mediados del siglo XVIII poseía un importante patrimonio compuesto por once mayorazgos que se extendían por toda la merindad de Tudela y las merindades vecinas del sur de Navarra, cuya riqueza se componía principalmente de tierras de cereales, viña y olivar. Su casa tenía asiento en el brazo militar de las Cortes del reino de Navarra desde el siglo XVII, luego se vio aventajada por haber combatido a favor de Felipe V en la Guerra de Sucesión y a lo largo del siglo XVIII entroncó con familias distinguidas en la causa borbónica.

Francisco Magallón era un gran lector y erudito. En su palacio de Tudela se reunía desde 1773 "La Conversación", una tertulia a partir de la cual se formalizó en 1778 la Real Sociedad Tudelana de los Deseosos del Bien Público[7].

Magallón reflotó un patrimonio heredado en mal estado y lo administró cuidadosamente. Desde su experiencia económica y sus amplias lecturas, compuso una "Biblioteca de familia" destinada a sus descendientes y a la nobleza en general: una obra útil que "sacara a los Padres de familias de la ignorancia". Comenzó a escribir su "Biblioteca de familia" en 1748 y la concluyó en 1772. Esta se compone de seis libros, que se conservan manuscritos en el Archivo Municipal de Tudela[8]. Los dos primeros fueron escritos a partir de 1748 y contienen máximas generales para el gobierno doméstico. Se titulan *Biblioteca de familia para las maximas de Govierno domestico y familiar de una familia*[9] y *Biblioteca de familia para el Gobierno cabal de una familia. Libro Segundo en que se trata de algunas máximas generales de buen gobierno*[10]. Les siguen otros dos libros dedicados a la educación de los hijos: *Biblioteca de familia. Educación a los hijos en sus primeros años* y *Biblioteca de familia. Educación de los hijos Libro segundo hasta el uso de razón*. Los dos últimos libros están datados de 1772, uno dedicado al padre y el otro a la madre de familia, y entran con detalle a los numerosos aspectos materiales específicos de los diversos ramos de la economía doméstica: *Manual de economia domestica mas directamente para el Padre de familia.*

---

7   Pablo Guijarro Salvador, *El espíritu ilustrado en Navarra. Los marqueses de San Adrián y la Real Sociedad Tudelana de los Deseosos del Bien Público*, Pamplona, Gobierno de Navarra, 2016.

8   Sobre los titulares del marquesado y el archivo familiar, Pablo Guijarro Salvador, "El archivo del marquesado de San Adrián durante la Ilustración: organización, fin, utilidad y uso", *Príncipe de Viana*, Año 68, 242, 2007, pp. 977-1010.

9   Tomo 1, Tudela, ca. 1748, mns. 344 p.

10   Tudela, ca. 1748, mns. 524p.

Parte primera perteneciente tambien como libro de la Biblioteca de familia[11] y *Manual de economia domestica mas directamente para la Madre de familia. Parte segunda sobre este asumpto perteneciente tambien como libro de la Biblioteca de familia*[12].

En "Razón de la obra", Magallón explica su objetivo de componer una obra que pueda servir como la Biblioteca de un Padre de familia, siendo útil sin necesidad de perder mucho tiempo en vastas lecturas. Magallón dedica su obra a la Nobleza, "como particular objeto", aunque entiende que puede servir a todos los padres de familia "descendientes de Adán que, divididos en distintas clases y jerarquías, son cabezas de las casas que hoy componen la gran población del orbe". Al final, concluye que su obra es solo "un primer borrador" y que, si la ha encuadernado, ha sido "para doméstica conversación familiar entre mis más propios"[13]. De hecho, en la mayor parte de la obra se dirige al lector en segunda persona del singular y en los manuscritos de 1772 se dirige explícitamente en varias ocasiones a sus hijos y descendientes.

Los libros de economía doméstica de Francisco Magallón corresponden a los tratados de *Oeconomia* para la nobleza, frecuentes en España a partir del siglo XVI y especialmente en el XVII[14], que se ocupaban de múltiples aspectos del gobierno y administración de la Casa[15]. A su experiencia como *pater familias* se añade un conocimiento profundo de las bases intelectuales de la *Oeconomia*. Cita abundantemente las Sagradas Escrituras, a filósofos y escritores de la Antigüedad clásica, a Padres de la Iglesia, a grandes pensadores cristianos y a autores españoles. En particular, se apoya frecuentemente en la *Philosophia Moralis* de Emanuele Tesauro, en las *Reflexiones políticas y militares* del marqués de Santa Cruz, y, para ilustrar sus propósitos, utiliza abundantes ejemplos de la vida de los césares ro-

---

11   Tudela, 1772, mns. 315 p.

12   Tudela, 1772, mns. 58 p.

13   "Advertencia", "Razón de la obra", 1748, libro 1º.

14   Romina Zamora, "De la economía doméstica a la economía política: el discurso económico en Navarra en dos tratados de finales del siglo XVIII", en J.A. Achón y J.M. Imízcoz (eds.), *Discursos y contradiscursos de la modernidad (siglos XVI-XIX)*, Madrid, ed. Sílex, 2019, pp. 475-509.

15   Ignacio Atienza, "Pater familias, señor y patrón: *Oeconomica*, clientelismo y patronato en el Antiguo Régimen", en R. Pastor (Comp.), *Relaciones de poder, de producción y de parentesco en la Edad Media y Moderna*, Madrid, CSIC, 1990, pp. 411-457; Bartolomé Yun Casalilla, "Economía moral y gestión aristocrática en tiempos del Quijote", *Revista de Historia Económica: Journal of Iberian and Latin American Economic History*, Año 23, Nº extra 1, 2005, pp. 45-68.

manos, de los reyes de Francia, de gobernantes de otros reinos y de figuras de la aristocracia[16].

El "razón de la obra", el autor expone de entrada la pluralidad de objetivos de su escrito, el cual desea que sirva

> "para aprender y enseñar a ser, lo primero, buenos y útiles y dulces consortes, perfectos amigos; para criar hijos dignos y de la mejor índole que lleguen a ser buenos hermanos y apacibles ciudadanos y Padres de la Patria; para saber tener oficiosos fieles criados, servidores y administradores; para saber adelantar los convenientes intereses y cultura de los campos y haciendas; para saber conservar las alianzas y la buena política y armonía con los vecinos; para ser útiles y deliciosos a la religión, al estado, a la Patria y a la sociedad; y, en fin, para saber esparcir todos estos bienes por el universo, y con ellos conducir a todos los hombres llenos de méritos a la Gloria que debemos dar eternamente todos a nuestro Creador".[17]

La relación del señor con sus criados y criadas, "para saber tener oficiosos fieles criados, servidores y administradores", se sitúa y entiende en el contexto más amplio de la *Oeconomia*, en un orden político en el que el padre de familia noble acumulaba la potestad señorial –"de autoridad, dominio y sujeción"– sobre la Casa grande. Esto es, tenía la obligación de gobernar y proteger a quienes estaban bajo su autoridad. El gobierno, protección y cuidado del *pater familias* debía garantizar, por definición, un "bien común" doméstico, señorial y corporativo[18].

Como expresa el autor, en el orden católico de un mundo creado por Dios, el padre de familias no era un amo absoluto que pudiera hacer y deshacer según su voluntad, al menos no impunemente, sino un gobernador con obligaciones que, tras su muerte, sería juzgado de forma exigente en el tribunal de Dios:

> "Habiéndote Dios creado hombre y conferido el empleo de Gobernador de una familia (...) corre al trabajo de las fati-

---

16   Ana Zabalza Seguín,"Teoría *versus* biografía: los "manuales de economía doméstica" del marqués de San Adrián (1772), *Nuevo mundo, mundos nuevos*, Nº8, 2008.

17   1748, Libro 1º, "Razón de la obra".

18   Romina Zamora, "De la economía doméstica a la economía política...", pp. 475-477.

gas que te señaló el Divino Juez [...], [al] cumplimiento de tus obligaciones".[19]

El *pater familias* es un usufructuario que Dios ha puesto al servicio de la casa:

"Dios (...) no nos dio la propiedad de ninguna cosa, sino el uso de ellas mientras la breve peregrinación de esta vida".[20]
"Vuestra casa tiene un amo superior (que es Dios), de quien en ella sois los criados mayores".[21]

A esto se opone el comportamiento de "los hombres meramente terrenos que, con una política toda carnal y mundana, piensan que nada hay más a aspirar que a ser poderosos y ricos para el mundo".[22]

Es en este contexto donde cobra sentido y se entiende la exigencia de Magallón al exponer las obligaciones que tienen los padres y las madres de familia con respecto a sus dependientes:

"Advierta el Padre de familias que no le bastará el que sea buen hombre si la flojedad de su Gobierno ha hecho a otros malos hijos, malos criados y malos súbditos: y si su mal Gobierno ha privado a su familia de la crianza y ventajas que podría haber logrado, y a la República de las utilidades que le causan los hábiles y laboriosos ciudadanos".[23]

1.1. RELACIONES CON LOS CRIADOS Y CRIADAS.

La conciencia religiosa impregna toda la obra de Francisco Magallón, pero, sin embargo, en la práctica, su discurso sobre cómo debe ser el trato entre amos y criados es puramente económico y se basa en la idea de que ambos se necesitan mutuamente. Esta idea no proviene de la teoría, sino de su experiencia personal y de las experiencias ajenas.

Los criados y criadas de su casa eran el mayordomo, caballerizo, escribiente o secretario, pajes, lacayos, cocheros y mozo de mulas

---

19   1748, libro 2º, p. 22.

20   1748, libro 1º, p. 200.

21   1772, Padre de familia, p. 237.

22   1772, Madre de familia, Invocación, pp. 44-46.

23   1748, libro 2º, p.24.

de campo, y acaso un ayuda de cámara. Y las criadas eran un ama de llaves, doncellas, nodrizas, una urzaya y cocineras[24].

Magallón empieza poniendo las relaciones recíprocas entre amos y criados bajo el signo del amor, dentro de un capítulo que titula "debes hacerte amar de todos", empezando por los criados. En él enfatiza "las utilidades de granjear el amor de tus criados", ya que "más continua e inmediatamente sentirás los daños y provechos de el desafecto o amor de tus criados". De ahí "lo mucho que importará a tu persona y casa el que aquellos te amen":

> "Si tus súbditos y criados te aborrecen, solo porque no logres tus utilidades errarán de propósito sus comisiones y se echarán a perder tus dependencias, haciendas, intereses. Pero aún cuando su malignidad no trascienda a tanto (porque tal vez no te aborrecen, pero no te aman), es de temer que la ninguna inclinación que te tienen los haga igualmente tibios y flojos en el cumplimiento de sus obligaciones y empleos, con mucho perjuicio de tu casa, daño de tus intereses, riesgo de tu persona y honor y desdoro de tus lucimientos en las funciones que siempre deben pasar por sus manos en la práctica de el servicio".[25]

Nada ingenuo, sin embargo, Francisco Magallón equilibra el amor con la autoridad sobre los sirvientes:

> "Como te será imposible ser amado de todos, te conviene tener ganada autoridad y soberanía sobre tu familia para tener rendidos a tu respeto a los que no lograres entregados a tu amor"[26].

Esto requería un equilibrio entre el amor y la autoridad, con el objeto de evitar los riesgos de desprecio por parte de los dependientes:

> "El amor mismo que hayas granjeado en tu familia declinará fácilmente en desprecio si, al mismo paso que les abres con tu cariño las puertas de tu corazón, no les manifiestas en él un fondo de respetable soberanía que les haga entrar en tu

---

24 1772, Padre de familia, p.155.

25 1748, libro 2º, cap.5, pp. 68-71.

26 1748, libro 2º, cap.6, p.81.

amor no con pretensiones de familiar igualdad, sino con nuevas obligaciones de reconocidos a la amorosa gracia con que los trata tu grandeza".[27]

En esta línea, es necesario evitar que "ningún criado (...) sea tu señor y te maneje", porque "un espíritu flojo y que aborrece las cargas indispensables" favorece que "algún criado astuto" se haga "dueño de todo su señor", porque hecho "amo de su amo", atropella "a todos los buenos servidores que se oponen a sus ideas" y "mete el desorden en la familia y arruina la Casa"[28]

Para lograr esto se requiere equilibrio: "de una prudente severidad no pases a un rigor insufrible". Se trata de "ser reverenciado sin riesgo de hacerte odiado"[29], ya que con el "exceso de vicio como crueldad, inhumanidad, violencia, soberbia, tiranía (...) serás temido, pero no admirado con respetuoso aprecio". "El medio mas seguro y eficaz para granjearse este sólido respeto será una vida perfectamente virtuosa"[30].

Como en el caso del príncipe, el recurso principal que señala Magallón para asegurar el buen gobierno del padre de familia es "saber premiar y castigar"; esto es, "dar a los demás lo que les conviene según su mérito":

> "El premio y el castigo son los dos polos sobre quienes se mantiene el buen gobierno de una república: y siendo (...) una familia una pequeña república y un Padre de familias un pequeño Príncipe, debe saber bien usar de la Justicia en la distribución de los premios y castigos y en el cumplimiento de los contratos (...)".[31]

> "La Justicia te hará amar y estimar a los buenos y desechar a los malos de tu servicio": "Como debes dar la estimación y confianza a quien te sirve bien, debes igualmente pagar, vestir y mantener bien al criado que quieres te sea fiel (...) Todo eso estás obligado a dárselo muy bueno a tu criado, si es cierto (como lo es) que el servir es un trato de permuta: con que no

---

27 1748, libro 2º, cap.6, p.84.

28 1748, libro 1º, pp. 71-72.

29 1748, libro 2º, cap.6, p.84.

30 1748, libro 2º, cap.6, pp.97-98.

31 1748, libro 1º, cap.6, pp.55-56.

puedes pretender mejor servicio que el cambio puntual de tu asistencia".[32]

"Servir es trato de permuta": Buen servicio al amo, a cambio de estimación, confianza, buena paga, vestido y mantenimiento para el sirviente. Magallón expresa y ejemplifica admirablemente las "obligaciones mutuas vinculantes" entre superiores y dependientes que, de modo general, debían imperar en una sociedad que se veía a sí misma como desigual pero justa.

Como el rey y los vasallos se necesitaban mutuamente, el padre de familias necesitaba y dependía de sus criados. Francisco Magallón muestra esta necesidad con diferentes ejemplos. El padre de familia depende diariamente de sus criados para sacar adelante los ministerios de la casa; para confiarles "la seguridad de su sueño"; para defender la vida y el honor de sus amos ante posibles ataques armados en la calle; para difundir su buena fama, o para ser testigos favorables en los pleitos.

Y como prueba de lo contrario, cita varios casos que conoce de primera mano, como el de aquel militar que fue degollado por su ayuda de cámara, que dormía junto a su cama; o lo que le ocurrió a una Gran Señora odiada por sus criados, que le robaban y deservían, o la historia de un caballero malquerido cuyo crédito sufrió por los graves testimonios en su contra de los criados.

El buen gobierno de la casa debía apoyarse en una "prudente economía en tus rentas". Huyendo tanto de la prodigalidad como de la avaricia,

> "A todos los de tu casa puedes tener contentos": [...y] tendrás los mejores criados, si pudieres pagarles mas que otros".[33]
>
> "La liberalidad con tus domésticos te granjeará el cariño de ellos y aún hará apetecer tu servicio a los mejores criados de otros amos".[34]

Los criados vivían en la casa de su señor y patrón[35], de tal modo que el orden de la economía doméstica era el orden de la presencia

---

32   1748, libro 1º, cap.6, p.56.

33   1748, libro 1º, pp. 250-252.

34   1748, libro 1º, p.230.

35   Otto Brunner, "La "casa grande" y la "Oeconomica"...

física, de la inmediatez, de las interacciones diarias[36]. Francisco Magallón insiste en la necesidad de que el padre y la madre de familia interactúen diariamente con los criados para asegurar el buen funcionamiento de la casa:

> "Los Padres de familia se han de dejar ver y notar de sus domésticos con una grande aplicación"; "han de procurar (...) no faltar al despacho señalado a cuentas con sus mayordomos, administradores, caballerizos, etc."; "también han de presentarse en todas las oficinas y en todas ocasiones (...) que se vea que (...) a todo atienden y todo lo reparan"[37].

Igualmente, "de todo ha de velar la gran Madre de familia, distribuyendo a cada una su tarea y cuidando si se emplean las criadas como conviene en ellas". Este cuidado es importante porque "el saber que ha de llegarse a ver y tocar diariamente con las manos el empleo de el tiempo (...) hace vivir a los laborantes con [el] cuidado de no parecer siervo inútil y ocioso". De lo contrario, "en los tiempos en que no se les ve lo pasan en el vicio de la charlatanería, el ventaneo, el ocio y otras cosas tales cuales son el origen de los mayores males y desórdenes de las familias"[38].

Por último, este orden de la economía doméstica era un orden de educación y disciplinamiento de los subalternos. El Padre y la Madre de familia tenían que "saber educarlos, criarlos y formarlos (...) para evitar, precaver y enmendar lo malo, y restablecer, promover y avigorar lo bueno"[39]. Por su parte, "una digna Madre de familias (...) debe educar a sus sirvientas, hacerlas grandes mujeres, laboriosas, honradas y virtuosas"[40]

Al mismo tiempo, los padres de familia tienen que saber premiar y castigar. Tienen que purgar la Casa "de los malos criados que inficcionarán algún día la integridad y virtud de tus hijos"[41]. Deben "despedir al desaplicado (...) a no hacer caso de la debida sujeción" y

---

36 Uno de los mejores ejemplos documentales en la Europa moderna sigue siendo el diario de Gouberville, cf. Madeleine Foisil, *Le Sire de Gouberville, un gentilhomme normand au XVIe siècle*, Paris, Flammarion, 1986.

37 1772, Padre de familia, p.240.

38 1772, Madre de familia, p.451

39 1772, Padre de familia, p.157.

40 1772, Madre de familia, pp. 444 y 456.

41 1748, libro 2º, p.19

"solicitar otro", adquiriendo "las más seguras noticias de los sujetos de mejores prendas"[42]. Por lo tanto, si el amo necesita al criado, el criado necesita al amo y le conviene cumplir con su parte de obligaciones para mantener el sustento, incluso para obtener recompensas por su buen servicio.

En definitiva, Francisco Magallón escribe sobre cómo deben ser las relaciones entre amos y criados desde su experiencia como padre de familia, gestor aplicado de su economía doméstica, muy consciente, por su experiencia personal y por experiencias ajenas, de que amos y criados se necesitan mutuamente y de que las buenas relaciones entre ellos son necesarias en interés del buen funcionamiento de la casa, mientras que las malas relaciones la perjudican gravemente. La perspectiva religiosa de Magallón es profunda y está siempre presente, pero es la necesidad de la buena economía doméstica la que prevalece en la práctica.

2. RELACIONES DE LOS AMOS CON LOS CRIADOS, SEGÚN JOSÉ GOYA Y MUNIAIN

En cambio, el eclesiástico José Goya y Muniain trata de cómo debe ser el trato de los amos hacia los criados, no desde la utilidad de la economía doméstica, sino desde los principios de la teología moral.

En el Real Archivo General de Navarra se conserva el manuscrito titulado *Cuaderno de curiosos apuntamientos para uso privativo de Francisco Javier de Goya, vecino del lugar de Azanza, Valle de Goñi en el Reyno de Navarra. Año de 1790: dialogo ó conversacion que yo Francisco Javier de Goya tube en Madrid con mi hermano, Don Joseph presbitero, oficial primero de la Real Biblioteca de Su Magestad.*

El título y el primer párrafo del Cuaderno atribuyen su autoría a Francisco Javier, el hermano labrador que quedó como dueño de la casa paterna de Azanza, pero en realidad, según Goñi Gaztambide, esta atribución es una ficción literaria porque todo el diálogo y sus adiciones está escrito, rubricado y cuatro veces firmado con letra de su hermano presbítero José Goya Muniain[43].

---

42   1772, Padre de familia, p. 167

43   José Goñi Gaztambide, "El "diálogo" de José Goya y Muniain", *Príncipe de Viana*, XXXII (1971), p.79.

José Goya Muniain nació en Azanza, un lugar del valle navarro de Goñi, el 9 de julio de 1756. Tras aprender latín, estudió derecho civil y canónico en la universidad de Zaragoza y llegó a ser bibliotecario de la Biblioteca Real, auditor de la Rota española y canónigo de Sevilla, donde falleció el 6 de marzo de 1807.

Por su condición de hermano mayor y eclesiástico, José tenían un gran ascendiente sobre sus hermanos y, especialmente, sobre Javier, el heredero de la casa paterna. A menudo le exhortaba por escrito a santificarse en medio de las labores del campo y de las ocupaciones domésticas. En 1789, José llamó a su hermano Javier a Madrid y este llegó a la corte el 21 de diciembre de aquel año. Tras un intercambio prolongado durante un mes, José puso por escrito sus enseñanzas en forma de diálogo, de modo que no cayeran en el olvido. El cuaderno se escribió en 1790 y posteriormente se añadieron unas notas en el lugar de Azanza, en 1797. Consta de 74 páginas, a las que siguen un espacio final para apuntes de la compra y venta de ganado.[44]

El contexto es el de una familia muy religiosa. El Cuaderno está precedido por la invocación "Jesús, María y José sean con nosotros y con todos los de nuestra familia. Amén", y el destino de sus consejos, se dice por boca de Javier, "se me dieron para mi privativo uso y gobierno en mi profesión de labrador y padre de familia en mi casa de Azanza". Estamos, pues, ante una lección de "economía moral" católica expuesta por un eclesiástico de una familia intensamente religiosa que se precia del ejemplo "que de su vida y virtudes dejaron mis Abuelos y Padre (que en gloria estén) [y de] ver el santo ejemplo que nos dan el Santo tío, el hermano y primo cartujos y las tres hermanas Religiosas", además del propio presbítero Joseph.

Entre otros temas, el Cuaderno expone cómo deberían tratar los amos cristianos a sus criados y critica a los amos que los maltratan[45].

Como en los libros de familia de Francisco Magallón, el universo de sentido es el orden divino: Dios como repartidor de todos los bienes de forma desigual, sus mandatos de caridad, su tribunal de justicia, sus premios y castigos. Javier pregunta a su hermano José sobre cómo ha de comportarse con el Prójimo, especialmente con los pobres de Jesucristo, y Joseph le explica que "el que tiene caridad verdadera con el prójimo, el que lo ama como Dios lo manda, el que

---

44   *Ibidem*, pp. 77 y 79.

45   Manuscrito publicado entre 1790 y 1797, 112p., 21 cm.

estima el prójimo como a sí mismo; ese tal, dice el mismo Dios que ama a Dios, cumple con la ley divina y que se salvará".[46]

Como su nombre indica, el "prójimo" es el "próximo" y las obligaciones para con el prójimo se escalonan en orden de proximidad: "En clase de prójimo entran primeramente tus mismos Parientes y allegados por el grado (...), en segundo lugar entran tus sirvientes domésticos; y en tercero los pobres y todos los extraños".[47]

> "En cuanto a tus sirvientes y criados te digo que los debes tratar no como a esclavos condenados por delitos suyos a servirte, sino como a hermanos tuyos mas pobres que tu que se hallan necesitados a servirte porque Dios Nuestro Señor, repartidor de todos los bienes, por sus altos juicios, no les quiso dar tantos como a ti: y por eso los pobrecitos para comer, vestir y ganar algún real, necesitan servirte todo un año, trabajando, remando y sudando día y noche: y todo ello por una triste soldada que sacan después de comer".[48]

Ni Magallón ni Joseph Goya ponen en tela de juicio el sistema, como tampoco lo hacían los amotinados de Granada en 1648[49]. Todo depende de las virtudes o defectos morales de las personas. La realidad es la que es. "Dios Nuestro Señor, repartidor de todos los bienes" lo ha querido así, aunque no podamos entenderlo porque "sus altos juicios" superan nuestra cortedad. Desde esta perspectiva, José critica a los amos que maltratan a sus sirvientes:

> "Hay algunos amos que tratan a sus sirvientes como si no fuesen personas racionales: los tratan con imperio, crueldad y dominio, como si los criados fuesen perros y los amos algunos grandes señores".[50]

Y argumenta con el viejo argumento de que todos son iguales al nacer y al morir:

---

46 José Goya y Muniain..., pp. 28-29.

47 José Goya y Muniain..., pp. 28-29.

48 José Goya y Muniain..., p. 29

49 José María Imízcoz, «Liens verticaux, crises et économie morale dans l'Espagne moderne», en Laurent Coste. et Sylvie Guillaume (dir.), *Élites et crises du XVIe au XXe siècle. Europe et Outre-Mer*, Paris, Armand Colin, 2014, pp. 89-91.

50 José Goya y Muniain..., p. 29

"Lo cierto es que al nacer y en el morir, y en todas las necesidades naturales de la vida, tan miserable es el amo como el criado: y si en bienes y conveniencias temporales los amos hacen alguna ventaja a los criados, todos, todos, cuando nos llevan a la sepultura quedamos igualitos".[51]

En cualquier caso, Dios hará justicia:

"Y si hay alguna diferencia consiste en que los pobres criados tienen que dar en el tribunal de Dios corta cuenta de bienes temporales que no han tenido y los amos ricos tienen que darla muy larga y estrechísima de los bienes que les han sobrado en este mundo".[52]

Sentadas estas bases, José pasa a concretar a su hermano cómo debe ser su trato con los criados:

"Considera, pues, Javier, todo esto y tu mismo verás que estáis obligados los amos a tratar a vuestros criados con blandura, modo y caridad como a pobres, sí, pero como a hijos de Dios como vosotros, como a hermanos vuestros, aunque más pobres. ¿Ellos no tiene que sufrir mil impertinencias y malos tratamientos y palabras duras?, pues razón será que vosotros les sufráis algunas flaquezas, ignorancias y defectos (...) Si vuestros criados os sirven con la debida sumisión, puntualidad y derechura, trabajando cuanto pueden y saben según les mandéis, con eso cumplen con su obligación y ganan legítimamente su salario".[53]

Pero los amos tienen otras obligaciones para con los criados, especialmente obligaciones religiosas y morales, que veremos funcionar mas adelante, en la práctica, en casa del duque de Granada de Ega:

"Los amos, además de pagarles puntualmente todo lo pactado, están obligados a dar en el tribunal de Dios cuenta muy terrible de la vida, costumbres y conducta de sus cria-

51   José Goya y Muniain..., p. 30

52   José Goya y Muniain..., p. 30

53   José Goya y Muniain..., p. 30

dos mientras sirvieron (...) Tú procura que tus criados sepan la doctrina cristiana, que sepan lo que deben hacer para salvarse y para cumplir con las respectivas obligaciones de su estado; para eso, haz que guarden y santifiquen las fiestas y que oigan sin falta los sermones de la Parroquia, confesándose cuando puedan o les mandéis: haz que se recojan a buena hora en casa los días festivos: procura en lo posible separar los criados de las criadas; ten cuidado que no vayan revueltos hombres y mujeres a viajes largos ni a las labores del campo y, en fin, por tu parte haz todo lo que debe hacer un diligente y cuidadoso padre de familia; encárgales que teman y amen a Dios, que se acuerden de sus Postrimerías, y que la vida se acaba muy brevemente; con esto que hagas a menudo y con leer algunas noches a la familia el libro precioso de Belarmino o Calatayud, lograrás no solamente las bendiciones del cielo sobre tu casa y familia, sino que todos tus criados y criadas y pastores te sirvan bien y fielmente".[54]

Y en caso contrario, como en el discurso de Francisco Magallón, el amo siempre tiene la facultad de echarlos:

"Y si ellos o ellas son tan ruines que no quieren oirte y cumplir sus obligaciones, facultad y mano tienes para despedir y echarlos de casa; y desde que salen, ya no corren por tu cuenta".[55]

Esto en cuanto a lo que debería ser, según esta "economía moral". Sin embargo, Javier, hombre de terreno, constata el abismo entre los principios y la práctica, y responde a su hermano que

"considerando lo que acaba vmd. de decirme y lo que pasa en nuestra tierra entre amos y criados, me suelo llenar de admiración: allí no se hace caso de las mutuas obligaciones que dice vmd que hay entre amos y criados: ni estos saben las suyas, ni aquellos se acuerdan de las en que están, y acaso nacen estos males de falta de instrucción".[56]

---

54   José Goya y Muniain..., p. 31

55   José Goya y Muniain..., p. 31

56   José Goya y Muniain..., pp. 31-32.

3. EL CUIDADO POR EL AMO CRISTIANO DE LAS ALMAS DE SUS CRIADOS Y DEPENDIENTES. EL EJEMPLO DEL DUQUE DE GRANADA DE EGA

La vida y costumbres del II duque de Granada de Ega, tal y como la escribió su biógrafo, el padre Calatayud, encarnaría la práctica del ideal cristiano del cuidado religioso del amo hacia sus criados. En esto coinciden los escritos de Francisco Magallón, José Goya y Munian y Pedro de Calatayud.

El jesuita Pedro de Calatayud (Tafalla, 1689- Bolonia, 1773) estudió retórica, jurisprudencia en Alcalá, filosofía en Palencia y teología en Salamanca. Autor religioso muy prolífico, publicó 39 obras y escribió cientos de manuscritos, muchos de ellos sermones. Pero, sobre todo, destacó por ser un famoso misionero que recorrió gran parte de España llamando a la conversión en numerosas misiones populares[57].

En 1756, publicó en Pamplona *Resumen de la vida y costumbres de el Excelentissimo Señor Duque de Granada de Ega, Conde de Xavier, Marqués de Cortes, Vizconde de Zolina, etc./ Dala a luz publica / El R.P. Pedro de Calatayud de la Compañía de Jesus, Maestro de Escriptura y Missionero Apostolico de la Provincia de Castilla/ Dedicala a la Venerable y Santa Escuela de Christo de la Ciudad de Estalla/ Con Privilegio/ En Pamplona: Por Martin Joseph de Rada, Impresor del Exmo. Señor Virrey de este Reyno.*

Antonio Idiáquez y Garnica, II duque de Granada de Ega (Azcoitia, 1686- Estella 1755) siguió la carrera militar en Flandes y luego en las Guardias Reales, bajo la protección de su tío Juan de Idiáquez y Eguía, creador de las Guardias Española de Infantería y I duque de Granda de Ega, de quien heredó el título. A la muerte de su padre, Antonio heredó varios mayorazgos en Guipúzcoa, entre ellos el de Loyola. En 1708 casó con María Isabel Aznárez de Garro y Echeverz, condesa de Javier. Al retirarse de la carrera militar fijó su residencia en el palacio de los condes de Javier en Estella.

Antonio de Idiáquez fue un hombre profundamente religioso cuya vida cotidiana estaba marcada por las prácticas de oración, meditación, penitencia, caridad y virtudes cristianas. Tenía una fuerte

---

57   Antonio Astorgano Abajo, biografía en *Historia Hispánica*, diccionario de la RAH.

vinculación con la Compañía de Jesús y sus costumbres se caracterizaban por el rigorismo religioso.

La obra del padre Calatayud pone al duque de Granada de Ega como ejemplo de virtud, según el principio, general en la tratadística nobiliaria cristiana, de la especial obligación de ejemplaridad que tenían los nobles por su influencia en "los inferiores":

> "Es la virtud siempre hermosa y muy lucida en cualquiera (...) y, no obstante, son mucho más brillantes sus resplandores y las influencias mas universales y activas cuando se halla en hombres Grandes por su Nobleza y elevación de Estado en que el Señor los puso en el Mundo, en sentir de San Bernardo, porque los inferiores se mueven más con el ejemplo de aquellos a quienes como superiores respetan".[58]

En especial, el padre de familia cristiano tenía que dar cuenta ante Dios de las almas de todos los miembros de su familia, criados incluidos:

> "A un Padre de Familias no es bastante para salvarse aquella virtud, que lo es para cada uno de sus hijos o criados, porque éste solo debe dar cuenta de su alma, y aquel de la suya propia y de la de toda su familia (...) Con esta consideración no solo procedió con el ejemplo de vida a Hijos y Criados, sino que procuró de varios modos el que se instruyesen en la doctrina cristiana y educasen en el santo temor de Dios".[59]

Es sorprendente el detalle de las prácticas religiosas que Antonio de Idiáquez inculcaba y compartía con sus criados a lo largo del día. Al levantarse por la mañana,

> "el Duque, juntando a sus criados todos y puesto con ellos de rodillas ofrecía en voz clara las obras a Dios Nuestro Señor como están en el compendio de la doctrina y estos respondían. Luego, sentados todos, leía en el librillo de Ejercicios de nuestro Santo Padre Ignacio, y en el de la Diferencia entre lo Temporal y Eterno, hasta llenar media hora".

---

58   P. Calatayud, Resumen de la vida..., s.p.

59   P. Calatayud, Resumen de la vida..., p. 60

Lo mismo hacían, separadamente, las criadas con la condesa:

> "En la vivienda de arriba, también la familia de Mujeres hacía lo mismo leyendo una doncella por media hora, y después se desayunaban".[60]

Igualmente, el duque enseñaba diariamente la doctrina cristiana a sus criados y rezaba con ellos el rosario:

> "Por sí mismo explicaba y leía cada día la Doctrina, y a veces preguntaba a todos sus Criados, hasta al Jardinero, Porteros, Cocheros y Lacayos: Hacía también leer en su presencia un punto breve de consideración o pensamientos cristianos, y con ellos rezaba el Santo Rosario mientras se lo permitió la salud"[61].

Así mismo, se preocupaba de "que oyesen diariamente Misa todos sus criados". "A sus criados, aun a los menores y de Librea, avisaba las vísperas de Fiestas más solemnes que se preparasen para confesar y comulgar".[62] También, "solía enviar todos sus criados a los Ejercicios de el Sagrado Corazón".[63] "Su casa fue como una escuela de la religión cristiana: en ella se celó mucho el destierro de los vicios, especialmente el de jugar y maldecir y las palabras impuras y feas".[64]

La obra enfatiza las cualidades de su trato hacia los demás y el amor, respeto y veneración que estos le profesaban a cambio:

> "Era benigno con inferiores y criados", "nunca se vio que la indignación obrase en él", pero no aguantaba a los simuladores y falsos. "Para corregir el desorden (...) no cayó en los estragos que ocasiona la iracundia", sino que "cuando algún criado delinquía o se descuidaba", le avisaba "de su defecto llamándolo aparte".[65] "La afabilidad, el agrado y humanarse a

---

60   P. Calatayud, Resumen de la vida..., p. 61

61   P. Calatayud, Resumen de la vida..., s.p.

62   P. Calatayud, Resumen de la vida..., p. 60

63   P. Calatayud, Resumen de la vida..., p. 31

64   P. Calatayud, Resumen de la vida..., p. 62

65   P. Calatayud, Resumen de la vida..., p. 49

toda suerte de Personas cautivaba, de modo que todos le amaban y respetaban con aquella especie de veneración que se daba a conocer (...) en cuantos le encontraban o veían en la calle".

El duque se distinguía por sus acciones en favor de los enfermos y por su caridad hacia los necesitados: "A personas del Pueblo enfermas, aun de las ordinarias, se enviaba recado de parte de su Excelencia para saber de su salud y si necesitaban alguna cosa".[66]
Personalmente,

> "nunca se dispensó a título de Señor de aquellas acciones que (...) causan vergüenza a los Nobles y Poderosos y las reputan por viles: Eran las delicias de S.E cuidar y asistir a los Pobres en los Hospitales y parece le venía como obligación de su misma Grandeza, administrando la comida a los enfermos sin melindre, alegrándose le tocase el más llagado y peligroso, y lo ejecutaba con tanta devoción que se enternecía el mismo Pobre a quien le sorteaba tal sirviente".[67]

Dios

> "escogió al Duque como Dispensero que había de ser de sus bienes temporales: el dar continuamente a los necesitados (...) Vivió preparado y pronto para hacer bien, lo primero a pobres mendigos y de puerta, lo segundo a envergonzantes, lo tercero a enfermos, encarcelados, hospicios y hospitales, lo cuarto a Comunidades Religiosas, Iglesias y Parroquias, lo quinto a Vírgenes y Doncellas".[68]

El padre Calatayud, por contraste con el buen ejemplo del duque de Granada de Ega, critica a los poderosos que no ejercían la caridad con sus bienes y a los patronos de beneficios eclesiásticos que los conferían a sus relaciones, en lugar de a los mejores y más dignos.
Frente al ejemplo de la generosidad del duque de Granada de Ega y de su mujer, la condesa de Javier, ("que no solo fue de corazón limosnero, sino derramador con los Pobres"), el padre Calatayud fustiga a

---

66   P. Calatayud, *Resumen de la vida...*, p. 43

67   P. Calatayud, *Resumen de la vida...*, s.p.

68   P. Calatayud, *Resumen de la vida...*, pp. 75-76.

"algunos Grandes, Nobles o Poderosos de España, en quienes puso Dios mayores Estados y Rentas (...)" que "no solamente no dan lo que realmente pudieran (...), sino que deben, contrayendo deudas nuevas y dilatando la paga".[69]

Para ello, el padre Calatayud emplea el argumento de la antropología católica que, como en Francisco Magallón, José Goya y Muniain y en tantos otros, es nuclear en todos los tratados de buen gobierno:

"La máxima que los lleva a la perdición (...) está en persuadirse que sus Rentas son tan absolutamente suyas y tan despótica su propiedad y dominio que las pueden distraer a su albedrío (...) No hay duda que cada uno es Señor absoluto de lo que con justo título posee y es suyo, si se compara con el prójimo, pues este no tiene derecho ni se le puede quitar; mas respecto de Dios (...) son unos meros Administradores o Despenseros de sus haberes, a quienes Dios puso la obligación grave y censo irredimible de gastar en Pobres (...)"[70].

El padre Calatayud pone como modelo a imitar el ejemplo de virtudes cristianas del II duque de Granada de Ega, con una tendencia evidente a la hagiografía, que habría que contrastar con otras fuentes documentales. En cualquier caso, para lo que aquí nos interesa, deja claro y ejemplifica el modelo superior de virtud en el trato con los criados que predica la "economía moral" católica.

4. REFLEXIONES FINALES

Con este trabajo no nos hemos referido en ningún momento a cómo eran en la práctica las relaciones entre amos y criados, sino a cómo deberían ser según nuestros tres autores y, probablemente, según las categorías mentales y los valores de determinada cultura de los patricios laicos y eclesiásticos de su época, aunque queda por investigar hasta qué punto y con qué variantes.

He dejado para estas reflexiones finales una cuestión compleja a la que no puedo responder, pero sí plantear: ¿cuáles fueron en la

---

69   P. Calatayud, *Resumen de la vida...*, pp. 87-88.

70   P. Calatayud, *Resumen de la vida...*, pp. 87-88.

práctica las relaciones entre los discursos sobre lo que debería ser y la realidad fáctica de lo que era en la práctica? Para plantear adecuadamente esta cuestión me parece útil situarla en las estructuras materiales y organizativas de las que formaba parte.

La base material es bien conocida por los especialistas. En todas las ciudades se concentraba un porcentaje muy alto de población dependiente dedicada a prestar servicio a las familias acomodadas de la aristocracia y del clero, del comercio y del artesanado[71]. En una sociedad pobre, en la que pocos poseían rentas y capitalizaban, la mayoría vivía del trabajo de cada día y dependía grandemente de la coyuntura, de las malas cosechas, de la caída de la demanda, del paro estacional, siempre con peligro de caer en la pobreza. En las familias de las clases bajas se daba una fuerte tendencia "nidífuga" por las presiones disgregadoras de la pobreza, la enfermedad y la orfandad[72]. Esto llevaba a muchos niños y jóvenes a buscar su supervivencia en el servicio. Las familias más establecidas, en cambio, necesitaban mano de obra e incorporaban a dependientes del comercio, aprendices artesanos[73], mozos de labranza[74] y criados. Cuanto más pujantes económicamente y más elevadas en la escala social, más mano de obra encuadraban a su servicio. Esto les procuraba también prestigio, proporcional al número y calidad de sus dependientes, y les reforzaba en su papel de integración y de disciplinamiento de los subalternos[75].

La integración doméstica en una casa daba supervivencia y dependencia. La relación del criado con el señor era de gran dependencia personal, con todos los inconvenientes, pero también ventajas,

---

71   Antoinette Fauve-Chamoux (Ed.) *Domestic Service and the Formation of European Identity. Understanding the Globalization of Domestic Work, 16th-21st Centuries*, Bern, Peter Lang, 2004; James Casey, *España en la Edad Moderna. Una historia social*. Madrid. Biblioteca Nueva-Universitat de València, 2001; José Pablo Blanco Carrasco, "Criados y servidumbre en España durante la Época Moderna: reflexiones en torno a su volumen y distribución espacial a finales del Antiguo Régimen", en *Investigaciones históricas: Época moderna y contemporánea*, 36, 2016, pp. 41-80.

72   Alberto Marcos Martín, *España en los siglos XVI, XVII y XVIII. Economía y Sociedad*, Barcelona, Crítica, 2000.

73   Máximo García Fernández, "Condiciones de vida y trabajo de los aprendices en los gremios vallisoletanos. Siglos XVII-XVIII", en Santiago Castillo (coord.), *El trabajo a través de la historia*, 1996, pp. 205-214.

74   Francisco García González y Fabrice Boudjaaba (coord.), Dossier "El trabajo doméstico y sirviente en la Europa rural (ss. XVI-XIX). Diversidad de modelos regionales y formas de dependencia", *Mundo Agrario*, vol,18, e063, diciembre 2017.

75   José Carlos Enríquez, "Trabajo, disciplina y violencia. Los aprendices en los talleres artesanos vizcaínos durante la Baja Edad Moderna", en José María Imízcoz (ed.), *Casa, familia y sociedad*, Bilbao, Universidad del País Vasco, 2004, pp. 17-51.

que esto podía comportar, desde los castigos físicos y todo tipo de abusos, hasta la confianza, la recompensa económica y la promoción social. Pero, la alternativa a este encuadramiento doméstico —la situación de los mendigos y vagabundos— era sin duda a sus ojos mucho peor. Como ha mostrado el estudio nominativo de los mendigos y vagabundos de Vizcaya en el siglo XVIII, estos eran en su origen niños expósitos, huérfanos, hijos de la tropa, mozos que no conocían pariente alguno, vástagos de padres miserables que no podían mantener a sus hijos, o de padres borrachos, niños que habían huido de la violencia familiar, etc. Aquellos mozos habían abandonado su familia y lugar natal en busca de sustento para vivir del servicio o de la fuerza de sus brazos[76]. Luego, muchas veces, habían sufrido un accidente o una enfermedad, se veían incapacitados para trabajar y buscaban sobrevivir a base de limosnas, hurtos o apaños, al margen del orden doméstico establecido, desde el que se les miraba con desconfianza y se les rechazaba como vagos y como potencialmente peligrosos. Seguramente, la miseria de los mendigos y vagabundos prestigiaba y fortalecía, por contraste, el orden doméstico dominante y llevaba a buscar la protección de la economía familiar y la integración en las comunidades y corporaciones en las que las casas se insertaban.

Por otro lado, el contexto en el que se inscribían las relaciones entre amos y criados era el ordenamiento específico del Antiguo Régimen. En los textos de nuestros tres autores, y especialmente en el de Francisco Magallón, mas desarrollado, este se presenta como un orden doméstico, jerárquico, divino, inmemorial y de moral personal.

Un orden doméstico: el gobierno, la agricultura, el comercio y la industria se realizaban en el marco de la casa y los criados de las casas aristocráticas y principales, los aprendices de la artesanía, los servidores del comercio y la servidumbre campesina vivían en la casa de su señor y patrón[77]. Por lo tanto, este era un orden presencial de gran inmediatez.

Un orden jerárquico, en el cual el *pater familias*, antes de la creación del Estado contemporáneo, acumulaba la potestad señorial –"de autoridad, dominio y sujeción"– sobre quienes estaban bajo su

---

76   Juan Gracia Cárcamo, *Mendigos y vagabundos en Vizcaya (1766-1833)*, Bilbao, Universidad del País Vasco, 1993, pp. 47 ss.

77   Paloma Manzanos Arreal, "La familia artesana en la Vitoria de siglo XVIII: Relaciones de poder y de afecto en el grupo doméstico", en J.M. Imízcoz (ed.), *Casa, familia y sociedad*, Bilbao, UPV, 2004, pp. 51-75.

autoridad: su mujer, hijos, criados, esclavos cuando los había, y, si tenía jurisdicción señorial, los vasallos de los estados de su Casa[78].

En el mundo católico, este era ante todo un orden divino: el orden natural de las cosas querido por Dios, creador del mundo y del hombre, origen de todo bien. En él, la religión era una ontología, un principio que configura todo el orden terrenal, que a todo daba sentido y sin el cual nada lo tenía, que definía el Bien y el Mal y que constituía el fin último de todas las acciones humanas. De ahí la idea, que repiten nuestros autores, de que el padre de familias no era un amo absoluto que pudiera hacer según su voluntad, sino un gobernador con obligaciones, que sería juzgado de forma exigente por el tribunal de Dios.

Esta economía doméstica se situaba y entendía en un orden que los autores consideran inmemorial y perenne, un sistema coherente gobernado por la tradición frente al que no existió un modelo alternativo que lo pusiera en tela de juicio hasta la revolución cultural de la Ilustración, con su Economía Política y una nueva filosofía moral.

Este orden social era, en fin, un orden de moral personal. Las relaciones entre superiores y dependientes estaban regidas por "obligaciones mutuas vinculantes" que obligaban en justicia tanto al superior como al subalterno, pero los riesgos de abusos por parte de los poderosos eran enormes. Esto explica por qué la tratadística sobre el buen gobierno se centraba especialmente en la regulación moral dirigida a los gobernantes, de quienes dependía en la práctica el buen o el mal gobierno. Los discursos de nuestros autores muestran que el discurso religioso sobre los poderosos no era, como se ha creído a menudo, un discurso complaciente, de sumisión, sino, al contrario, un discurso exigente sobre las obligaciones que tenían los amos hacia los dependientes, en este caso los criados domésticos.

La moral católica predica unos criterios de cómo tenían que ser las relaciones entre amos y criados para ser cristianas, pero los propios autores no se hacen ilusiones. Javier, labrador de Azanza pegado al terreno, constata el abismo entre los principios que predica su hermano y "lo que pasa en nuestra tierra entre amos y criados", y le responde que "allí no se hace caso de las mutuas obligaciones que dice vmd que hay entre amos y criados: ni estos saben las suyas, ni aquellos se acuerdan de las en que están, y acaso nacen estos males de

---

78   Otto Brunner, "La "casa grande" y la "Oeconomica"…; Romina Zamora, "Organización doméstica de la casa en la teoría oeconómica moderna. El caso de San Miguel de Tucumán, en Margarita María Birriel Salcedo y Francisco García González (eds.), *Casa y espacio doméstico en España y América (siglos XVI-XIX)*, 2022, pp. 131-160.

falta de instrucción".[79] Nuestros autores tienen expresiones muy críticas sobre aquellos amos que no cumplen con sus obligaciones cristianas y maltratan a sus criados. Critican a "los hombres meramente terrenos que, con una política toda carnal y mundana, piensan que nada hay más a aspirar que a ser poderosos y ricos para el mundo"[80]; a "los amos que tratan a sus sirvientes como si no fuesen personas racionales: (...) con imperio, crueldad y dominio, como si los criados fuesen perros y los amos algunos grandes señores".[81] Pero parece que, en aquel contexto, poco más se podía hacer. No se concebía una sistema alternativo, un Estado que regulara y dirimiera con suficiente poder las relaciones entre los individuos. Sólo quedaba que, tras la muerte, Dios hiciera justicia a cada uno.

La percepción historiográfica de las relaciones entre amos y criados ha oscilado entre dos polos que se podrían resumir en la conocida confrontación entre Peter Laslett, desde posiciones conservadoras, y E.P. Thompson, desde el materialismo histórico. Cuando Peter Laslett, en "el mundo que hemos perdido", idealizaba el calor del hogar, diciendo que "hubo un tiempo en que toda la vida transcurría en la familia, en un círculo de rostros amados y familiares, de objetos conocidos y acariciados, todos de proporciones humanas"[82], E.P. Thompson le recordaba que esto era así "incluso si el calor se debía a la rebelión impotente contra una dependencia abyecta, con tanta frecuencia como al respeto mutuo"[83].

Para salir de este *impasse*, en otros trabajos he propuesto el objetivo de investigar conjuntamente la gran pluralidad de experiencias entre amos y dependientes que se producían en esta estructura vertical, porque, en la práctica, esta daba lugar a todo tipo de comportamientos, entre el amor y el odio, la protección y la explotación, la lealtad y la traición, el servicio y la recompensa, el incumplimiento y el castigo[84].

---

79   José Goya y Muniain..., pp. 31-32.

80   1772, Padre de familia, p. 237.

81   José Goya y Muniain..., p. 29

82   Peter Laslett, *El mundo que hemos perdido*, Madrid, Alianza, 1987, p.40

83   Edward P. Thompson, "La sociedad inglesa en el siglo XVIII", en *Tradición, revuelta y conciencia de clase*, Barcelona, Crítica, 1984, p.18

84   José María Imízcoz Beunza, "Las relaciones de patronazgo y clientelismo. Declinaciones de la desigualdad social", en José María Imízcoz Beunza y Andoni Artola Renedo (coords.), *Patronazgo y clientelismo en la Monarquía hispánica (siglos XVI-XIX)*, Bilbao, Universidad del País Vasco, 2016, pp.19-41.

Sin embargo, nuestras fuentes documentales están totalmente descompensadas. La historiografía ha trabajado las relaciones entre amos y dependientes esencialmente a partir de la numerosísima documentación judicial. Sin embargo, los pleitos recogen solo los conflictos, esto es la parte de agravios, abusos, injusticias e incumplimientos entre ambas partes. Entonces, ¿dónde quedan las relaciones de amor de las que hablaba Magallón? ¿Hay fuentes que documenten las otras experiencias de las relaciones entre amos y criados, más allá de los pequeños testimonios cualitativos que puedan aparecer aisladamente en algunos dietarios, memorias, cartas, algún testamento y poco más? Frente a la masa documental que acredita la conflictividad real, el discurso de Magallón parece ilusorio, contrario a nuestros conocimientos históricos.

Este tipo de trabajo sobre "lo que debería ser" ha sido frecuentemente criticado desde la historia social como algo teórico, alejado de la realidad. Sin embargo, creo que sirve para hacernos reflexionar sobre el oficio de historiador. Desde luego, es absolutamente necesario confrontar los discursos con las prácticas efectivas, pero ¿somos capaces de reflexionar sobre lo que vemos y lo que no vemos, sobre la parte que muestran las fuentes y la parte que no muestran? ¿Somos capaces de ver lo extraño o solamente vemos lo que corresponde a nuestras categorías mentales? Discursos como los de Magallón, sobre el amor entre amos y criados, nos contradicen, nos descolocan, pero nos ayudan a pensar desde la extrañeza y no desde nuestras certezas.

Creo que no se puede hacer buena historia social si no se conocen las categorías mentales y los valores con los que actúan los actores sociales. He solido citar por escrito, y cada año repito a mis alumnos el primer día de clase, la expresión de Louis Dumont, antropólogo de la sociedad de castas en la India, según la cual, para entender a los hombres y mujeres del pasado, deberíamos cambiar una por una todas nuestras categorías mentales[85]. La distancia entre nosotros y ellos es considerable y, si pretendemos mirarlos desde nuestras categorías y valores, más que hacer historia, nos estaremos mirando en el espejo. Entenderlos en sus propias categorías es, sin duda, la tarea más difícil del historiador, pero también la más apasionante.

---

85   Louis Dumont, *Homo hierarchicus. Le système des castes et ses implications.* Paris, Gallimard,1979; *Ensayos sobre el individualismo.* Madrid. Alianza, 1987.

BIBLIOGRAFÍA

ATIENZA, Ignacio, "Pater familias, señor y patrón: *Oeconomica*, clientelismo y patronato en el Antiguo Régimen", en R. Pastor (Comp.), *Relaciones de poder, de producción y de parentesco en la Edad Media y Moderna*, Madrid, CSIC, 1990, pp. 411-457.

BLANCO CARRASCO, José Pablo, "Criados y servidumbre en España durante la Época Moderna: reflexiones en torno a su volumen y distribución espacial a finales del Antiguo Régimen", en *Investigaciones históricas: Época moderna y contemporánea*, 36, 2016, pp. 41-80.

BRUNNER, Otto, "La "casa grande" y la "Oeconomica" de la vieja Europa", en *Nuevos caminos de la historia social y constitucional*, Buenos Aires, 1976, pp.87-123.

CASEY, James, *España en la Edad Moderna. Una historia social*. Madrid. Biblioteca Nueva-Universitat de València, 2001

CLAVERO, Bartolomé, *Antidora. Antropología Católica de la Economía Moderna*, Milán, Giuffre Editore, 1991.

DUMONT, Louis, *Homo hierarchicus. Le système des castes et ses implications*. Paris, Gallimard,1979; *Ensayos sobre el individualismo*. Madrid. Alianza, 1987.

ENRÍQUEZ, José Carlos, "Trabajo, disciplina y violencia. Los aprendices en los talleres artesanos vizcaínos durante la Baja Edad Moderna", en José María Imízcoz (ed.), *Casa, familia y sociedad*, Bilbao, Universidad del País Vasco, 2004, pp. 17-51.

FAUVE-CHAMOUX, Antoinette (Ed.) *Domestic Service and the Formation of European Identity. Understanding the Globalization of Domestic Work, 16th-21st Centuries*, Bern, Peter Lang, 2004

FOISIL, Madeleine, *Le Sire de Gouberville, un gentilhomme normand au XVIe siècle*, Paris, Flammarion, 1986.

FONTAINE, Laurence, *L'économie morale. Pauvreté, crédit et confiance dans l'Europe préindustrielle*, Paris, Gallimard, 2008.

GARCÍA FERNÁNDEZ, Máximo, "Condiciones de vida y trabajo de los aprendices en los gremios vallisoletanos. Siclos XVII-XVIII", en Santiago Castillo (coord.), *El trabajo a través de la historia*, 1996, pp. 205-214.

GARCÍA GONZÁLEZ, Francisco y BOUDJAABA, Fabrice (coord.), Dossier "El trabajo doméstico y sirviente en la Europa rural (ss. XVI-XIX). Diversidad de modelos regionales y formas de dependencia", *Mundo Agrario*, vol,18, e063, diciembre 2017.

GOÑI GAZTAMBIDE, José, "El "diálogo" de José Goya y Muniain", *Príncipe de Viana*, XXXII (1971)

GRACIA CÁRCAMO, Juan, *Mendigos y vagabundos en Vizcaya (1766-1833)*, Bilbao, Universidad del País Vasco, 1993, pp. 47 ss.

GUIJARRO SALVADOR, Pablo, *El espíritu ilustrado en Navarra. Los marqueses de San Adrián y la Real Sociedad Tudelana de los Deseosos del Bien Público*, Pamplona, Gobierno de Navarra, 2016.

— "El archivo del marquesado de San Adrián durante la Ilustración: organización, fin, utilidad y uso", *Príncipe de Viana*, Año 68, 242, 2007, pp. 977-1010.

HESPANHA, Antonio Manuel, *La gracia del derecho. Economía de la cultura en la Edad Moderna*. Madrid. Centro de Estudios Constitucionales, 1993.

IMÍZCOZ BEUNZA, José María, "La economía moral de los patricios, del Antiguo Régimen a la Revolución (ca. 1748-1840), en J.A. Achón Insausti, J. Esteban Ochoa de Eribe, I. Muguruza Roca (eds.), *Respuestas sociales en tiempos de crisis. Entre la historia, la literatura y el discurso*, Gijón, Ediciones Trea- Ediciones de la Universidad de Castilla-La Mancha, 2024, pp. 179-214.

— "Las relaciones de patronazgo y clientelismo. Declinaciones de la desigualdad social", en José María Imízcoz Beunza y Andoni Artola Renedo (coords.), *Patronazgo y clientelismo en la Monarquía hispánica (siglos XVI-XIX)*, Bilbao, Universidad del País Vasco, 2016, pp.19-41.

— «Liens verticaux, crises et économie morale dans l'Espagne moderne», en Laurent Coste et Sylvie Guillaume (dir.), *Élites et crises du XVIe au XXe siècle. Europe et Outre-Mer*, Paris, Armand Colin, 2014, pp. 77-97.

IÑURRITEGUI, José María, *La gracia y la república: el lenguaje político de la teología católica y «El príncipe cristiano» de Pedro de Ribadeneyra*, UNED, 1998.

LASLETT, Peter, *El mundo que hemos perdido*, Madrid, Alianza, 1987.

MANZANOS ARREAL, Paloma, "La familia artesana en la Vitoria de siglo XVIII: Relaciones de poder y de afecto en el grupo doméstico", en J.M. Imízcoz (ed.), *Casa, familia y sociedad*, Bilbao, UPV, 2004, pp. 51-75.

MARCOS MARTÍN, Alberto, *España en los siglos XVI, XVII y XVIII. Economía y Sociedad*, Barcelona, Crítica, 2000.

THOMPSON, Edward P., "La sociedad inglesa en el siglo XVIII", en *Tradición, revuelta y conciencia de clase*, Barcelona, Crítica, 1984.

YUN CASALILLA, Bartolomé, «Economía moral y gestión aristocrática en tiempos del Quijote», *Revista de Historia Económica: Journal of Iberian and Latin American Economic History*, Año 23, N° extra 1, 2005, pp. 45-68.

ZABALZA SEGUÍN, Ana,»Teoría *versus* biografía: los «manuales de economía doméstica» del marqués de San Adrián (1772), *Nuevo mundo, mundos nuevos*, N°8, 2008.

ZAMORA, Romina, «De la economía doméstica a la economía política: el discurso económico en Navarra en dos tratados de finales del siglo XVIII», en J.A. Achón y J.M. Imízcoz (eds.), *Discursos y contradiscursos de la modernidad (siglos XVI-XIX)*, Madrid, ed. Sílex, 2019, pp. 475-509.

— "Organización doméstica de la casa en la teoría oeconómica moderna. El caso de San Miguel de Tucumán, en Margarita María Birriel Salcedo y Francisco García González (eds.), *Casa y espacio doméstico en España y América (siglos XVI-XIX)*, 2022, pp. 131-160.

11
"Como hijos de obediencia": modelos filiales en los tratadistas de la Edad Moderna y Contemporánea (1600-1850)[1]

Francisco Javier Lorenzo Pinar

Universidad de Salamanca- IEMYRHd

---

1   Esta publicación forma parte del proyecto de I+D+i "Conflictos intergeneracionales y procesos de civilización desde la juventud en los escenarios ibéricos del Antiguo Régimen", con expediente: PID2020-113012GB-I00.

1. INTRODUCCIÓN

A lo largo de la Edad Moderna y principios de la Contemporánea se publicaron diferentes obras que, de una manera directa o indirecta, marcaron las características que debían presidir las relaciones padres e hijos y el tipo de conducta a observar por parte de estos últimos. Como han subrayado algunos estudiosos del tema, no existió un género que pudiera calificarse de "tratadística familiar", sino publicaciones que, de una forma u otra, abordaron este tipo de aspectos con un escaso contenido original y un fin disciplinante, didáctico y moralizador, tendente a reglamentar la vida del fiel. Además, estuvieron destinadas fundamentalmente a círculos eclesiásticos, y, por tanto, su difusión quedó bastante restringida[2].

Las expresiones "hijo de obediencia", "obediente", "hijo de bendición" o "buen hijo", que dan parcialmente título a este estudio, se hallan presentes tanto en las obras de los escritores que se aproximaron a ámbitos relacionados con la familia, como en los testamentos de los individuos de la época[3]. Entre otros, cabe citar a Pedro de Rivadeneira que, en su relato hagiográfico, habla de san Simeón, quien se subió a una columna sin la aquiescencia de sus superiores y le ordenaron que la abandonase. Posteriormente, cambiaron su decisión y le indicaron que se quedase encima de ella, donde permanecería el resto su vida, "al ser tan buen hijo de obediencia. Por contraposición, los inobedientes y desatentos, quienes trataban de vivir sin ningún tipo de yugo hacia sus progenitores, son calificados en estas mismas publicaciones de "hijos de Belial" o "del demonio"[4].

Aunque las ediciones consultadas incluyen las obligaciones de los padres hacia sus descendientes, centradas fundamentalmente en las labores educativas, de alimentación y de adoctrinamiento, no es

---

2 Ofelia Rey Castelao, "Literatura y tratadistas de la familia en la Europa de la Edad Moderna", en Francisco Chacón Jiménez et al., *Familia y organización social en Europa y América, siglos XV-XX*, Murcia, Edit.um, 2007, pp. 216-218; Francisco Javier Marín Marín, "La vida a través de los textos morales y espirituales. Una Edad Moderna a la luz de la palabra", en Eliseo Serrano Martín (coord.), *De la tierra al cielo. Líneas recientes de investigación en Historia Moderna*, Zaragoza, Diputación de Zaragoza-Institución "Fernando el Católico", 2013, p. 17, [última consulta 02/07/2025] chrome-extension://efaidnbmnnnibpcajpcglclefindmkaj/https://ifc.dpz.es/recursos/publicaciones/33/01/_ebook.pdf

3 Máximo García Fernández, *Los caminos de la juventud en la Castilla Moderna. Menores, huérfanos y tutores*, Madrid, Sílex Universidad, 2019, p. 21.

4 Antonio Arbiol, *La familia regulada con la doctrina de la Sagrada Escritura*, Barcelona, Joseph Teixidó, 1746, p. 566.

nuestro propósito analizar estos aspectos. La mayoría de los escritores que abordaron los deberes de los hijos hacia los padres pertenecieron al ámbito de la Iglesia. En el caso de los utilizados para el presente análisis -un total de 79 autores-, siete de cada diez estuvieron relacionados con órdenes religiosas -jesuitas, franciscanos, carmelitas, agustinos y dominicos- en el siglo XVII[5]; en la siguiente centuria esta proporción se reduce a poco más de la mitad -procedentes de las citadas órdenes, además de las de san Bernardo, la Redención de Cautivos y Capuchinos-, teniendo los curas párrocos una mayor preponderancia que en el periodo precedente -casi la cuarta parte de los tratadistas-. Durante el siglo XIX, tan solo hemos recurrido a cinco obras, tres de las cuales proceden de individuos anónimos y una de un obispo. En cualquier caso, como se puede apreciar, el clero regular, y en menor medida el secular, jugó un papel relevante a la hora de abordar este tipo de asuntos.

Las publicaciones que en mayor medida reflejaron las responsabilidades de los hijos hacia los padres fueron los catecismos -concretamente en sus comentarios al cuarto mandamiento-, las sumas morales, las teológicas o las que abordan casos de conciencia, así como las instrucciones para sacerdotes y tratados sobre confesión. A través de discursos, diálogos o pláticas esbozan los principios rectores de las mencionadas relaciones paterno-filiales -un término que usamos de manera genérica y que incluye también las maternas-. Los sermones, salvo excepciones, se aproximaron a esta faceta de una manera tangencial, genérica y desde una perspectiva espiritual, centrándose en la niñez de Jesús y en el contentamiento que daba a sus padres con su forma de proceder[6].

En algunas de estas obras los autores transmiten la idea de estar viviendo momentos en los cuales se estaban perdiendo, al menos parcialmente, lo que se consideraban entonces como "buenas costumbres". Juan Aguilar señalaba que la veneración hacia los ancianos estaba "caída en esos miserables tiempos" -refiriéndose al siglo XVII-[7]. Pedro Salsas, una centuria después, mediante una expresión casi idéntica, se quejaba del poco respeto con el que los hijos trataban

---

5   Estamos ante una tendencia ya observada por especialistas del tema, caso de Antonio González Polvillo, *Análisis y repertorio de los Tratados y Manuales para la confesión en el mundo Hispánico. (Ss. XV-XVIII)*, Huelva, Universidad de Huelva, 2009, p. 82.

6   Antonio Pérez, *Apuntamientos de todos los sermones dominicales*, Medina del Campo, Cristóbal Laso de Vaca, 1603, p. 146.

7   Juan Aguilar Camacho, *Cathecismo predicable de plática sobre doctrina cristiana*, Sevilla, Lucas Martín, 1700, f. 172 v.

a sus progenitores: "Se ven hijos [en los] que apenas en todo el año se experimenta una cortesanía, sujeción, una humilde reverencia hacia sus padres, tan atrevidos como soberbios, tan iguales en todo como mal criados, tan descorteses como groseros…", comportamientos latentes, en parte, porque los progenitores se mantenían en silencio ante tales actitudes[8].

Esta visión negativa pervive en la centuria decimonónica. En el prólogo a la obra de Cayetano Cortés se indicaba que había escrito el libro "a causa del escepticismo de la sociedad en la que se desconocen o menosprecian los principios morales"[9]. Algunas obras anónimas reflejan una relajación de las costumbres de la juventud, en parte porque los padres no corregían a sus hijos y por la influencia de "doctrinas perniciosas" que actuaban sobre sus personas[10]; otras son incluso más pesimistas y afirman que se estaba atravesando una época en la que solo imperaba "la iniquidad y el delito"[11].

2. EL TRATO HACIA LOS PADRES Y SUS REFERENTES

Como ya hemos indicado y han subrayado otros estudios, la mayoría de los comentaristas reflexiona en sus publicaciones en torno al cuarto mandamiento de la ley divina, el cual alude a la honra debida a los padres para fundamentar sus argumentos[12]. Inciden en que los tres iniciales estaban dedicados a Dios y el siguiente aparece como el primero relativo al prójimo, un lugar preferente e indicativo de su importancia. Este hecho suponía que las obligaciones hacia los progenitores se considerasen las de mayor relevancia[13]. Se les debía este

---

8   Pedro Salsas y Trillas, *Catecismo pastoral y prontuario moral*, Tomo III, Madrid, impr. de la viuda e hijo de Marín, 1797, p. 344.

9   Cayetano Cortés, *Compendio moral ó catecismo de los deberes del hombre*, Madrid, [s.n.], 1842, p. 5.

10   Anónimo, *Reflexión mística hecha á los padres y madres de familia*, Sevilla, impr. frente a Santa María de Gracia, 1840.

11   Anónimo, *Los vicios y excesos de la juventud*, Sevilla, 1840, p. 1, http://simurg.bibliotecas. csic.es/view/9917881377004201 [Última consulta 10/09/2024].

12   María Luisa Candau Chacón, "Los libros de Avisos: fórmula de educación y adoctrinamiento en la Edad Moderna, España e Inglaterra", en *ibidem* (ed.), *Las mujeres y el honor en la Europa Moderna*, Huelva, Universidad de Huelva, 2014, p. 78; Mariela Fargas Peñarrocha, "El sentido de lo justo y el gobierno del padre en *La Familia regulada* de Arbiol", *Chronica Nova*, 38, 2012, p. 154.

13   Francisco Javier de Arribas, *Explicación de comento de preguntas y respuestas,* [S.l], [s.e], p. 374.

tipo de deferencia porque ejercían el papel de la divinidad en la tierra, actuaban como sus vicarios, "puestos para el bien de sus hijos[14], siendo catalogados, así mismo, de "maestros naturales designados por Dios" para transmitir la moral de las virtudes[15]. Juan Martínez de la Parra los califica incluso de "retratos de Dios"[16]. A esto se unía el hecho de que se les debía la educación, crianza y el sustento conseguido mediante muchas fatigas[17]. Se argüía, en obras reeditadas en el siglo XIX, que la autoridad y la obediencia conducían a "la felicidad general" y constituían el principio del bienestar[18]. Además, subrayaban que este mandato llevaba aparejado la promesa o incentivo de prolongar la vida de quienes lo ejecutaban, un principio establecido para incitar a su cumplimiento perfecto[19]. El franciscano Juan Aguilar consideraba que su observancia actuaba como la base y fundamento de toda virtud[20].

Al menos en el siglo XVIII, este deber se asocia no solo a un precepto de la ley divina o de la gracia, sino también a un principio natural, "político y urbano"[21]. Para justificarlo siguen postulados evangélicos, caso de san Juan, quien señalaba que no se puede amar a un Dios al que no se ve si no se práctica el amor hacia los padres. Así mismo, citan a filósofos de la Antigüedad Clásica para defender que no existe mayor obligación que la de honrarlos, porque, ni a ellos ni a los dioses, podríamos pagarles lo que les debemos[22]. Las obras

---

14   Pedro de Calatayud, *Doctrinas prácticas que solía explicar en sus misiones el V.P. Pedro de Calatayud,* Madrid, impr. de don Benito Cano, 1797, p. 43.

15   Ángel Sánchez, *Filosofía del espíritu y del corazón,* Madrid, impr. Benito Cano, 1785, p. 107.

16   Juan Martínez de la Parra, *Luz de verdades católicas y explicación de la doctrina christiana,* Barcelona, R. Figuero, 1700, p. 247.

17   Juan Blasco y Juan Sánchez, *Galateo Christiano, moral y sagrado,* Madrid, Casa de Francisco Nipho, 1769; Jaime Barón y Arín, *Luz de la fe y de la ley,* Madrid, impr. Joseph Mathías Escrivano, 1747, p. 492; fray Félix Alamín, *Exhortaciones a la segura observancia de los mandamientos de la Ley de Dios,* Madrid, impr. de Blas de Villanueva, 1714, p. 358.

18   Jean-François de Saint-Lambert, *Catecismo universal, preceptos morales y examen de sí mismo,* Madrid, impr. Repullés, 1720, p. XXVI.

19   Mr. Cheuassu, *Misionero parroquial o sermones para todos los domingos del año,* Madrid, impr. Real, 1796, p. 98.

20   Juan Aguilar Camacho, *Cathecismo...,* p. 167 r.

21   Pedro Salsas y Trillas, *Catecismo...,* tomo III, p. 335; fray Félix Alamín, *Exhortaciones...,* p. 364.

22   Pedro Salsas y Trillas, *Catecismo...,* p. 335; Francisco G. Malo de Medina, *Guía del niño instruido y padre educado,* Madrid, impr. Real. 1787, p. 332; Pedro Murillo Valverde, *Catecismo o instrucción cristiana,* Madrid, impr. de Francisco Hierro, 1752, p. 152; Pablo Segneri, *El christiano instruido en su ley,* tomo I, Barcelona, impr. de los herederos de Bartolomé y María

dedicadas a la educación de la nobleza suelen además hacer referencia a los pensamientos de pensadores más cercanos a su tiempo, caso de Newton, La Fontaine, Pascal o Malebranche, entre otros.

Este concepto de paternidad, siguiendo la línea de algunos doctores, lo extienden a otros tipos de personas, catalogadas como "superiores", una consideración repetida incluso desde el siglo XVI[23]. En primer lugar, engloba a quienes gozaban de autoridad espiritual (obispos, sacerdotes y pastores); a continuación, los que poseían la "potestad secular" (rey, príncipes, señores y magistrados) y por último a maestros -porque actuaban como un segundo padre, reformando el "ser natural" del niño-, así como a suegros, tutores, curadores, y otros semejantes[24]. A los primeros se les debía el respeto por motivos piadosos y a los segundos por superioridad, aunque algunos opinan que la obediencia hacia los progenitores les era debida también por "derecho de naturaleza", "una obligación del derecho de gentes"[25].

3. LOS PILARES BÁSICOS DE LA RELACIÓN FILIAL

Los tres principios primordiales que debían mantener los hijos hacia sus progenitores, plasmados por los tratadistas y que han sido subrayados en otros estudios como paradigmas de la familia en aquella época, están vinculados al amor, a la obediencia y a la reverencia[26]. Se trata de un pensamiento que, con distintos matices, se reitera a lo largo del periodo estudiado[27]. Argumentan que, si estas obligacio-

---

Ángela Giralt, 1777, p. 215.

23   Francisco de Toledo, *Instrucción de sacerdotes y suma de casos de conciencia*, Valladolid, impr. de Luis Sánchez, 1605, p. 219; *Ibidem*, Valladolid, Francisco Fernández de Córdoba, 1616, pp. 218-219; Francisco Leal Gómez de León, *Catecismo de pláticas doctrinales y morales*, Madrid, impr. de don Manuel Martín, 1779, p. 195.

24   Algunos autores lo extienden a los criados respecto a sus amos y a las mujeres en relación con sus maridos y mayores de edad. Antonio de Vilaplana, *Proposiciones christianas y jurídicas*, Barcelona, Jacinto Andrey, 1679, p. 24; Francisco de Soto, *Breve instrucción para examinar la conciencia de los pecados de toda la vida*, Madrid, Gregorio Rodríguez, 1647.

25   Andrés Piquer, *Philosophía moral para la juventud española*, Madrid, oficina de Joachín Ibarra, 1755, p. 571; Juan Martínez de la Parra, *Luz…*, pp. 181-182.

26   José Pablo Blanco Carrasco, "Desobediencias domésticas. Los jóvenes ante el modelo de autoridad familiar moderno", en José Pablo Blanco Carrasco el al. (coords.), *Jóvenes y juventud en los espacios ibéricos durante el Antiguo Régimen. Vidas en construcción*, Lisboa, Edições Colibri, 2019, p. 46.

27   Parte de los escritores utilizan el término socorro o asistencia como una cuarta obligación. No todos emplean los mismos términos, incluyendo algunos el de honor en lugar de reverencia, o el de respeto en vez de amor. En el siglo XIX también se usa el de

nes son practicadas por "moros" y no las omiten "los irracionales", cuánto más tendrían que estar presentes en el comportamiento de los cristianos[28]. En el siglo XIX se defiende, además, la idea de que contribuyen a la preservación de la familia, una institución calificada de "santa" o sagrada; conducen a evitar la malversación de sus bienes, a que no se dañe su reputación y al buen nombre de la misma, y, además, logran la armonía entre los parientes[29].

3.1 EL AMOR

Los escritores centran su atención hacia un amor que ha de partir del fuero interno y sitúan el debido a los padres en un segundo plano respecto al obligado a Dios. Se argumenta que no solo ha de ser sensible y natural, es decir, conforme a patrones humanos, sino de acuerdo a como "Dios lo quiere"[30]. Catalogan de pecados graves las faltas de afecto hacia los progenitores -caso de desearles algún daño temporal, desgracia, "mal notable", e incluso la muerte para heredar de ellos, librarse de sus molestias e impertinencias, no estar bajo su sujeción o no rendirles los debidos honores-. En esta lista de faltas graves se incluye el menosprecio, la maldición, el dirigirse a ellos con gritos o voces descompuestas -sin la debida cortesía-, el darles pesadumbres, tratarles con sequedad; provocarles cólera o inducirles a blasfemar. Abarca, del mismo modo, cualquier manifestación violenta o amago de ella, caso de levantarles la mano, golpearles o herirles, salvo si es en defensa propia[31]. Los hijos solo tienen la facultad de enmendar a sus padres si estos llevan una vida "torpe, disoluta y escandalosa"[32].

---

reconocimiento. Juan Eusebio Nieremberg, *Práctica del catecismo romano y doctrina cristiana*, Pamplona, Joseph Joachín Martínez, 1722, p. 46; fray José. F. Cliquet, *Appendix a la flor moral ó explicación de la doctrina christiana*, Madrid, impr. de don Plácido Barco López, 1796; Bartolomé Cavello, *Catecismo histórico en diálogo entre discípulo y maestro*, Sevilla, oficina de Vázquez, Hidalgo y Compañía, 1785; fray Valentín de la Madre de Dios, *Fuero de la conciencia*, Madrid, Gerónimo de Estrada, 1706, p. 109; don Joseph Goya y Muniaín, *Catecismo católico trilingüe del pp. Pedro Canisio*, Madrid, impr. don Benito Cano, 1798, p. 33; Anónimo, *Elementos de moral ó catecismo social*, Madrid, Ibarra, 1820, p. 74.

28   José de Nieves Avendaño, *Pláticas doctrinales y discursos morales*, Valencia, impr. de Antonio Valle, 1729, p. 72.

29   Cayetano Cortés, *Compendio moral...*, pp. 333-336.

30   Charles Gobinet, *Instrucción de la juventud en la piedad christiana sacada de la Sagrada Escritura*, Barcelona, impr. Sierra Martín, 1818, p. 204.

31   Juan de Santo Tomás, *Explicación de la doctrina cristiana*, Amberes, Henrico y Cornelio Verdussen, 1700, p. 95; Jaime de Corella, *Práctica de confesionario*, Madrid, impr. Antonio Román, 1701, p. 36.

32   Pedro de Calatayud, *Doctrinas prácticas...*, p. 45.

La práctica del amor engloba la obligación de socorrerles en sus necesidades, sobre todo en las graves o extremas, bien sean monetarias, de alimentación, vestido, residencia, frente a peligros, prisiones o de otra índole. Han de visitarles en sus enfermedades, no a modo de obra de caridad, sino como uno de sus cometidos[33]. El deber de alimentarles no deriva de la patria potestad, sino del derecho natural, del divino y del humano; por ello, han de hacerlo tanto en su estado de soltería como una vez estén casados[34]. Esta exigencia posee, incluso, un carácter preferente frente a los propios vástagos, debido a que la piedad ha de comenzar por los individuos a los que se tiene una mayor obligación. Esta demanda se extiende igualmente a las hijas casadas, aunque encuentren la oposición del marido, pudiendo entonces hacerlo secretamente[35]. Algún autor defiende la posibilidad de recurrir a cualquier procedimiento -incluido el hurto- para ayudarles[36]. No deben dejarles caer en la mendicidad, ni que ejerzan un oficio vil. También hay quien sostiene que los padres han de residir en compañía de los hijos, aunque sean espurios, cuando por su necesidad, vejez o causas similares requieran de su amparo.

Los pareceres de los tratadistas varían al opinar si los hijos, en tesituras de pobreza de los progenitores, están obligados a abandonar sus deseos de profesar en un convento. Hay quienes piensan que no deberían hacerlo, salvo si incurren por ello en pecado mortal. En estos casos, los votos efectuados no se consideran agradables a Dios ni válidos. Otros piensan que pueden anularlos por una necesidad grave o extrema de los padres, con o sin licencia de los prelados, dado que se trata de una obligación natural y de un precepto divino que se antepone a cualquier promesa. También, se defiende que si pueden atenderles dentro de la clausura no deberían abandonarla[37].

---

33   Algunos autores extienden la ayuda en todos los ámbitos. Joaquín de Villanueva, *Catecismo histórico*, Madrid, impr. viuda López, 1805, p. 222.

34   Juan Machado de Chaves, *Perfecto confesor, cura de almas*, Madrid, Melchor Sánchez, 1655, pp. 473-475.

35   Francisco de Castro, *Promptuario de Salazar*, Valladolid, Antonio de Figueroa, 1706, p. 342.

36   Fray Simón de Salazar, *Promptuario de materias morales*, Alcalá de Henares, Nicolás de Xamares, 1674, p. 254.

37   Andrés Victorelo, *Adiciones y anotaciones* a las *Instrucciones de sacerdotes*, Valladolid, Francisco Fernández de Córdova, 1616, p. 36.

3.2 LA OBEDIENCIA

En el caso de este segundo pilar, se asocia a la abnegación de la propia voluntad y la consideran como "hija de la docilidad" o la "corona más hermosa del mundo,". Constituye el fundamento de una buena educación[38]. Se justifica en el hecho de que los padres, como ya se ha indicado, son quienes otorgan la vida a los hijos, los alimentan, educan e incluso, como señala algún tratadista, les transmiten la fe cristiana, haciéndoles de este modo "hijos de Dios y herederos del cielo"[39]. El comportamiento obediente confiere seguridad, dicha y bendición. Practicarlo es preceptivo para lograr el bien o la salvación del alma, además de una correcta dinámica familiar[40]. Los vástagos desobedientes "acaban malogrados, desventurados, arrastrados y perdidos"[41].

Al igual que en la defensa de los postulados anteriores, los tratadistas se apoyan en textos bíblicos para señalar que este deber le agrada a Dios más que los sacrificios. En el siglo XVIII, algunos autores ajenos al estamento eclesiástico la ligan a principios menos espirituales. Indican que "conviene hacer jóvenes sumisos y obedientes", porque de este modo se someterán mejor a las leyes, a príncipes, magistrados y superiores de cualquier estado, y se evitará la "destrucción de la república"[42]. Aunque piensan que los hombres nacen iguales, esta subordinación resulta necesaria para la subsistencia de la sociedad, un argumento que también relacionan con el concepto de felicidad, idea básica de la Ilustración[43]. Esta superioridad de padres o ayos viene justificada también por cuestiones de edad, mérito, carácter o dignidad[44].

La obediencia, al igual que el amor, se debe manifestar en el plano interno y externo, a lo largo de toda la vida, salvo en aspectos que puedan ir contra Dios o el alma, ya que se antepone la debida a la divinidad a la humana. Igualmente, se considera pecaminosa la sumi-

---

38   Josefa de Amar y Borbón, *Discurso sobre la educación moral y física de las mugeres*, Madrid, impr. don Benito Cano, 1790, p. 112.

39   Fray Félix Alamín, *Exhortaciones...*, p. 358.

40   Juan Martínez de la Parra, *Luz...*, p. 249.

41   Juan Martínez de la Parra, *Luz...*, p. 180.

42   Fray Félix Alamín, *Exhortaciones...*, p. 379.

43   Bernardo María de Calzada (trad.), *Ensayo sobre la educación de la nobleza*, tomo I, Madrid, impr. Real, 1792, p. 201.

44   François Fitz-James, François, *Catecismo o exposición de la doctrina christiana*, Valencia, José y Tomás de Orga, 1787, p. 195.

sión a la voluntad paterna realizada con menosprecio y obstinación, con repugnancia, réplicas, enfado o mal semblante. Juan de Jesús María indica que quien la realizada "gruñendo" o de manera pusilánime no agrada a la deidad y carece de todo merecimiento[45].

Los hijos han de aceptar los sanos consejos de sus progenitores, independientemente de que sean pobres, viejos, débiles o propensos al enojo, sufriendo con humildad sus impertinencias, defectos y mal humor[46]. El obedecer afecta tanto a "las cosas que pertenecen al gobierno y administración de la casa", como a las buenas costumbres, mientras los vástagos se encuentren bajo la patria potestad. Los hijos tienen que seguir los consejos paternos en cuanto al tipo de amistades y compañeros que conformarán su entorno[47], evitar posibles acciones escandalosas o deshonestas, no visitar casas de dudosa reputación -donde se encuentren mujeres sospechosas o pueda haber peligro de pecar-, no han de vivir amancebados; tampoco salir ordinariamente de noche -ya que puede dar lugar a pendencias o a frecuentar prostitutas-, ni portar armas o retirarse tarde. Tampoco deben acudir al baile o al teatro, frecuentar tabernas para emborracharse, ni "tomar tabaco en exceso"; idéntico proceder han de manifestar con la utilización de su tiempo y dinero, de manera que no lo han de dedicar a vanidades ni al juego-, salvo si es por simple divertimiento o apostando cantidades bajas-. Están obligados a seguir los requerimientos paternos para estudiar, leer libros, trabajar, rezar el rosario o recibir los sacramentos[48]. El infringir este tipo de consejos entra a formar parte de la categoría de pecado mortal. La desobediencia acarrea desdicha, afrenta, una reducción de vida sobre esta tierra y la muerte eterna[49].

Uno de los temas más recurrentes y controvertidos en los tratados estuvo relacionado con la libertad de los jóvenes a la hora de contraer matrimonio y en qué medida debían seguir la voluntad de sus progenitores. Las posturas variaron desde posiciones laxas a otras más restrictivas, aunque la más común defendía que los hijos no esta-

---

45   Juan de Jesús María, *Epistolario espiritual para personas de diferentes estados,* Uclés, impr. Domingo de la Iglesia, 1624, p. 225.

46   Fray Bernardo Pacheco (aumentada por don Manuel Rico), *Suma moral,* tomo I, Madrid, impr. de Antonio Pérez Soto, 1766, p. 292.

47   Quienes habían tenido relación con la institución universitaria consideraban las malas compañías en estos centros educativos como la ruina de la juventud. Juan de Paz, *El estudiante instruido: diálogo entre padre é hijo,* Madrid, impr. don Plácido Blanco López, 1794.

48   Pedro de Calatayud, *Doctrinas prácticas…* p. 47.

49   Juan del Campo Moya, *Doctrina christiana sobre el cathecismo del padre Ripalda,* Pamplona, Francisco Picarr, 1715, p. 116.

ban obligados por fuerza de precepto a seguir el deseo paterno[50]. Juan Machado de Chaves opinaba que este aspecto debía ser determinado por una persona "justa y temerosa de Dios", ya que era imposible estipular una regla general al considerarse múltiples las circunstancias que podrían concurrir[51]. En cualquier caso, no deseamos entrar en un debate sobre un aspecto sobre el que se generó una amplia casuística y que ha sido analizado en múltiples trabajos[52].

La obediencia filial, así mismo, tenía que estar presente incluso tras el fallecimiento de los progenitores, aunque no todos los escritores estuvieron de acuerdo en este aspecto, y, por ello, la limitaron al período de vida de los padres; el hacerlo tras la muerte lo consideran más bien una actitud piadosa[53]. Conforme a la postura de los primeros, los hijos estaban obligados a llevar a cabo las obras pías, mandas y legados indicados en el testamento paterno o materno sin dilación, salvo causa justa o grave, para no incurrir por ello en pecado mortal. Inciden especialmente en celebrar misas por su alma ya que estas no tienen efecto hasta que se ofician. También habían de elevar oraciones a Dios por ellos. No debían diferir el pago de sus deudas tras su muerte -siempre y cuando no sobrepasen el monto de la hacienda heredada-.

---

50   Sobre este aspecto véase, Francisco Galvache Valero, *La educación familiar en los humanistas españoles*, Pamplona EUNSA-Universidad de Navarra, 2001; Josefina Méndez Vázquez, "La educación de la mujer para el matrimonio según los tratadistas del siglo XVIII", en María Victoria López Cordón (dir.), *Historia de la mujer e historia del matrimonio*, Murcia, Universidad de Murcia, 1997, pp. 219-232; Andrea Arcuri, "Represión sexual y de género en la confesión: Los manuales de confesores en la Edad Moderna (siglos XVI-XVII), *Ex Equo*, 37, 2018, p. 88.

51   Juan Machado de Chaves, *Perfecto confesor...*, p. 496.

52   Juan Martínez de la Parra, *Luz...*, pp. 599-600; Francisco Echarri, *Directorio Moral*, tomo I, Madrid, impr. Real de la Gazeta, 1779, p. 474; fray Juan Blázquez del Barco, *Trompeta evangélica, alfanje apostólico y martillo de pecadores*, Madrid, impr. de la causa de la venerable madre María de Jesús de Agreda, 1742, p. 505; Francisco Leal Gómez de León, *Catecismo...*, p. 199; Francisco de Toledo, *Instrucción...*, p. 219; Carlos Gutiérrez de los Ríos Fernán Núñez, *Carta de don Carlos de los Ríos, XXII señor y VI conde de Fernán-Núñez, a sus hijos*, París, impr. de Pedro Didot, 1791, p. 146, fray Acacio March de Velasco, *Resoluciones morales...*, tomo II, Valencia, Gerónimo de Villagrassa, 1658, tomo II, p. 55; Andrés Piquer, *Philosophía...*, p. 574; Enrique Villalobos, *Suma de la theología moral y canónica*, Salamanca, Diego de Cussío, 1623, p. 303; José Faustino Cliquet, *Explicación de la doctrina cristiana*, Madrid, impr. don Manuel Sancha, 1781, p. 176; Benito R. Noydens, *Práctica de curas y confessores y doctrina para penitentes*, Madrid, Francisco Serrano, 1653, p. 60; Pedro de Calatayud, *Doctrinas prácticas...*, pp. 48-49.

53   Antonio Machado de Chaves, *Perfecto confesor...*, p. 485; François Pouget, *Instrucciones generales en forma de catecismo*, Tomo II, Madrid, impr. Benito Cano, 1787, p. 105.

3.3 LA REVERENCIA

Este término aparece equiparado en algunos tratadistas al de respeto. Una parte de ellos plantea sus argumentos en un sentido negativo, poniendo el énfasis en lo que consideraban irreverencias o situaciones irrespetuosas, ligadas a amenazas, maldiciones, insultos, burlas, chanzas, murmuraciones o palabras que divulgasen las faltas de los progenitores o les indujesen a ira[54]. Los hijos tenían que evitar "mostrarles ceño", enojo u enfado, mirarles con ojos airados o vengativos, afrentarles, entristecerles, provocarles pesadumbres o menospreciarles[55]. Tampoco deberían mostrarse descorteses cuando les reprendiesen o castigasen[56]. Les deshonraban cuando ocupaban una posición elevada y se avergonzaban de ellos -entre otras razones por su pobreza-; o cuando no les manifestasen el acatamiento debido al encontrarse con ellos. No incurren en pecado mortal si tal actitud intenta evitar algún daño notable en su vida, en su honra o en su patrimonio.

Los autores difieren a la hora de calificar algunos comportamientos como irreverentes o no, caso de sustraer dinero a los padres. Están de acuerdo en condenarlo cuando el peculio hurtado se dedica al juego, diversiones lujuriosas o vanidades. Va contra la piedad si pone al padre en un peligro económico. No lo censuran si se trata de pequeñas cosas para comer; no excede de determinada cantidad -cuando no es "notable"-, o está destinada a cubrir las necesidades básicas. Algunos piensan que este tipo de cuestiones ha de dejarse en manos de "varón prudente", que lo determine considerando la hacienda paterna.[57] Solo una minoría, como Mr. Cheuassu, alude a las sentencias del Sabio -Salomón-, para equiparar este tipo comportamientos a un delito de homicidio o de pecado mortal[58].

Las maldiciones contra los padres son calificadas de graves si se realizan en su presencia, ya que a través de ellas se quebranta gravemente el acatamiento debido[59]. Apenas se especifican cuáles serían los

---

54 Pedro J. Portillo, *Cathecismo o exposición de la doctrina christiana*, Madrid, impr. de don Gabriel Ramírez, 1769, p. 164.

55 Benito R. Noydens, *Práctica...*, p. 57; Cayetano de San Juan Bautista, *Explicación de la doctrina christiana*, Salamanca, oficina de doña Josefa Rico Villoria, 1759, p. 193,

56 Luis de la Puente, *Obras espirituales,* Madrid, impr. de Bernardo Villanueva, 1690, p. 30.

57 Juan Machado de Chaves, *Perfecto confesor...*, p. 493.

58 Mr. Cheuassu, *Misionero...*, p. 204.

59 Fray Félix Alamín, *Exhortaciones...*, p. 362; fray Alonso de Vega, *Suma llamada Nueva Recopilación y práctica del fuero interior*, Madrid, Luis Sánchez, 1606, p. 1161.

dicterios considerados como pecados mortales. Pedro de Calatayud señala entre ellos el llamar a la madre, simple, fatua -vejación también condenada por los evangelios-, vieja o desdentada[60]. El carmelita fray Valentín de la Madre de Dios tilda de pecaminosos términos del estilo de cornudo, cabrón o "descuellacaras", con los que se podía vejar a un padre[61]. Los hijos no deberían denunciar los delitos de los progenitores mientras estuviesen bajo su patria potestad, salvo los de traición de *lessa majestad* o de herejía.

El respeto hacia los progenitores debía manifestarse tanto verbalmente como de obra, a nivel externo -en "palabra, cortesía y servicio"-, e interno -con un temor reverencial-, con paciencia y sufrimiento, nunca con terquedad, obstinación o desprecio, encubriendo y excusando las faltas paternas. Hacerlo de manera forzada sería comportarse como un esclavo. Instan a llevar a cabo con los padres las acciones de cortesía y urbanidad que se estilan en el lugar en el que residen, caso de quitarse el sombrero, cederles el asiento en público -de las que no quedan eximidos ni por edad ni por estado-, concederles la "excelencia" debida y llevar a cabo "actos de estimación"[62]. Algún autor propone que hasta los 12 años de edad debían presentarse de rodillas ante ellos para besarles la mano y pedirles su bendición. Este tipo de comportamiento era útil de cara a que aprendiesen el significado del respeto[63]. Cualquier respuesta a los padres debía estar acompañada de palabras humildes, llenas de cortesía y modestia, nunca "sacudidas, desabridas o soberbias", ya que los progenitores, mientras sus hijos fueron niños, se desvelaron para darles conocimientos útiles y toleraron sus impertinencias y disgustos -lo que algún autor califica de "imbecilidad de la infancia"-[64].

Este trato afable y tolerante, al igual que la ayuda material, se debía manifestar especialmente en la vejez, un periodo lleno de enfermedades que les impedía trabajar, una etapa de ofuscación del entendimiento, de importunidades, "de manera que parece obran sin razón ni prudencia". Es el momento en que se ha de actuar con mayor paciencia, consolándolos y excusándolos[65]; no obstante, algunos

---

60 Pedro de Calatayud, *Doctrinas prácticas…*, p. 47.

61 Fray Valentín de la Madre de Dios, *Fuero de la conciencia…*, p. 110.

62 Fray Simón de Salazar, *Promptuario…*, p. 253.

63 Pedro de Calatayud, *Missiones y sermones*, tomo II, Madrid, impr. de música de don Eugenio Bieco, 1754, p. 289.

64 Jean-François de Saint-Lambert, *Catecismo…*, pp. 59 y 61.

65 Pedro Salsas y Trilles, Pedro, *Catecismo…*, p. 346.

tratadistas limitan la prosecución de estos comportamientos hasta la emancipación de los hijos o hasta su mayoría de edad[66].

4. MODELOS DE HIJOS

Para ilustrar a los lectores sobre la forma en que habían de proceder los hijos obedientes y desobedientes, los tratadistas recurrieron de manera habitual a personajes bíblicos o de la Antigüedad. Entre los primeros se encuentran los del sumo sacerdote Eli -a quienes su padre no corrigió adecuadamente, le desobedecieron y fueron irrespetuosos con la forma de llevar a cabo los sacrificios sagrados-[67]; Can -por su fratricidio-; el vástago de Noé -que no cubrió a su padre desnudo y ebrio, riéndose de él y no le mostró la debida reverencia-; Absalón –quien conspiró contra su progenitor-; los hijos de Senacherib que cometieron parricidio; o el hijo pródigo -paradigma de disipador y de persona que frecuentaba compañías inadecuadas-, entre otros muchos. Frente a ellos José, Salomón, san Juan Bautista o el Niño Jesús, aparecen como los modelos bíblicos y prototipos de obediencia y de acciones reverentes hacia sus progenitores. En menor medida incluyen entre sus ejemplos a algunos papas, como Benedicto XI; o a reyes, caso de san Fernando en Castilla o de Luis I en Francia[68].

Cuando acuden a autores de la Antigüedad para ilustrar comportamientos negativos, citan a Aristóteles, quien menciona a hijos que, tras una erupción del Etna, huían sin socorrer a sus padres. La lava los tragó, frente al resto que se salvaron, atribuyendo los comentaristas eclesiásticos este hecho a un milagro[69]. Mencionan otros ejemplos seculares, como el de Demetrio, que persiguió a su padre, el emperador Valeriano, por haberle azotado; o Aristo, quien encarceló a su madre[70]. Frente a ellos, presentan los casos del rey Antígono, de Metelo, o de Rómulo como paradigmas de gentiles que amaron a sus progenitores. El argumento empleado en estos casos es que, si indi-

---

66   Joaquín Lumbreras, *Lecciones de doctrina social*, S.L., impr. de Sordomudos, 1837, p. 107.

67   Este ejemplo aparece de manera reiterada, no solo en catecismos, sino también en diálogos sobre aspectos de moral e instrucciones sobre cómo educar a la juventud. Pedro Collot, *Conversaciones sobre diferentes asuntos de moral*, Madrid, impr. Real, 1787, fol. XXIX; Charles Gobinet, *Instrucción…*, pp. 60 y 124; Francisco Echeverz, *Pláticas doctrinales*, Madrid, impr. Antonio Marín, 1768, p. 237.

68   Ángel Sánchez, *Filosofía…*, p. 60.

69   Juan Aguilar Camacho, *Cathecismo…*, f. 168 v.

70   Francisco Leal Gómez de León, *Catecismo…*, 201.

viduos paganos fueron capaces de actuar de ese modo, cuánto más debieran ayudar a sus padres los considerados cristianos[71].

Aunque no faltan casos de personas menos conocidas y más cercanas al común de los mortales, sus vivencias cotidianas contienen elementos que los distancian de la realidad. Entre los referentes más recurridos, al menos a lo largo de las dos primeras centurias estudiadas, está el empleado por san Buenaventura y repetido por el resto. Narra la historia de un hijo que recibió adelantada la herencia de los padres; los mantuvo temporalmente en una casa aparte, pero, posteriormente, dejó de socorrerlos. En una de las ocasiones, en las que el hijo estaba cenando y le fue a visitar el padre necesitado, escondió la gallina o capón que estaba comiendo. Una vez marchó el progenitor, la pechuga se convirtió en sapo y se le pegó a la cara, sin que se la pudiera desprender, sufriendo grandes dolores cuando lo intentaba. Otras anécdotas buscaron, además de aleccionar al lector, provocar su hilaridad. Es el caso de un hijo que arrastró a su padre por unas escaleras, golpeándole contra los peldaños. Cuando tuvo descendencia, su propio vástago le maltrató del mismo modo y le requirió que parase en determinado escalón, pues él solo había colisionado a su padre hasta ese límite[72].

Además de los relatos anteriores, también suele reiterarse en las narraciones el caso de tres hijos que iban a heredar un mayorazgo, pero se ignoraba cuál de ellos era el auténtico. Se les pidió que disparasen sobre el cuerpo muerto del padre. A quien acertase en el corazón se consideraría el hijo verdadero. Dos de ellos lanzaron la flecha, mientras que un tercero se negó a profanar el cadáver paterno, no pudiendo actuar "contra quien le engendró y dio el ser", evidenciando de este modo su legitimidad[73].

Parte de estos paradigmas conductuales se asocian a situaciones anómalas o extraordinarias con la intención de atemorizar a los transgresores o de mostrarles cuál debería ser la forma de proceder correcta. Son múltiples los textos sobre hijos cuyas vidas se vieron acortadas por actuaciones inapropiadas frente a sus padres. Es el caso de uno ladrón e imberbe, al que, una vez colgado en la horca por sus delitos, le creció barba y se le puso el cabello canoso, igual que el de

---

71 Pedro Salsas y Trillas, *Catecismo…*, p. 338.

72 Francisco Leal Gómez de León, *Catecismo…*, p. 202; José de Nieves Avendaño, *Pláticas…*, p. 79.

73 Juan Martínez de la Parra, *Luz…*, p. 256; Fray Juan Blázquez del Barco, *Trompeta…*, p. 78.

una persona nonagenaria, edad a la que habría podido llegar de haber mostrado una conducta adecuada.

Los hijos desobedientes acaban en ocasiones en manos de demonios, como una premonición de su condena eterna. Insertan relatos de vástagos matricidas y amancebados a los que, tras suicidarse, se les negó enterrarles en la iglesia. Su sepultura apareció hundida, interpretándose este hecho como una actuación diabólica: satanás se habría llevado teóricamente su cuerpo y alma[74]. En otros casos fueron desenterrados por diablos y arrastrados por el suelo del recinto sacro; o matados y descuartizados por estos seres malignos[75].

En menor medida los relatos anecdóticos mantienen ciertos visos de verosimilitud, como es el de los padres que fingieron depositar un dinero que habían pedido prestado en un arca con el propósito de que sus hijos les fuesen atendiendo en vida bajo la expectativa de cobrar la herencia guardada en ese mueble[76]. Se trata de una narración más verídica si tenemos en cuenta que algún tratadista se quejaba de que cuando los vástagos adquirían la hacienda de sus progenitores estando estos vivos ya no les atendían, les despreciaban, ultrajaban o les echaban de casa[77]. Entre los que se sitúan en este plano más realista se encuentra la anécdota relacionada con el humanista Tomás Moro, quien, viendo a su padre en un lugar público, le pidió la mano para besársela en señal de respeto y le reclamó su bendición[78].

Parte de estos ejemplos buscaban enfatizar el daño que se podía causar a los progenitores por conductas inapropiadas, fruto, por otro lado, de una mala educación. Es el caso de un joven que cayó en adulterio y fue apuñalado por el marido de la amante falleciendo en el acto. La madre quedó desconsolada y el padre deambulaba por las calles como un loco, con una larga barba[79]; o el que aparece inserto en un escrito anónimo, que habla sobre un hijo de unos caballeros segovianos que se introdujo en un mundo de vicios y malgastó los bienes paternos, avergonzándole. Acabó como un bandolero y su progenitor mendigando[80].

---

74   Juan Aguilar Camacho, *Cathecismo...*, ff. 170v-172r.

75   Fray Juan Blázquez del Barco, *Trompeta...*, p. 193; Jaime Barón y Arín, *Luz...*, p. 493.

76   Juan Martínez de la Parra, *Luz...*, p. 253;

77   Pedro Salsas y Trillas, *Catecismo...*, p. 369; José Climént, José, *Pláticas dominicales*, Madrid, oficina de don Benito Cano, 1793, p. 153.

78   Pedro Salsas y Trillas, Pedro, *Catecismo...*, p. 345.

79   Pedro de Calatayud, *Missiones... Op. cit.*, p. 289.

80   Anónimo, *Elementos...*, pp. 2-4.

5. CONSIDERACIONES FINALES

Si bien es cierto que los tratadistas de la época estudiada pudieron conocer parte de la problemática generada en los hogares, gracias al ejercicio de la confesión, en la cual se preguntaba sobre el cumplimiento del cuarto mandamiento[81], como señalara el agustino Juan Márquez, "solo la desesperación permitía sacar el escándalo de puertas afuera" y los hechos conflictivos en el seno familiar solían silenciarse, incluso ante los confesores[82]. Algunos escritores se quejaban de que, cuando los padres se confesaban, apenas hacían alusiones a la educación de sus hijos o a cuestiones de obediencia filial[83]. La posible vergüenza sentida por el fiel fue otro de los condicionantes que mediatizaron lo que se contaba en el confesionario[84]. En determinadas zonas de Hispanoamérica se añade, además, el problema de la falta de sinceridad de los indígenas, quienes no se fiaban de los clérigos[85]. Debido a estas circunstancias, los estudiosos del tema han subrayado la dificultad de conocer la realidad familiar por parte de los eclesiásticos y de calibrar los efectos que tuvo la práctica confesional a la hora de modificar o de orientar determinados comportamientos en la experiencia vital de la sociedad católica durante la Edad Moderna[86].

Como se puede apreciar, especialmente a través de los ejemplos sobre comportamientos filiales utilizados por estas obras, al menos una parte de los argumentos de los tratadistas se movió en un plano teórico. Los autores, por su condición eclesiástica, no conocieron de manera directa las conductas y conflictos padres-hijos. Eran conscientes de que las relaciones de estos se podían desarrollar mediante la confrontación, o de que la vida estaba llena de "espinas", de que los hijos iban a provocar pesadumbres; no obstante, sus ilustraciones

---

81   Arturo Morgado García, "Los manuales de confesores en la España del siglo XVIII", *Cuadernos dieciochistas*, 5, 2004, p. 133.

82   Juan Márquez, *El gobernador christiano deducido de la vida de Moysén*, Salamanca, Francisco Cea Tesa, 1612, p. 183.

83   Pedro Salsas y Trillas, Pedro, *Catecismo…*, p. 356.

84   Antonio González Polvillo, *El gobierno de los otros: confesión y control de la conciencia en la España moderna*, Huelva, Universidad de Huelva, 2010, p. 199.

85   Carolina Villar-Laz, "La confesión y el control de los cuerpos en la retórica del *Manual de doctrina cristiana y Catecismo* de Valdivia, Capitanía General de Chile, ca. 1650", *Anuario. Escuela de Historia*, 27, 2015, p. 144.

86   Andrea Arcuri, "El control de las conciencias: El sacramento de la confesión y los manuales de confesores y penitentes", *Chronica Nova*, 44, 2018, p. 186.

sobre esta problemática se remitieron a casos atemporales, pretéritos, o a vivencias que escasamente tenían que ver con la realidad de sus coetáneos[87]. Como indicara Valentina Torres, sus preceptos -reiterativos a lo largo del tiempo- constituyen una propuesta de un "comportamiento ideal", que no necesariamente reflejaba los cambios en la forma de proceder de los individuos de su tiempo[88]. A través de futuros trabajos, trataremos de confrontar estos modelos y principios establecidos por los tratadistas con otro tipo de fuentes, caso de las judiciales, testamentarias o epistolares, para observar en qué medida los hijos cumplieron con los estándares marcados por estos teóricos y cuáles fueron los ámbitos de confrontación paterno-filiales de cara a obtener una visión más cercana a la realidad del momento.

BIBLIOGRAFÍA

ARCURI, Andrea, "Represión sexual y de género en la confesión: Los manuales de confesores en la Edad Moderna (siglos XVI-XVII)", *Ex Equo*, 37, 2018, pp. 81-93.

ARCURI, Andrea, "El control de las conciencias: El sacramento de la confesión y los manuales de confesores y penitentes", *Chronica Nova*, 44, 2018, pp. 179-213.

BLANCO CARRASCO, José Pablo, "Desobediencias domésticas. Los jóvenes ante el modelo de autoridad familiar moderno", en José Pablo Blanco Carrasco, Máximo García Fernández y Fernanda Olival (coords.), *Jóvenes y juventud en los espacios ibéricos durante el Antiguo Régimen. Vidas en construcción*, Lisboa, Edições Colibri, 2019, pp. 45-70.

CANDAU CHACÓN, María Luisa, "Los libros de Avisos: fórmula de educación y adoctrinamiento en la Edad Moderna, España e Inglaterra", en *Ibidem* (ed.), *Las mujeres y el honor en la Europa Moderna*, Huelva, Universidad de Huelva, 2014, pp. 29-88.

FARGAS PEÑARROCHA, Mariela, "El sentido de lo justo y el gobierno del padre en *La Familia regulada* de Arbiol", *Chronica Nova*, 38, 2012, pp. 153-175.

---

87 Fray Félix Alamín, *Exhortaciones...*, p. 47.

88 Valentina Torres Septién, "Los textos de urbanidad y los libros de conducta (una reflexión inicial)", en Jean-Louis Guereña (dir.), *Manuales escolares en España, Portugal y América Latina: (siglos XIX-XX)*, Centro de Investigación MANES-UNED, 2005, pp. 262-263.

GALVACHE VALERO, Francisco, *La educación familiar en los humanistas españoles*, Pamplona EUNSA-Universidad de Navarra, 2001.

GARCÍA FERNÁNDEZ, Máximo *Los caminos de la juventud en la Castilla Moderna. Menores, huérfanos y tutores*, Madrid, Sílex Universidad, 2019.

GONZÁLEZ POLVILLO, Antonio, *Análisis y repertorio de los Tratados y Manuales para la confesión en el mundo Hispánico. (Ss. XV-XVIII)*, Huelva, Universidad de Huelva, 2009.

GONZÁLEZ POLVILLO, Antonio, *El gobierno de los otros: confesión y control de la conciencia en la España moderna*, Huelva, Universidad de Huelva, 2010.

MARÍN MARÍN, Francisco Javier, "La vida a través de los textos morales y espirituales. Una Edad Moderna a la luz de la palabra", en Eliseo Serrano Martín (coord..), *De la tierra al cielo. Líneas recientes de investigación en Historia Moderna*, Zaragoza, Diputación de Zaragoza-Institución "Fernando el Católico", 2013, pp. 13-21.

MÉNDEZ VÁZQUEZ, Josefina, "La educación de la mujer para el matrimonio según los tratadistas del siglo XVIII", en María Victoria López Cordón (dir.), *Historia de la mujer e historia del matrimonio*, Murcia, Universidad de Murcia, 1997, pp. 219-232.

MORGADO GARCÍA, Arturo, "Los manuales de confesores en la España del siglo XVIII", *Cuadernos dieciochistas*, 5, 2004, pp. 123-145.

REY CASTELAO, Ofelia, "Literatura y tratadistas de la familia en la Europa de la Edad Moderna", en Francisco Chacón Jiménez et al., *Familia y organización social en Europa y América, siglos XV-XX*, Murcia, Edit.um, 2007, pp. 211-231.

TORRES SEPTIÉN, Valentina "Los textos de urbanidad y los libros de conducta (una reflexión inicial)", en Jean-Louis Guereña (dir.), *Manuales escolares en España, Portugal y América Latina: (Ss. XIX-XX)*, Centro de Investigación MANES-UNED, 2005, pp. 259-270.

VILLAR-LAZ, Carolina, "La confesión y el control de los cuerpos en la retórica del *Manual de doctrina cristiana y Catecismo* de Valdivia, Capitanía General de Chile, ca. 1650", *Anuario. Escuela de Historia*, 27, 2015, pp. 125-152.

12

Infancia y cuidados asistenciales en las casas de beneficencia de la Castilla del siglo XVIII[1]

Cynthia Rodríguez Blanco

Universidad de Valladolid

1   Investigación llevada a cabo a través del GIR: Grupo de Estudios sobre Familia, Cultura Material y Formas de Poder en la España Moderna (Universidad de Valladolid); del Instituto del Humanismo y Tradición Clásica de la Universidad de León; y y del proyecto de investigación "Familia, dependencia y conflicto en España, 1700-1860", PID2024-159231NB-I00.

A lo largo de la Edad Moderna, el abandono infantil se presentó como una conducta tan criticada como extendida que llevó a las casas de expósitos a presentarse como "hospital fijo de estos pobrecitos, y sus cementerios é término, que muy presto aguarda a casi todos los que entrasen y no salgan brevemente"[2]. Y es que, atendiendo a las cifras aportadas por Ortega Chinchilla, durante el s. XVIII se llegaron a abandonar a 20.000 criaturas anuales sobreviviendo tan solo 2 de cada 10[3]. En este sentido Pérez Moreda sostuvo que la mortalidad expósita solía duplicar e incluso triplicar en índices a la de la población normal[4]. Una realidad anómala y dolorosa que exigía la puesta en práctica de medidas contundentes que redundasen en la salvación del mayor número de niños posibles. Criaturas que prácticamente desde su nacimiento y a consecuencia de su ilegitimidad, pero también por la muerte, enfermedad o desidia familiar, se veían obligadas a vivir de la caridad en las inclusas o cuartos de expósitos. Instituciones financiadas en su mayor parte a través de los cabildos catedralicios y las donaciones particulares que, por la falta de caudales y la escasa disponibilidad de amas, se veían incapaces de sostener adecuadamente a una población tan creciente. Los efectos derivados de las hambrunas que frecuentemente se sufrían en el campo castellano, unidos a los episodios de peste, sarna y tercianas sufridos, propiciaron que no pocas familias, antes de ver perecer a su prole, se resolviesen a echarla a la caridad con la esperanza de que al menos allí permaneciese atendida hasta que su situación se viese mejorada pudiendo llegar incluso a recuperarla. Pese a que tradicionalmente se ha tendido a fundamentar la exposición infantil en la falta de interés materno para criar, hay que tener presente que muchos de los acogidos fueron a parar allí porque sus progenitores, careciendo de medios con los que sostenerlos, consideraron que dentro tendrían al menos una posibilidad de sobrevivir. De ello dan buena cuenta las cédulas de abandono y expedientes que fueron depositados junto a ellos. Por ejemplo, el 10 de enero de 1793 ingresó en la inclusa leonesa María, una niña a

---

2   Joaquín Javier de Úriz y Lasaga, *Causas prácticas de la muerte de los niños expósitos en sus primeros años: remedios en su origen de un tan grave mal y modo de formarlos útiles a la religión y al estado, con notable aumento de la población, fuerzas y riquezas de España*, Pamplona, José Rada, 1801, p. 14.

3   María José Ortega Chinchilla, "Las nodrizas requeridas por el Estado; denostadas por la sociedad", en María José Ortega Chinchilla y Raúl Ruiz Álvarez (eds.), *Los trabajos de las mujeres en la Edad Moderna. Centro de interés para el diseño de situaciones de aprendizaje*, Granada, Universidad de Granada, 2023, p. 26.

4   Vicente Pérez Moreda, *La crisis de mortalidad en la España interior. Siglos XVI-XIX*, Madrid, Siglo XXI, 1980, p. 455.

la que se admitió "por no tener su madre leche para poderla criar ni medios para soportar los gastos de la lactancia por ser huérfana"[5]. A la madre de María se le permitió depositar a la pequeña allí, pero en otras ocasiones para evitar la saturación de los cuartos, se optó por entregar a los progenitores algunas limosnas para que fueran ellos mismos quienes se encargasen de buscar a un ama para su hijo. De este modo, además de prodigarles atenciones se evitaba el desarraigo familiar de la criatura. El 13 de febrero de ese mismo año se recibió en el cuarto leonés a Antonio Francisco de Córdoba "por no tener su padre medios para poderlo criar, al que se le dio papeleta en su nombre para que por dicho tiempo [el de la lactancia] pueda percibir 16 reales cada mes siendo de su cargo buscar quien lo crie"[6]. Aun cuando los tratadistas presentaban a estas inclusas como lugares insalubres en los que la muerte campaba a sus anchas, lo cierto es que, en ellas y a diferencia de lo que podía ocurrir en los hogares más humildes, las criaturas hallaban cobijo, alimento e incluso atención médica al contarse en su plantilla de asalariados con médicos, cirujanos e incluso hernistas como ocurría en Soria. El que las familias voluntariamente decidiesen conducir a sus hijos a las inclusas antes que verlos fallecer en sus domicilios, indica que realmente sentían una preocupación por ellos. Inquietud que se hace visible en el ajuar que, en ocasiones, los acompañaba. Pese a que la mayoría fueron abandonados con unos mirables trapillos de lienzo, bayeta y estameña que apenas cubrían la vergüenza de sus cuerpos, hubo un pequeño grupo que lo hizo acompañado de costosos diges infantiles. Objetos apotropaicos realizados en ricos materiales como el azabache o el coral que eran depositados junto a ellos para protegerles de fenómenos mágicos y sobrenaturales como el mal de ojo, los demonios y las brujas. El estudio realizado sobre la inclusa palentina permitió conocer que su presencia en el ajuar infantil de los expósitos era minoritaria, pues para el periodo 1740-1850 tan solo un 0,3% de los niños acogidos los portaron. Amuletos que no eran exclusivos del ámbito palentino sino se documentan en otras muchas inclusas. Por mencionar algunos casos, el 26 de abril de 1748 fue echado en el torno leonés Epifanio, un niño de apenas unos días de vida que portaba en el fajero "una sarta grande de azabache y un santo cristo de mitad con 2 reales en ochavos y calderilla"[7]; el 2

5   Archivo Histórico Provincial de León (AHPL), Libro de Registro de Entradas y Salidas de niños expósitos, año 1793, Caja 467, s.f.

6   AHPL, Libro de Registro de Entradas y Salidas de niños expósitos, año 1793, Caja 467, s.f.

7   AHPL, Libro de Registro de Entradas y Salidas de niños expósitos, año 1748, Caja 456, s.f.

de agosto de ese mismo año apareció María, una niña recién nacida "que traía al pescuezo una gargantilla de corales y granates negros"[8]; y el 8 de septiembre Cruz, acompañado "de un capillo y en él una higa"[9].

Fue en las décadas finales del s. XVIII cuando, por influjo del higienismo y el humanitarismo ilustrado, algunas voces como la de Antonio de Bilbao clamaron en favor de una mejora en la atención del colectivo a través de una mayor intervención estatal. Si la nación quería prosperar económicamente, se hacía necesario que la mayor parte de los niños sobreviviesen ya que, alcanzada la edad adulta, estos contribuirían al enaltecimiento del país mediante su trabajo estándole eternamente agradecidos por haber velado por ellos cuando ni siquiera su familia lo había hecho. Así, a través de una encuesta realizada en 1790, el Consejo de Castilla pudo conocer de primera mano la lamentable situación en la que se hallaban sumidas la mayor parte de las inclusas que, careciendo de nodrizas y de recursos, se veían obligadas a ver cómo la mayor parte de los niños que entraban perecían de forma más o menos inmediata. Gracias al estudio llevado a cabo por De la Fuente Galán se ha podido conocer que, por aquel entonces, en Cataluña existían solo 2 casas de expósitos (Barcelona y Gerona); en el reino de Aragón 1 (Zaragoza); en el arzobispado de Valencia y en el obispado de Orihuela 1 en cada una de las ciudades homónimas; en el obispado de Murcia 5 (Murcia, Cartagena, Lorca, Cehegín y Carayaca); en Castilla 5 (Burgos, León, Palencia, Salamanca y Valladolid); en la antigua Castilla La Nueva 2 (Toledo y Madrid), en Santander 1; en el Principado de Asturias 1 (Oviedo), en Galicia otra (Santiago de Compostela); en Extremadura 1 (Badajoz); y en Andalucía 11 (Cádiz, Puerto de Santa María, Osuna, Sevilla, Córdoba, Lucena, Málaga, Ronda, Antequera, Granada y Guadix)[10].

---

8   AHPL, Libro de Registro de Entradas y Salidas de niños expósitos, año 1748, Caja 456, s.f.

9   AHPL, Libro de Registro de Entradas y Salidas de niños expósitos, año 1748, Caja 456, s.f.

10   M.ª del Prado de la Fuente Galán, "La situación de las inclusas en el s. XVIII. La encuesta de 1790", *Chrónica Nova*, 24, 1997, pp. 65-75.

1. INTENTOS DE MEJORA EMPRENDIDOS: SALUBRIDAD DE LOS CUARTOS Y MEJORA DE LAS CONDICIONES LABORALES DE LAS NODRIZAS

Considerando que el número de inclusas existentes era insuficiente, Carlos IV, a través del artículo 2 del *Reglamento para la policía general de expósitos* promulgado en 1796, trató de impulsar la creación de una Casa General de Expósitos por diócesis, previendo a su vez, la existencia de Casas de Partido ubicadas a una distancia máxima de entre 12 y 14 leguas respecto a la primera.[11] Medida que buscaba, por un lado, desmasificar los cuartos; y por otro, evitar que las criaturas tuviesen que recorrer largas distancias para llegar a su destino. Y es que, no existiendo en el lugar de exposición casa de beneficencia o vecina que de manera "graciosa" se quisiera ocupar de ellos, los pequeños debían ser conducidos a la inclusa más cercana viajando en alforjas o carretas durante horas e incluso días sin apenas alimento ni cobijo por carecer, en la mayor parte de las ocasiones, de vestido y ama. Así, cuando a José María Francisco de Paula Jacobo se le abandonó con tan solo unos días en la localidad palentina de Moarves de Ojeda —ubicada a más de 80 km de la capital—, se dejó junto a su cuerpo una nota que decía "pido por el amor de dios no me dejen a la inclemencia de la noche ni consienta la caridad se me dé mal trato [...] espero se me conducirá por vereda asta Palencia"[12]. Más significativa aún fue la esquela que se dejó junto a Pedro, llegado a la ciudad del Bernesga el 31 de julio de 1746. En ella se decía:

> los pañales que aquí traigo son de Holanda muy nombrada y las mantillas que mejores no las habia en la villa de Vizcaya. Mi señal es un botón de azabache al capillo. Mi padre es hombre de bien, mi madre mujer honrada, se mostrarán agradecidos cuide de mí un ama. Bautizado no estoy, mas porque mal no me venga, quítenme luego la mancha que heredé de

---

11   *Real Cedula de S.M. y Señores del Consejo, por la que se manda observar el Reglamento inserto para la policía general de expósitos de todos sus dominios,* Madrid: Imprenta Real, 1796, p. 5.

12   Archivo Catedralicio de Palencia (ACP), Hospital San Antolín (HSA), 99.5.7, año 1794, s.f.

Adán y Eva; y vivo estoy de milagro que en un puerto estuve ahogado por la mucha nieve que había[13].

Al deterioro de la salud infantil contribuían, no solo esas largas y peligrosas peregrinaciones, sino también el hecho de que gran parte de ellos fueran abandonados a la intemperie frente a las puertas de los templos, en el alféizar de alguna ventana e incluso sobre una pila de piedras. Para evitarlo se intentó incentivar el uso del torno garantizando el anonimato, y por tanto la impunidad de quien abandonaba, evitando que la criatura pudiese fallecer por inanición o falta de auxilio. Al fin y al cabo, no era lo mismo abandonar a un niño a su suerte en la vereda de un camino esperando que algún transeúnte le recogiese, que hacerlo en un lugar seguro y vigilado. Era la supervisora de las amas -conocida en algunas inclusas con el nombre de la madre de niños o ama mayor- quien se encargaba de abrir y cerrar el torno a las horas señaladas recogiendo con premura a cuántos cayesen en él para que el mayordomo o administrador pudiera asentarles en el libro de entradas haciendo constar el lugar y la hora a la que había aparecido, sus señas identificativas (vestimentas, objetos de adorno, marcas corporales y cédulas), si había recibido las santas aguas y el nombre que se le había dado.

Tras ser recogidas del torno o de los brazos de algún conductor, las criaturas eran ingresadas en el cuarto cuna para que las amas internas pudiesen ocuparse de ellas. Mujeres que, a cambio de la cama, la ración y un corto salario, se encargaban de amamantarlas y cuidarlas hasta que hallasen una mujer con la que poder salir. Un trabajo extenuante que exigía una gran dedicación, especialmente en lugares como el Hospital Real de Santiago —donde el cuarto estaba atendido solo por dos mujeres—[14]; o el Hospital del Sancti Spiritus de Soria —donde solo se contó con la presencia de una mujer para atender a cuando niños llegasen—[15]. Con ello lo que se buscaba era reducir el tiempo de estancia de los niños en el cuarto al considerarse que el hacinamiento y las enfermedades que en ellos proliferaban dificultaban

---

13   AHPL, Libro de Registro de Entradas y Salidas de niños expósitos, año 1749, Caja 456, s.f.

14   Isidro Dubert García y Luisa María Muñoz, "Salarios femeninos y economías familiares: Las amas de cría en los hospicios de Galicia (1700-1900)", en Carmen Sarasúa García (ed.), *Los salarios que la ciudad paga al campo. Las nodrizas de las inclusas en los siglos XVIII y XIX*, Alicante, Publicaciones Universitarias de Alicante, 2021, p. 51

15   María Ángeles Sobaler Seco, "La obra asistencial de Expósitos de Soria y el Patronato de los Linajes", *Investigaciones Históricas. Época Moderna y Contemporánea*, 21, 2001, p. 60.

su supervivencia. Realidad de la que eran plenamente conscientes los progenitores, precisamente por ese motivo, cuando se dejó a Menancio en el torno se hizo acompañar de una pequeña cedulilla en la que se podía leer: "Amigo y señor mío, sufrirá mis impertinencias como yo las tuyas. Amigo, estimaré que no me le detengan en el arca por la causa que tienen lepra las amas"[16].

Con el objeto de mejorar la salubridad de los cuartos, Santiago García —médico de la inclusa madrileña—, proporcionó una serie de recomendaciones indicando que estos debían ubicarse en terrenos elevados y alejados de la ciudad para favorecer la circulación del aire y evitar "las toses y optalmías que provienen, lo menos en verano, del polvo que levantan los coches y carros"[17]. Igualmente, quienes allí habitaban, debían procurar abrir ventanas y puertas a las horas competentes para evitar "los efluvios pútridos"; barrer la sala varias veces al día limpiando el suelo con vinagre; evacuar con rapidez los pañales usados y los excrementos de las amas; y no dejar encendidos braseros u hogares que pudiesen desprender tufo por las noches para evitar intoxicaciones. Además, para poner coto a las cadenas de transmisión epidémica, se había de procurar que los niños enfermos y sanos viviesen con entera separación habitando, cada uno de ellos, en una estancia distinta. Cuestión a la que en rara ocasión se podía atender debido a la falta de espacio y dinero, pues como narraba Úriz, las criaturas "se manejan juntas, duermen y se comunican el calor, y la leche juntas, y todas las cosas las hacen juntas. Y siendo así, está claro, que han de llorar y padecer juntas, y que para llevar hasta el sepulcro tan perfecta comunión han de morir y mueren casi juntas"[18]. Al contagio y proliferación de enfermedades como la sarna o la lepra contribuía, no solo la escasa limpieza de los aposentos, sino también el hecho de que a las criaturas no se les mudase de ropa con frecuencia llegando incluso a heredar los viejos pañales de sus compañeros fallecidos. Sin importar el gasto que se hubiera de realizar, se consideró oportuno que cada acogido dispusiese de varios hatos. Precisamente por ese motivo los administradores de los cuartos debían proveerse de abundante ropa blanca de ordinaria calidad que sería custodiada, lavada y atemperada por las propias amas.

---

16   AHPL, Libro de Registro de Entradas y Salidas de niños expósitos, año 1749, Caja 456, s.f.

17   Santiago García, *Breve instrucción sobre el modo de conservar los niños expósitos*, Madrid, Casa de Fernández y compañía, 1794, p. 27.

18   Joaquín Javier de Úriz y Lasaga, *Causas prácticas de la muerte…*, p. 34.

A esta escasa limpieza había de sumarse el aparente trato negligente dispensado por las propias nodrizas, a quienes "les falta el amor, y su cartera, no les hace la mejor apología de diligentes, ni de aseadas"[19]. Y es que, como señalaba Antonio de Bilbao:

> a ninguna mujer le conviene encargarse de ellos para criarlos, porque ofreciéndolas la mitad o menos del premio que dan los jornaleros y artesanos cuando entregan a criar sus hijos, o prefieren a estos, o se resuelven a dejarse enjugar los pechos, para no tomar sobre sí un trabajo por menos de lo que vale[20].

Debido a la escasa financiación recibida, las inclusas solían ofrecer salarios bajos que dependían de la modalidad en la que se ejerciese —las amas internas estaban mejor retribuidas que las externas ya que, a diferencia de estas, vivían confinadas, soportaban una mayor carga laboral y estaban continuamente vigiladas por la madre de niños—; y de la edad del expósito —alcanzada la edad destete el salario solía reducirse a la mitad al considerarse que el niño ya no necesitaba tantas atenciones—. Ello, unido al peligro que representaba el amamantar a un niño enfermizo con "pupas y postillas en la boca", propiciaba que el nodrizaje asistencial fuese visto como un trabajo escasamente atractivo al que solían recurrir mujeres necesitadas que, en rara ocasión, cumplían con los requisitos físicos y morales exigidos. Por la cortedad de los reales ofrecidos, el jornal obtenido de la lactancia, lejos de constituir la base de la economía familiar, se presentaba como un mero complemento; lo que obligaba a la mujer a dejar parcialmente de lado la crianza expósita para faenar, de manera simultánea, en otras actividades como la tejeduría, la costura o el campo.

El desvincularse parcialmente del cuidado favorecía que, en ocasiones, a la criatura no se le prestase la atención necesaria, más aún cuando se trataba de un expósito por el que nadie velaba. Su elevado número, unido a la lejanía de sus domicilios, impidieron que los directores de las inclusas pueden ejercer un control efectivo sobre sus amas externas habiéndose de conformar con los informes que pudieran emitir los párrocos. Sabedores de que ese hándicap era aprovechado por muchas para poner en práctica toda una serie de triquiñue-

---

19   *Ibídem*, p. 41.

20   Antonio de Bilbao, *Destrucción y conservación de los expósitos*, Málaga, en casa de D. Félix de Casas Martínez, 1790, p.13.

las (intercambio de niños, prolongación de los tiempos de lactancia para cobrar más reales, crianzas simultáneas, etc.) en algunas casas de misericordia se estableció como requisito *sine qua non* que, para cobrar la mesada, las nodrizas tuviesen que hacerlo en persona presentando, a su vez, una certificación en la que se hiciese constar que el niño se mantenía con vida. Pese a esa falta de vigilancia generalizada, tenemos constancia de que, al menos en el arca leonesa, varios niños fueron apartados de los brazos de sus nodrizas al tenerse la certeza de que no estaban recibiendo los cuidados adecuados. A Catalina Bayón, tras cuidar durante más de un año de Marcela, se le quitó dicha niña "por no tenerla bien criada"; lo mismo le ocurrió a Catalina López que perdió a Marcela "por no criarla bien su madre"[21]. Los motivos exactos que dieron lugar a ambas retiradas los desconocemos, pues bajo la frase "no la criaba bien", caben muchas posibilidades: desatención, raquitismo e incluso violencia. No es menos cierto que, en otras ocasiones, los registros leoneses fueron más específicos. Por ejemplo, Fausto tuvo que regresar al cuarto "por estar su madre [nodriza] embarazada"[22]; Martina, "por habérsele quitado la leche a su madre"[23]; y Leocadia, "por haberse muerto su madre"[24]. El caso de la última pequeña resulta ilustrativo. Tras haber sido abandonada en el santuario de la Virgen del Camino, el 20 de diciembre de 1745 la llevó para criar Marcela García, vecina de Navatieja, quien la amamantó durante 3 meses hasta que cayó enferma. Desprovista de todo cuidado, la niña se vio obligada a regresar al cuarto hasta que, el 2 de marzo de 1746, Lucía Alonso la sacó, devolviéndola de nuevo al arca el 28 de ese mismo mes "por habérsele quitado la leche". Así, y sin pechos de los que poder mamar, Leocadia retornó junto al resto de niños permaneciendo en el cuarto tan solo 2 jornadas, pues el 31 de marzo salió de la mano de Elena Rodríguez, una vecina de Ferreras de la Cepeda que se encargó de criarla hasta que falleció el 11 de junio de 1749. Su fallecimiento hizo que de nuevo la niña tuviese que desplazarse a León muriendo en septiembre de ese mismo año. Más allá de la casuística particular recogida, los casos reseñados ponen

---

21 AHPL, Libro de Registro de Entradas y Salidas de niños expósitos, año 1745, Caja 456, s.f.

22 AHPL, Libro de Registro de Entradas y Salidas de niños expósitos, año 1746, Caja 456, s.f.

23 AHPL, Libro de Registro de Entradas y Salidas de niños expósitos, año 1745, Caja 456, s.f.

24 AHPL, Libro de Registro de Entradas y Salidas de niños expósitos, año 1745, Caja 456, s.f.

de manifiesto, en primer lugar, que la inclusa leonesa sí dispuso de un cierto control sobre sus nodrizas siendo conocedora de los tratos que dispensaban y de los accidentes que las acontecían; y, en segundo lugar, que existió una clara preocupación por mantener a salvo a los incluseros llegando a apartarles del lado de sus familias de acogida si estos no les trataban como a verdaderos hijos.

Fue a finales de siglo cuando, como consecuencia de la crisis económica vivida, se decidió —en un intento por atraerlas— mejorar levemente las condiciones laborales de las nodrizas ya que cada vez eran más los niños que ingresaban, y menos las mujeres que se acercaban al cuarto en busca de un expósito al que lactar. De este modo, algunos provisores se resolvieron a aumentar los salarios ofrecidos a las amas externas. Así, en Palencia, las amas de pecho pasaron a cobrar 30 reales y las de destete 15 (previamente habían percibido 20 y 11 respectivamente)[25]. Cantidades prácticamente idénticas a las aprobadas para la inclusa burgalesa, donde las nodrizas ocupadas de los lactantes pasaban a cobrar 30 reales y la de los mocitos 17[26]; y para la inclusa vallisoletana, quien llegó a ofrecer hasta cuatro mesadas distintas en función de la edad del expósito y de la procedencia de la nodriza: las amas rurales cobraban entre 30 y 15 reales y las urbanas entre 22 y 12[27]. Más generoso fue el cuarto logroñés que, manteniendo los 30 reales ofrecidos por sus vecinos, decidió aumentar la retribución de las de destete hasta los 22 reales[28]. Iniciativa que, aunque atrajo más mujeres hacia los cuartos, no impidió que los expósitos siguiesen falleciendo. Es más, durante las primeras décadas del s. XIX se registraron los mayores índices de mortalidad expósita. Sánchez Villa recuerda que, durante el periodo liberal en ciudades como Ma-

---

25   Cynthia Rodríguez Blanco, *Infancia expuesta y maternidad en la inclusa palentina a lo largo del Antiguo Régimen*, Gijón, Trea, 2024, p. 143.

26   Juan José Martín García, "Pobres entre las pobres: los salarios de las nodrizas externas en las inclusas de Burgos, Soria y La Rioja (1750-1900)", en Carmen Sarasúa García (ed.), *Los salarios que la ciudad paga al campo. Las nodrizas de las inclusas en los siglos XVIII y XIX*, Alicante, Publicaciones Universitarias de Alicante, 2021, p. 220.

27   Ricardo Hernández García y Julio Fernández Portela, "Expósitos y nodrizas: geografía de la pobreza en el Valladolid del s. XVIII", *Investigaciones Históricas. Época Moderna y Contemporánea*, 42, 2022, p. 626. A las amas rurales se las retribuía con mayores mesadas por considerarse que los niños criados en esas zonas crecían más sanos y robustos al respirar un aire más limpio. Cynthia Rodríguez Blanco, "El nodrizaje y otras ocupaciones femeninas. Curso de vida y protagonismo social de las mujeres rurales (Palencia, SS. XVI-XVIII)", *Espacio, tiempo y forma. Serie IV Edad Moderna*, 38, 2025, p.258.

28   *Ibídem*, p. 221.

drid solían morir 8 de cada 10 asilados[29]. Proporción bastante similar a la apreciada en otros puntos peninsulares como Sevilla (84,7% para los años 1770-1820)[30], León (82,4% para el periodo 1792-1830)[31], Zamora (79,1% durante la primera mitad del Ochocientos)[32] o Salamanca (73,9% entre 1794-1825)[33].

2. APUESTA POR UN NUEVO MÉTODO DE CRIANZA: LA LACTANCIA ARTIFICIAL

Además de prodigarles atenciones y cuidados corporales inmediatos, las inclusas debían asegurarse de que los niños que allí se hallaban recogidos estuviesen oportunamente alimentados entregándoles, diariamente, leche y puchas de pan cuando eran lactantes; y raciones de legumbres, verduras y pescado cuando eran ya mocitos. A consecuencia de la escasa disponibilidad de amas y las bajas cualidades nutricias registradas en algunas ellas, a finales de la Edad Moderna los médicos comenzaron a defender el método de crianza artificial llevado a cabo mediante leches de procedencia animal. Una propuesta médica novedosa contra la que muchos se mostraron abiertamente en contra aludiendo a que la brutalidad de los animales utilizados sería contagiada a los pequeños[34]. A lo largo del Antiguo Régimen, y por claro influjo de la doctrina cristiana, la leche materna —o mercenaria— más allá de ser valorada por sus cualidades nutritivas, fue concebida en el imaginario popular como esencia generadora de vida y vehículo transmisor de virtudes y defectos. Precisamente por ese motivo, desde los tratados de la moral, se hizo tanto hincapié en que

---

29   Mario César Sánchez Villa, "Los hijos del vicio. El problema del niño expósito y la modernización de la Inclusa en España durante el cambio de los siglos XIX y XX", *Cuadernos de Historia Contemporánea*, 38, 2016, p.333.

30   Luis Carlos Álvarez Santaló, *Marginación social y mentalidad en Andalucía occidental: expósitos en Sevilla (1613-1910)*, Sevilla, Consejería de Cultura de la Junta de Andalucía, 1980, p. 164.

31   María José Pérez Álvarez y Alfredo Martín García, *Marginación, infancia y asistencia en la provincia de León a finales del Antiguo Régimen*, León, Universidad de León, 2008, p. 91.

32   M.ª Isabel Galicia Pinto, *La Real Casa Hospicio de Zamora, asistencia social a marginados (1798-1850)*, Zamora, Instituto de Estudios Zamoranos Florián de Ocampo, 1985, p. 171.

33   Eulalia Torrubia Balaguer y José Ignacio Tellechea Idígoras, *Marginación y pobreza. Expósitos en Salamanca (1794-1825)*, Salamanca, Diputación Provincial, 2004, p. 146

34   Juan Lezaun Valdubieco y Manuel Ferreiro Ardións, "Iglesia y lactancia artificial en los siglos XVIII y XIX: de la animalidad al regeneracionismo moral", *HIADES. Revista de Historia de la Enfermería*, 11, 2015, p. 567.

fueran las propias madres quienes alimentasen a su prole a través de aquella sustancia que, por el mero hecho de tener pechos, Dios les había entregado de manera gratuita. De nada servían las numerosas precauciones que tomaban durante el embarazo si, tras el nacimiento, el niño era entregado a un nodriza sucia, impía y poco cristiana que corrompía su cuerpo y su espíritu. Si por fatalidad o desdicha los niños se veían obligados a crecer junto a estas mujeres, se debía poner especial atención en su selección procurando que, siendo casadas o viudas, no fueran primerizas; que habitasen en el campo; que tuvieran una buena apariencia y disposición corporal contando con unos pechos de tamaño mediano que permitiesen el cocimiento lácteo; que gozasen de una buena salud; y que contasen con una edad comprendida entre los 20 y los 35 años[35]. Atributos que difícilmente se hallaban entre las nodrizas de las inclusas, pues por los bajos salarios ofrecidos y las duras condiciones laborales que se veían obligadas a soportar, quien se empleaba para una casa de expósitos lo solía hacer por necesidad no habiendo encontrado otro medio con el que poder sobrevivir.

Siendo conscientes de que, por la mala alimentación y la "destemplanza del espíritu", en ocasiones, en la leche de estas mujeres no se hallaban más que acuosidades, crudezas y enfermedades, los médicos de las inclusas comenzaron a ver en las leches de procedencia animal una buena alternativa para hacer sobrevivir a los pequeños; especialmente cuando entraban muchos de golpe o no se contaba con un número de amas suficiente dentro del cuarto. De este modo, a comienzos del s. XIX y habiendo pasado varios años desde su implantación, los galenos ocupados del cuarto palentino declararon que la experiencia les había demostrado que este método —aunque eficaz— solo debía ser aplicado en casos de extrema necesidad, pues "a pesar de todo el cuidado y esmero con que se procura en el tratamiento de las cabras, se nota una gran diferencia con el nudrimiento y salud de los niños que son amamantados por mujeres"[36]. Gracias a un informe hallado entre las actas del concejo de la ciudad se ha podido saber que, en un principio, el Hospital de S. Antolín y S. Bernabé tomó seis u ocho cabras para salir del apuro, pero "siendo preciso el que

---

35   Para un mayor conocimiento de las cualidades físicas exigidas consultar: Jaime Bonells, *Perjuicios que acarrean al género humano y al estado las madres que rehúsan criar a sus hijos y medios para contener el abuso de ponerlos en ama*, Madrid, Imprenta Miguel Escribano, 1786; o, José Iberti, *Método artificial de criar a los niños recién nacidos y darles una buena educación física*, Madrid, Imprenta Real, 1795.

36   ACP, HSA, 99.1.1, Papeles sueltos.

la leche no faltara ni un solo día en todo el año", el administrador decidió adquirir otras diez o doce cabezas más. Un ganado caprino que requería de unos cuidados especiales para evitar que la leche se les acedase. De este modo y mientras no estuviesen preñadas, las cabras permanecían junto a los carneros en unos pastos —propiedad del hospital— alejados del perímetro urbano. Tras ser fecundadas, y estando prontas a parir, eran trasladadas a las inmediaciones de la ciudad para que pudiesen servir a los niños teniendo "destinadas horas para lactar: por la mañana, antes de salir al pasto, a la hora de las 9; de la misma mañana a las 12 y 3 de la tarde; y luego por la noche"[37]. De manera general, los médicos optaban por la leche de cabra debido a que se digería con mayor facilidad al tener una menor proporción de crema y queso. En todo caso, dicho método de crianza parece ser que no dio los resultados esperados, pues al analizar la tasa de mortalidad expósita registrada en la cuna palentina, se aprecia que esta mostró una tendencia alcista desde el último tercio del s. XVIII (momento en el que se cree que se introdujo la lactancia artificial). Así, en el decenio 1770-1779 la tasa de mortalidad se situó en un 62,14%; en 1780-1789 en un 71,11%; en 1790-1799 en un 87,94%; en 1800-1809 en un 89,08%; en 1810-1819 en un 85,77%; y en 1820-1829 en un 90,83%[38].

Algo similar ocurrió en la inclusa navarra dónde, en el verano de 1800, su director, D. Joaquín Javier de Úriz, decidió poner en práctica la lactancia artificial suministrando, a un número indeterminado de niños que habitaban en el cuarto, una bebida azucarada de arroz a la que, en función de su tolerancia, se podía añadir leche, corteza de pan o yema de huevo[39]. Pese a que en un primer momento el experimento parecía favorable, al finalizar el estío Úriz se percató de que habían muerto bastantes niños debido, en parte, al poco cuidado que se había tenido a la hora de preparar la fórmula nutricional[40]. Y es que, tal y como había señalado previamente José Iberti, la puesta en

---

37 Archivo Municipal de Palencia (AMP), Actas capitulares, sig. A-21-070, año 1813, f. 627.

38 Porcentajes calculados a través de los datos aportados por Alberto Marcos Martín, *Economía, sociedad, pobreza en Castilla: Palencia, 1500-1814*, Palencia, Diputación de Palencia, 1985, p. 660.

39 En el ejemplar 149 del diario *Décadas de medicina y cirugía práctica*, se hizo constar que para preparar dicha bebida bastaba con tomar una onza de arroz y tres cuartillos de agua hasta que «el arroz se reduzca a papilla de modo que quede en dos cuartillos y se la pasa por un tamiz fino». *Décadas de medicina y cirugía práctica*, nº 149, año 1828, p. 48.

40 Manuel Ferrerio Ardións y Juan Lezaun Valdubieco, "Ensayos nutricionales sobre lactancia artificial en la España ilustrada: el trabajo de Joaquín Xavier Úriz en Pamplona", *Nutrición Hospitalaria*, 39/1, 2022, p. 214.

marcha de la crianza artificial —especialmente en los hospicios— requería de una gran pericia y cuidado ya que, ni todos los niños tenían las mismas necesidades nutritivas, ni todas las leches eran igual de buenas. En ocasiones, atendiendo a la naturaleza y salud de las criaturas, se hacía necesario modificar la composición y el volumen de la bebida ofrecida. Cuestión a la que no siempre se podía dar respuesta debido a la falta de tiempo y el desconocimiento. No debe ser pasado por alto que la sobrepoblación de los cuartos propiciaba que cada ama interna tuviese que ocuparse de hasta 4 o 5 criaturas a la vez impidiendo que pudieran prestarlas la atención necesaria. Del mismo modo, su humilde origen hizo que la mayor parte de ellas careciesen de los conocimientos matemáticos y químicos necesarios para llevar a cabo las modificaciones lácteas que cada niño requería (algunas leches tendrían que ser más ligeras, otras más crasas, contener una mayor proporción de azúcar, etc.). Intentando prevenir todos estos inconvenientes, Iberti se mostró partidario de que en todas las casas de expósitos, hubiese siempre leche de burra, de cabra, de oveja, de vaca, de yegua y de mujer. Igualmente, y para poder alimentar a los recién nacidos que por muerte, enfermedad o abandono materno no podían mamar los calostros —secreción ligera que antecede a la leche facilitando la expulsión del meconio—, propuso la utilización de una bebida ligera hecha a base de agua de cebada con un poco de maná y caldo de ternera o pollo[41]. Sobre la idoneidad o no de succionar los calostros, lo cierto es que a lo largo de la Edad Moderna no existió consenso médico. Algunos sostuvieron que el principal peligro al que se enfrentaban los niños que eran entregados a amas de cría era que se veían privados de esta sustancia; y otros, por el contrario, defendieron que las criaturas debían ser privadas de cualquier tipo de alimento hasta que fuesen capaces de expulsar los excrementos por sí solas[42].

Independientemente de ello, y volviendo a la cuestión que nos ocupa, hemos de señalar que este método de crianza fue defendido no solo desde las aulas de las facultades de medicina sino también desde el púlpito y la prensa. Así, en el ejemplar n.º 14 del *Semanario de Agricultura y Artes dirigido a los párrocos*, se narró la satisfactoria experiencia vivida en la casa cuna de Barcelona en el año 1790. Y es que, escandalizado por las numerosas muertes que día a día se registraban como consecuencia de la mala nutrición y el escaso cuidado

---

41 José Iberti, *Método artificial…*, p. 171.

42 Cynthia Rodríguez Blanco, *Infancia expuesta y maternidad…*, p. 94.

que se tenía con los expósitos, un eclesiástico de aquella ciudad decidió viajar a la París con la intención de conocer cómo criaban a los de aquella condición. Allí observó que la lactancia artificial daba grandes resultados por lo que, a su vuelta, decidió aplicarla en el cuarto barcelonés sirviéndose de una papilla realizada con dos azumbres de leche de cabra, una cucharada de flor de harina, azúcar clarificado y dos yemas de huevo. Una mezcla demasiado pesada que favorecía el estreñimiento y, lo que era aún más grave, la muerte por repleción. Para evitarlo se decidió modificar la receta suprimiendo el uso de la harina y del azúcar, así "se cuece la leche sola, después se le echa miel destilada y se baten las yemas de huevo"[43]. Dicha papilla se preparaba una vez al día en invierno y dos en verano; de tal modo que cuando se necesitaba bastaba con calentarla al baño maría. Por norma debía ser ofrecida a los niños cuatro veces a día.

En cuanto a la forma de presentar el alimento, este podía ser administrado directamente de la ubre del animal —como defendía el médico francés Alfonso Leroy— para evitar que sus virtudes se diluyesen al entrar en contacto con el aire[44]; o bien, a través de distintos instrumentos como cucharillas, ampolletas, espoletas, esponjas y barquillos. Iberti habló de un sistema mucho más sofisticado:

> Se toma un cilindro de tierra barnizado; este debe tener cerca de la basa un agujero que de origen a un cañoncito, que se eleva a lo alto del cilindro. Este vaso debe tener dos tapaderas de la misma loza, la una que entre en el cilindro, y que con su peso comprima el licor contenido; y la otra, mayor que la boca del cilindro, que lo cubra enteramente. Aparte del cilindro donde se eleva el cañoncito, se aplicará un pecho fingido de goma elástica, con su pezón guarnecido de varios agujeros. Este pecho debe ser pintado con un barniz que imite el color de la piel humana y sea indisoluble a la saliva. La parte cóncava de este pecho a de ser de hoja de lata, y se debe llenar de agua caliente para que tenga el calor análogo al de un pecho de mujer, la elasticidad, el color etc, de modo que presente un tacto igualmente agradable al niño, y la misma sensación que el pecho materno[45].

---

43   *Semanario de Agricultura y Artes dirigido a los párrocos*, n° 14, año 1797, p. 223.

44   Javier Muguruza Alberdi, "La alimentación del lactante en el siglo de las luces", *Boletín Sociedad Vasco-Navarra de pediatría*, 30, 1996, p. 43.

45   José Iberti, *Método artificia…*, pp. 194-195.

Convencidos de las numerosas ventajas que su uso podía ocasionar en la sociedad, los ilustrados se mostraron partidarios de que en España, al igual que había ocurrido en otros países como Inglaterra, Francia, Italia o Rusia, los pechos de las mercenarias madres fueran sustituidos por mamaderas que nutrían, prevenían la corrupción del espíritu y la transmisión de enfermedades, pues "vale más alimentarles con buena leche de cabra y vaca, que con la de muger mal condicionada"[46].

3. CONCLUSIONES

A lo largo del Antiguo Régimen las inclusas se presentaron como casa y refugio de la niñez desamparada. Una niñez desprovista de cualquier misericordia que, ante el abandono sufrido por parte de su propia familia, se veía obligada a vivir de la caridad en los cuartos cunas o fuera de estos gracias a la figura de las amas de cría. Fue durante el último tercio del s. XVIII por claro influjo del humanitarismo y el higienismo, cuando el Estado, junto a los administradores de dichas instituciones, tomaron conciencia del problema expósito poniendo en marcha una serie de reformas arquitectónicas, económicas y sanitarias con el objeto de incrementar la supervivencia infantil. De este modo, en primer lugar, se apostó por mejorar la salubridad de los cuartos incrementando su tamaño; mejorando la ventilación; y poniéndose un mayor énfasis en la limpieza de sus salas con el fin de evitar el hacinamiento y la proliferación de procesos infectocontagiosos entre los huéspedes. En segundo lugar, y viendo que cada vez era más difícil encontrar a mujeres que se quisieran ocupar del cuidado de un expósito, se decidió incrementar los salarios ofrecidos a las amas de cría. Con ello, y al menos en teoría, se conseguiría, no solo una mayor disponibilidad de trabajadoras sino también una mejora de los cuidados infantiles dispensados. Por último, y como medida para paliar la escasez de amas, se intentó implantar el método de crianza artificial basado en la ingesta de leches de procedencia animal mediante cañoncitos, esponjas e incluso pechos artificiales. Una iniciativa novedosa que evitaba «la corrupción de las costumbres», pero que entrañaba serias dificultades y peligros. Más aún cuando la pasteurización no existía.

---

46 *Semanario de Agricultura y Artes dirigido a los párrocos*, nº 63, año 1797, p. 167.

BIBLIOGRAFÍA

ÁLVAREZ SANTALÓ, Luis Carlos, *Marginación social y mentalidad en Andalucía occidental: expósitos en Sevilla (1613-1910)*, Sevilla, Consejería de Cultura de la Junta de Andalucía, 1980.

BILBAO, Antonio de, *Destrucción y conservación de los expósitos*, Málaga, en casa de D. Félix de Casas Martínez, 1790.

BONELLS, Jaime, *Perjuicios que acarrean al género humano y al estado las madres que rehúsan criar a sus hijos y medios para contener el abuso de ponerlos en ama*, Madrid, Imprenta Miguel Escribano, 1786.

DE LA FUENTE GALÁN, M.ª del Prado, "La situación de las inclusas en el s. XVIII. La encuesta de 1790", *Chrónica Nova*, 24, 1997, pp. 61-78.

DUBERT GARCÍA, Isidro y MUÑOZ ABELEDO, Luisa María, "Salarios femeninos y economías familiares: Las amas de cría en los hospicios de Galicia (1700-1900)", en Carmen Sarasúa García (ed.), *Los salarios que la ciudad paga al campo. Las nodrizas de las inclusas en los siglos XVIII y XIX*, Alicante, Publicaciones Universitarias de Alicante, 2021, pp. 42-67.

FERRERIO ARDIÓNS, Manuel y LEZAUN VALDUBIECO, Juan, "Ensayos nutricionales sobre lactancia artificial en la España ilustrada: el trabajo de Joaquín Xavier Úriz en Pamplona", *Nutrición Hospitalaria*, 39/1, 2022, pp. 211-216.

GALICIA PINTO, M.ª Isabel, *La Real Casa Hospicio de Zamora, asistencia social a marginados (1798-1850)*, Zamora, Instituto de Estudios Zamoranos Florián de Ocampo, 1985.

GARCÍA, Santiago, *Breve instrucción sobre el modo de conservar los niños expósitos*, Madrid, Casa de Fernández y compañía, 1794.

HERNÁNDEZ GARCÍA, Ricardo y FERNÁNDEZ PORTELA, Julio, "Expósitos y nodrizas: geografía de la pobreza en el Valladolid del s. XVIII", *Investigaciones Históricas. Época Moderna y Contemporánea*, 42, 2022, pp. 615-650.

IBERTI, José, *Método artificial de criar a los niños recién nacidos y darles una buena educación física*, Madrid, Imprenta Real, 1795.

LEZAUN VALDUBIECO, Juan y FERREIRO ARDIÓNS, Manuel, "Iglesia y lactancia artificial en los siglos XVIII y XIX: de la animalidad al regeneracionismo moral", *HIADES. Revista de Historia de la Enfermería*, 11, 2015, pp. 565-580.

MARCOS MARTÍN, Alberto, *Economía, sociedad, pobreza en Castilla: Palencia, 1500-1814*, Palencia, Diputación de Palencia, 1985.

MARTÍN GARCÍA, Juan José, "Pobres entre las pobres: los salarios de las nodrizas externas en las inclusas de Burgos, Soria y La Rioja (1750-1900)", en Carmen Sarasúa García (ed.), *Los salarios que la ciudad paga al campo. Las nodrizas de las inclusas en los siglos XVIII y XIX*, Alicante, Publicaciones Universitarias de Alicante, 2021, pp. 202-233.

MUGURUZA ALBERDI, Javier, "La alimentación del lactante en el siglo de las luces", *Boletín Sociedad Vasco-Navarra de pediatría*, 30, 1996, pp. 42-45.

ORTEGA CHINCHILLA, María José, "Las nodrizas requeridas por el Estado; denostadas por la sociedad", en María José Ortega Chinchilla y Raúl Ruiz Álvarez (eds.), *Los trabajos de las mujeres en la Edad Moderna. Centro de interés para el diseño de situaciones de aprendizaje*, Granada, Universidad de Granada, 2023, pp. 25-36.

PÉREZ ÁLVAREZ, María José y Alfredo Martín García, Alfredo, *Marginación, infancia y asistencia en la provincia de León a finales del Antiguo Régimen*, León, Universidad de León, 2008.

PÉREZ MOREDA, Vicente, *La crisis de mortalidad en la España interior. Siglos XVI-XIX*, Madrid, Siglo XXI, 1980.

RODRÍGUEZ BLANCO, Cynthia, *Infancia expuesta y maternidad en la inclusa palentina a lo largo del Antiguo Régimen*, Gijón, Trea, 2024.

RODRÍGUEZ BLANCO, Cynthia, "El nodrizaje y otras ocupaciones femeninas. Curso de vida y protagonismo social de las mujeres rurales (Palencia, SS. XVI-XVIII)", *Espacio, tiempo y forma. Serie IV Edad Moderna*, 38, 2025, pp. 253-278..

SÁNCHEZ VILLA, Mario César, "Los hijos del vicio. El problema del niño expósito y la modernización de la Inclusa en España durante el cambio de los siglos XIX y XX", *Cuadernos de Historia Contemporánea*, 38, 2016, pp. 325-252.

SOBALER SECO, María Ángeles, "La obra asistencial de Expósitos de Soria y el Patronato de los Linajes", *Investigaciones Históricas. Época Moderna y Contemporánea*, 21, 2001, pp. 47-101.

TORRUBIA BALAGUER, Eulalia y TELLECHEA IDÍGORAS, José Ignacio, *Marginación y pobreza. Expósitos en Salamanca (1794-1825)*, Salamanca, Diputación Provincial, 2004.

ÚRIZ Y LASAGA, Joaquín Javier, *Causas prácticas de la muerte de los niños expósitos en sus primeros años: remedios en su origen de un tan grave mal y modo de formarlos útiles a la religión y al estado, con notable aumento de la población, fuerzas y riquezas de España*, Pamplona, José Rada, 1801.

13

La ventana, la letra y el regalo: materialidades del amor a través de pleitos por esponsales en la Edad Moderna

Milagros León Vegas

Universidad de Málaga-IGIUMA

En la Edad Moderna el cortejo amoroso estaba atravesado por unas estrictas normas morales y sociales, donde el honor y las alianzas familiares determinan el desenlace en ruptura o en unión conyugal.

La correspondencia contenida en los expedientes judiciales del Archivo Diocesano de Sevilla, relativos a promesas de matrimonio, nos servirá para aproximarnos a los espacios y objetos inherentes a los momentos donde se fragua el vínculo amoroso entre dos personas. Las cartas de amor son, por sí mismas, objeto de estudio, aunque en ellas encontramos referenciadas las ventanas, el lugar de encuentro clandestino preferido por parejas enamoradas donde, a veces se intercambiaban esas letras afectuosas, así como regalos con el fin de confirmar el sentimiento y el compromiso.

Acercarnos a esa cultura material del amor conformada por ventanas, cartas y obsequios es el principal objetivo de este estudio, como formas simbólicas y creativas de expresar sentimientos íntimos, posición social y deseos de unión marital.

1. VENTANA Y VENTANERAS: CONSTRUCCIONES DE GÉNERO Y LÍMITES ENTRE LO PÚBICO Y LO PRIVADO

Las puertas y ventanas de las viviendas en la Edad Moderna no eran elementos infranqueables. Así nos lo recuerda Máximo García Fernández cuando afirma la doble e importante funcionalidad de las balconadas y aberturas: la de asilamiento y comunicación con el exterior, a través de cortinajes o persianas de madera abiertas o cerradas, según el caso, existiendo una "vitalidad callejera justo al lado de la intimidad del hogar"[1].

El *Tesoro de la Lengua castellana o española,* de Sebastián Covarrubias Orozco (1611), aporta una interesante definición de "ventana":

Lat. *senestra*, del verbo griego *phainomai*, luceo, porque entra por ella la luz, pero ventana se dixo de viento, y así sirve

---

1   Máximo García Fernández, "Desde la calle hacia mesas y alcobas. Privacidades materiales domésticas de Antiguo Régimen entre grupos populares, intermedios y burgueses", *Tiempos Modernos. Revista Electrónica de Historia Moderna*, 32, 2016/1, pp. 400-401. [En línea] Consulta del 30 de octubre de 2025. URL: http://www.tiemposmodernos.org/tm3/index.php/tm/article/view/1291/617

destas dos cosas, de dar luz al aposento, y lugar para que se entre el ayre, y el viento. Hazer ventana, es costumbre de algunas ciudades que a ciertas horas de la tarde las damas están a las ventanas, y las pasean los galanes. Por el contrario, en otros lugares están arredradas en lo más interior de la casa y más recogido, cada tierra tiene su uso[2].

La costumbre, por tanto, de "hacer ventana" o galanteo consentido, es constatada en algunas partes de la Monarquía Hispánica mediante la presencia de mujeres asomadas a ventanas y de hombres rondando por las calles a unas horas determinadas de la tarde, a fin de intercambiar palabras o simplemente unas miradas. Se trataba pues, de una forma discreta y, hasta cierto punto, aceptada de comunicación entre pretendientes en una época en la que las normas morales y las restricciones familiares imposibilitaban el contacto personal entre ambos sexos, al menos entre los grupos privilegiados por razón de título o fortuna.

Asimismo, Covarrubias recoge el término "ventanera" como aquella "muger que está de ordinario a la ventana"[3]. Estas mismas palabras se contienen en la locución latina registrada en el *Diccionario de Autoridades* (1739): *Faemina in fenestra frequens*, donde también encontramos el vocablo "ventanero", aplicado "a los que con poco recato miran a las ventanas, en que hai mujeres"[4]. En cualquier caso, la delimitación de los espacios tiene un fuerte componente de género, quedando lo femenino en los bordes del espacio privado de la casa y lo masculino en la vía pública. De hecho, en el propio *Tesoro de la Lengua* el término "calle" engloba la expresión "calle abajo y calle arriba", como la actividad en la que se ocupaban los galanes allí dónde tenían su querencia, mientras que "callejera", alude a aquella "que anda mucho por las calles, que no sabe estar queda en su casa"[5].

La literatura y los tratados religiosos de la España del Siglo de Oro contienen numerosas referencias a la mujer ventanera[6]. Lejos de

---

2   Sebastián de Covarrubias Orozco, *Tesoro de la Lengua Castellana o española*, Madrid, Luis Sánchez 1611, p. 206.

3   *Ibidem*.

4   Real Academia Española. *Diccionario de Autoridades* (1726-1739). [En línea] Consulta del 1 de noviembre de 2025. URL: https://webfrl.rae.es/DA.html

5   *Ibidem*

6   Sirvan de ejemplo los trabajos de: José Luis Álvarez Martínez, "Berganza y la moza ventanera", *Cervantes: Bulletin of the Cervantes Society of America*, 12-2, 1992, pp. 63-78 y Marcela Trambaioli, "Ventanas y ventaneras en la escritura teatral de Lope de Vega, *E-Spania: Revue*

ser una figura costumbrista, el hecho de mirar y ser observada implica cierta transgresión de las normas sociales del momento, en las que la movilidad y la visibilidad femeninas estaban rigurosamente restringidas. Esta realidad aflora en obras moralistas —donde la mujer y su cuerpo son espacios de vigilancia y pecado—, y también literarias —al plasmar esa tensión entre los dictámenes contrareformistas y el deseo de comunicación y libertad—. La ventanera se convierte así en una aguda metáfora entre lo público y lo privado, entre el deber y el deseo.

El paradigma de virtud femenina de obediencia, recogimiento y silencio aparece ya conformado en la obra de Fray Luis de León y su tratado *La perfecta casada* (1583). Este influyente ascético insiste en la obligación de la mujer de mantenerse dentro de la casa, porque quienes se muestran en público se corrompen. Asimismo, califica a la mujer descuidada en el hogar con todo un cúmulo de defectos, entre ellos el de "ventanera":

> Forzado es que, si no trata de sus oficios, emplee su vida, en los oficios ajenos, y que dé en ser ventanera, visitadora, callejera, amiga de fiestas, enemiga de su rincón, de su casa olvidada...[7].

Una mirada puede conllevar un deseo prohibido, capaz de atentar contra el sistema de valores construido en torno a la honra; una noción compleja sostenida en la virtud femenina, sobre la cual se apoyaba la reputación pública masculina y con ella, la de familias y linajes, de ahí su consideración como "capital simbólico colectivo"[8]. En este sentido, los manuales de confesores o sermones de predicadores como el de Fray Luis de Granada insisten en el control hacia las mujeres y su reclusión en el ámbito doméstico para evitar "provocar a otros a este pecado, como es adornarse, vestirse, ponerse en lugares o ventanas para ser vista o cosa semejante"[9], al igual que previene a

---

interdisciplinaire d'études hispaniques médiévales et modernes, 39, 2021 [En línea] Consulta del 30 de octubre de 2025. URL: http://journals.openedition.org/e-spania/40653; DOI: https://doi.org/10.4000/e-spania.40653

7   Fray Luis de León, *La perfecta casada*, Madrid, Espasa Calpe, 1980 (11ªed.), Cap. IX, p. 72.

8   José Antonio Maravall, *La cultura del barroco: análisis de una estructura histórica*, Madrid, Ariel, 1975, pp. 141-155.

9   Fray Luis de Granada, *Memorial de la vida christiana, en el qual se enseña todo lo que un Christiano deve hazer dende el principio de su conversion, hasta el fin de la perfeccion, repartido en siete tratados*, 1586, Salamanca, Herederos de Mathías Gast, p. 48.

ambos sexos de no hablar mucho y evitar la familiaridad y el contacto visual para huir del pecado:

> Ayuda también para esto huir prudentemente las ocasiones de los pecados, como son juegos, malas compañías, peligrosas conversaciones, y mucho hablar y señaladamente, vista de ojos y familiaridad de hombres y mujeres, aunque sean buenas[10].

Esta doctrina, imperante durante toda la Edad Moderna desde el Concilio de Trento, considera la mirada femenina intrínsecamente peligrosa[11]. Incluso en los entornos conventuales se predica esta prevención. Así, la mística Santa Teresa de Jesús, advierte a sus monjas carmelitas, en la obra *Moradas* (1577), sobre los peligros de la comunicación con el exterior, pues supone una distracción de la clausura, siendo la ventana un símbolo de frontera entre lo mundano y la espiritualidad interior:

> Digamos ahora, si una persona estuviese en una muy clara pieça con otras y cerrasen las ventanas, y se quedase a oscuras, no porque se quitó la luz para verlas, dexa de entender que están ahí. Es de preguntar si está en su mano el abrir la ventana para tornarlas a ver cuando quiere[12].

En el siglo XVII la mujer ventanera se traslada del tratado moral a la ficción teatral, transformada en sujeto de deseo y propiciadora de equívocos. Como señala Aurora Egido, la dramaturgia barroca da voz a las mujeres sin romper las normas que las silenciaban, llevando al teatro los conflictos morales denunciados por los predicadores desde los púlpitos[13]. La ventana o el balcón se convierten en dispositivos recurrentes en las representaciones y espectáculos públicos al permitir mirar sin salir, hablar sin voz y desear sin confesarlo. El público ve en esas escenas una realidad innegable: la vida urbana del Siglo de Oro

---

10   *Ibidem*, pág. 109.

11   Profundiza en esta aspecto la obra de: Margarita Torremocha Hernández, *La mujer imaginada. Visión literaria de la mujer castellana del Barroco*, Badajoz, Abecedario, 2010.

12   Santa Teresa de Jesús Cepeda y Ahumada. *Libros de la Madre Teresa de Jesús, fundadora de los monesterios de monjas y frayles Carmelitas Descalços de la primera regla. Moradas*, Madrid, Imprenta Real, 1597, p. 169.

13   Aurora Egido Martínez, "Escritura y poesía: Lope al pie de la letra", *Edad de Oro*, 14, 1995, pp. 121-150.

estaba repleta de ventanas donde las jóvenes conversaban con sus pretendientes. Así, en la obra de Lope de Vega, vemos innumerables veces el recurso de la ventana con sugerentes usos metafóricos, desplazando a la mujer ventanera por otra más vigilante a los peligros externos que le acechan[14].

Lógicamente, la sociedad patriarcal seguía considerando amenazantes estas licencias de los dramaturgos hacia el buen orden social. En este sentido, encontramos la multiplicación de sermones en defensa del decoro femenino y la peligrosidad de la ventana, dirigidas fundamentalmente a las mujeres privilegiadas, las más escurridizas entre bailes y divertimentos, y sobre quienes pesaba el peso de la ejemplaridad para con el resto de las de su sexo[15]. No podemos olvidar que las casas populares eran meros refugios y son los grupos intermedios y pudientes quienes lo conciben como reductos de intimidad, en pugna entre lo privado y lo ilícito de las calles[16].

Durante el siglo XVIII el discurso ilustrado racionaliza el antiguo moralismo, bajo un lenguaje de civilidad y educación, aunque la necesidad de controlar a las mujeres continua[17]. Como advierte Carmen Martín Gaite, la Ilustración concedió a la mujer el privilegio de la educación, no el de libertad, por ello la mujer ventanera sigue siendo conceptuada de curiosa e irresponsable emocional[18]. Benito Jerónimo Feijoo, primer gran reformador de la Ilustración española, abordó el tema de la ligereza de las mujeres en su *Teatro Crítico universal* (1726-1739). En el *Discurso XVI*, "Defensa de las mujeres" admite, al mismo tiempo, la falta de prudencia y formación femenina[19].

En este mismo sentido, y también en clave ilustrada, una de las pocas voces femeninas del siglo XVIII español, Josefa Amar y Bor-

---

14 Marcela Trambaioli, "Ventanas y ventaneras…".

15 María Luisa Candau Chacón, "Adoctrinando mujeres en la España Moderna", *Investigaciones Históricas, época moderna y contemporánea*, 42, 2022, p. 33. DOI: https://doi.org/10.24197/ihemc.42.2022.9-44

16 Máximo García Fernández, "Cambios y permanencias en la cultura material cotidiana no privilegiada: un mundo complejo. Castilla (y Portugal) a finales del Antiguo Régimen", *Revista Historia São Paulo*, 157, p. 195.

17 Francisco Sánchez- Blanco, "El Pensador y El Censor: Clavijo y Cañuelo", *Cuadernos de Ilustración y Romanticismo. Revista Digital del Grupo de Estudios del Siglo XVIII*, 26, 2020, p. 588.

18 Carmen Martín Gaite, *Usos amorosos del dieciocho en España*, Madrid, Editorial Anagrama, 1972, p. 255.

19 Benito Jerónimo Feijoo, *Obras escogidas*, Madrid, Sucesores de Rivadeneyra, 1887, pp. 68 y 96-97.

bón, propone en su *Discurso sobre la educación física y moral de las mujeres* (1790):

> [...] La instrucción es conveniente a todos; y no debe eximirse de esta regla las mujeres, por la conveniencia que puede traerles para alternar sus ocupaciones y hacer mas grato el retiro. La labor y el gobierno doméstico es un empleo preciso; pero sin faltar a él se pueden hallar varios huecos, que si no se ocupan útilmente se hacen enfadosos y se procura buscar la distracción a qualquier precio[20]. (Amar y Borbón, 1790/1994, p. 167).

Las limitaciones siguen, pero el significado cambia. Es la ociosidad la que lleva a la frivolidad y el mejor remedio para ello es la instrucción, no el encierro forzoso. Se produce así un desplazamiento del terreno moral al pedagógico.

Cabe advertir que la simbología de la ventana traspasa el discurso textual a lo largo de la Edad Moderna y llega a la cultura visual. Dos pinturas representan bien este modelo femenino, entre otras muchas: *Mujeres en la ventana* (1675) de Bartolomé Esteban Murillo y *Majas en el balcón* (1810) de Francisco de Goya y Lucientes. Mientras en la primera obra, la mirada directa de la joven, posicionada en el centro de la composición, funciona como elemento de transgresión y seducción[21], en la segunda, la visibilidad de las mujeres sentadas en el balcón es interpretada como provocación para atraer la atención de viandantes[22].

Tampoco el refranero popular es indiferente a las mujeres ventaneras. Así lo pone de manifiesto el *Vocabulario de refranes y frases proverbiales* (1625) del Maestro Gonzalo Correas, considerado un tesoro de la sabiduría popular de la España barroca[23]. Aunque en la primera entrada transcrita puede distinguirse la enamorada o ventanera honesta —aquella que solo prodiga atención a su prometido—,

---

20   Josefa Amar y Borbón, *Discurso sobre la educación física y moral de las mujeres*, Madrid, Imprenta de Benito Cano, 1790, p. 167.

21   Enrique Valdivieso González, "A propósito de las interpretaciones eróticas en pinturas de Murillo de asunto popular", *Archivo español de arte*, 75-300, 2020, pp. 353-359.

22   Roberto Alcalá Flecha, *Matrimonio y prostitución en el arte de Goya*, Cáceres, Universidad de Extremadura, 1984, p. 121.

23   Gonzalo Correas, *Vocabulario de refranes y frases proverbiales y otras fórmulas comunes de la lengua castellana*, Madrid, Tip. de la Rev. de Archivos, Bibliotecas y Museos, 1924.

la asimilación de las mujeres asomadas a ventanas como indeseables o prostitutas es la analogía más frecuente.

> Mujer en ventana ó puta ó enamorada. (La puta es común y hace á todos ventana; La enamorada es aficionada a uno, y asómase á veces para verle si pasa).
>
> Moza que se asoma a la ventana de ser vista tiene gana, y si va de rato en rato, quiere vender barato.
>
> Putas en ventana y rufianes en plaza.
>
> Puta ventanera, no está ociosa por buena.
>
> Quien tuviere hija hermosa, no tenga ventana ni moza golosa.
>
> Sufrir hija golosa o albendera, mas no ventanera.
>
> A gato goloso y a la moza ventanera tápalos la gatera.
>
> A la mujer ventanera, tuércele el cuello si la quieres buena[24].

En suma, la figura de la ventanera durante la Edad Moderna resulta muy relevadora sobre las normas sociales, roles de género y formas de interacción entre hombres y mujeres en el espacio urbano y doméstico. En ese contexto histórico, la ventana no es solo un elemento arquitectónico, sino un espacio simbólico de encuentro, deseo y transgresión.

2. EL SENTIMIENTO HECHO LETRA: CARTAS DE AMOR

El estudio de los papeles amorosos, ya sean billetes —por la exigüidad de palabras empleadas y la urgencia de su contenido— como cartas —más extensas en redacción y mejor preservadas con lacra o cinta— se engloba dentro de la historia social de la cultura escrita[25]. Sin embargo, estas misivas dan testimonio de las vidas y cotidianidad de personas que usaron la pluma y la tinta para escribir sus deseos, emociones y temores, mostrando su faceta más oculta y personal y, por lo tanto, muy útiles para entender las coacciones sociales del An-

---

24 *Ibidem*, pp. 473, 469, 406, 405, 343, 267, 34 y 5.

25 Fernando Bouza Álvarez, *Corre manuscrito: una historia cultural del Siglo de Oro*, Madrid, Marcial Pons, 2001, pp. 137-144.

tiguo Régimen sobre el galanteo, el noviazgo o la libre elección de la pareja, cuestiones abordables desde la historia social de la familia[26].

Es necesario advertir que estas fuentes nos ilustran sobre sensibilidades y motivaciones de la élite adiestrada en las técnicas de lectoescritura y, por tanto, a sus valores y modelos de vida, quedando poca constancia de las vivencias de los grupos sociales no privilegiados e iletrados[27]. Por otra parte, la génesis de este tipo de documentación la convierte en vulnerable y muy propicia a la ocultación y destrucción, dada la volatilidad de la comunicación privada. Aunque su localización suele ser un problema significativo, por fortuna, podemos encontrarla en algunos depósitos archivísticos, sobre todo en fondos familiares, así como en expedientes judiciales, de tribunales eclesiásticos o civiles, donde estos billetes o cartas se incluyen como testimonios probatorios de un afecto que no logró materializarse por causas diversas o se enfrentó a oposiciones del entono más inmediato[28]. Estas cartas en tanto que documentos judiciales y culturales, trascienden la declaración sentimental para descubrir espacios de interacción social, donde se negocia el afecto, la reputación y posición social, funcionando como fragmentos de experiencias condensadoras de los valores comunitarios[29].

En cualquier caso, la conservación de estos papeles de amor convierte a esta tipología documental en una herramienta muy interesante para estudiar la historia de las emociones, de la cultura escrita y también de las mujeres, pues ellas forman parte del intercambio epistolar[30]. Para la reciente historiografía, influenciada por la reflexión de los roles de género, la lectura y la escritura del billete amoroso

---

26   Para saber más del tema consúltese las obras colectivas: Máximo García Fernández, Francisco Javier Lorenzo Pinar y M.ª Ángeles Sobaler Seco (eds.), *Jóvenes preparados para la madurez (siglos XVI.XIX)*, Madrid, Sílex, 2023 y Jesús M.ª González Beltrán y Francisco García González (eds.), *¿Destinos inmóviles? Familias, estrategias y cambio generacional en España y América Latina (siglos XVI-XIX)*, Granada, Comares, 2022.

27   Resulta imprescindible citar aquí una obra colectiva donde se revindica la influencia alcanzada por muchas mujeres gracias a su alfabetización: Belén Almeida Cabrejas, Ricardo Pichel Gotérrez y Delfina Vázquez Baloga (coords.), *Escritura en mano de mujeres en el ámbito hispánico de la Edad Media a la Modernidad*, Madrid, Sílex, 2022.

28   Diego Navarro Bonilla, *Del corazón a la pluma. Archivos y papeles privados femeninos en la Edad Moderna*, Salamanca, Universidad de Salamanca, 2004, pp. 46-47.

29   Natalie Zemon Davis, *Fiction in the Archives: Pardon Tales and Their Tellers in Sixteenth-Century France*, Stanford, Stanford University Press, 1987, pp. 39-67.

30   Alonso Manuel Macías Domínguez, "Emociones sobre el papel, cartas de cariño: relaciones entre novios y desposados a través de sus cartas y billetes (Sevilla, siglo XVIII)", en Luisa Candau Chacón (coord.), *Las mujeres y las emociones en Europa y América: siglos XVII-XIX*, Santander, Universidad de Cantabria, 2016, pp. 93-120.

conforman «espacios de protagonismo femenino» al proporcionar una vía de escape a las emociones e inquietudes de muchas mujeres[31].

Estas misivas plasman un discurso amoroso atravesado por la escritura, la materialidad y la representación del yo. Además, en ellas se despliegan recursos retóricos de la literatura devocional y cortesana, aunque aligerados gracias a los nuevos formularios de estilo popularizados en la España del siglo XVIII entre los círculos letrados y otros sectores intermedios alfabetizados[32]. No obstante, son pocos los casos documentados en los que las mujeres recurren a manuales de secretario o formularios, siendo instruidas, en su mayoría, por otras mujeres de mayor edad y experiencia, tanto en palacios como en conventos[33].

Además de su naturaleza y estilo, la materialidad de las cartas resulta incuestionable. Son escritas, tocadas, guardadas, seguramente besadas. El amor pasa por la tinta y se archiva en la memoria del papel. Una memoria escrita cálida en la que se inscriben estos ego-documentos[34].

3. EN PRENDA DE AMOR: REGALOS DE NOVIAZGO

La capacidad de persuasión del regalo sobre las palabras se valida en casi todos los ámbitos de la vida cotidiana, de ahí el interés que su estudio ha despertado en la Antropología y la Historia. La trascendencia de su dimensión política al determinar las relaciones entre individuos, familias y reinos, se materializa en una serie de reglas morales y normas sociales. Es lo que Mariela Fargas denomina el "regalo regulado", cuya codificación comienza en las *Partidas* de

---

31   María del Mar Grana Cid, "¿Leer con el alma y escribir con el cuerpo? Reflexiones sobre mujeres y cultura escrita", en Antonio Castillo (coord.), *Historia de la Cultura escrita: del próximo Oriente antiguo a la sociedad informatizada*, Gijón, Trea, 2002, p. 421.

32   María Teresa García Godoy, "Una tradición textual en el primer español moderno: los tratados de misivas", *Etudes romanes de Brno*, 33-1, 2012, p. 357.

33   Vanessa de Cruz Medina, "Correspondencia femenina en la Edad Moderna: cartas y regalos (siglos XVI-XVII)", en Esther Alegre Carvajal (coord.), *El mundo cultural y artístico de las mujeres en la Edad Moderna*, Madrid, Universidad Nacional de Educación a Distancia, 2021, p. 276.

34   Diego Navarro Bonilla, "Contexto archivístico y registro de sentimientos de amor y muerte en la Edad Moderna y Contemporánea: una propuesta de integración desde la Historia Social de la Cultura Escrita", *Investigación Bibliotecológica: Archivonomía, bibliotecología E información*, 25(53), 2011. [En línea] Consulta del 1 de noviembre de 2025. URL:https://doi.org/10.22201/iibi.0187358xp.2011.53.27469

Alfonso X, especialmente para controlar la donación entre esposos, la cual podría ser previa al enlace o durante la vida conyugal, fijando las cantidades y valores permitidos[35]. La Pragmática de 1623, confirmada por la de 1713, acotaba el valor de los regalos no pudiendo recibir la esposa uno superior a la octava parte de su dote, sin que hubiera límite a la inversa, esto es, de la mujer al marido[36].

Sin duda, los códigos del amor marcaron el ritual de los regalos a lo largo de la Edad Moderna, intensificados las épocas de Navidad, Año Nuevo y Pascua, así como en los festejos nupciales. El compromiso de la alianza conyugal se reforzaba con la entrega de presentes a la novia por parte del novio y de su familia, preservando así el honor de la primera. Fuera de ese compromiso, una mujer no podía reglar a un hombre a menos que fuese un familiar, o bien se tratase de algo elaborado por ella misma o con motivo de una festividad religiosa. El caballero tampoco tenía la libertad de cortejar a una dama con regalos ni ella podía aceptarlos si no respondían al código social, donde se combinaba el valor económico con la decencia moral[37]. Los obsequios debían ajustarse al rango de la mujer y a las intenciones del varón, pues un exceso podía interpretarse como presunción o seducción ilícita[38].

Normalmente los regalos tenían un marcado carácter femenino y solían ser portátiles, como joyas, pañuelos y abanicos, lo que refuerza su poder no solo de compromiso también de exhibición de esa promesa dentro de su comunidad. Otro aspecto a destacar es la calidad de los materiales de dichos objetos, los cuales nos hablan de una cultura de consumo en expansión, sobre todo en el siglo XVIII, asociada a una nueva sensibilidad urbana[39].

---

35   Mariela Fragas Peñarrocha, "El regalo prevenido: norma y persuasión en la vida cotidiana de la Edad Moderna", *Revista de Historia Moderna*, 30, 2012, p. 184.

36   *Ibidem*, p. 185.

37   *Ibidem*, p. 183.

38   M.ª Victoria López-Cordón Cortezo, "Ser civil en el siglo XVII: ¿práctica cotidiana o virtud política?", en Inmaculada Arias de Saavedra Alías y Miguel Luis López-Guadalupe Muñoz (eds.), *Vida cotidiana en la Monarquía Hispánica*, Granada, Universidad de Granada, 2015, p. 35.

39   Sobre el consumo de artículos manufacturados de lujo y el gusto por los mismos en la Edad Moderna contamos, entre otros, con los trabajos de: Juan Manuel Bartolomé Bartolomé y Máximo García Fernández (dirs.), *Apariencias contrastadas. Contraste de apariencias: cultura material y consumos de Antiguo Régimen*, Léon, Universidad de León, 2012; Juan Manuel Bartolomé Bartolomé y Máximo García Fernández, "Consumos de apariencia en la Castilla moderna", *Estudios humanísticos. Historia*, 15, 2010, pp. 7-10; Máximo García Fernández, "Individuo y "consumo de apariencia": replanteamientos ilustrados en clave social", en Máximo García Fernández y Francisco Chacón Jiménez (dirs.), *Ciudadanos y familias: individuo*

En los casos de pleitos por promesa de matrimonio el regalo adquiere, además, una dimensión probatoria indiscutible, pues son presentados por mujeres ante los tribunales eclesiásticos para reclamar el cumplimiento de un compromiso secreto o llegar a una compensación de la honra mancillada[40]. Si tenía una naturaleza religiosa, como un rosario o una cruz, la lectura de haber dado palabra de matrimonio era evidente. Aún así, joyas, abanicos, pañuelos fueron mostrados como pruebas, dimensionando lo privado a normativo[41]. En estas circunstancias el presente entregado en secreto tiene un carácter corruptor del orden social establecido, con el fin de lograr una unión libre de la obediencia al *pater* familias. De esta forma, la vinculación entre personas y objetos adquiere una dimensión histórica muy interesante, en cuanto afecta y trastoca la vertebración de unas relaciones sociales marcadas por el respeto a la moral e interés comunitario.

4. VERBA DE FUTURO: CARTAS DEL ARCHIVO DIOCESANO DE SEVILLA

Entre las múltiples voces que se conservan en los archivos eclesiásticos de la España Moderna, las cartas de amor destacan por su rareza y su valor testimonial. Redactadas en la intimidad y conservadas gracias a un litigio judicial, estas piezas nos permiten asomarnos al espacio privado del afecto, allí donde las normas sociales, religiosas y de género se entrelazan con la experiencia personal.

Con el interés de un mero acercamiento cualitativo al potencial de la correspondencia privada para los estudios de la cultura material amorosa, analizaremos dos expedientes judiciales conservados en el Archivo del Arzobispado de Sevilla, todos ellos relacionados con demandas por incumplimiento de palabra en el siglo XVIII y con

e identidad sociocultural hispana (siglos XVII-XIX), Valladolid, Universidad de Valladolid, 2014, pp. 337-356; Máximo García Fernández, "Cultura material y consumo: rutinas cotidianas dinámicas", en Manuel Peña Díaz (coord.), *La vida cotidiana en el mundo hispánico*, Madrid, Aldaba, 2012, pp. 43-64; Máximo García Fernández, "Consumo y patrimonio femenino en la Castilla Norte: claves seculares, siglo XVII-XIX, en Francisco Chacón Jiménez y Cosme Jesús Gómez Carrasco (coords.), *Familias, recursos humanos y vida material*, Murcia, Universidad de Murcia, 2014, pp. 97-123 y Máximo García Fernández, "El consumo, la demanda y el mercado en Castilla, 1750-1850", en Jaime Contreras Contreras, Alfredo Alvar Ezquerra y José Ignacio Ruiz Rodríguez, (coords.), *Política y cultura en la época moderna (cambios dinásticos, milenarismos y utopías)*, Alcalá de Henares, Universidad de Alcalá, 2002, pp. 725-734.

40 Mª Victoria López-Cordón Cortezo, "Familia, sexo y género en la España moderna", *Studia histórica. Historia moderna*, 18, 1998, pp. 128-131.

41 Mariela Fragas Peñarrocha, "El regalo prevenido...", p. 187.

una cuantiosa colección de billetes devocionales[42]. A través de ellos nos aproximaremos a la configuración del discurso afectivo y a la dimensión jurídica y performativa del acto de escribir y regalar en el contexto del derecho canónico del matrimonio por palabra de presente, descubriendo las dinámicas emocionales, sociales y morales del Antiguo Régimen.

El primer expediente objeto de interés contiene veinticuatro cartas amorosas, todas escritas por Vicente Salazar a Isabel Trujillo, quien incoa el proceso en 1772[43]. Las cartas son acompañadas de varios objetos-regalos atestiguados en las propias misivas: pañuelo de seda, pena de diamantes y abanico. En una de ellas, Vicente escribe a su amada lo siguiente:

> ...en yntelijencia de la palabra de casamiento que rezíprocamente nos emos dado, te embío para firmeza de ella ese pañuelo de seda encarnado y esa pena de diamantes...que en la noche de este día hablaremos con algún espacio por la ventana después de las diez que es ora de estar tu familia recojida...[44].

Esta historia es, además, muy oportuna para profundizar en la figura de la mujer ventanera. Tal y como se ha apuntado, en la cultura cortesana y popular del Siglo de Oro aparece recurrentemente la ventana como escenario de seducción y noviazgo. No obstante, el cortejo clandestino implica discreción a la hora de hacer uso de ese punto de encuentro, siendo las citas, por lo general, en horas de siesta o nocturnas. Así, en otra misiva, Vicente advierte a Isabel que nunca abra la ventana por la mañana, pues él siempre aprovechará para visitarla en secreto desde las oraciones hasta las diez de la noche:

> Hermana de mi corazón y de mis entrañas...por la mañana el día de Santa Ana estuve llamando a tu ventana y para que veas que es cierto te diré que las ventanas las tenías abiertas. Y cómo tenías un sueño tan pesado me dio lástima el despertarte porque beía estabas falta de sueño, y io como quiera que te tengo dicho que te he de llamar con el relox para que me conozcas que io soy no quise dar porrazos...io desde las

---

42   La transcripción de cartas está realizada por el proyecto *Post Scriptum. A Digital Archive of Ordinary Writings (Early Modern in Spain and Portugal)*, http://ps.clul.ul.pt/es

43   Archivo General del Arzobispado de Sevilla [AGAS]. Justicia Matrimonial, leg. 13819.

44   *Ibidem*, fols. 3r-v.

oraciones hasta las diez de la noche puedo pasar por tu calle con que así lo podremos hazer…cuidado aunque llamen en la ventana por la mañana de no abrir a nadie porque io no e de ser hasta tato que o te abise…[45].

Muy llamativas resultan las fórmulas de lealtad y cariño usadas por Vicente para abrir y   cerrar sus cartas ("quien te quiere de corazón", "tu esclavo que te sirve", "después de desear tu salud y ofrecerte la que me asiste"), al revelar una alfabetización que, si bien se aproxima a la retórica culta, denota un estilo más funcional y afectivo, más cercano al habla cotidiana. Otro rasgo distintivo del epistolario de este expediente es la frecuente corporalización del sentimiento. El pretendiente habla de amor en términos físicos "yo me hallo bueno, aunque con el sentimiento de no haberte podido hablar día y media hace", "tengo el dedo pulgar de la mano derecha bastante malo…y no sé cómo he escrito lo que ves, pues bastante confusa va a letra"[46]. En estas líneas, la escritura se asimila a una forma de esfuerzo físico y, en consecuencia, de devoción amorosa.

Sea como fuere, a pesar de las pruebas contenidas en las cartas, el novio niega la relación hasta que irrumpe en la escena judicial María de Ávila, presentado testigos de la proposición matrimonial dada por el demandado, con el agravante de estar embarazada. Finalmente, el hombre reconoce haber propuesto casamiento a las dos mujeres, así como la paternidad del hijo de María. Después de dos años de proceso, en 1774, Isabel retiró la demanda lo que permitió el enlace entre Vicente y María. Este caso demuestra que al haber dos destinatarias de la promesa, la antigüedad de esta última declina ante la realidad de la consumación de relaciones sexuales y la concepción de una criatura. La justicia eclesiástica no resuelve. Es la propia demandante quien, por la moral de la época, retira la solicitud.

El segundo caso judicial, fechado el 30 de junio de 1772 en Sevilla, resulta insólito por varias razones. La primera, por ser Diego Pardo, alcalde de la Real Alhóndiga, quien denuncia ante la justicia que María del Carmen Bertrodano, con quien planeaba casarse, estaba siendo coaccionada por su madre, Gertrudis Laurier, a fin de impedir su unión[47]. La segunda, al ser el pretendiente varón quien incoa el proceso, las cartas amorosas presentadas no son solo suyas,

---

45   *Ibidem*, fols. 266r-267v.

46   *Ibidem*, fol. 266v.

47   AGAS. Justicia Matrimonial, leg. 13838, expediente 5.

anexando cuatro misivas de puño y letra de su prometida. De la siguiente forma expresa Carmen su amor e intención de casarse solo con él, el cuidado puesto en preservar su relación con la destrucción de las letras intercambiadas entre ambos, así como los apremios de su madre para adquirir otros compromisos o la prohibición de acercarse a la ventana:

> Esposo de mi alma, cuando será el día que me case contigo…yo me muero por ti, sácame de aquí que yo quiero ir con mi Diego. No tengas cuidado que seré firme y constante, ya lo verás. Que yo no quería hacer el memorial y me madre me lo yso aser, que mientras lo estaba asiendo estaba llorando, que tuve que aser cuatro para que fuera uno…no tengas cuidado que soy tuya hasta morir. No ay para mi mayor gusto que verte. El día que no te beo estoy tan triste porque mi madre no quiere que me asome a la ventana. Yo siento en el alma que por mi padezcas tanto. Los papeles al instante los rompí… Adiós esposo mío, tuya hasta morir, María del Carmen Bertodano[48].

En otra correspondencia la joven revela sus celos cuando su prometido va a los toros y ella no, e incluso nos detalla el mecanismo de intercambio de cartas, a través de un palito amarrado a un hilo grueso descolgado por su ventana:

> …Esposo mío yo quiero que te diviertas y beas los toros, en no yendo con nadie no me da cuidado. Yo lo que quiero es no perder verte ninguna tarde mi corasón. Ayer por poco pierdo verte, porque mi madre me llamaba cuando pasabas. Ya quedo en que e de echar siempre el ylo grueso, el palito. Y no sé si lo pondré bien porque no puse cuidado…no tengas cuidado, que no tengo ningún papel tuyo sino el que me diste anoche. Adiós esposo mío[49].

La intensidad de las letras conmueve a la enamorada quien admite sentirse cautivada y emocionada hasta al lloro cuando las recibe:

> Esposo de mi alma y de mi corazón, no puedo ponderar
> el gusto que e tenido en leer tus papeles porque me cautivas

---

48 *Ibidem,* fols. 1r-2r.

49 *Ibidem,* fol. 10v.

con tus cariños. Esposo mío te aseguro que se an saltado las
lagrimas de leer lo que me dices...[50].

Una vez iniciado el proceso, la joven fue llevada al convento
de San Clemente para evitar presiones y allí confirmó su intención
de casarse con Diego. La madre de la novia se opuso alegando la
gran diferencia de edad, pues su hija apenas tenía dieciocho años y
su prometido más de sesenta. Consciente de no ser este un motivo
determinante, saca a la luz el empeño de palabra de matrimonio a
otra mujer. El pretendiente refuta todas las imputaciones y demuestra su insustancialidad. Por su parte, María del Carmen negó haber
sido seducida e insiste en los sobornos y esfuerzos de su madre para
disuadirla. Finalmente, ante la firme determinación de la pareja, la
justicia eclesiástica dio la razón al demandante y autorizó el matrimonio, primando el consentimiento de las partes por encima de las
imposiciones familiares.

5. A MODO DE REFLEXIÓN

En suma, el contenido de las cartas analizadas pone al descubierto una práctica discursiva capaz de aproximarnos a la historia
emocional del siglo XVIII. El léxico amoroso de entrega y servidumbre se convierte, a la vez, en instrumento de defensa y reivindicación
de una promesa dada, pues la conservación de estas misivas y su presentación ante tribunales dimensionan las muestras de estima en una
acción negociadora. Lo que en principio era una expresión íntima de
afecto trasfigura, al hacerla pública, en un recurso de legitimación
social, buscando la validación de la comunidad hacia una relación o
comportamiento amoroso.

Los regalos, por su parte, al ser garantes materiales del compromiso, operan dentro de la economía del afecto, al sostener la legitimidad del vínculo, con la obligación implícita de agradecer o corres-
ponder. Su conservación, al igual que las cartas, y su presentación en
instancia judicial demuestran la existencia de una conciencia simbólica y jurídica del objeto: guardar aquello capaz de hablar y confirmar
una promesa.

A ello se suma la ventana, presente en los encuentros concerta-
dos en las letras de amor. En este caso, un espacio de transgresión de

---

50   *Ibidem*, fol. 7v.

las normas, vía de comunicación esencial entre los enamorados para sus citas clandestinas a escondidas del entorno familiar.

Un simple análisis testimonial de algunas de las numerosas cartas amorosas custodiadas en los expedientes judiciales del Archivo Diocesano de Sevilla muestra cómo las prácticas amorosas combinaban sentimientos, roles de género y una cultura material específica y suntuaria. En suma, estas líneas pretenden esclarecer cómo los objetos y espacios cotidianos se convirtieron en símbolos materiales del amor, la comunicación y la negociación social y familiar en la España del siglo XVIII, al menos, entre los sectores privilegiados.

BIBLIOGRAFÍA

ALCALÁ FLECHA, Roberto, *Matrimonio y prostitución en el arte de Goya*, Cáceres, Universidad de Extremadura, 1984.

ALMEIDA CABREJAS, Belén; PICHEL GOTÉRREZ, Ricardo; VÁZQUEZ BALOGA, Delfina (coords.), *Escritura en mano de mujeres en el ámbito hispánico de la Edad Media a la Modernidad*, Madrid, Sílex, 2022.

ÁLVAREZ MARTÍNEZ, José Luis, «Berganza y la moza ventanera», *Cervantes: Bulletin of the Cervantes Society of America*, 12-2, 1992, pp. 63-78.

AMAR Y BORBÓN, Josefa, *Discurso sobre la educación física y moral de las mujeres*, Madrid, Imprenta de Benito Cano, 1790.

BARTOLOMÉ BARTOLOMÉ, Juan Manuel; GARCÍA FERNÁNDEZ, Máximo (dirs), *Apariencias contrastadas. Contraste de apariencias: cultura material y consumos de Antiguo Régimen*, León, Universidad de León, 2012

—, «Consumos de apariencia en la Castilla moderna», *Estudios humanísticos. Historia*, 15, 2010, pp. 7-10.

BOUZA ÁLVAREZ, Fernando, *Corre manuscrito: una historia cultural del Siglo de Oro*, Madrid, Marcial Pons, 2001.

CANDAU CHACÓN, María Luisa, «Adoctrinando mujeres en la España Moderna», *Investigaciones Históricas, época moderna y contemporánea*, 42, 2022, pp. 9-44 [En línea] Consulta del 30 de octubre de 2025. DOI: https://doi.org/10.24197/ihemc.42.2022.9-44

CEPEDA Y AHUMADA, Santa Teresa de Jesús, *Libros de la Madre Teresa de Jesús, fundadora de los monesterios de monjas y frayles Carmelitas Descalços de la primera regla. Moradas*, Madrid, Imprenta Real, 1597.

CORREAS, Gonzalo, *Vocabulario de refranes y frases proverbiales y otras fórmulas comunes de la lengua castellana*, Madrid, Tip. de la Rev. de Archivos, Bibliotecas y Museos, 1924.

CRUZ MEDINA, Vanessa de, «Correspondencia femenina en la Edad Moderna: cartas y regalos (siglos XVI-XVII)», en Esther Alegre Carvajal (coord.), *El mundo cultural y artístico de las mujeres en la Edad Moderna*, Madrid, Universidad Nacional de Educación a Distancia, 2021, pp. 272-294.

DAVIS, Natalie Zemon, *Fiction in the Archives: Pardon Tales and Their Tellers in Sixteenth-Century France*, Stanford, Stanford University Press, 1987.

EGIDO MARTÍNEZ, Aurora, «Escritura y poesía: Lope al pie de la letra», *Edad de Oro*, 14, 1995, pp. 121-150.

FEIJOO, Benito Jerónimo, *Obras escogidas*, Madrid, Sucesores de Rivadeneyra, 1887.

FRAGAS PEÑARROCHA, Mariela, «El regalo prevenido: norma y persuasión en la vida cotidiana de la Edad Moderna», *Revista de Historia Moderna*, 30, 2012, pp. 177-194.

GARCÍA FERNÁNDEZ, Máximo, «Cambios y permanencias en la cultura material cotidiana no privilegiada: un mundo complejo. Castilla (y Portugal) a finales del Antiguo Régimen», *Revista Historia São Paulo*, 157, 2016, pp. 173-202 [En línea] Consulta del 30 de octubre de 2025. URL: https://www.scielo.br/j/rh/a/hvRt-GKH5XMJH34XBd5xmPyJ/?format=pdf&lang=es.

—, «Desde la calle hacia mesas y alcobas. Privacidades materiales domésticas de Antiguo Régimen entre grupos populares, intermedios y burgueses», *Tiempos Modernos. Revista Electrónica de Historia Moderna*, 32, 2016/1, pp. 398-418. [En línea] Consulta del 30 de octubre de 2025. URL: http://www.tiemposmodernos.org/tm3/index.php/tm/article/view/1291/617

—, «Consumo y patrimonio femenino en la Castilla Norte: claves seculares, siglo XVII-XIX», en Francisco Chacón Jiménez y Cosme Jesús Gómez Carrasco (coords.), *Familias, recursos humanos y vida material*, Murcia, Universidad de Murcia, 2014, pp. 97-123.

—, «Individuo y "consumo de apariencia": replanteamientos ilustrados en clave social», en Máximo García Fernández y Francisco Chacón Jiménez (dirs.), *Ciudadanos y familias: individuo e identidad sociocultural hispana (siglos XVII-XIX)*, Valladolid, Universidad de Valladolid, 2014, pp. 337-356.

—, «Cultura material y consumo: rutinas cotidianas dinámicas», en Manuel Peña Díaz (coord.), *La vida cotidiana en el mundo hispánico*, Madrid, Aldaba, 2012, pp. 43-64.

—, «El consumo, la demanda y el mercado en Castilla, 1750-1850», en Jaime Contreras Contreras, Alfredo Alvar Ezquerra y José Ignacio Ruiz Rodríguez, (coords.), *Política y cultura en la época moderna (cambios dinásticos, milenarismos y utopías)*, Alcalá de Henares, Universidad de Alcalá, 2002, pp. 725-734.

GARCÍA FERNÁNDEZ, Máximo; LORENZO PINAR, Francisco Javier; SOBALER SECO, M.ª Ángeles (eds.), *Jóvenes preparados para la madurez (siglos XVI-XIX)*, Madrid, Sílex, 2023.

GARCÍA GODOY, María Teresa, «Una tradición textual en el primer español moderno: los tratados de misivas», *Etudes romanes de Brno*, 33-1, 2012, pp. 357-376.

GONZÁLEZ BELTRÁN, Jesús M.ª; GARCÍA GONZÁLEZ, Francisco (eds.), *¿Destinos inmóviles? Familias, estrategias y cambio generacional en España y América Latina (siglos XVI-XIX)*, Granada, Comares, 2022.

GRANA CID, María del Mar, «¿Leer con el alma y escribir con el cuerpo? Reflexiones sobre mujeres y cultura escrita», en Antonio Castillo (coord.), *Historia de la Cultura escrita: del próximo Oriente antiguo a la sociedad informatizada*, Gijón, Trea, 2002, pp. 385-452.

GRANADA, Fray Luis de, *Memorial de la vida christiana, en el qual se enseña todo lo que un Christiano deve hazer dende el principio de su conversion, hasta el fin de la perfeccion, repartido en siete tratados*, 1586, Salamanca, Herederos de Mathías Gast.

LEÓN, Fray Luis de, *La perfecta casada*, Madrid, Espasa Calpe, 1980 (11ªed.).

LÓPEZ-CORDÓN CORTEZO, M.ª Victoria, «Ser civil en el siglo XVII: ¿práctica cotidiana o virtud política?», en Inmaculada Arias de Saavedra Alías y Miguel Luis López-Guadalupe Muñoz (eds.), *Vida cotidiana en la Monarquía Hispánica*, Granada, Universidad de Granada, 2015, pp. 15-38.

—, «Familia, sexo y género en la España moderna», *Studia histórica. Historia moderna*, 18, 1998, pp. 105-134.

MACÍAS DOMÍNGUEZ, Alonso Manuel, «Emociones sobre el papel, cartas de cariño: relaciones entre novios y desposados a través de sus cartas y billetes (Sevilla, siglo XVIII)», en Luisa Candau Chacón (coord.), *Las mujeres y las emociones en Europa y Améri-*

ca: siglos XVII-XIX, Santander, Universidad de Cantabria, 2016, pp. 93-120.

MARTÍN GAITE, Carmen, *Usos amorosos del dieciocho en España*, Madrid, Editorial Anagrama, 1972.

NAVARRO BONILLA, Diego, «Contexto archivístico y registro de sentimientos de amor y muerte en la Edad Moderna y Contemporánea: una propuesta de integración desde la Historia Social de la Cultura Escrita», *Investigación Bibliotecológica: Archivonomía, bibliotecología E información*, 25(53), 2011. [En línea] Consulta del 1 de noviembre de 2025. URL: https://doi.org/10.22201/iibi.0187358xp.2011.53.27469

NAVARRO BONILLA, Diego, *Del corazón a la pluma. Archivos y papeles privados femeninos en la Edad Moderna*, Salamanca, Universidad de Salamanca, 2004.

SÁNCHEZ-BLANCO, Francisco, «El Pensador y El Censor: Clavijo y Cañuelo», *Cuadernos de Ilustración y Romanticismo. Revista Digital del Grupo de Estudios del Siglo XVIII*, 26, 2020, pp. 583-599.

TORREMOCHA HERNÁNDEZ, Margarita, *La mujer imaginada. Visión literaria de la mujer castellana del Barroco*, Badajoz, Abecedario, 2010.

TRAMBAIOLI, Marcela, «Ventanas y ventaneras en la escritura teatral de Lope de Vega», *E-Spania: Revue interdisciplinaire d'études hispaniques médiévales et modernes*, 39, 2021 [En línea] Consulta del 30 de octubre de 2025. URL: http://journals.openedition.org/e-spania/40653; DOI: https://doi.org/10.4000/e-spania

VALDIVIESO GONZÁLEZ, Enrique, «A propósito de las interpretaciones eróticas en pinturas de Murillo de asunto popular», *Archivo español de arte*, 75-300, 2020, pp. 353-359.

14

La Celestina tampoco era un cuento. Aproximación a la sodomía femenina en el Aragón del siglo XVIII[1]

Francisco José Alfaro Pérez
Juan María González de la Rosa
Universidad de Zaragoza
UNED

---

1   Esta investigación forma parte de las realizadas al amparo del Grupo de Investigación de Referencia Polymathia: H34_23R del Gobierno de Aragón.

La Celestina del Siglo de Oro no murió tras su publicación, en 1499, con el fallecimiento de aquel ramillete de autores soberbios. Celestinas ha habido siempre, y las hay. Como también existen sus homólogos masculinos, aunque con perfiles diferentes. En este sentido, este estudio solo es la constatación de que la Celestina, como aquella Cenicienta, tampoco fue ningún cuento[2]. Prueba de ello es Antonia Valera, supuesta mujer peligrosa, díscola, conocedora de artes extrañas u ocultas, generadora de escándalo, buscavidas, docta en los placeres de la vida y muchos aspectos más que en el Aragón rural de mediados del siglo XVIII termina por asociarse a la figura de bruja y sodomita. Acepción, esta última, relacionada con frecuencia con "pecado nefando", concebido en la Monarquía Hispánica durante la Edad Moderna como un delito múltiple y complejo en el que se agrupaban distintas "desviaciones" o comportamientos sexuales situados fuera de la regulación moral y teológica de los cánones. Todas ellas (homosexualidad, zoofilia, lesbianismo, pedofilia, etc.) constituían en sí mismas un riesgo contra el orden social preestablecido fueran pecado, delito o ambas cosas al mismo tiempo[3]. La tradición jurídica hispánica, en principio, establecía que para aplicarse las penas más duras por tales deshonestidades se requería la consumación plena del acto y no solo con la tentativa[4]. Los testigos, una vez más, eran la piedra angular sobre la que se solía sustentar el veredicto. En este sentido, los procesos inquisitoriales dirimidos en la Corona de Aragón no son ninguna excepción, apreciándose nítidamente todas las formulaciones de las que se valía el tribunal para calibrar no solo la fiabilidad de la denuncia sino la gravedad del hecho[5]. Como es bien sabido, sus sentencias (su represión) podían no quedar limitadas a

---

2   Obviamente se trata de una referencia explícita al notable estudio de José Antonio Salas Auséns, "La Ceninicenta no era un cuento", en Francisco José Alfaro Pérez, *Familias rotas: conflictos familiares en la España de fines del Antiguo Régimen*, Zaragoza, Prensas de la Universidad de Zaragoza, 2014, pp. 169-208.

3   En el caso de la Corona de Aragón, entre otras, sobre los matices entre pecado y delito, véase, Encarna Jarque Martínez "Pecado, pero no delito: el amancebamiento en la Corona de Aragón en la Edad Moderna, en Encarna Jarque Martínez (coord.), Emociones familiares en la Edad Moderna, Madrid, Sílex, 2020, pp. 357-389.

4   Rocío Rodríguez Sánchez, *Sodomía e Inquisición: el miedo al castigo* [Tesis doctoral, Universidad de Barcelona], Repositorio Digital de la Universidad de Barcelona, 2001.

5   Entre otros, véase, Nicolau Eimeric, Lluis Sala-Molins y Francisco Peña, *El manual de los Inquisidores*, Barcelona, Muchnik, 1996; o Ricardo García Cárcel, "La Inquisición en la Corona de Aragón", en *Revista de Historia Moderna*, (36), 2014, pp. 101-122.

sanciones individuales, sino que se insertaban en una estrategia que buscaba un control sobre la "higiene" de la moral general[6].

Durante los siglos XVII y XVIII cobró aún mayor atención el componente físico: la visibilidad del cuerpo como prueba del delito, en sus diferentes manifestaciones como eran, por ejemplo, los desgarros, sangrados o una dificultad motriz, etc. Esto implica, necesariamente, una progresiva especialización de las periciales médicas, amén de todo tipo de testimonios complementarios[7]. Como veremos, todos estos elementos figurarán en buena medida en las tres denuncias presentadas contra Antonia Valera Aínsa ante el tribunal de Zaragoza entre los años 1748 y 1765.

Como es bien sabido, en Aragón, la Inquisición mantenía competencia explícita sobre el delito de sodomía, lo que explica por qué casos como el que a continuación expondremos aparecen se libran en esta institución y no en la justicia civil ordinaria[8]. Jurisdicción inquisitorial que funcionaba no solo como órgano sancionador, sino también como mecanismo de prevención[9]. Pero la explicación al comportamiento de nuestra protagonista no era sencillo o no al menos el más ordinario: ¿cómo una persona podía actuar de ese modo?, ¿estaba poseída?, ¿había pactado con Satanás?, ¿cómo era posible que una mujer de pueblo arrastrara y atrajera a otras vecinas a actos deshonestos?, ¿en qué lugar quedaban las casas y los esposos de esas otras mujeres? Para el pueblo la explicación y excusa parecía evidente: era una bruja sodomita.

El tratamiento dado por la historiografía aragonesa a la cuestión de la homosexualidad en el Antiguo Régimen ha sido más bien limitado, pese a su incipiente desarrollo[10]. Más allá del volumen de

---

6   Carlos Pérez Fernández-Turégano, "Tribunales de la Inquisición española en el siglo XVIII: Estudio personal e institucional (II)", en *Revista de la Inquisición. Intolerancia y Derechos Humanos*, 27, 2023, pp. 117-170.

7   Francisco Vázquez García y Andrés Moreno Mengíbar, *Sexo y razón: Una genealogía de la moral sexual en España (siglos XVI-XX)*, Madrid, Akal, 1997.

8   Fue el Breve o documento papal específico de Clemente VII del 24 de febrero de 1524 el que extendió a la sodomía la jurisdicción inquisitorial de los tribunales de la Corona de Aragón como recoge Juan Pedro Navarro Martínez, "Represión y uso socio-político de la sodomía en la Corona de Aragón en el siglo XVI", en *Mundo Histórico*, (17), 2021, pp. 133-150.

9   Jean Pierre Dedieu, *L'administration de la foi: L'Inquisition de Tolède, 1483-1820*, Madrid, Casa de Velázquez, 1989.

10   A este respecto pueden destacarse los estudios de Bartolomé Bennassar, "El modelo sexual: la Inquisición de Aragón y la represión de los pecados abominables", en *Inquisición española: poder político y control social*, Barcelona, Crítica, 1981, pp. 295-320; María Isabel Falcón Pérez y Miguel Ángel Motis Dolader, *Procesos criminales en el arzobispado de Zaragoza*, Zaragoza, Diputación General de Aragón, 2000; Miguel Ángel Motis Dolader, "*Imago Dei deturpatur*: El pecado "nefando" o "contra natura" en el arzobispado de Zaragoza (siglos

esta, las características más sobresalientes son haberse centrado en el estudio de varones adolescentes y adultos y, más puntualmente, en niños (por pederastia)[11]. Dicho de otro modo, entre las carencias que el estudio del tema mantiene en este territorio en ese periodo, la principal puede ser la escasez de investigaciones dedicadas a ellas[12]. Hay poco escrito sobre la mujer desde esta doble perspectiva: lesbianismo (voluntario) y otras transgresiones sexuales (forzoso), y menos aún sobre la ejercida contra niñas[13]. Consecuentemente, el objetivo del presente estudio no puede ser otro que llamar la atención de este déficit contribuir a que dichas lagunas vayan reduciéndose. Sobre la historiografía aragonesa existente respecto al segundo delito atribuido a Antonia, el de brujería, sin ser tampoco dilatada, cabe destacar de excelentes trabajos como son, entre otros, los de Ángel Gari o María Tausiet[14]. En los cuales, obviamente, también subyace una sensualidad física, pecaminosa y castigada.

XV-XVI)", en *Hispania Sacra*, vol. 52, nº 105 (2000), pp. 343-365; André Fernández, *Au nom du sexe: inquisition et rèpression sexuelle en Aragon (1560-1700)*, Paris, L'Harmattan, 2003; o, más recientemente, Germán Navarro Espinach, *Sodomitas en la Corona de Aragón (1263-1598)*, Zaragoza, Universidad de Zaragoza, 2020 y Francisco José Alfaro Pérez, "Misericordia de quitarles aquella pasión: conflicto e identidad sexual entre los estudiantes de la compañía de Jesús en la Corona de Aragón en el siglo XVII", en Máximo García Fernández, Francisco Javier Lorenzo Pinar y María Ángeles Sobaler Seco (Coords.), *Jóvenes preparados para la madurez (siglos XVI-XIX)*, Madrid, Sílex, 2023, pp. 263-284.

11   Francisco José Alfaro Pérez, "Aproximación al estudio de la pederastia en la Monarquía Hispánica durante la Edad Moderna. El caso de los niños aragoneses en el siglo XVI", en Juan Manuel Bartolomé Bartolomé, José Pablo Blanco Carrasco y Juan Hernández Franco (eds.), *Conflictos intergeneracionales y generaciones familiares en la España del Antiguo Régimen*, Bern, Peter Lang, 2024, pp. 161-182.

12   Desde el prisma de la historia social de la mujer aragonesa en la Edad Moderna, en las vertientes aquí planteadas, destacan sobre manera dos investigaciones. Para los siglos precedentes, XVI y XVII, es imprescindible consultar Raquel Cuartero Arina, *Mujeres transgresoras. El delito sexual en la Zaragoza de los siglos XVI y XVII*, Tesis doctoral, Zaragoza, Universidad de Zaragoza, 2013; y, para el periodo que aquí se estudia, entre otras del mismo autor, Daniel Baldellou Monclús, *El camino al matrimonio: cortejo, transgresión y pacto en las familias aragonesas del siglo XVIII (1700-1820)*, Tesis doctoral, Zaragoza, Universidad de Zaragoza, 2015. Más recientemente, sobre la prostitución femenina en el Aragón moderno, véase igualmente los trabajos de Javier Tomás Fleta, especialmente su tesis doctoral, *La casa de recogidas de Zaragoza en la Edad Moderna. El matrimonio como medio de inserción social de las prostitutas. Éxitos y fracasos*, Zaragoza, Universidad de Zaragoza, 2024.

13   En bastantes procesos por sodomía se observa una mediación femenina: la parte pasiva muchas veces es una mujer que reclama, documenta el daño físico, denuncia sangrado anal o imposibilidad de caminar, y arroja al acusado ante el tribunal. Esta dimensión femenina es clave, porque convierte este delito en un problema muchas veces doméstico, honorífico y público, y reconoce que el control del cuerpo masculino podía utilizarse también como instrumento de poder patriarcal. Véase Rafael Carrasco, *Inquisición y represión sexual en Valencia (1565-1785)*, Barcelona, Laertes, 1986.

14   Veánse, entre otros, Ángel Gari Lacruz, *Brujería e Inquisición en el Alto Aragón en la primera*

1. EL CUERPO DE LA MUJER

Durante la Monarquía Hispánica del siglo XVIII siguió articulándose el concepto de feminidad en torno a tres ejes: la honra, la capacidad reproductiva legítima o en el seno del matrimonio y la obediencia moral y religiosa. La mujer ideal se presenta casta, obediente y discreta, y como tal se mostraba no solo en las actitudes y comportamientos cotidianos, sino también en las representaciones y en escenificaciones públicas. Esta tríada (honra, reproducción y obediencia) hendía sus raíces en la tradición y en la cultura, pero también en última instancia en su reflejo jurídico que las recogía y fusionaba, para estereotipar y regular esos prototipos ideales y consuetudinarios fijándolos en normativas civiles y religiosas. De este modo, el aparato legal, tanto el eclesiástico como el civil, castigaba de forma especialmente dura a toda persona –hombre o mujer- implicada en actividades sexuales realizadas fuera de los márgenes del matrimonio, en especial si esa actividad tenía eco o escándalo, provocaba rumores, embarazos ilegítimos, amancebamientos criticados, etc.[15]. En el caso de ellas, además, parecen sumarse agravantes como la intensidad o la frecuencia de los actos o el descaro y falta de disimulo. Esto es la ausencia de arrepentimiento o de consciencia de estar haciendo algo prohibido o malo.

En la documentación conservada son bastante frecuentes las denuncias por sodomía, consentida o no, entre varones e incluso entre estos y animales como las asnas, las ovejas, las cabras, etc. (zoofilia o bestialismo). La mujer aparece en menor medida. Son ellas las que muchas veces ejercen como denunciantes de terceros o dando testimonio, pero el cuerpo femenino rara vez es protagonista de este tipo de delitos, y menos en actitud activa junto a otra mujer o ejerciendo violencia sexual. Excepcionalidades que en cierta media figuran recogida en el expediente que hemos analizado, fuera cierto o simplemente pretendidamente incriminatorio[16].

---

mitad del siglo XVII, Zaragoza, Diputación General de Aragón, 1991; o, entre otras obras de esta autora, María Tausiet Carlés, *Ponzoña en los ojos*, Zaragoza, Institución Fernando el Católico, 2000 o *Abracadabra omnipotens: magia urbana en Zaragoza en la Edad Moderna*, Madrid, Editorial Siglo XXI, 2007.

15   Fernanda Molina, "La herejización de la sodomía en la Inquisición española", en *Hispania Sacra*, 62, 2010, pp. 445–464.

16   *Proceso contra Antonia Valera Aínsa*, 1748. AHN, Inquisición, 3732, Exp. 420.

El placer físico y sexual como herramienta de desahogo de tensiones o de reequilibrio de los humores de los cuerpos histéricos fue un debate sostenido en el tiempo, y no solo entre personas laicas, sino también entre aquellas otras ordenadas, religiosas y doctas. Polémica encabalgada en un espacio nebuloso donde medicina, teología, moral y orden social se fundían[17]. Las vías para obtener esa paz interior eran ayer las mismas que hoy y su tratadística nunca lo ocultó, menos aún, afrontó la problemática concreta de unos "afectos vergonzosos" que hoy en día siguen despertando gran interés[18].

Este caso es un poco más complejo de lo que recoge el grueso de la documentación archivística: una mujer hiere a otra, es una mujer contra otra mujer, contra su entorno social, es una hechicera que las embelesa e hipnotiza cual flautista de Hamelín hasta lograr sus propósitos. ¿Era una farsante, una engatusadora, una "estafadora sexual" o una violadora? Recordemos como una de sus víctimas, muchas guardan el anonimato en las fuentes, quedó dolorida y sangrando. Esta transgresión parece más propia de un depredador masculino. Para colmo sale a la luz dejando de ser una cuestión privada de deseo inconfesable y pecaminoso, para convertirse en otra de índole público, impúdica, de rareza que ni siquiera venía bien contemplada en el corpus foral del reino. El expediente bascula permanentemente entre la atracción entre dos personas del mismo sexo, dos (o más) mujeres en un *"trato ilícito"*, *"acto repetido"*, *"dormían juntas"*, y un episodio violento -*"introducción de palo"*, *"dolor al andar"*, *"sangre"* con resultado de lesiones. Esto permite al Santo Oficio construir una figura femenina que es, a la vez, sodomita activa y agresora, transgresora y conocedora de artes oscuras, un peligro social potencial y real[19].

La historiografía sobre sexualidad femenina en la Edad Moderna suele discutir si los poderes eclesiásticos y civiles tendían a ocultar su existencia excepto en aquellos casos cuando los actos podían ser

17   Véase, entre otros, Melchor Bajén Español, "Sexo, moral y medicina en la España de la Contrarreforma. Un informe inédito del jesuita Miguel Pérez (1550-1605) sobre la polución", en *DYNAMIS*, 15 (1995), pp. 443-457.

18   Véase como ejemplo Judith C. Browm, *Immodest Acts. The Life of A Lesbian Nun in Renaissance Italy*, New York, Oxford University Press, 1986; o, más recientemente, Mikel Herrán, *Sodomitas, vagas y maleantes. Historia de la España desviada de Atapuerca a Chueca*, Barcelona, Ed. Planeta, 2024.

19   Para comprender el concepto y las características principales del desviamiento moral, véase Jean Pierre Dedieu, "La Inquisición española bajo los Borbones", en *Manuscrits*, 18, 2000, pp. 177-198 y Henry Kamen, *La Inquisición española: una revisión histórica*, Madrid, Temas de Hoy, 1998.

criminalizados o corrompían el orden deseado creando escándalo[20]. En ese sentido, la Inquisición de Zaragoza sigue un patrón predecible: parece no reconocer un deseo lésbico a pesar de los testimonios, pero sí una figura femenina capaz de infligir daño corporal sexual a otra mujer. Eso, paradójicamente, reafirma la intervención inquisitorial como "protección del cuerpo"[21].

El proceso de Antonia Valera permite ver como el control de la sexualidad femenina en el siglo XVIII no se limitaba al viejo binomio heterosexualidad *ordinatia* con intención reproductiva y matrimonio, o a la mera preservación de la honra dado que las mujeres del proceso estaban casadas. Se dieron casos extremos, más raros pero reales: relaciones entre mujeres, violentas o no, pero casi siempre cuando rompían la carcasa de la privacidad[22]. El cuerpo femenino era concebido por su funcionalidad ya que de su fruto dependía el futuro de todos y, por lo tanto, según fuera el comportamiento y el uso que se le diera, así sería la sociedad resultante. Había cosas que no se podían permitir por el "bien" de ellas, de sus familias y de todos.

2. ¿BRUJA, LESBIANA O REBELDE?

El 31 de julio de 1748 el Tribunal de la Inquisición de Zaragoza instruyó la primera de las causas contra Antonia Valera Aínsa, natural de Quinto (Zaragoza), por *"maleficios y sodomía"*. El expediente de alegación fiscal, como corresponde, recoge declaraciones, informes médicos y acuerdos procesales elevados al Consejo, y ordena expresamente la formación de una pieza por brujería y otra *"separada en punto de sodomía"*[23]. María Antonia era una mujer casada de 31 años. Los inquisidores entendieron que lo ocurrido trascendía de lo anecdótico o accidental. No era un conflicto doméstico ni un caso más de "mala vida" o simple ignorancia –lo cual hubiera sido un atenuante-, sino que atentaba contra las bases doctrinales y contra los códigos morales y penales[24].

---

20 Véase, Fernanda Molina, "La herejización de la sodomía ..., op. cit.

21 Véase, Miguel Ángel Chamocho Cantudo, M. Á., "El delito de sodomía femenina en la obra del Padre Alonso de la Rambla", en *Cuadernos de investigación histórica*, 47, 2008, pp. 75–98 y Rafael Carrasco, *"Inquisición y represión sexual,* op. cit.

22 Fernanda Molina, "La herejización de la sodomía, op, cit.

23 AHN, Inquisición, leg. 3732, exp. 420, fols. 1r–1v.

24 Véase, Rafael Carrasco, *Inquisición y represión sexual,* op. cit.

Que la acusada por sodomía fuese una mujer convierte a este caso en algo "atípico". Subyace como explicación que estuviera mal de la cabeza … o que fuera bruja y que estuviera poseída. La tipificación más usual de la sodomía en el derecho y en la moral hispánica de la Edad Moderna se articuló históricamente alrededor del cuerpo masculino tanto en actitud activa como pasiva[25]. Bien es cierto que ellas eran adscritas a unos modelos sodomíticos imperfectos cuando eran lésbicos o cuando ellas se colocaban en posiciones sexuales que alteraban la jerarquía natural presupuesta. Sin embargo, los procesos de Antonia, librados entre 1748 y 1766, quebraban o desbordaban esa regla general preestablecida. No se trata de placer o de posturas en el acto, se trata *a priori* de fuerza, de dominio voluntario o favorecido por conjuros o por brebajes: "*savia dar un ramo para atraer a las mujeres*". Estos hechos *contra natura* fueron atestiguados por vecinos e incluso por don Miguel Juan Monzón, rector de Quinto. La acusación incide en la violencia y el engaño, en la reiteración y en su acción lasciva y lesiva ejercida contra otras mujeres, aunque no solo contra ellas. Habla de penetración mediante un objeto, de sangre y de desgarros, de incapacidad de caminar, como corrobora el examen del religioso. No es un simple rumor, hay pruebas físicas de los resultados. El cuerpo de la mujer herida pasa a ser un objeto probatorio[26]. Como tantas veces ocurre en algunos asuntos sórdidos, puede ser complicado discernir y valorar la evolución de los antecedentes e interpretar la declaración subjetiva que cada una de las partes hace de los mismos. ¿Dónde acaba la voluntariedad y dónde el abuso? Placer y dolor son percepciones individuales, subjetivas y asimétricas alcanzadas por diferentes vías inescrutables, como bien recordaba el marqués de Sade en *Los 120 días de Sodoma o la Escuela de libertinaje* (1785).

Los procesos contra Antonia Valera son explícitos e incluso morbosos como, por otra parte, lo son habitualmente todos los seguidos por estas causas. La excepcionalidad radica en que el sujeto activo del delito no es un depredador sino una pretendida depredadora, lo fuera o no. Su valor, aparentemente anecdótico, contribuye sin embargo a perfilar el comportamiento represivo contra la supuesta violencia sexual entre mujeres, o contra las relaciones lésbicas, y la consiguiente profilaxis social que debía aplicarse. Así como por la respuesta de un sistema que se ve desbordado cuando se le presentan prácticas que no encajan con los parámetros previsibles.

---

25   Véase, Miguel Ángel Chamocho Cantudo, "El delito de sodomía femenina, op. cit.

26   Véase, Germán Navarro Espinach, *Sodomitas en la Corona de Aragón*, op. cit.

En la información se recoge que la acusada había confesado *"el ilícito"* acto, así como el reconocimiento del *"riesgo"* al que había expuesto a la otra parte implicada. En otras circunstancias, esta confesión y autoinculpación hubiera sido determinante en el desenlace. No eran rumores o acusaciones en falso por malas querencias o enemistades, eran hechos confirmados.

La descripción no daba lugar a una defensa viable. Así se narra cómo tras uno de los encuentros sexuales entre varias mujeres, una de ellas –la parte pasiva- sufrió dolores intensos, fiebre, desmayo y sangrado; que a duras penas pudo levantarse de la cama *"con grandes dolores y pesadumbre"* y que tenía dificultades para andar por haber quedado *"quebrantada"*. Su estado era tal que tuvieron que pedir auxilio a un religioso con conocimientos médicos para asistirla, y a un guardián de un convento que también la examinó. Declara, este último, que las señales corporales que observó *"parecían proceder de la introducción de un palo u otra cosa semejante"* calificando el acto de *"exceso indecoroso"*. Este pasaje es uno de los momentos más comprometidos del expediente ya que enmarca los hechos en la categoría de sodomía con lesión penetrante. Esa acción mecánica aparece recogida en otros estudios sobre la cuestión cuando la Inquisición pide exámenes físicos a varones para delimitar si el acto había sido consumado, si medió violencia y si la víctima quedó con un daño duradero[27]. Aquí, sin embargo, la víctima es una mujer y la actora otra.

La respuesta del tribunal fue inmediata ordenando la formación de una *"pieza separada en punto de sodomía"*[28]. La Inquisición zaragozana entendía que no estaba ante un simple escenario de "vida deshonesta" o "amistad indecorosa", sino ante un posible delito mayor[29]. Por ello se pidió *"cárcel secreta"* y aseguramiento de bienes. Medidas habituales en procesos de gravedad: aislaron a la acusada impidiendo su huida y pasaron a controlar su patrimonio.

Finalmente, aparece un último elemento: la *"voz pública"*, las murmuraciones en el pueblo, la alarma de las criadas y algunas veci-

---

27   Véase, entre otras obras, algunas ya citadas, María Jesús Torquemada, "Fuera de la ley: Prostitución y homosexualidad femenina en la España moderna", en *ILCEA: Revista de diversidad sexual en la historia*, (13), 2018, pp. 129–152.

28   AHN, Inquisición, leg. 3732, exp. 420, op. cit.

29   Henry Kamen, *La Inquisición española,* op. cit.

nas, las alusiones a *"ruidos por la noche"*, *"manchas en las sabanas"* y *"movimientos"*, una *"cama compartida"*, etc. El escándalo en suma había sobrepasado los límites del espacio doméstico, del secreto de alcoba o de la casa, lo cual multiplicaba el riesgo de contagio moral y la incomodidad. Se había creado una imagen de un peligro fuera de control para la vecindad. Existía algo que debía ser erradicado o corregido. Había causa.

El 21 de abril de 1762 se le volvió a denunciar. Tras un viaje temporal a Valencia, vivir en otros puntos de Aragón y casar en segundas nupcias, años más tarde Antonia vuelve a ser acusada de atraer sexualmente a mujeres y de llevar una vida relajada. La tercera de las denuncias tuvo lugar el 15 de septiembre de 1764 por sodomía femenina. La declaración exculpatoria de su segundo marido, Antonio Terrer, peón de albañil, aporta una débil duda respecto a los numerosos testimonios recogidos a lo largo de casi veinte años: ¿interés, dominio, miedo, vergüenza, realidad, etc.?

4. LOS USOS DE LA PALABRA

Desde la apertura formal del primer proceso, luego agrupado, el tribunal tomó declaraciones a criadas, vecinos y labradores vinculados al entorno rural escenario de los hechos denunciados. Dichos testimonios aluden a diferentes causas en diferentes espacios públicos: se registran escenas de alcoba, se menciona que ambas *"dormían juntas"* (algo que en la época tampoco era muy extraño), que se oían *"voces y ruidos"* en la noche, que una de ellas parecía suplicar y que la otra insistía, etc. Estas voces indirectas componen una coreografía sensual hasta que aparece el dolor y la violencia intencionada o accidental. Las frases recogidas no son fruto de la imaginación del fiscal, sino de testigos. Se produce un retorno a esa nebulosa primigenia en la que con certeza existió cierta voluntariedad. Haciendo un salto en el tiempo con el ánimo de entablar una comparación con un proceso análogo, aunque civil y heterosexual, estos rumores no parecen muy alejados de los levantados contra el actor Fatty Arbuckle en 1921 cuando con una botella se dice que desangró a Rappe. En Quinto una mujer hizo daño a otra, pero no pudo comprobarse la intencionalidad –seguramente no la hubo-. Para los vecinos "de bien" solo podía estar loca o ser una bruja que con sus artimañas y malas artes se valía para poseer la voluntad de otras mujeres casadas o de simples adolescentes de poco más de 16 años.

Resulta significativo el testimonio de una criada que recuerda haber oído una frase atribuida a la lesionada: *"El hombre me lo hace por amor y me da guerra"*. Los testigos hacen mención a la sangre como prueba sólida y consistente sobre la que confirmar el acto violento y, por lo tanto, el delito. Dicen haber visto a la mujer *"sangrando sin causa aparente"*, exhausta e, insisten, con dificultades para caminar. En los procesos por sodomía masculina, desde la temprana Edad Moderna los jueces buscaban a menudo secuelas anales de penetración reiterada, flacidez del esfínter, desgarros, incluso un *"olor particular"*. Aquí esa lógica es adaptada a las características del cuerpo femenino. El dolor, la sangre, la cojera y el agotamiento poscoital se convierten en elementos probatorios de "acto consumado" con un objeto sustitutivo al miembro masculino. Y también en una excusa para denunciar.

La reiteración ahonda la idea de actos voluntarios y consentidos: *"varias noches"*, *"acto repetido"*, *"trataban en casa ajena"*, *"dormían juntas siempre"*. La reincidencia agravaba el delito moral y justificaba la imposición de penas más severas, pero solo se le denuncia a ella quizás por su condición social o socioeconómica. Una vez más, los testimonios remarcan el escándalo vecinal. Se dice que todo el barrio murmuraba, que había *"gran burla"* e *"infamia"*. La palabra era empleada a su vez como fuente de denuncia y de probanza, como lanza de escarnio y herramienta del miedo. El Santo Oficio, desde el siglo XVI, había naturalizado la noción de "fama pública" como un tipo válido de indicio para abrir causas, sobre todo en materia de moralidad[30]. Si a ello se le suma la presencia de lesiones el drama parecía estar servido.

Los inquisidores, conscientes de la anomalía del caso, elevaron consultas para que les validaran la vía procesal. Pidieron permiso -y lo obtuvo- para tratar este asunto como sodomía, aunque la autora fuese una mujer. Esta autorización significó la legitimización plena del tribunal aragonés para tratar las relaciones sexuales entre mujeres en el mismo plano doctrinal y penal que la sodomía masculina. Para llegar a esta conclusión, dicho tribunal ordenó recopilar cartas, registros y probatorias de otros *"tribunales inquisitoriales de Aragón"* e incluso de Valencia –donde Antonia residió algún tiempo-, *"en punto de sodomía"*. Y, aunque el resultado de las pesquisas fue limitado por no hallarse antecedentes fiables, se acordó seguir adelante con la cau-

---

30   Nicolás Diochon, "El establecimiento del Santo Oficio en Aragón y su tribunal de Zaragoza", en *Revista de estudios aragoneses"*, 66, 2009, pp. 121–146.

sa y la tipología delictiva. La soledad o rareza del proceso revaloriza al mismo si bien, evidentemente, los comportamientos lésbicos con certeza tienen un carácter atemporal pese a no estar siempre documentados.

El lenguaje de los letrados es revelador. Se acusa a la mujer no sólo de brujería y de sodomía, sino de *"falta de recato espiritual"*, *"manejo corrupto"*, de *"pervertir lo ministerial del Santo Oficio"*, *"escándalo"*, *"trato ilícito"*, *"reiteración"*, etc. Estas fórmulas cumplen al menos una doble función: desplazan el delito del terreno carnal al moral; y, en segundo lugar, al disciplinario por haber puesto en riesgo la integridad física y vital a otra persona. La acusada no solo había burlado la vigilancia moral, sino que había jugado con el cuerpo de otra mujer penetrándola con un objeto causándole daño durante una relación ilícita.

En el sumario la acusación incide en la intencionalidad y en la alevosía con la que se había comportado frente al resto de vecinos por valerse *"de engaños y manejos"* para sostener el trato entre ellas, así como que dicha Antonia Valera *"se hallaba con vida mundana"*, *"en segunda unión"*, y *"con escándalo notorio"*. Esto convertía a la acusada en un tipo moral y penal reconocible por el Santo Oficio: una mujer peligrosa, sexualmente incontrolable, reincidente y corruptora. Figura jurídica a la que la Inquisición sabía cómo castigar en base a otro tipo de causas análogas como las de solicitación, amancebamiento clerical o lenocinio, entre otras. Con ello, el tribunal, en el fondo, transformó una relación afectiva femenina fuera de norma en un arquetipo que sabía y podía manejar: la mujer casada deshonesta que corrompe, seduce o degrada el católico orden social y el vínculo matrimonial.

Sorprendentemente, el procedimiento se cerró -seguramente en falso- de manera abrupta casi veinte años después, en 1766. La documentación consultada en este punto es parca. A pesar de las evidencias físicas y de los testimonios, *"se concluyó"* que la acusada *"fue juzgada"* habiéndose practicado las *"necesarias vistas"* y que de todo ello: *"nada resultó"*. No se consignó ninguna pena ejemplarizante, nada que al menos recojan estas fuentes: ni azotes, ni destierro, ni penas pecuniarias, nada. Quizás es fruto de las deficiencias de la fuente, o de una intención por pasar página sin hacer ruido para disimular unos hechos cometidos por unas mujeres "extrañas". El paso del tiempo, el devenir de los ciclos vitales, el peso de las familias en un mundo rural pequeño o, como señalaran Kamen o Dedieu, simplemente, lo mejor era silenciarlo[31].

5. A MODO DE CONCLUSIÓN

El expediente analizado pone de manifiesto la dislocación entre la existencia de fuentes escritas y la realidad. Y, por supuesto, la necesidad de ahondar en el conocimiento del tema. Una deducción somera del mismo explicaría que versa sobre una mujer procesada por brujería y sodomía ante un tribunal inquisitorial en el siglo XVIII, mostrando afectos impúdicos a los que se adjudicaría un elemento de travestismo sexual: la dominación masculina; y un deseo irrefrenable mal canalizado ejerciendo una violencia con resultado de lesiones. La mujer en cuestión, en su ignorancia (no sabía leer ni escribir) parecía tener conocimientos en otras artes curativas, probablemente tradicionales. En la denuncia se presenta a la protagonista, Antonia Valera, como una bruja bisexual y violadora, un sodomita metido dentro del cuerpo de una mujer por arte y gracia de una voluntad demoniaca. Conforme avanza el proceso parece atisbarse con cierta nitidez un conflicto entre lo público y lo privado, lo moral y lo inmoral, y el accidente de utilizar juguetes sexuales en aquella época. Casi todas las mujeres implicadas parecen haber conocido varón. También parece evidente que existe consentimiento mutuo en las relaciones que mantenían y que las heridas infligidas fueron accidentales. Sin embargo, fueron estas últimas la excusa para que una parte del pueblo pudiera manifestar su desacuerdo con aquella relación lésbica. Se entiende que entre los disconformes se hallaban también esposos y parientes. El proceso agrupado no tiene una sentencia detallada. En cualquier caso, María Antonia Valera quedó marcada, señalada y mal vista en una localidad rural aragonesa partida por un largo litigio sobre una cuestión vergonzante que interesaba silenciar y erradicar en muchas casas.

---

31 Henry Kamen, *La Inquisición española*, op. cit.

ALFARO PÉREZ, Francisco José, "Misericordia de quitarles aquella pasión: conflicto e identidad sexual entre los estudiantes de la compañía de Jesús en la Corona de Aragón en el siglo XVII", en Máximo García Fernández, Francisco Javier Lorenzo Pinar y María Ángeles Sobaler Seco (Coords.), *Jóvenes preparados para la madurez (siglos XVI-XIX)*, Madrid, Sílex, 2023, pp. 263-284.

ALFARO PÉREZ, Francisco José, "Aproximación al estudio de la pederastia en la Monarquía Hispánica durante la Edad Moderna. El caso de los niños aragoneses en el siglo XVI", en Juan Manuel Bartolomé Bartolomé, José Pablo Blanco Carrasco y Juan Hernández Franco (eds.), *Conflictos intergeneracionales y generaciones familiares en la España del Antiguo Régimen*, Bern, Peter Lang, 2024, pp. 161-182.

BAJÉN ESPAÑOL, Melchor, "Sexo, moral y medicina en la España de la Contrarreforma. Un informe inédito del jesuita Miguel Pérez (1550-1605) sobre la polución", en *DYNAMIS*, 15 (1995), pp. 443-457.

BALDELLOU MONCLÚZ, Daniel y ALFARO PÉREZ, Francisco José, "Yesca y fuego. Condicionantes de la conducta sexual del servicio doméstico español en el siglo XVIII", en *Hispania*, 75 (251), 2015, pp. 695-721.

BALDELLOU MONCLÚS, Daniel, *El camino al matrimonio: cortejo, transgresión y pacto en las familias aragonesas del siglo XVIII (1700-1820)*, Tesis doctoral, Zaragoza, Universidad de Zaragoza, 2015.

BENNASSAR Bartolomé, "El modelo sexual: la Inquisición de Aragón y la represión de los pecados abominables", en *Inquisición española: poder político y control social*, Barcelona, Crítica, 1981, pp. 295-320.

CARRASCO, Rafael, *Inquisición y represión sexual en Valencia (1565–1785)*, Valencia, Diputación de Valencia, 1985.

CHAMOCHO CANTUDO, Miguel Ángel, "El delito de sodomía femenina en la obra del Padre Alonso de la Rambla", en *Cuadernos de Investigación Histórica*, 47, 2008, pp. 75–98.

CUARTERO ARINA, Raquel, *Mujeres transgresoras. El delito sexual en la Zaragoza de los siglos XVI y XVII*, Tesis doctoral, Zaragoza, Universidad de Zaragoza, 2013.

CRAWFORD, Katherine, *European sexualities, 1400-1800*, Cambridge, Cambridge University Press, 2007.

DEDIEU, Jean-Pierre, "La Inquisición española bajo los Borbones", en *Manuscrits*, 18, 2000, pp. 177–198.

DIOCHON, Nicolás, "El establecimiento del Santo Oficio en Aragón y su tribunal de Zaragoza", en *Revista de Estudios Aragoneses*, 66, 2009, pp. 121–146.

EIMERIC, Nicolau, SALA-MOLINS, Lluis y PEÑA, Francisco, *El manual de los Inquisidores*, Barcelona, Muchnik, 1996.

FALCÓN PÉREZ, María Isabel y MOTIS DOLADER Miguel Ángel, *Procesos criminales en el arzobispado de Zaragoza*, Zaragoza, Diputación General de Aragón, 2000.

FERNÁNDEZ, André, *Au nom du sexe: inquisition et rèpression sexuelle en Aragon (1560-1700)*, Paris, L'Harmattan, 2003.

GARCÍA CÁRCEL, Ricardo, "La Inquisición en la Corona de Aragón", en *Revista de Historia Moderna*, (36), 2014, pp. 101-122.

GARI LACRUZ, Ángel, *Brujería e Inquisición en el Alto Aragón en la primera mitad del siglo XVII*, Zaragoza, Diputación General de Aragón, 1991.

HERRÁN, Mikel, *Sodomitas, vagas y maleantes. Historia de la España desviada de Atapuerca a Chueca*, Barcelona, Ed. Planeta, 2024.

JARQUE MARTÍNEZ, Encarna, "Pecado, pero no delito: el amancebamiento en la Corona de Aragón en la Edad Moderna, en Encarna Jarque Martínez (coord.), *Emociones familiares en la Edad Moderna*, Madrid, Sílex, 2020, pp. 357-389.

KAMEN, Henry, *La Inquisición española: Una revisión histórica*, Madrid, Temas de Hoy, 1998.

MARTINS REBALDE, Joao Carlos, "Estados da naturaleza humana e seus elementos fundamentais na Concordia de Luis de Molina", *Caurensias*, vol. X (2015), pp. 535-545.

MOLINA, Fernanda, "La herejización de la sodomía en la Inquisición española", en *Hispania Sacra*, 62, 2010, pp. 445–464.

MOTIS DOLADER, Miguel Ángel Motis Dolader, "*Imago Dei deturpatur*: El pecado "nefando" o "contra natura" en el arzobispado de Zaragoza (siglos XV-XVI)", en *Hispania Sacra*, vol. 52, nº 105 (2000), pp. 343-365.

NAVARRO ESPINACH, Germán, *Sodomitas en la Corona de Aragón (1263–1598)*, Zaragoza, Prensas de la Universidad de Zaragoza, 2020.

PÉREZ FERNÁNDEZ-TURÉGANO, Carlos, *"Tribunales de la Inquisición española en el siglo XVIII: Estudio personal e institucional (II)"*, en *Revista de la Inquisición. Intolerancia y Derechos Humanos*, 27, 2023, pp. 117-170.

RODRÍGUEZ SÁNCHEZ, Ángel, *Hacerse nadie: sometimiento, sexo y silencio en la España de finales del siglo XVI*, Lérida, Editorial Milenio, 1998.

RODRÍGUEZ SÁNCHEZ, Rocío, *Sodomía e Inquisición: el miedo al castigo* [Tesis doctoral, Universidad de Barcelona]. Repositorio Digital de la Universidad de Barcelona, 2001.

ROSSELLÓ, Ramón, *L'homosexualitat a Mallorca a l'edat mitjana*, Barcelona, Calamus Scriptorius, 1978.

SALAS AUSÉNS, José Antonio, "La Ceninicenta no era un cuento", en Francisco José Alfaro Pérez, *Familias rotas: conflictos familiares en la España de fines del Antiguo Régimen*, Zaragoza, Prensas de la Universidad de Zaragoza, 2014, pp. 169-208.

TAUSIET CARLÉS, María, *Ponzoña en los ojos*, Zaragoza, Institución Fernando el Católico, 2000.

TAUSIET CARLÉS, María, *Abracadabra omnipotens: magia urbana en Zaragoza en la Edad Moderna*, Madrid, Editorial Siglo XXI, 2007.

TOMÁS FLETA, Javier, *La casa de recogidas de Zaragoza en la Edad Moderna. El matrimonio como medio de inserción social de las prostitutas. Éxitos y fracasos*, Tesis doctoral, Zaragoza, Universidad de Zaragoza, 2024.

TOMÁS Y VALIENTE, Francisco (et alii), *Sexo barroco y otras transgresiones premodernas*, Madrid, Alianza Editorial, 1990.

TORQUEMADA, María Jesús, "Fuera de la ley: Prostitución y homosexualidad femenina en la España moderna", en *ILCEA: Revista de Diversidad Sexual en la Historia*, (13), 2018, pp. 129–152.

VÁZQUEZ GARCÍA, Francisco y MORENO MENGÍBAR, Andrés, *Sexo y razón: Una genealogía de la moral sexual en España (siglos XVI–XX)*, Madrid, Akal, 1997.

WIESNER-HANKS, Merry, *Cristianismo y sexualidad en la Edad Moderna: la regulación del deseo, la reforma de la práctica*, Madrid, 2001.

ZAMORA CALVO, María Jesús, "Transexualidad en la Europa de los siglos XVI y XVII", *Bulletin Hispanique*, 110-2 (2008), pp. 431-447.

15

En los contornos de una época: ilustración, inquisición y revolución en la nueva España. El caso de Gerónimo Portatui y Covarrubias[1]

Ana Belén Gallardo Broncano

Universidad de Extremadura

> La crisis se produce cuando lo viejo no acaba de morir
> y lo nuevo no acaba de nacer.
> *Bertolt Brecht*

---

1   Esta investigación se ha realizado gracias a la financiación del Ministerio de Universidades por medio de las Ayudas para la Formación del Profesorado Universitario (FPU) en la convocatoria 2022 (FPU22/03694).

1. INTRODUCCIÓN

El movimiento de sujetos, objetos, ideas, información, etc., es un componente esencial de la vida social. El acervo de la movilidad constituye el lugar común para la reflexión social, y el terreno, en cuanto dimensión colectiva, de los principales avances históricos de la Historia Social. Entendida como concepto sociológico, es una cualidad emergente de experiencias individuales y colectivas, complejas y heterogéneas que, condensadas, son el caladero donde se acota la disrupción entre planteamientos heredados y construidos. Ensamblados en las relaciones de poder—transversal a todo el cuerpo social desde la visión foucaultiana[2]—, configuran tiempos-espacios que contienen el poder explicativo de los grandes procesos. En consecuencia, las ideas no operan al margen de los actores: son las experiencias relacionales de los individuos las que forman, definen y orientan los sistemas de pensamiento, constituyendo además una fuente de poder social[3]. De ahí que la relación social tenga sentido propio y se sedimente en la mezcla de acciones de Ego y Alter, siempre condicionadas por el contexto[4]. Sobre esta base se perfila una redefinición de horizontes que integra la interacción de los sujetos con las estructuras sistémicas de orden económico, político, social y cultural. Ahora bien, el estudio de estas escalas *micro* y *macro* exige abordarlo desde lo que se denominaría el «paradigma relacional»[5], es decir, analizar lo social no desde la estructura o desde el individuo, sino desde las redes del tejido social.

El siglo XVIII se perfila como un tiempo de transición, cuando no de ruptura histórica. Sin imponer la linealidad del acontecimiento[6], la observación de las acciones, conductas e ideas de los indivi-

2   Michel Foucault, «'Omnes et singulatim': hacia una crítica de la razón política», en *¿Qué es la Ilustración?*, Madrid, La Piqueta, 1996, pp. 17-66.

3   Michael Mann, *Las fuentes del poder social, I. Una historia del poder desde los comienzos hasta 1760 d.C.*, Madrid, Alianza Editorial, 1991.

4   Pierpaolo Donati, «Manifesto for a critical realist relational sociology», *International Review of Sociology: Revue Internationale de Sociologie*, Department of Sociology and Business Law, University of Bologna, 2015, vol. 25, N 1, pp. 86-109 (p. 95). http://dx.doi.org/10.1080/03906701.2014.997967

5   José María Imízcoz Beunza, «El paradigma relacional. Actores, redes, procesos para una Historia Global», en Michel Bertrand, Francisco Andújar y Thomas Glesener (eds.), *Gobernar y reformar la monarquía. Los agentes políticos y administrativos en España y América (siglos XVI-XIX)*, Valencia, Ed. Albatros, 2017, pp. 65-80.

6   Josep Fontana, *La Historia después del fin de la Historia*, Barcelona, Ed. Crítica, 1992.

duos y grupos que percibimos a nivel microsocial se antoja relevante para profundizar en la dinámica seminal de los «actores alegóricos»[7] como el Estado, la Iglesia o las Ideas. Estas últimas, marcadas por los interdictos de la Ilustración y la Religión, pergeñan un escenario de contingencia y de encrucijadas asociado al nacimiento de la opinión pública[8].

En este marco, el conocimiento se produce relacionalmente: cada elemento que entra en el horizonte de la investigación se define por sus vínculos. La familia, entendida como célula primordial de la sociedad, virtualiza las acciones individuales y colectivas conectando espacios, instituciones o colectivos que de otro modo permanecerían separados, ofreciendo además una base para analizar los procesos de cambio sin someterlos a lecturas teleológicas. En esta clave, las redes no son sólo estructuras, sino procesos de transformación en el tiempo y el espacio caracterizadas por la interacción (entre personas, ideas y prácticas económicas); la flexibilidad (capacidad de generar nuevas imágenes de la sociedad), y el dinamismo (atención a la diacronía)[9]. Secuenciando las acciones e interacciones de los individuos, se construyen dinámicas que autodeterminan distintas formas de imaginación política y social a través de prácticas cotidianas de resistencia, a veces rutinarias y clandestinas, otras tantas determinantes en la erosión de las estructuras sociales y políticas. Como nos recuerda Heráclito, «lo único permanente es el cambio»; tendencia constante a lo largo de la Historia. Los agentes sociales tienden a alterar y modificar el sino de las estructuras político-sociales, bien en una alternancia entre lo viejo y lo nuevo, o bien, de forma abrupta como aconteció durante el estallido de la Revolución Francesa (1789-1799).

El periodo revolucionario en el contexto novohispano resonó como un eco lejano pero penetrante del terremoto ideológico que sacudió Francia. Por sus puertos penetró una variedad de géneros y soportes materiales —folletos, libelos, pasquines, cartas privadas, estampas, diarios, gacetas, etc.— que se convirtieron en canales privilegiados de circulación del saber ilustrado. Así lo demuestra la in-

---

7   José María Imízcoz Beunza, «Actores de procesos de cambio. Reflexiones metodológicas desde el "análisis relacional"», en T. Nava Rodríguez (ed.), *De ilustrados a patriotas. Individuo y cambio histórico en la Monarquía española*, Madrid, Ed. Sílex, 2017, pp. 19-40.

8   Roger Chartier, *Espacio público, critica y desacralización en el siglo XVIII: los orígenes culturales de la Revolución Francesa*, Madrid, Ed. Gedisa, 2009.

9   Montserrat Cachero Vinuesa, Natalia Maillard Álvarez, «El análisis de redes como herramienta para historiadores», *Vínculos de Historia*, N 11, 2022, pp. 215-236.

filtración de libros que cuestionaban la ortodoxia católica[10], junto a obras de pensamiento crítica, economía política e histórica, y no faltó alguno de los *falsos filósofos* que alimentaron el «intelectual clandestino»[11] de las tertulias, peluquerías y salones. Sus integrantes empezaron a percibirse como parte de una «comunidad imaginada»[12] a la que pertenecían no solamente por vínculos de sangre, paisanaje y compañerismo, sino también por las ideas sobre las que discutían y proyectaban bajo nuevas fórmulas de imaginación política y social que pusieron en tela de juicio la estabilidad epistemológica hasta entonces existente. A esta labor se revela la importancia histórica del movimiento intelectual, todo lo cual se construye intersubjetivamente, es decir, en relación con los otros[13]. Bajo las condiciones de mentalidad moderna, ningún conocimiento es conocimiento en el antiguo sentido del mismo, donde *saber* es tener certeza[14]. La religión buscaba la transformación de lo indeterminado en determinado, dando un sentido unitario de la fe a sus feligreses. Sin embargo, con la irrupción de la filosofía ilustrada se dibujaron nuevas líneas mentales que vendrían a descubrir las veleidades del sistema ideológico, político y social existente. Como un espejo cóncavo donde reflejan e, incluso, traslucen las nuevas ideas en algunos de sus correligionarios, la Ilustración se convierte en el paradigma con el que debe lidiar la Inquisición, el más firme valladar de la creencia tradicional y ariete para combatir la conturbación ética y moral. En torno a estas estos esquemas se conforma la imagen dialéctica del siglo XVIII: la coexistencia de la atmósfera ilustrada chocando con la cerrazón religiosa.

---

10   Monelisa Lina Pérez-Marchand, *Dos etapas ideológicas del siglo XVIII en México a través de los papeles de la Inquisición*, México, El Colegio de México, 1945, pp. 53 y ss.

11   George Darnton, *George Washington´s false teeth: an unconventional guide to the Eighteenth century*, W.W. Norton, 2003. Siguiendo a Pallarés, conviene reservar con rigor el término «clandestine» para aquellos textos que rechazaban el sistema vigente con voluntad explícita de sustituirlo por otro. Vid. José Pallarés Moreno, «Sobre los conceptos de clandestinidad y automarginación en la literatura de la Ilustración española», *Epos: Revista de filología*, N 10, pp. 511-518 (p. 512).

12   Benedict Anderson, *Comunidades Imaginadas*, México, Fondo de Cultura Económica, 1993. Esta red ha sido caracterizada por Renán Silva, como una «comunidad de interpretación». Vid. *Los ilustrados de Nueva Granada 1760-1808. Genealogía de una comunidad de interpretación.* Medellín, Fondo Editorial EAFIT-Banco de la República, 2002.

13   Edmund Husserl, *Meditaciones cartesianas*, Madrid, Ediciones Paulinas, 1979, p. 172 (Introducción, traducción y notas Mario A. Presas).

14   Anthony Giddens; Zygmunt Bauman; Niklas Luhmann; Ulrich Beck, *Consecuencias de la modernidad: modernidad, contingencia y riesgo*, Colección dirigida por Josetxo Beriain, Barcelona, Anthropos Editorial, 1996, p. 47.

En ese marco se inserta Gerónimo Portatui y Covarrubias (1745-¿?), quien lidió entre los límites cambiantes de la Ilustración y la Religión en un momento histórico en que el individuo se posicionó como elemento decisivo del cambio social. Francés natural de Lasseube (provincia Bearne, Pirineos Atlánticos), migró con su familia hacia 1753 a Valencia en calidad de pequeños comerciantes. Su ascendencia familiar y sus redes de parentesco favorecieron su posicionamiento como comerciante en la Península, actividad que exportó en su asentamiento en Nueva España (desde 1776) hasta que progresivamente accedió a la administración virreinal, siendo nombrado hacia 1790 oficial de la Contaduría del Tribunal de Cuentas de México. Su itinerario, trazable a «escala de imperio»[15], ensancha y redefine la noción de frontera no sólo en sentido territorial, sino también simbólico y afectivo. Franquear límites geográficos supuso transitar modelos de vida familiar, laboral y comunitaria diversos. Su experiencia individual, tramada en diferentes tipos de red (parentesco, patronazgo, amistad, paisanaje) nutrió sus ideas, afectos y emociones en sintonía con la cosmovisión política y social del momento. Incardinado en valores tradicionales (familia nuclear cristiana), fue desplazándose hacia una simpatía por las máximas revolucionarias que culminó en su procesamiento ante el tribunal de la Inquisición de México en septiembre de 1794, acusado de proposiciones contra el Trono y el Altar. Desde esta historia de vida puede abordarse una aproximación histórica a los modos de experimentación social frente al debate establecido entre la cultura la cultura teológica del Santo Oficio y la Ilustración de los nuevos *philosophes*.

2. EL ETHOS ILUSTRADO Y LAS LÍNEAS DESDIBUJADAS DE LA FE

Para adentrarnos en algunas de las claves interpretativas que definieron la actividad inquisitorial del Setecientos es necesario atender a la estructura y la coyuntura, puesto que no es un órgano alejado del espacio que le cobija y del tiempo que lo inspira. Siguiendo —con la debida acotación— el planteamiento de Ortega y Gasset en *Ideas*

---

15 Rafael Guerrero Elecalde, José María Imízcoz Beúnza, «A escala de Imperio. Familias, carreras y empresas de las elites vascas y navarras en la Monarquía borbónica» en José María Imízcoz Beunza [coord..], *Redes familiares y patronazgo: aproximación al entramado social del País Vasco y Navarra en el Antiguo Régimen (siglos XV-XIX)*, Universidad del País Vasco, 2001, pp. 175-202.

y Creencias (1940), el ser humano, como sujeto cognoscente, es un productor de ideas, entendidas como esencia radical de su vida. Esa radicalidad emerge cuando el individuo se enfrenta a la duda, de no «saber a qué atenerse», quebrando el esquema de la realidad inmediata, no de manera brusca, sino comulgando con el «acervo de conocimiento»[16] mismo de creencias que ha heredado a lo largo de su experiencia intersubjetiva (entre lo propio y lo comunitario)[17]. A este respecto, las creencias son entendidas como la suma de ideas de larga exposición en el espacio-tiempo que constituyen la realidad *pre-ideológica* del mundo incardinada en las relaciones sociales de mutuo conocimiento. Este hecho es en lo que se resumen los aforismos «pensar en las cosas» y «contar con ellas», un encuentro de saberes constantes, en continuo movimiento, hecho de pasados, presentes y futuros, donde el «yo» se piensa con —y desde— sus circunstancias. Cuando esas estructuras comunitarias fenecen en la experiencia cotidiana, se abre un «mar de dudas» que mueve la Historia: el acervo de creencias muta por la colisión de ideas nacidas del conocimiento de sí y reconfiguradas en la interacción social hasta cristalizar en nuevas creencias («tierra firme»).

En ese horizonte ideológico, la Religión se instituyó como el marco de referencia de la vida cotidiana, el caldo de cultivo permanente que regulaba las líneas de comportamiento social y el poso del sistema de creencias vigente. En paralelo, la Ilustración eclosionó como un movimiento de carácter plural centrado en algunos preceptos fundamentales como el conocimiento racional, el progreso de la ciencia, el protagonismo de la burguesía o el proceso de secularización. Como recordó Sarrailh, «la Razón fue objeto de un culto universal por parte de todos los filósofos del siglo XVIII. Su religión reemplazó a la religión por ellos combatida, y una mística sustituyó a otra»[18]. De esa fisura en el monopolio del pensamiento nació la crisis que comenzó a perfilarse en la Iglesia al cierre del Antiguo Régimen[19]. Aunque tradicionalmente se ha presentado la Ilustración como opuesta a los

---

16   Jairo Pérez, «El acervo de conocimiento como expresión intersubjetiva en el mundo de la vida. Una visión antropológica desde el pensamiento de Alfred Schütz», *Revista Ciencias de la Educación,* enero-junio 2017, vol. 27, N 49, pp. 520-546.

17   Bertrand Russell, *El conocimiento humano,* Barcelona, Ediciones Orbis, Colección Historia del pensamiento, 1983. (Traducción de Néstor Míguez).

18   Jean Sarrailh, *La España ilustrada de la segunda mitad del siglo XVIII,* México, Fondo de Cultura Económica, Sección de Obras de Historia, 1992, p. 155.

19   Antonio Mestre, «Sociedad y religión en el siglo XVIII», *Chronica nova: Revista de historia moderna de la Universidad de Granada,* 1991, N 19, pp. 257-270.

valores defendidos por la Religión, en la práctica permeaban entre sí, dando lugar a espacios de coexistencia donde corrieron en paralelo las dos lógicas del siglo: la reformadora y la tradicionalista.

En esa conjunción de nociones, el Estado actuó con arreglo al progreso y la tradición, aunque en la práctica fueron más déspotas que ilustrados, puesto que no aprobaban que se discutiera sobre la materia y mucho menos se cuestionase el arbitrismo[20]. La subordinación de la Religión mediante las regalías y la canalización de la Ilustración a través de políticas de reforma generaron desajustes. Así, la misma fuerza del absolutismo ilustrado que le dio ímpetu marcó también sus límites. La creación de espacios críticos sobre asuntos antes prohibidos terminó dando pábulo al descrédito de su propio sistema[21]. Este hecho se consumó a lo largo del Setecientos en la *desacralización de la política*, asistida por élites burguesas, definidas como «clase social pujante, emprendedora y moldeadora de la fisionomía de los tiempos modernos»[22], cuyo deseo de medirse políticamente encontró resistencias. En este sentido, la Inquisición fungió como una «maquinaria productiva de unanimidad de palabras, conductas e ideas»[23], a la par que un instrumento de cohesión ideológica que garantizara el inmovilismo social. En esencia, formó parte de las tendencias del Estado moderno para el fortalecimiento del sistema político, aunque su proyecto atisbara un tiempo de debilitamiento tanto a nivel social como desde el propio sistema. Las dificultades de la institución para defender sus prerrogativas abocaron a una sensible pérdida de su capacidad de atracción en la sociedad. El paso del tiempo, conjugado con el creciente vigor de la política regalista de los gobiernos borbónicos, propiciaron las condiciones que paulatinamente conducirían al colapso de sus estructuras. Según denunciaban los propios inquisidores de México:

---

20   Giovanni Stiffoni, «Tematiche dell´arbitrismo político e articolazione dello spazio del potere nella Spagna del Despotismo Illuminato», *Revista de Historia Moderna*, 1995, N 13/14, pp. 13-29.

21   Victor M. Uribe-Uran, «The Birth of a Public Sphere in Latin America during the Age of Revolution», *Comparative Studies in Society and History*, 2000, vol. 42, N 2, pp. 425-457.

22   Eleazar Cordova-Bello, *Las reformas del despotismo ilustrado en América (siglo XVIII hispano-americano)*, Caracas, Universidad Católica Andrés Bello, Facultad de Humanidades y Educación, Instituto de Investigaciones Históricas, 1975, p. 34.

23   Bartolomé Bennassar, «Modelos de la mentalidad inquisitorial: métodos de su "pedagogía del miedo"» en Ángel Alcalá (ed.), *Inquisición española y mentalidad inquisitorial*, Barcelona, Ariel, 1984, p. 175.

«[...] devemos asegurar al S.I. que la principal causa retrahente ha sido la privación del fuero del Santo Oficio, y que mientras no haia alguno otro semejante atractivo, siempre se verá este tribunal menos bien, servido y se havrá de contentar con comisarios, notarios, familiares y demás ministros interinos, como son los más que tiene en el día que aun así no son muchos y no [...] llegan al número de los que permite la ley. Esperamos merezcan la aprobación del S.I. y frecuentes órdenes para acreditar nuestra rendida obediencia en quanto fuere de su maior agrado y obsequio»[24].

La lenidad del Santo Oficio para condenar las penas radica en la mediación del ejercicio de su autoridad y en la privación de medios materiales y humanos para extirpar las herejías. La delimitación del campo jurisdiccional llegó con las políticas reformistas de Carlos III, concretadas en la Real Cédula de 16 de junio de 1768[25] sobre la dependencia de la Inquisición en materia de censura. Según advierte Branding:

«La burocracia borbónica dejó de considerar a la Iglesia el soporte principal de la autoridad de la Corona sobre la sociedad y pasó a identificarla como una corporación acaudalada lista para la reforma, que ofrecía a la Hacienda la perspectiva de un rico botín»[26].

En medio del resquebrajamiento del poder inquisitorial, se pergeña un trasvase de lo religioso a lo civil en el acervo cultural del pueblo. La lectura de materias profanas, desprendidas del dogma[27], pasa a ser sustantivo de una sociedad en los márgenes de la laicización y, como punta de lanza, la Inquisición refleja *inanición del discurso*,

---

24 *Carta del Inquisidor d. Antonio Bergosa a D. Bernardo de Prado y Obejero 26 de septiembre de 1793*. Archivo Histórico Nacional (AHN), Inquisición, Leg. 3559, Exp. 20, N 11.

25 José Martínez Millán, *La Inquisición española*, Madrid, Alianza Editorial, 2007, pp. 136-137.

26 David A. Branding, *Church and State in Bourbon Mexico: The Diocese of Michoacán 1749-1810*, Cambridge, Cambridge University Press, 1994, p. 227.

27 J. Abel Ramos Soriano, *Los delincuentes de papel: Inquisición y libros en la Nueva España, 1571-1820*, México D.F., Instituto Nacional de Antropología e Historia: Fondo de Cultura Económica, 2011. Gabriel Torres Puga, *Opinión pública y censura en Nueva España. Indicios de un silencio imposible 1767-1794*, México D.F., El Colegio de México, 2010. Cristina Gómez Álvarez y Miguel Soto, *Transición y cultura política: de la colonial al México independiente*, México, Universidad Nacional Autónoma de México Dirección General de Asuntos del Personal Académico, 2004, pp. 38-39.

puesto que se desarrolla sobre una trama social acelerada, permeable a cambios que ya no siguen la lentitud de las costumbres inveteradas. En este plano, la opinión pública era una realidad compartida por el conjunto social a través de diversos campos del lenguaje[28], transmitida tanto de manera oral como impresa. M. Defourneaux demostró hace ya años que, a pesar de los filtros inquisitoriales, las obras francesas no dejaron de penetrar y circular en España[29]. A ello se suma una reforma de la censura (compartida ahora con las autoridades seculares) que redujo su capacidad de decomisar libros, agravada por la crisis facultativa de los reglares, cuya vocación se hallaba en franca decadencia[30]. Unido a las veleidades del sistema político, ello imposibilitó movimientos coordinados, con una actuación «de efecto limitado, a veces desviado y hasta manipulado»[31]. Significativamente, ya en 1781 los anatemas y excomuniones resultaban insuficientes para frenar la circulación de esos libros de «buen gusto»[32].

En suma, el virreinato novohispano abarcó un amplio contexto geográfico que imposibilitaba aplicar de manera totalmente efectiva una acción directa debido a las laxas políticas procedimentales y la falta de personal, como se prueba en zonas más alejadas de la jurisdicción como Filipinas[33]. Si bien es cierto que existió una amplia red de servidores -principalmente familiares y comisarios-[34] que permitió llevar la acción inquisitorial a prácticamente todos los rincones del Reino, la actividad inquisitorial fue más exitosa en las ciudades y grandes núcleos de población. En el caso de Nueva España, México era el epicentro, donde Gerónimo Portatui fue procesado. El vasto distrito del tribunal inquisitorial comportaba el instrumento ideológi-

---

28   Massimo Rospocher, «Versos desde las plazas. La poesía como lenguaje de comunicación política en los espacios públicos de las ciudades italianas del Renacimiento», en Antonio Castillo Gómez, James S. Amelang (coord.), *Opinión pública y espacio urbano en la Edad Moderna*, Gijón, Ed. Trea, 2010, pp. 185-210.

29   Marcelin Defourneaux, *Inquisición y censura de libros en la España del siglo XVIII*, Madrid, Taurus, 1973.

30   María Teresa Álvarez Icaza Longoria, La secularización de doctrinas y misiones en el arzobispado de México (1749-1789), México, Universidad Nacional Autónoma de México, Instituto de Investigaciones Históricas, 2015.

31   Solange Alberro, *Inquisición y sociedad en México 1571-1700*, México, Fondo de Cultura Económica, 1998, pp. 593-594.

32   Monelisa Lina Pérez-Marchand, *op.cit.*, p. 130.

33   Vid. carta del marqués de Obando quejándose en 1753 que durante 40 no se revisan las embarcaciones. *Ibidem*, pp. 40-41.

34   Jaime Contreras Contreras, «La infraestructura de la Inquisición: comisarios y familiares», en Ángel Alcalá (ed.), *Inquisición español, op.cit.*, p. 124.

co esencial del Estado. El marco de las reformas borbónicas en Nueva España imprimió una dinámica evolutiva propia del Virreinato. En un ambiente cada vez más politizado, Estado e Inquisición adoptaron una actitud ambivalente ante las ideas del cambio, ya que esta realidad podría destruir la ecología del propio sistema. A pesar de la cerrada urdimbre de reglamentaciones y restricciones impuestas por el Santo Oficio, «una cosa era su organización de nomine y otra su funcionamiento de facto»[35], y esto obedece a la capacidad de resistencia y adaptación a los entornos políticos cambiantes. Sobre estos derroteros, siguió activa hasta las primeras décadas de la siguiente centuria, apoyándose en la inercia de la práctica y en la figura de justicia que perduraba en gran parte de la población[36].

La trayectoria de la Inquisición del último cuarto de siglo coincide entre 1787 y 1810 con las operaciones de la trayectoria política novohispana: ilustrada (1787-1794); transición (1794-1803); godoísta (1803-1808) y reaccionaria (1808-1810)[37]. El compendio de estas fases puede resumirse en una primera etapa de *asimilación* (catabolismo), donde la Inquisición tamiza y canaliza la recepción de nuevos axiomas; después, un período de *desajuste* a raíz de la Revolución Francesa, con refuerzo de los dispositivos coercitivos y una *desasimilación* (anabolismo) de esas ideas en sintonía con el Estado, y finalmente, una fase de *transición* que reconfigura el sistema ante el advenimiento del nuevo siglo, preparando el viraje definitivo del orden institucional.

3. EL DESAJUSTE DE LA REVOLUCIÓN FRANCESA: ONTOLOGÍA DE UN ACONTECIMIENTO

Los contenidos en el ciclo desencadenado de 1789 se entendían en clave contrarrevolucionaria como una conspiración de los francmasones, los jansenistas y los filósofos modernos contra el Trono y el Altar. Si bien las *Cartas filosóficas* de Voltaire o *El contrato social* de Rousseau hacían cábala de un «progreso» que precisaba del fin preestablecido, los ilustrados eran, cuando menos, directores de la

---

35   Monelisa Lina Pérez-Marchand, *op.cit.*, p. 39.

36   Gabriel Torres Pugas, *Juan Antonio Montenegro: un joven eclesiástico en la Inquisición*, Ed. Universitaria, Guadalajara, Universidad de Guadalajara, 2009, p. 254.

37   Isabel Olmos Sánchez, *La sociedad mexicana en vísperas de la independencia (1787-1821)*, Murcia, Ed. Universidad de Murcia,1989, p. 17.

más refinada política represiva. Así lo presenta J.L. Urdáñez cuando destapa las sombras de los personajes más ilustres como Jovellanos o Floridablanca, cuyas iniciativas quedaron apocadas al sentido del orden político y social[38]. Por lo tanto, al tiempo que daban concierto de novedad, se valían de las instituciones eclesiásticas como «cuerda tirante» de las voces discordantes[39].

En medio de esta compleja panorámica, el techo del panorama ideológico novohispano quedó marcado durante la primera etapa por el virrey conde de Revillagigedo, cuyo papel político osciló de la alianza francesa con los Pactos de Familia, a la hostilidad hacia la misma nación en defensa de su rey[40]. Sus directrices seguirían la política del «cordón sanitario» de Floridablanca, quien ordenó en España y América cerrar fronteras a las ideas sediciosas impresas en los papeles de las gacetas, cartas y libelos «cuyo primer objeto es el espíritu de la independencia y de irreligión»[41]. Con ocasión de las estrecheces de la creencia tradicional, la Iglesia sufrió un «supremo envite»[42]. El padre Ceballos, como abanderado del pensamiento reaccionario, alegaba:

> «tenemos [...] abatida la Religión de Jesucristo por escristos impíos, perseguida su Santa Iglesia por máximas anticristianas y la nación en peligro de quedar sin ministros, sin templos, sin altares, sin Iglesia, si Dios no vela en su conservación con una particular providencia»[43].

Dicho argumento viene a refrendar que la *preterición de lo religioso* había sido uno de factores más elementales en la propagación

---

38 José Luis Gómez Urdáñez, *Víctimas del absolutismo. Paradojas del poder en la España del siglo XVIII*, Madrid, Punto de Vista Editores, 2020.

39 Ana Belén Gallardo Broncano, «Desvaneciendo el pasado: el porvenir de la razón ilustrada y la revolución transformadora», en Diego Vicente Sánchez, Ana Belén Gallardo Broncano, Jacob Clavel Sánchez, Andrés Roldán Díaz [coords.], *Tras las huellas de cronos: Usos y concepciones del tiempo a través de la historia*, Madrid, Ed. Sindéresis, 2023, pp. 161-194.

40 José Antonio Calderón Quijano, *Los virreyes de Nueva España en el reinado de Carlos IV (1787-1798)*, Tomo I, Sevilla, Escuela de Estudios Hispano-Americanos de Sevilla, Consejo Superior de Investigaciones Científicas, 1972, p. 87 y ss.

41 *Comunicación del ministro de Hacienda y Guerra, en la que participa al virrey las actividades de la Asamblea Nacional de Francia y los medio de impedirlas.* Vid. Nicolás Rangel, *Los precursores ideológicos de la guerra de independencia, 1789-1794: la revolución francesa, una de las causas externas del movimiento insurgente*, vol. I y II, México, Talleres Gráficos de la Nación, 1929, p. 3.

42 José Manuel Cuenca Toribio, «El episcopado español ante la revolución francesa», *Ciudad de Dios: Revista agustiniana*, 1989, vol. 202, N 2, pp. 297-312 (p. 527).

43 s/a, *Instrucción pastoral de los ilustrísimos señores obispos de Lérida, Tortosa, Barcelona, Urgel, Teruel y Pamplona. Al clero y pueblo de su Diócesis*, Impreso en Mallorca, 1813, pp. 3-4.

de las máximas revolucionarias. El estremecimiento de 1789 atentó contra el estado del Trono y el Altar, por lo que era necesario en palabras del jesuita Hervás y Panduro:

> «Restablecer el orden y el poder de la Iglesia porque está volviendo al esplendor, conservará la religión, y la religión conservará vuestro trono, enseñando a los pueblos a obedecer, no por temor, sino por propio convencimiento»[44].

Pese a lo intentos del gobierno civil y religioso por taponar las ideas provenientes de Francia, la Revolución introdujo un nuevo modo de comportamiento colectivo, el *revolucionarismo*, como factor explicativo del desarrollo histórico a partir de ese momento[45]. En un inicio, y en sintonía con la tónica europea, el influjo cultural de lo francés se dejó sentir[46]. El gran territorio del Virreinato funcionó como puerta de entrada de gran cantidad de comerciantes, entre ellos una parte importante de franceses. Pese a que constituían un grupo reducido, no superando los 400 individuos según la investigación más reciente de Torres Puga[47] -que añadió valor a las arrojadas por Langue[48]-, muchos de ellos estaban avecindados y casados, por lo que su integración había sido de pleno derecho. En este sentido, destacarían personajes como como Juan Laussel, cocinero del virrey Revillagigedo[49] o el mismo Gerónimo Portatui, quien comportaría la figura de francés naturalizado llegando a ocupar el puesto de oficial del Tribunal de Cuentas gracias a sus contactos más estrechos hasta con el propio Revillagigedo[50]. Su vida pública como oficial fue combinada en

---

44 Lorenzo Hervás y Panduro, *Causas de la revolución de Francia en el año 1789, y medios de que se han valido para efectuarla los enemigos de la religión y del estado*, Tomo I, Madrid, 1807, p. 5.

45 Emilio de Diego García *et al*, *La Revolución Francesa y España, Repercusiones de la Revolución Francesa en España, Actas del Congreso Internacional celebrado en Madrid, 27-30 noviembre 1989*, Madrid, Universidad Complutense de Madrid,1990, p. 242.

46 Jean-Pierre Amalric, Gérard Chastagnaret (eds.), *Les français en Espagne à l´époque moderne (XVIe-XVIIIe siècles)*, París, CNRS editions, 1990.

47 Gabriel Torres Puga, *Los últimos años de la Inquisición en la Nueva España*, México D.F., Colegio de México, 2005.

48 Frédérique Langue, «Los franceses en Nueva España a finales del siglo XVIII. Notas sobre un estado de opinión», *Anuario de estudios americanos*, 1989, N 46, pp. 219-241.

49 John Rydjord, «The french revolution and Mexico, Hispanic American Historical Review», *Historical Review*, 1929, vol. 9, N 1, pp. 60-98.

50 Archivo General de la Nación de México (AGN), Inquisición, vol. 1506, fol. 210v. Vid. María Águeda Méndez, «El proceso de Gerónimo de Covarrubias Portatui. Una autodefensa pertinaz y poco común en el Santo Oficio novohispano (siglo XVIII)» en Marta Ortiz Canseco

secreto con su arraigo a su naturaleza francesa. Asistía como miembro asiduo a los círculos intelectuales formados en torno a la casa de *El Jorobado*, Juan María la Roche[51], y en la Botica de Peña, ambas en la calle de Plateros, y el café de la Profesa. Las conversaciones giraban sobre asuntos de materia política y religiosa, aunque tampoco faltaron las temáticas cotidianas, congregando, mayoritariamente, a personas vinculadas a las actividades productivas y comerciales.

Dentro de este grupo encontramos a criollos y españoles con deseos de medrar, que habían escalado puestos influyentes dentro del Virreinato, tales como Manuel Enderica (comerciante y hacendado bastante rico del sur de la ciudad de México), el Teniente Coronel Gaspar de Burgos (comandante de inválidos, natural de Veracruz), Don Francisco Arenal, Juan Collado (alcayde del crimen de la Real Audiencia de México) o Nicolás Quilty Valois (contador en Pachuca). Pero también se encuentran un importante grupo de eclesiásticos: el licenciado Juan Francisco de Junquera y Hernández[52], Soto Riva, Manuel Gorriño[53] o Juan Antonio Montenegro, estos dos últimos destacan porque no acudían a las tertulias, sino que Gerónimo acudía al Portal de los Agustinos donde ellos vivían y les hablaba sobre ideas y noticias proclives a las máximas de la Revolución Francesa. Estas vivencias compartidas con sus contertulios, que la mayoría fueron posteriormente imputados por la Inquisición, calaron tan de lleno en Gerónimo que experimentó una dualidad entre razón y emoción en la configuración de su identidad.

La avalancha ideológica parecía culminar y dar sus frutos en Nueva España al mediar 1794, momento en que se instruyó toda una serie de disposiciones legislativas destinadas a aplacar el disenso político[54] que se venía madurando en pequeños grupos activos de la crítica política. Hasta el momento, la incursión del Estado había estado centrada en controlar la libre circulación de literatura subversiva,

---

& Esperanza López Parada (eds.), *Auto de la fe, celebrado en Lima a 23 de enero de 1639*, Madrid, Iberoamericana Vervuert, Frankfurt a. M., 2016, pp. 199-228.

51   Conocido como «el Jorobado», de origen francés, aunque decía haber nacido en el sitio de San Ildefonso. Tenía una tienda de mantequillas y era soltero. Vid. Gabriel Torres Puga, «Individuos sospechosos: microhistoria de un eclesiástico criollo y de un cirujano francés en la ciudad de México», *Relaciones. Estudios de historia y sociedad [online]*, vol. 35, N 139, 2014, pp.27-68.

52   AGN, Inquisición, vol. 1506, exp. 4, cuaderno 1, fol. 240r.

53   AHN, Inquisición, Leg. 1732, exp. 80, fols. 26v-27v.

54   Natalia Silva Prada, *"Los reinos de las Indias" y el lenguaje de denuncia política en el mundo atlántico (s. XVI-XVIII)*, Charleston, Create Space, Amazon Company, 2014.

pero la relatividad de los casos y falta de oficiales no impidieron la continuidad de esta práctica. El clima de hostilidad arreció con el nombramiento del nuevo virrey, marqués de Branciforte. A diferencia de Revillagigedo, robusteció los mecanismos de control contra los franceses, que eran el sinónimo del mal y la perfidia propagada por el Reino. Sentencia de forma clara y contundente:

> «[...] me admiró mucho desde que llegué a este Reino,
> la tolerancia de mi antecesor en permitirles [franceses] su libre
> residencia; y más cuando tuvo causas fundadas para desconfiar
> de ellos, pues declarada la guerra fué necesario que prohibiese
> la concurrencia en varias tertulias perniciosas»[55].

Huelga decir que el gobierno actuó desde 1789 a 1794 con el mayor sigilo en la indagatoria de posibles afectos a la causa francesa, pues la mayoría de ellos alcanzaron grandes puestos al servicio del propio virrey[56]. Incluso, se reduce la actuación inquisitorial de la publicación de un Edicto porque «promueve el recelo o desconfianza de que pueda influir o trascender a la fidelidad de estos naturales»[57] Sin embargo, el viraje se detecta acorde a las circunstancias bélicas de la Guerra de Convención entre Francia y España (1793-1795) y todo el aparato de disposiciones legales emprendidas para controlar la presencia de extranjeros franceses (decreto de Represalia de 1793)[58]. La culminación de tales presagios llegó el día 24 de agosto de 1794 cuando apareció en varios puntos neurálgicos de la capital el siguiente pasquín:

> Los más sabios
> Son los franceses.
> El seguirlos en sus
> Dictámenes, no es absurdo.

---

55 Sobre el marqués de Branciforte al Ministro de Estado. Vid. Nicolás Rangel, *op.cit.*, p. 145.

56 *Comunicación del Ministro de Hacienda y Guerra, en la que participa al Virrey las actividades de la Asamblea Nacional de Francia y los medios de impedirlas, Antonio Valdés,* Madrid, 23 de septiembre de 1789 a Floridablanca. *Ibidem,* pp. 3-4.

57 Da cuenta el Virrey al ministro de Hacienda y Guerra, de la publicación inconveniente de un Edictos de la Inquisición de México, Reservada, núm. 114. 29 de marzo de 1790, Al excelentísimo Señor Don Antonio Valdés. *Ibidem,* pp. 23-24.

58 Agustín Grajales Porras, Lilián Illades Aguilar, «Sobre los franceses en Nueva España: represalia, composición e Inquisición», en Leticia Gamboa, Guadalupe Rodríguez y Estela Munguía (coords.), *Franceses. Del México colonial al contemporáneo,* Puebla, BUAP, 2011, pp. 11-35 (pp. 23-25).

Por mucho que hagan las Leyes
Nunca podrán sofocar los gritos
Que inspira Naturaleza[59].

El estupor ocasionado entre los viandantes llevó a que uno de ellos, el presbítero D. Agustín Alcocer, lo arrancase y presto se dirigió a rendir cuentas al Gobierno para trasladar el caso a la Real Sala del Crimen, comisionando al Alcalde de Corte D. Pedro Jacinto Valenzuela de hacer las pesquisas pertinentes en la averiguación de los presuntos autores. Las diligencias practicadas enfocaron el asunto como un caso de posible conspiración contra el Estado. En el curso de las pesquisas, la instancia se transfirió de lo civil a la instancia inquisitorial, agregando a los reos delitos contra el Trono y el Altar.

En cuanto a las investigaciones sobre la autoría, las sospechas se dirigieron hacia un colectivo de 17 individuos (dos de ellos españoles) entre los que destacaban los franceses Gerónimo Portatui, Esteban Morel o Juan Durrey[60] —estos últimos cirujanos—. Nuestro protagonista fue procesado por proposiciones heréticas y políticas contra el Estado, quien fue calificado como hereje formal, pertinaz y obstinado. Como sujeto amante de los actos de la Asamblea fanatizaba con las noticias provenientes de Francia en las gacetas (*Gazeta de México, de la Holanda, de Inglaterra...*) y las remitidas por correspondencia a través de propio hermano, Josef Portatui, radicado en Madrid[61]. A ello se sumaron sus trasgresiones morales cuando los inquisidores sacaron a la luz borradores de cartas amorosas que enviaba a la monja María Javiera Cuesta, del convento de San Bernardo de México[62].

Como primera aproximación, podemos alegar que la asonada de 1794 no correspondía tanto a una situación política desestabilizada cuanto más a un miedo propagado hacia un grupo en concreto: lo francés, meditado por la entidad, preparado por la corrupción de costumbres y convertido en la *communis opinio* como el centro de los delirios. En este sentido, al francés le acompañaría el carácter de

---

59   AGN, Inquisición, vol. 1248, exp. 7.

60   Carta nº 144 reservada de [Miguel de la Grúa], marqués de Branciforte, virrey de Nueva España, a [Manuel Godoy], duque de la Alcudia, secretario de Estado, dando cuenta las providencias dadas al Juez de la Acordada para la extinción de las cuadrillas de ladrones que infestan aquel reino, especialmente el distrito de Guadalajara; y la averiguación sobre si algunos los facinerosos pertenecen al bando del cirujano francés [Jean] Durrey. AGI, Estado, 23, n. 15.

61   AGN, Inquisición, vol. 2344, exp. 025.

62   AGN, Inquisición, vol. 1310, Exp. 8.

difundir la corrupción entre los buenos españoles, una aversión manifiesta que atentará contra Gerónimo Portatui y la cúpula de intelectuales que le acompañaba en la botica Peña de la calle de Plateros y el Portal de Mercaderes. No obstante, dichas prédicas fueron difíciles de asentar en la población y no fue hasta la decapitación de los reyes franceses cuando los más fieles a la causa lo miraron con reticencia y una alteridad manifiesta. Como remanente de los herejes judaizantes, los franceses se convertían ahora en el peligro para la fe cristiana, cobrando fuerza la imagen negativa enraizada en el imaginario colectivo:

Receta para hacer un francés
En alambique echarás
A Lutero y a Calvino
Un judío, un asesino
Y luego los meterás
Con sangre de Barrabás
Y de Herodes inhumano
en la hornilla de Vulcano
Destila la quintaesencia
Y sacarás con violencia
Un francés que sea humano[63].

Polarizado el miedo hacia el francés -sinónimo de judío-[64] como una opción segura de continuidad del Trono y el Altar, la condición de francés y extranjero terminó por convertirse en una razón a perseguir. Medidas como la matrícula de extranjeros de 1791 revela el control de este grupo. En la lista de extranjeros elaborada el 10 de marzo de 1793 se manifestó:

> «que en todos tiempos los extranjeros que han pasado
> a estos dominios, unos han venido con Excelentísimos Señores
> Virreyes, otros con Señores Ministros, empleados de todas cla-
> ses y oficiales militares, otros están casados, con residencia de

---

63   AGI, Audiencia de Caracas, Leg. 429, C.34.

64   En el juicio contra Juan Malvert, uno de las testigos, doña María de la Luz Cándamo, declaró en conversaciones con este sobre la maldad de los franceses, a lo que Juan Malvert respondió en una de ellas: «que adelante de París se había aparecido una imagen que veneraban mucho, y esto era prueba de que los franceses *no eran judíos como decían los españoles*, que a ellos les favorecía más Dios y quería más que a los españoles». Cfr. Nicolás Rangel, *op.cit.*, p. 209.

muchos años, y los más ocupados en oficios mecánicos, a cuyas observaciones debe añadirse la reflexión que ya indico de que a ninguno falta la protección y el abrigo de los amos y sujetos con quienes vinieron a estos Reinos, o de otros a quienes dejaron recomendados»[65].

La posición social alcanzada por el francés en la pompa del afrancesamiento cultural característico del XVIII, luego supuso un gran peligro dejarlo ir, porque atesoraba información muy valiosa del Reino según afirma Branciforte:

> «[...] por lo que respecta a los franceses, juzga que en ninguna otra parte pueden ser menos perjudiciales, y que los conocimientos y noticias que han adquirido de la opulencia de este Reino, de sus fuerzas militares, gobierno y demás puntos relativos, ofrecen inconvenientes políticos de mucha trascendencia, para pensar en su pronta expulsión»[66].

Sin embargo, poco después, a raíz del pasquín, instó a eliminar el peligro: «Considero que la mejor providencia sería la expulsión pronta de todos los franceses que no tienen radicación fija, y proceder con los casados y de antiguo domicilio, del mismo modo que en España»[67].

A partir de los procesos seguidos contra los franceses entre 1794-1799, el colectivo quedó reducido en el territorio novohispano. Muchos de ellos permanecieron avecindados e, incluso, naturalizados por vía del matrimonio, pero otros como Gerónimo Portatui, fueron objeto de sospechas con un destino marcado por las huellas del tormento y el destierro[68]. El balance de estas acciones revela que la

---

65 Sobre el Pasquín Sedicioso. *Ibidem*, p. 148.

66 El marqués de Branciforte da cuenta al ministro de Estado de las providencias que ha tomado para descubrir al autor o autores de un pasquín sedicioso sobre las turbulencias de la Francia, número 17. *Ibidem*, p. 144.

67 México, 2 de septiembre de 1794, Branciforte, Señor de Alcudia. *Ibidem*, p. 147.

68 Su proceso se dilató más que el de sus correligionarios, que fueron absueltos, murieron o fueron puestos a disposición de la Real Sala del Crimen. Las pruebas fundadas de su irreligiosidad le retuvieron en un encierro de cerca de cinco años, del que salió sentenciado en junio de 1799 con la pena de destierro de Madrid, Sitios Reales y de la ciudad de México por tiempo de ocho años, de los cuales tuvo que pasar el primero recluido en el colegio de Padres Misioneros de Nuestra Señora de Guadalupe de Zacatecas. En este lugar volvió a cometer delitos de fautoría e impenitente que derivaron en la apertura de una nueva pieza procesal iniciada en 1802 cuando fuera trasladado bajo partida de registro a España. AGN, Inquisición, vol 1506, cuaderno 3, Exp. 1. AHN, Inquisición, Leg. 3726, exp. 029.

Inquisición no era una institución languideciente, aunque al finalizar el siglo, comenzó a transitar hacia el curso natural de su extinción[69]. Analizado en el plano general, estamos en un momento de pervivencia de las estructuras políticas que se va acomodando a los primeros atisbos de cambio del XVIII, y la ruptura definitiva, un proceso de desasimilación (anabolismo) de nueva factura acaecido en los últimos años y que tendrán como corolario el cambio de signo ostentado sobre los proyectos de emancipación de la conciencia americana.

4. CONCLUSIONES

En las sociedades modernas avanzadas se produce una coexistencia problemática entre dos modernidades: la de la expansión de las opciones y la de la expansión de los riesgos. «Ambas son indisociables»[70]. A través de estas páginas hemos puesto sobre relieve la relación conceptual entre Ilustración, Revolución e Inquisición, una imagen caleidoscópica que comportó el viraje en las postrimerías del siglo XVIII. El desequilibrio existente, propio de una sociedad cambiante, concitó el enfrentamiento armado en algunos lugares como Francia.

Su impacto en los territorios de la Nueva España ha ampliado la narrativa a escala microhistórica. De forma generalizada, lo que se ha podido vislumbrar a través de la fuente inquisitorial sobre Gerónimo Portatui y Covarrubias, es el de un personaje a caballo entre la pervivencia y la ruptura. Se muestra como ferviente católico, pero conspira entre contertulianos. Él vive compartiendo todavía los ideales religiosos, aunque crítico con ellos, y piensa y asimila las ideas ilustradas. Esto hace que durante el proceso las diferentes testificaciones relaten que Portatui condenaba la bula de la Cruzada, las imágenes de los Santos o renegaba de frente contra las practicas laxas y poco devocionales de los prelados de la Iglesia, pero, a pesar de ello, no dejaba de ir a San Felipe Neri a rezar, era católico de convencimiento y creía en la solemnidad de Dios. Respecto a lo político, profetizaba sobre los valores de la Asamblea y fanatizaba con los asertos revolucionarios en su mayor parte. Sin embargo, este caso revela a un individuo que confabuló con la posibilidad del efecto de la Revolución, pero de fon-

---

69   A diferencia de lo sucedido en la península con la invasión napoleónica, la abolición fue más suave y favorable para sus intereses. Vid. Gabriel Torres Puga, «Inquisidores en pie de guerra», *Historia Mexicana*, 2009, vol. 59, N 1, pp. 281-327.

70   Anthony Giddens *et al., op.cit.,* pp. 13 y ss.

do, era una actitud más que un contenido aplicable, es decir, no había intenciones de quebrar el orden político de la Monarquía.

Estas líneas se presumen como el análisis preliminar de una investigación de mayor calado. Pero no cabe duda ultimar alegando que Gerónimo María Portatui y Covarrubias asume las claves interpretativas del cambio que se está produciendo. Entraña, a través del estudio de su vida, el pensamiento político que da respuesta a estos nuevos espacios y las conquistas sociales del pequeño burgués como protagonista. Este personaje es esencial para entender cómo han evolucionado las ideas desde el entorno nuclear de los padres hasta los descendientes de segunda y tercera generación. La movilidad social del grupo les granjeó fortuna en el entorno socioeconómico de pequeños comerciantes que, en línea ascendente, alcanzaron cotas de poder político y social. Y este hecho se ratifica por su parte, con el traslado a México, que le acercó al círculo de la élite como oficial en la Contaduría de Cuentas. Las prácticas sociales de estos individuos reflejan el cambio evidenciado en las últimas décadas del siglo que, con hechos como el acontecimiento revolucionario, originó la transformación profunda y trascendente de la sociedad, marcada por un espíritu más laico, independiente y ciudadano.

BIBLIOGRAFÍA

Archivos

Archivo General de la Nación de México (AGN)
Archivo Histórico Nacional (AHN)
Archivo General de Indias (AGI)

Fuentes impresas

HERVÁS Y PANDURO, Lorenzo, *Causas de la revolución de Francia en el año 1789, y medios de que se han valido para efectuarla los enemigos de la religión y del estado*, Tomo I, Madrid, 1807.

S/A, *Instrucción pastoral de los ilustrísimos señores obispos de Lérida, Tortosa, Barcelona, Urgel, Teruel y Pamplona. Al clero y pueblo de su Diócesis*, Impreso en Mallorca, 1813 [edición impresa].

ALBERRO, Solange, *Inquisición y sociedad en México 1571-1700*, México: Fondo De Cultura Económica, 1998.

ÁLVAREZ ICAZA LONGORIA, María Teresa, La secularización de doctrinas y misiones en el arzobispado de México (1749-1789),

México, Universidad Nacional Autónoma de México, Instituto de Investigaciones Históricas, 2015.

AMALRIC, Jean-Pierre & CHASTAGNARET, Gérard (eds.), *Les français en Espagne à l'époque moderne (XVIe-XVIIIe siècles)*, Éditions du centre national de la recherche scientifique, París, CNRS Editions, 1990.

ANDERSON, Benedict, *Comunidades Imaginadas*, México, Fondo de Cultura Económica, 1993.

BRANDING, David A., *Church and State in Bourbon Mexico: The Diocese of Michoacán 1749-1810*, Cambridge, Cambridge University Press, 1994.

CACHERO VINUESA. Montserrat; MAILLARD ÁLVAREZ, Natalia, «El análisis de redes como herramienta para historiadores», *Vínculos de Historia*, N 11, 2022, pp. 215-236.

CALDERÓN QUIJANO, José Antonio, *Los virreyes de Nueva España en el reinado de Carlos IV (1787-1798)*, Tomo I, Sevilla, Escuela de Estudios Hispano-Americanos de Sevilla, Consejo Superior de Investigaciones Científicas, 1972.

CHARTIER, Roger, *Espacio público, critica y desacralización en el siglo XVIII: los orígenes culturales de la Revolución Francesa*, Madrid, Ed. Gedisa, 2009.

CORDOVA-BELLO, Eleazar, *Las reformas del despotismo ilustrado en América (siglo XVIII hispano-americano)*, Caracas, Universidad Católica Andrés Bello, Facultad de Humanidades y Educación, Instituto de Investigaciones Históricas, 1975.

CUENCA TORIBIO, José Manuel, «El episcopado español ante la revolución francesa», *Ciudad de Dios: Revista agustiniana*, 1989, vol. 202, N 2, pp. 297-312.

DARNTON, George, *George Washington's false teeth: an unconventional guide to the Eighteenth century*, W.W. Norton, 2003.

DE DIEGO GARCÍA, Emilio (coord.), GUTIÉRREZ ALVAREZ, José S. (coord.), CONTRERAS MIGUEL, Remedios (coord.), BULLÓN DE MENDOZA Y GÓMEZ DE VALUGERA, Alfonso (coord.), *La Revolución Francesa y España, Repercusiones de la Revolución Francesa en España*, Actas del Congreso Internacional celebrado en Madrid, 27-30 noviembre 1989, Madrid, Universidad Complutense de Madrid,1990.

DEFOURNEAUX, Marcelin, *Inquisición y censura de libros en la España del siglo XVIII*, Madrid, Taurus, 1973.

DONATI, Pierpaolo, «Manifesto for a critical realist relational sociology», *International Review of Sociology: Revue Internationale de Sociologie*, Department of Sociology and Business Law, University of Bologna, 2015, vol. 25, N 1, pp. 86-109. http://dx.doi.org/ 10.1080/03906701.2014.997967

FONTANA, Josep, *La Historia después del fin de la Historia*, Barcelona, Ed. Crítica, 1992.

FOUCAULT, Michel, «'Omnes et singulatim': hacia una crítica de la razón política», en *¿Qué es la Ilustración?*, Madrid, La Piqueta, 1996, pp. 17-66.

GALLARDO BRONCANO, Ana Belén, «Desvaneciendo el pasado: el porvenir de la razón ilustrada y la revolución transformadora», en Diego Vicente Sánchez, Ana Belén Gallardo Broncano, Jacob Clavel Sánchez, Andrés Roldán Díaz [coords.], *Tras las huellas de cronos: Usos y concepciones del tiempo a través de la historia*, Madrid, Ed. Sindéresis, 2023, pp. 161-194.

GIDDENS, Anthony; BAUMAN, Zygmunt; LUHMANN, Niklas; BECK, Ulrich, *Consecuencias de la modernidad: modernidad, contingencia y riesgo*, Colección dirigida por Josetxo Beriain, Barcelona, Anthropos Editorial, 1996.

GÓMEZ ÁLVAREZ, Cristina; SOTO, Miguel, *Transición y cultura política: de la colonial al México independiente*, México, Universidad Nacional Autónoma de México Dirección General de Asuntos del Personal Académico, 2004.

GÓMEZ URDÁÑEZ, José Luis, *Víctimas del absolutismo. Paradojas del poder en la España del siglo XVIII*, Madrid, Punto de Vista Editores, 2020.

GRAJALES PORRAS, Agustín, ILLADES AGUILAR, Lilián, «Sobre los franceses en Nueva España: represalia, composición e Inquisición», en Leticia Gamboa, Guadalupe Rodríguez y Estela Munguía (coords.), *Franceses. Del México colonial al contemporáneo*, Puebla, BUAP, 2011, pp. 11-35.

GUERRERO ELECALDE, Rafael, IMÍZCOZ BEÚNZA, José María, «A escala de Imperio. Familias, carreras y empresas de las elites vascas y navarras en la Monarquía borbónica» en José María Imízcoz Beunza [coord..], *Redes familiares y patronazgo: aproximación al entramado social del País Vasco y Navarra en el Antiguo Régimen (siglos XV-XIX)*, Universidad del País Vasco, 2001, pp. 175-202.

HUSSERL, Edmund, *Meditaciones cartesianas*, Madrid, Ediciones Paulinas, 1979 (Introducción, traducción y notas Mario A. Presas).

IMÍZCOZ BEUNZA, José María, «Actores de procesos de cambio. Reflexiones metodológicas desde el "análisis relacional"», en T.

Nava Rodríguez (ed.), *De ilustrados a patriotas. Individuo y cambio histórico en la Monarquía española*, Madrid, Ed. Sílex, 2017, pp. 19-40.

—, «El paradigma relacional. Actores, redes, procesos para una Historia Global», en Michel Bertrand, Francisco Andújar y Thomas Glesener (eds.), *Gobernar y reformar la monarquía. Los agentes políticos y administrativos en España y América (siglos XVI-XIX)*, Valencia, Ed. Albatros, 2017, pp. 65-80.

LANGUE, Frédérique, «Los franceses en Nueva España a finales del siglo XVIII. Notas sobre un estado de opinión», *Anuario de estudios americanos*, 1989, N 46, pp. 219-241.

MANN, Michael, *Las fuentes del poder social, I. Una historia del poder desde los comienzos hasta 1760 d.C.*, Madrid, Alianza Editorial, 1991.

MARTÍNEZ MILLÁN, José, *La Inquisición española*, Madrid, Alianza Editorial, 2007.

MÉNDEZ, María Águeda, «El proceso de Gerónimo de Covarrubias Portatui. Una autodefensa pertinaz y poco común en el Santo Oficio novohispano (siglo XVIII)» en Marta Ortiz Canseco & Esperanza López Parada (eds.), *Auto de la fe, celebrado en Lima a 23 de enero de 1639*, Madrid, Iberoamericana Vervuert, Frankfurt a. M., 2016, pp. 199-228.

MESTRE, Antonio, «Sociedad y religión en el siglo XVIII», *Chronica nova: Revista de historia moderna de la Universidad de Granada*, 1991, N 19, pp. 257-270.

OLMOS SÁNCHEZ, Isabel, *La sociedad mexicana en vísperas de la independencia (1787-1821)*, Murcia, Ed. Universidad de Murcia,1989.

PALLARÉS MORENO, José, «Sobre los conceptos de clandestinidad y automarginación en la literatura de la Ilustración española», *Epos: Revista de filología*, N 10, pp. 511-518.

PÉREZ-MARCHAND, Monelisa Lina, *Dos etapas ideológicas del siglo XVIII en México a través de los papeles de la Inquisición*, México, El Colegio de México, 1945.

PÉREZ, Jairo, «El acervo de conocimiento como expresión intersubjetiva en el mundo de la vida. Una visión antropológica desde el pensamiento de Alfred Schütz», *Revista Ciencias de la Educación*, enero-junio 2017, vol. 27, N 49, pp. 520-546.

RAMOS SORIANO, J. Abel, *Los delincuentes de papel: Inquisición y libros en la Nueva España, 1571-1820*, México D.F., Instituto

Nacional de Antropología e Historia: Fondo de Cultura Económica, 2011.

RANGEL, Nicolás, *Los precursores ideológicos de la guerra de independencia, 1789-1794: la revolución francesa, una de las causas externas del movimiento insurgente*, Vol. I y II, México: Talleres Gráficos de la Nación, 1929.

ROSPOCHER, Massimo, «Versos desde las plazas. La poesía como lenguaje de comunicación política en los espacios públicos de las ciudades italianas del Renacimiento», en Antonio Castillo Gómez, James S. Amelang (coord.), *Opinión pública y espacio urbano en la Edad Moderna*, Gijón, Ed. Trea, 2010, pp. 185-210.

RUSSELL, Bertrand, *El conocimiento humano*, Barcelona, Ediciones Orbis, Colección Historia del pensamiento, 1983. (Traducción de Néstor Míguez).

RYDJORD, John, «The french revolution and Mexico, Hispanic American Historical Review», *Historical Review,* 1929, vol. 9, N 1, pp. 60-98.

SARRAILH, Jean, *La España ilustrada de la segunda mitad del siglo XVIII*, México, Fondo de Cultura Económica, Sección de Obras de Historia, 1992.

SILVA PRADA, Natalia, *"Los reinos de las Indias" y el lenguaje de denuncia política en el mundo atlántico (s. XVI-XVIII)*, Charleston, Create Space, Amazon Company, 2014.

SILVA, Renán, *Los ilustrados de Nueva Granada 1760-1808. Genealogía de una comunidad de interpretación.* Medellín, Fondo Editorial EAFIT-Banco de la República, 2002.

STIFFONI, Giovanni, «Tematiche dell'arbitrismo político e articolazione dello spazio del potere nella Spagna del Despotismo Illuminato», *Revista de Historia Moderna,* 1995, N 13/14, pp. 13-29.

TORRES PUGA, Gabriel, *Los últimos años de la Inquisición en la Nueva España*, México, Colegio de México, 2005.

—, *Juan Antonio Montenegro: un joven eclesiástico en la Inquisición*, Ed. Universitaria, Guadalajara, Universidad de Guadalajara, 2009.

—, Gabriel, «Inquisidores en pie de guerra», *Historia Mexicana,* 2009, vol. 59, N 1, pp. 281-327.

—, *Opinión pública y censura en Nueva España. Indicios de un silencio imposible 1767-1794*, México D.F., El Colegio de México, 2010.

—, «Individuos sospechosos: microhistoria de un eclesiástico criollo y de un cirujano francés en la ciudad de México», *Relaciones.*

Estudios de historia y sociedad [online], 2014, vol. 35, N 139, pp.27-68.
URIBE-URAN, Victor M., «The Birth of a Public Sphere in Latin America during the Age of Revolution», *Comparative Studies in Society and History*, 2000, vol. 42, N 2, pp. 425-457.

JB-8